Economic Information Retrieval
and Utilization of Library

经济信息资源检索
与图书馆利用

十所财经高校文献检索课程教材编写组 编

东北财经大学出版社 大连
Dongbei University of Finance & Economics Press

图书在版编目（CIP）数据

经济信息资源检索与图书馆利用/十所财经高校文献检索课程教材编写组编.
—大连：东北财经大学出版社，2015.6（2018.8重印）
ISBN 978 - 7 - 5654 - 1947 - 8

Ⅰ．经… Ⅱ．十… Ⅲ．经济信息-情报检索 Ⅳ.G252.7

中国版本图书馆 CIP 数据核字(2015)第 106825 号

东北财经大学出版社出版

(大连市黑石礁尖山街 217 号 邮政编码 116025)

教学支持：(0411) 84710309
营 销 部：(0411) 84710711
总 编 室：(0411) 84710523
网 址：http://www.dufep.cn
读者信箱：dufep@dufe.edu.cn

大连雪莲彩印有限公司印刷 东北财经大学出版社发行

幅面尺寸：185mm×260mm 字数：508千字 印张：21.5 插页：1
2015年6月第1版 2018年8月第4次印刷

责任编辑：孙 平 章北蓓 曲以欢 责任校对：齐 心
张晓鹏 张爱华
封面设计：冀贵收 版式设计：钟福建

定价：43.00元

编写委员会

序　言

　　随着全球经济一体化、信息化进程的不断加快，信息检索知识对大学生来说愈显重要。为适应当前高校特别是财经类高校教学改革和人才培养的需要，增强大学生的信息意识，提高大学生信息利用的能力，在新的信息环境下有效地开展信息素质教育工作，帮助大学生掌握经济信息检索技能和图书馆利用方法，2014年，在中国高教学会财经分会图书资料协作委员会年会预备会议上，东北财经大学图书馆提议，鉴于财经高校及电子文献资源使用的共性，有必要由财经类高校共同编写一本适用于财经高校学生使用的统编教材。该提议得到上海财经大学、中央财经大学、中南财经政法大学、西南财经大学、对外经济贸易大学、浙江财经大学、北京工商大学、首都经济贸易大学和哈尔滨商业大学等十多所财经类高校图书馆馆长们的积极响应。2014年12月12日，"全国财经类高校文献检索课程建设与教材编写研讨会"在东北财经大学图书馆举行。与会的十所财经类高校图书馆馆长围绕"文检课教学的思考与实践"和"经济信息资源检索与图书馆利用教材编写提纲"两个议题进行了研讨，并确立了教材的基本框架。2015年4月10日，全国财经高校《经济信息资源检索与图书馆利用》统编教材审稿会议在东北财经大学图书馆召开，来自十所财经类院校图书馆的编写作者就教材目录、编写方案、编写体例及章节、内容调整达成共识。

　　本书由十所财经类院校图书馆多位具有丰富教学和实践经验的教师编写而成。教材内容力争适应当前高等学校特别是财经类院校教学改革和人才培养需要，力求在内容上做到"经济性、实用性、实践性、科学性和独创性"，既能够体现财经特色，又能够适时反映信息检索理论与技术的最新进展，全面准确地把握经济信息资源概况及其检索方法。全书共五编十三章，由王彦总编。各章具体编写者为：第一章由中央财经大学丁永玲、王英编写；第二、三章由上海财经大学杨晓兵编写；第四、九章由东北财经大学王伟编写；第五章由浙江财经大学干冬力编写；第六章由对外经济贸易大学黄红华、张玲凡编写；第七章由西南财经大学邓慧智、刘小凤编写；第八章由中南财经政法大学李顺梅编写；第十章由首都经济贸易大学曹艳峰编写；第十一章由北京工商大学周晓丽、张南编写；第十二章由哈尔滨商业大学彭焱、王鑫编写；第十三章由东北财经大学王伟和中央财经大学丁永玲编写。全书由王彦、王伟统稿。

本书编写期间得到了编写单位的领导和老师们的大力支持，得到中经网数据有限公司资助，在此表示衷心的感谢！

由于信息技术和文献资源的发展日新月异，加之作者水平有限，书中难免有疏漏甚至错误之处，诚望业内同行与专家们批评指正。

王　彦

2015年5月

于东北财经大学

目 录

第三编   信息资源篇

第四编   图书馆利用篇

第五编　检索实践篇

第一编　信息素养篇

第一章　信息素养

✳本章提要

本章主要介绍了信息和信息素养的相关概念，通过对信息、知识与文献关系的梳理比较，介绍了常用信息资源的类型及特点。在信息爆炸式增长的过程中，信息素养显得尤为重要。很多国家也制定了相关的信息素养标准，如美国、加拿大，中国国内在信息素养标准制定方面虽然起步较晚，但也已经进行了广泛研究，文中介绍了三个标准的内容。

第一节　信息及相关概念

信息一直在人类的生产、生活中扮演着重要角色，特别是20世纪80年代以来，随着第三次信息技术革命的推动和知识经济的蓬勃兴起，人类逐渐进入信息社会，信息化水平已经成为衡量一个国家或地区的国际竞争力和综合实力的重要标志，信息素养的培养也随之成为各行业人员的迫切需求。随着信息化的高度发展，以及海量信息的涌现，人们极大地体会到了信息检索的便利，不管是学术问题还是求医问药，都可以便捷地进行检索，不用钻进"故纸堆"，也不用到处打听；只要打开网页，输入问题，就可以找到很多相关内容。但另一方面，如何全面、快速、准确地从这些繁杂的"相关内容或答案"中找到最准确、最需要的答案，又并不是那么简单的事。有些人或许因为无法鉴别而放弃这条途径，所以"工欲善其事，必先利其器"，只有掌握信息检索技能，提高信息素养，才能从茫茫的信息海洋中找出精华，为我所用。

一、信息、知识、文献

（一）信息

信息在不同学科中的理解有很大差异，定义也不尽相同。可以从通信过程、物质与能量、认识论、表现形式、与数据和知识的关系等不同角度进行解释。总体来讲，有抽象的和具体的意义两个层次。简单来讲，信息（Information）是自然界、人类社会以及思维活动中普遍存在的现象，是事物发出的信号或消息，是一切事物存在方式、运动状态及其特征的反映。

按照信息的生成领域，可以分为自然信息、社会信息和思维信息。自然信息是自然界发出的信息，包括无生命的世界里散发的信息，如昼夜变化反映了地球绕太阳自转的运动特性和状态，以及有生命的世界里植物、动物之间的信息传递与交换；社会信息是社会上人与人之间，包括一切人类社会运动变化的描述，可分为经济信息、科学技术信息、政治信息、文化信息、军事信息等等，如国家经济政策、市场信息、机器人技术信息、政务信息、印刷出版的图书、国际军备竞赛等都是社会信息。

按照信息载体分类，可分为感官载体信息、口头信息、文献信息、电磁波信息、缩微载体信息、电子信息等。其中，文献信息是以文字、符号、声音、图像为编码，并经人们筛选、归纳和整理后记录下来的人类精神信息。它相对固化，易识别和保存，能传到异地，留于异时。各种印刷型出版物和磁盘、光盘文献都属于文献信息源。口头信息是存在人脑记忆之中，通过交谈、讨论、报告等方式交流传播的信息。它出现早、传递快、偶发性强，但缺乏完整性和系统性。电子信息这里特指电视、计算机、网络等传播的瞬时信息。

（二）知识

知识（Knowledge）是人们对各种自然现象和社会生活的认识总结，是人的主观世界对客观世界的概括和真实反映。知识来源于信息，人们通过对信息进行加工、分析、提炼与综合，形成知识。因此，知识是人的大脑通过思维重新组合的优化、系统化的信息集合。

根据经济合作与发展组织（OECD）的定义，知识分为以下四类：

（1）知道是什么（Know What），即事实知识，关于事实方面的知识。如伦敦奥运会的正式开幕时间等。这类知识通常被近似地称为信息。

（2）知道为什么（Know Why），即原理知识，关于自然原理和规律方面的知识。如牛顿第一定律等。这类知识往往在专门研究机构，如实验室和大学形成。

（3）知道怎样做（Know How），即技能知识，关于技术或能力方面的知识，如车床操作技能等。许多企业的技术情报和商业秘密被归入这一类。

（4）知道是谁（Know Who），即个体认知与能力知识，关于谁知道什么及谁知道如何做什么的知识。例如通过政府网站、统计年鉴等工具可以获取中国2008年的GDP。这类知识是最难获取、最有价值的知识。

（三）文献

文献（Literature）是以各种技术手段,把一定的信息内容记录到一定的载体上形成的存储型传递媒介。换言之，文献是指记录知识的一切载体，是将知识、信息用文字、图形、符号、声频、视频等方式记录在一定物质载体上的结合体。"文献"一词出自于《论语·八佾》篇，意指典籍和贤人。最初，"文"与"献"是两个词。"文"，指有关典章制度的文字资料；"献"，指熟悉掌故、多闻的人。后来融合为一，泛指有史料价值的文章和图书。1983年，国家发布《文献著录总则》，把文献规定为"记录知识的一切载体"。

知识内容、信息符号、物质载体和记录方式是文献的四个基本要素。其中，内容是文献的灵魂所在。信息符号是赖以揭示和表达知识信息的标识符号，如文字、图形、数字、代码、声频、视频等。载体材料是可供记录信息符号的物质材料，如纸张、胶片胶卷、磁带磁盘、光盘等。而记录方式，包括印刷、复印、篆刻、翻拍录制等，将知识信息内容与载体统一成为文献。它是社会信息与记载体的综合概念，既不单指载体也不单指内容。文献是人类文明的重要构成部分，是推动社会发展的有力工具之一。

随着信息技术的发展演进，人类记录、传递知识已经历了从"语言的诞生—文字的创造—造纸与印刷术的发明—电子技术—计算机与互联网"五次革命。文献除了包括常见的书刊等印刷型出版物，还包括会议文献、科技报告、专利文献、学位论文、科技档案等各种特殊出版物，以及电影胶卷、缩微胶片、录音录像带和数字文献等。

（四）信息、知识和文献的关系

信息作为人们对客观存在的一切事物的反映，普遍存在于自然界和人类社会之中，其涵盖面最为广泛，包含了知识和文献；知识来源于信息，是人类经过思维加工而成的有序化信息。知识是信息中最有价值的部分，但信息能否转化为知识，转化得是否充分、完整，则完全因人而异，主要取决于信息接收方的认知能力；文献是物化了的知识记录，是信息、知识、情报的主要载体形式。总之，信息是生产知识的原料，知识是系统化的信息，文献是静态的、记录的知识，如图1-1所示。

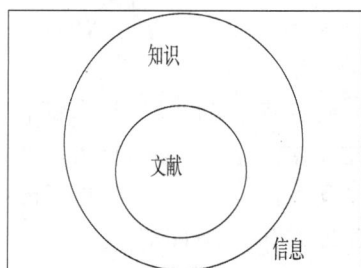

图1-1　信息、知识和文献的关系图

二、信息资源的类型

信息资源是通过一系列采集、加工、创造等劳动过程后以各种形式储存在特定载体上的信息集合。可以按照表现形式、物质载体、内容和加工层次等进行分类。

（一）按表现形式分

1.文献型

文字是记录语言的书写文字系统，是人们实现信息交流、通信联系而创造的一种形象符号。我们把以文字形式呈现的信息称为文献型信息资源，文献型信息资源是目前内容最丰富、使用频率最高的信息资源类型。

2.数据型

数据是一种以数字形式反映内容的内在连贯的符号系统，通常指某些有限数列，如时间数列、经济数列等。它包含各种统计、计算、科学研究或技术设计等的数值。数据型信息资源是经济领域建模研究、市场分析的最为重要的基础资源。

3.音视频型

以声音或图像形式出现的信息源，它比文字直观，易于理解。如电影、电视、CA光盘、VCD光盘等。

（二）按物质载体分

按物质载体的不同，信息资源可以分为手写型、印刷型、缩微型、声像型和电子型。

1. 手写型

手写型信息资源既包括古代在印刷术发明之前以手写记录的文献形式，如甲骨、简策、金石、帛书等，也包括还没有正式付印的手稿。这类信息在研究历史、考古等方面具有很高的学术价值和收藏价值。

2. 印刷型

印刷型信息资源是以纸张为载体,通过油印、铅印、胶印等印刷手段,将负载知识的文字固化在纸张上的一种传统的信息形式。它技术含量较低,却是最常用的一种信息资源,如常见的纸本图书、期刊和报纸等。

3. 缩微型

缩微型信息资源是以感光材料为载体,以光学缩微技术为记录手段,将文献的影像固化在感光材料上的一种信息形式,包括缩微胶片、缩微平片等。

4. 声像型

声像型信息资源又叫视听资料,是以磁性、感光材料为载体,以磁记录或光学技术为手段直接记录声音、图像,并以声图并茂的方式展现的一种信息形式,如唱片、录音带、录像带、幻灯片、电影等。

5. 电子型

电子型信息资源又称机读型、数字型,是以数字技术将信息存储在磁盘、磁带或光盘等载体上的信息形式,是可以通过计算机进行存储、检索以及阅读的信息资源。它包括磁带版、磁盘版、光盘版、联机版以及最新的网络版,如电子图书、电子期刊、光盘数据库或软盘、磁带等产品,以及电子公告、电子邮件等。

不同载体信息资源的优缺点如表1-1所示。

表1-1 各载体信息资源的优缺点

类型	优点	缺点
手写型	易于直接阅读,具有较高的学术价值和收藏价值	不易携带、流通面窄、容量小、不易保存和管理
印刷型	收藏丰富、用途广泛、便于阅读、易于流通	存储密度低、体积庞大、占用空间大、加工保存费时费力
缩微型	体积小,存储密度高,便于收藏、保存和远距离传输	不能直接阅读,需借助缩微阅读机
声像型	存储密度高,直观、真切,易于记载难以用文字描述的事物	制作成本较高,需要借助于一定的设备阅读,不易检索和更新
电子型	存储密度高、信息量大、检索方便、存取速度快、易更新	成本高,需借助计算机、平板电脑、手机或其他设备才能阅读

(三)按出版形式划分

按出版形式和内容的不同,可分为图书、连续出版物和特种信息。连续出版物是指具有统一题名,印有编号或年月顺序号,定期或不定期在无限期内连续出版、发行的出版物,主要包括期刊、报纸;特种信息也叫做灰色信息、难得信息,包括学位论文、专利、标准、会议资料、科技报告、政府出版物、产品资料和技术档案,在收藏管理上往往与图书报刊分开,另立体系,分别管理。

1.图书

图书是指50页以上的以印刷方式单本刊行的出版物。图书包括专著、汇编本、多卷本、丛书等。每种图书都有特定唯一的"身份证号"——国际标准书号（ISBN，International Standard Book Number）。2007年1月1日前，ISBN由10位数字组成，分四个部分：组号（国家、地区、语言的代号）-出版者号-书序号-检验码。2007年1月1日起，实行新版ISBN，新版ISBN由13位数字组成，分为5段，即在原来的10位数字前加上3位ENA（欧洲商品编号）图书产品代码"978"。在联机书目中ISBN可以作为一个检索字段，从而为用户增加了一种检索途径。

图书的内容全面系统，基础理论性强，有助于读者对大范围问题获得一般性知识，对陌生问题进行一般了解，对熟悉问题进行历史性的全面系统的回顾。相对来讲，传统印刷业图书的撰写、编辑、出版周期较长，传递信息速度慢。但随着电子图书出版发行的兴盛，这一缺陷逐渐被弥补。

图书按其用途可分为以下3种类型：（1）阅读性图书，包括教科书、专著、文集等；（2）参考工具书，是按某种体例编排的专供查找特定资料的书籍，包括字典、词典、类书、政书、百科全书、年鉴、手册、名录、图录、表谱等，一般不需通读；（3）检索性图书，是以图书形式刊行的供人们查找一定范围内信息线索的出版物，包括书目、题录、文摘等。

2. 期刊

期刊也称杂志，是以一种印刷形式或其他形式逐次刊行的，通常有数字或年月顺序编号，并打算无限期地连续出版下去的出版物。ISSN（International Series Standard Number）是每种期刊的"身份证号"，共8位数，分为两段，如《经济研究》为0577-9154，《管理世界》为1002-5502。截至2013年，我国公开出版期刊9 000多种，几乎涵盖了所有学科，其中自然科学、工程技术类期刊5 000多种，社会科学类期刊4 318种。

从广义上来讲，期刊的分类，可以分为非正式期刊和正式期刊两种。非正式期刊是指通过行政部门审核领取"内部报刊准印证"作为行业内部交流的期刊（一般只限行业内交流，不公开发行），但也是合法期刊的一种，一般正式期刊都经历过非正式期刊过程。正式期刊是由国家新闻出版署与国家科委在商定的数额内审批，并编入"国内统一刊号"，办刊申请比较严格，要有一定的办刊实力，正式期刊有独立的办刊方针。

按照内容进行分类，可将期刊分为四大类：（1）一般期刊，强调知识性与趣味性，内容简洁，报道速度快，读者面广，如我国的《人民画报》、《大众电影》，美国的《时代》、《读者文摘》等。（2）学术期刊，一般由学术团体编辑出版，主要报道科研、生产方面的学术论文及研究成果。这类刊物学术性强，信息量大，参考价值高，是科技期刊的主体，包括各种学报、通报、汇刊、评论、进展等。例如，《重庆大学学报》、《法学研究》、《生理科学进展》等。（3）行业期刊，主要报道各行各业的产品、市场行情、经营管理进展与动态，如中国的《摩托车信息》、《家具》，日本的《办公室设备与产品》等。（4）检索期刊，是专供人们查找科技文献线索的主要工具性刊物，包括以期刊形式出版的目录、题录、文摘等。如中国的《全国报刊索引》、《全国新书目》，美国的《化学文摘》等。

对于学术类期刊而言，如何进行期刊分级、评价是科研工作者非常关注的问题。目前主要有国际期刊索引、中文核心期刊、中国期刊方阵等几大体系。国际核心来源期刊依据汤森路透公司的WEB OF SCIENCE平台下几大索引数据库分级、评价：

① 《科学引文索引》：SCI，Science Citation Index；

②《社会科学引文索引》：SSCI，Social Science Citation Index；

③《艺术与人文科学引文索引》：A&HCI，Arts&Humanities Citation Index；

④《工程索引》：EI，The Engineering Index。

中文核心期刊分为以下几个遴选体系：

①北京大学图书馆"中文核心期刊"；

②南京大学"中文社会科学引文索引（CSSCI）来源期刊"；

③中国科学技术信息研究所"中国科技论文统计源期刊"（又称"中国科技核心期刊"）；

④中国社会科学院文献信息中心"中国人文社会科学核心期刊"；

⑤中国科学院文献情报中心"中国科学引文数据库（CSCD）来源期刊"；

⑥中国人文社会科学学报学会"中国人文社科学报核心期刊"。

除了以上几个核心期刊体系外，新闻出版署于2001年12月19日又正式批准并公布了1 518种"中国期刊方阵"期刊。"中国期刊方阵"的基本框架分为4个层面，形成宝塔形结构。第一个层面为"双效"期刊，以全国现有的期刊总量为基数，按10%～15%的比例选取社会效益、经济效益好的1 000余种期刊，作为"中国期刊方阵"的基础，通过各省（区、市）和中央部委评比推荐产生。第二个层面为"双百"期刊，即通过每两年一届评比产生的百种重点社科期刊、百种重点科技期刊。每届进入全国"双百"重点期刊数量控制在200种左右。第三个层面为"双奖"期刊，即在全国"双百"重点期刊基础上评选出的获得国家期刊奖、国家期刊奖提名奖的期刊。此类期刊约100种左右。第四个层面为"双高"期刊，即高知名度、高学术水平的期刊。此类期刊约50种左右。

建设"中国期刊方阵"的运作步骤采取分级负责的形式，各省的"双效"期刊由省级新闻出版管理部门按照规定比例推荐，入选期刊必须是省、部级以上优秀期刊，或有希望成为优秀期刊者。"双奖"和"双百"期刊通过评选产生。"双高"期刊由新闻出版总署、科技部确定，入选期刊均为国内知名品牌期刊。

根据出版周期可分为周刊（出版周期为每周一期的周末）、旬刊（出版周期为10天）、半月刊（出版周期为15天）、月刊（出版周期为30天）、双月刊（出版周期为2个月）、季刊（出版周期为一个季度，即3个月）、半年刊（出版周期为6个月）和年刊（出版周期为1年）。

3. 报纸

报纸是以刊载新闻和时事评论为主、出版周期较短的定期连续性出版物，是宣传报道最迅速的出版物，一般按时间出版。报纸出版周期短，传递信息快，传播范围广，信息量大，现实感强，具有时事性、时效性、大众性和通俗性的特点，是重要的社会舆论工具和情报源，对社会经济和政治生活有着广泛的影响，但资料庞杂零散，不易积累与保存。

按出版发行周期分为日报、双日报、周报等，如《体坛周报》、《南方周末》、《环球时报》等。按内容分为时事政治类、科技类、商业类、文教类等。

4.学位论文

学位论文是高校或科研机构的学生毕业时为获得学位而撰写的学术论文。按学位的不同分为学士、硕士和博士学位论文。其中，硕士、博士学位论文通常由图书馆收藏并进行电子化，可以通过系统进行快速检索。

5. 会议文献

会议文献是指在各种学术会议上发表的论文、报告及其他有关资料，包括会前文献和会后文献。众多学科的新理论、新技术，大多利用科技会议论文形式首次公布。它往往代表某一领域最新的研究成果，学术性较强，是科学工作者了解学科发展动态，获取学科最新信息的重要来源。

6. 专利

专利文献是指各国专利局及国际性专利组织的正式出版物，如专利申请说明书、专利说明书、专利公报、专利分类表以及专利文献检索工具等。专利文献是公开通报新发明创造、促进技术发明迅速传播的媒介，是对技术发明进行科学审查和实施法律保护的依据，是应用型科学研究工作者的重要信息源。

7. 标准文献

标准文献是公认的权威部门对工农业产品、原材料、工程建设所制定的技术规定，具有一定的法律效力。标准文献是了解各国技术经济政策、技术发展和管理水平的重要参考资料，很多标准文献可作为生产建设和科研工作的依据。

8. 科技报告

科技报告是科学研究工作中关于某项研究的阶段性进展总结报告或研究成果的正式报告。其内容大多涉及某学科前沿技术或高新科技领域的最新研究课题，详尽、系统、专深、具体，数据可靠，报道及时，具有比较高的科研价值，大多数有一定的保密性。

9. 政府出版物

政府出版物是指各国政府部门及其所属机构所出版的信息。它集中反映了政府各部门对有关工作的观点、法令、方针政策等，通常分为行政性文件和科技性文件两大类。政府出版物对于了解某国的科技、经济等方面的政策和事件有一定参考价值。

10. 产品资料

产品资料是企业为推销产品而印发的商业性技术宣传品。它包括产品说明书、产品目录、厂商企业介绍、贸易刊物、产品数据手册等。其特点是技术成熟可靠、出版迅速、图文并茂、直观性强。产品资料是工程技术人员的主要参考资料，对技术革新、试制新产品以及引进设备有一定参考价值。

11. 技术档案

技术档案是企事业单位在生产或科研活动中形成的有具体工程和研究对象的技术文件的总称，包括任务书、协议书、研究计划、实验设计、实验记录、总结报告等所有应入档的资料。技术档案由专业人员整理，可靠性强，是科研生产工作中积累经验、吸取教训和提高质量的重要依据，具有较高的参考价值，有一定的保密性，一般内部使用。

在学术研究过程中，我们会参考或借鉴上述文献类型中的一种或几种。不管是直接引用，还是整体参考，都应该按照标准进行文后参考文献的著录。表1-2列举了几种主要信息类型的参考文献著录格式。

表1-2 主要信息类型参考文献著录示例及格式

类型	参考文献著录格式	主要识别要素	文献类型标示代码
图书	[1]高明凯.语言论[M].北京：商务印书馆，1995：135-143. [2]Sheena Gillespie. Literature across Cultures[M].2nd ed. Boston：Allyn and Bacon, 1998：21-26. 格式：著者.书名[M].版本.出版地：出版者，出版年：起止页码. 备注：参考文献中外国人名书写时一律姓前，名后，姓用全称，用逗号分隔，名可缩写为首字母（大写），不加缩写点。作者姓名之间用逗号分隔，人数为3人或少于3人应全部列出，3人以上只列出前3人，后加"等"或"et al"	书名、著者、出版地、出版社、出版时间、国际标准书号（ISBN）	M
期刊	[1]陶仁.密码学与数学[J].自然杂志,1984(7):527-530. [2]Scot Gresham- Lancaster.Relationships of Sonification to Music and Sound Art [J]. AI & Society, 2012,27(2) :207-212. 格式：作者.篇名[J].刊名.出版年份，卷号（期号）：起止页码.	期刊名称，期刊出版的年、卷、期，国际标准刊号（ISSN）	J
报纸	马昌博.大地震中的遥感之撼[N].南方周末,2008-07-31（26）. 格式：作者.题名[N].报纸名称，出版年份-月-日（版次）.	报纸名称，报纸的出版日期（版次）	N
学位论文	詹婧.企业民主参与动力研究[D].北京：首都经济贸易大学，2009. 格式：作者.题名[D].出版地或保存地点：出版者或保存单位，年份.	学位名称、导师姓名、学位授予机构等	D
专利	刘加林.多功能一次性压舌板：中国，92214985.2[P].1993-04-13. 格式：专利申请者或所有者.专利标题：专利国别，专利号[P].公告日期或公开日期.	专利号、专利申请者或所有者	P
标准	GB/T16159-1996,汉语拼音正词法基本规则[S].北京：中国标准出版社，1996. 格式：标准编号（标准代号/标准顺序号-发布年），标准名称[S].出版地：出版者，出版年.	标准号、标准名称、颁布时间、标准级别	S
会议论文集	[1]中国力学学会.第3届全国实验流体力学学术会议论文集[C].天津：[出版者不详]，1990. [2]刘懿.我国国有企业公司治理与内部控制的研究[A].中国总会计师协会.2009年度中国总会计师优秀论文选[C].北京：中国宇航出版社,2011. 格式：篇章作者.篇章题名[A].会议主办者.会议录名称[C].出版地点：出版者，出版日期.	篇章作者、篇章题名、会议主办者、会议名称、会议录的出版者	论文集中析出文献：A 会议录：C

（四）按加工层次划分

人们在利用、传递信息过程中，为了及时报道和揭示信息，对文献信息资源进行了不同深度的加工。按加工层次可将文献信息资源分为零次文献、一次文献、二次文献和三次文献。

1. 零次文献

零次文献是指未经过任何加工，未经公开发表或交流的文献，如私人笔记、书信、手稿、实验原始记录、调查结果原稿、设计草图、原始录音、谈话记录等。零次文献具有客观性、零散性、不成熟性等特点，一般是通过口头交谈、参观展览、参加报告会等途径获取，不仅在内容上有一定的价值，而且能弥补一般公开文献从信息的客观形成到公开传播之间费时甚多的弊病。

2. 一次文献

一次文献是以著者本人的生产与科研工作为依据而撰写的原始文献，经公开发表或交流后成为一次文献。如专著、期刊论文、研究报告、会议文献、学位论文、专利、标准、技术档案、科技报告等。一次文献具有创新性、实用性和学术性等明显特征，是使用最广、影响最大的文献。

3. 二次文献

二次文献是将分散无序的一次文献进行收集、整理、浓缩，并按一定的逻辑顺序和科学体系组织编排而成的检索工具，包括目录（题录）、索引、文摘等，如《全国报刊索引》、《中文科技资料目录》等。二次文献具有明显的汇集性、系统性和可检索性，主要为读者提供查找一次文献的线索。

4. 三次文献

三次文献是对一、二次文献进行分析、概括、综合研究和评价而编写出来的文献。它通常是围绕某个专题，利用二次文献搜集大量相关文献，对其内容进行深度加工，综合概括而成的文献，包括综述、述评、进展、动态及各种参考工具书等。三次文献常常对现有成果加以评论、综述并预测其发展趋势，具有较高的实用价值。

零次文献、一次文献、二次文献到三次文献，是一个由繁到简、由分散到集中、由无组织到系统化的对知识信息进行不同层次的加工过程。零次文献和一次文献是最基本的信息源，是文献信息检索和利用的主要对象；二次文献是一次文献的集中提炼和有序化，是文献信息检索的工具；三次文献是把分散的零次文献、一次文献、二次文献，按照专题或知识的门类进行综合分析加工而成的成果，是高度浓缩的文献信息，是我们考查数据、事实信息的主要信息源。科学合理地利用二次文献和三次文献，对提高文献信息资源利用效率意义重大。

第二节　信息素养概述

现代信息社会中，信息贯穿于人们的学习、工作和生活，随着信息质量的不确定性和数量的爆炸式增长，信息素养变得越来越重要。作为终身学习的基础和促进因素，它是所有学科、所有学习环境和所有教育水平所共有的。拥有信息素养不仅能使人更好地掌握学习内容、扩展研究，还能使人对自己的学习进行自我指导和自我控制。就国家而言，信息素养已成为评价国民综合素质的一项重要指标，对信息时代的持续发展和国际竞争力具有重大影响。可以说，信息素养已成为个人和国家在信息时代的生存技能。

一、信息素养的内涵

"信息素养"是由英文 Information Literacy 翻译而来，也有少量文献使用 Information Skills、Information Competency 或者 Information Fluency，多数情况还是用 Information Literacy。有的学者翻译为"信息素质"，有的学者翻译为"信息素养"，其实质内容是一致的。信息素养这个概念最早出现于 20 世纪 70 年代，但是那时的信息素养并不是如今所说的信息素养，而是图书馆的用户教育，通过早期图书馆开展的文献检索技能教育来培养用户信息获取、加工、整理、利用的能力，因此早期的图书馆用户教育可以视为信息素养观念的萌芽形态，是基于用户教育演变而来的一个概念。信息素养是一个含义广泛且不断变化的概念，经过近三十多年的发展和演变，专家学者从不同的角度对信息素养赋予了不同的含义。

（一）国外关于信息素养的定义

1974 年，美国信息产业协会主席保罗·车可斯基（Paul Zurkowski）首次提出信息素养的概念。他认为："具有信息素养的人，是指那些在如何将信息资源应用到工作中这一方面得到良好训练的人。有信息素养的人已经习得了使用各种信息工具和主要信息来源的技术和能力，以形成信息解决方案来解决问题。"其含义包括对传统文化素养的延续和拓展，对信息源及信息工具的了解和运用，具有对信息筛选、检索、评估、组织、处理的技能等。

（1）1979 年，全美信息产业协会给出了信息素养的定义：掌握了利用信息工具的知识与技能，并将其应用于解决实际问题。

（2）1983 年，美国信息学家霍顿（Horton）提出，教育部门应开设信息素养课程，以提高人们对电子邮件、数据分析以及图书馆网络的使用能力。实际上，这已经把信息素养与计算机和网络联系了起来。

（3）1987 年，信息学专家帕特里亚·布里维克（Patrieia Breivik）将信息素养概括为"一种了解、提供信息的系统，并能鉴别信息的价值，选择获取信息的最佳渠道，掌握获取和存储信息的基本技能"。

（4）1989 年，美国图书馆协会下属的信息素养总统委员会在其研究的总结报告中给信息素养下的定义是："要成为一个有信息素养的人，他必须能够确定何时需要信息，并且他具有检索、评价和有效使用所需信息的能力。"

（5）1990 年，美国成立了由 75 个教育部门组成的名为信息素养论坛（the National Forum on Information Literacy, NFIL）的组织，其宗旨为"提高全球和全美信息素养意识，鼓励各种获得信息素养活动的开展"。

（6）1992 年，美国图书馆协会（American Library Association, ALA）将信息素养简单地定义为"能够判断什么时候需要信息，并懂得如何去获取信息，如何去评价和有效利用所需的信息"。

（7）1998 年，全美图书馆协会和美国教育传播与技术协会的出版物《信息能力：创建学习的伙伴》，从信息技术、独立学习和社会责任等方面更进一步扩展和丰富了信息素养的内涵和外延，并提出了学生学习的九大信息素养标准。

（8）2003 年，在美国图书馆与信息科学委员会以及全国信息素养论坛组织下，由联合国教科文组织（UNESCO）资助召开了国际信息素养专家会议，来自世界七大洲23个国家的40位代表对信息素养展开了热烈讨论，会议发表了"布拉格宣言：走向信息素养社会"。会议将信息素养定义为确定、查找、评估、组织和有效生产、使用和交流信息来解决问题的能力并宣布信息素养是终身学习的一种基本人权。会议指出，信息素养正在成为一个全社会的重要的因素，是促进人类发展的全球性政策。信息素养是人们投身信息社会的一个先决条件，如果没有信息素养，信息社会将永远不能发挥其全部潜能。

（9）2013年3月，美国大学与研究图书馆协会（ACRL）开始起草修订2000年发布的《高等教育信息素养教育标准》。在2014年11月发布的第三次修订稿中，对信息素养的定义赋予了新的含义，认为信息素养的范围涉及能力、实践和思维习惯，这种思维习惯可以通过接触信息生态系统不断延伸并深化加强学习，它包括：了解关于上述信息生态系统的基本概念；在提问过程中开展有创造性的调查并进行批判性的思考，以及通过迭代过程对信息进行发现、评估和管理；通过合理参与学习、学术活动以及参加民众自发的社群团体来创造新知识，以及采用一种战略性眼光看待对信息生态系统中呈现的利益、偏见和假设。

（二）国内关于信息素养的定义

国内学者对信息素养的研究是从20世纪90年代开始的，2000年开始进入高潮。然而研究方式多是对国外相关文献的翻译、述评，很少有人能提出自己的见解。国内关于信息素养比较有影响的定义有以下几种：

（1）1997年，马海群在《论信息素质教育》一文中将信息素养定义为："在信息化社会中个体成员所具有的各种信息品质，包括信息智慧（涉及信息知识与技能）、信息道德、信息意识、信息觉悟、信息观念、信息潜能、信息心理等等。"这是对信息素养讨论较早的一篇文献，文章提出的定义被广泛引用，它基本确定了国内信息素养概念的框架。

（2）2000年，谢立虹提出："信息素养是在各种信息交叉渗透、技术高度发展的社会中人们所具有的信息意识、信息处理的各种能力或技能，包括信息搜集、开发鉴别、综合分析的能力，信息技术运用能力，以及积极的信息心理和良好道德。"

（3）2001年，孙建军等人认为："信息素质是属于人文素质的一部分，是人文社会的知识、信息意识以及接受教育、环境影响等所形成的一种稳定的、基本的个性心理品质，它具有明显的外在表现性。信息素质主要包括两个层面，一个是信息知识能力，它标志着信息专业知识水平；二是信息认识与意识，它标志着信息认识水平，主要包括信息收集、整序、利用和评价方面的素养。"

（4）2001年，张贵荣将信息素质分为自然性信息素质和社会性信息素质两方面。其中，社会性信息素质是："人类在信息生活中逐渐形成的一系列与信息有关的心理品质、知识技能、行为习惯和文化涵养等方面的特征。它是人们在信息环境影响和训练中获得的稳定的、长期发挥作用的基本品质，是人们认识信息社会、改造信息环境、学习信息科学知识、掌握信息科学技术、操控信息设备、适应信息需求、鉴别和创新知识信息、获取和利用信息资源的各种信息能力。"

（5）2002年，尚新丽提出，信息素质可以释义为："在各种信息交叉渗透、技术高度发展的社会中人们所应具备的信息处理的实际技能和对信息进行筛选、鉴别和使用的能力。"

（6）2003 年，皮介郑认为："信息素养是信息主体在信息行为中认识和表达信息需求，利用适当的信息工具从各种信息源查找、获取、组织和利用信息的技能，此过程需要的信息观念、意识、知识、态度、习惯和应遵循的伦理道德等综合形成的一种稳定的能力和品质。"

信息素养经过了一个逐渐完善的过程，由此可以看出，信息素养是一个综合性的概念，是人类社会个体与外界环境进行信息交流并作用于外界事物时所表现出来的稳定的个性素质。其基本内容包括：要有信息意识，能有效地利用信息源，能对信息进行批判性的思考，并将有用的信息融合成自己的知识体系，能主动鉴别各类信息，获取所需信息并能评价和分析，具有开发和传播信息的能力等。

二、信息素养的构成

信息素养是一个时代发展的产物，不同时期人们对它的界定有所不同，其内涵虽然在形式的提法和说法上有些出入，但其实质还是趋于一致的。国外对信息素养内涵的界定比较著名的是美国佛罗里达州立大学的信息学教授 McClure 提出的，他认为，信息素养是一系列相关素养的集成，这些素养包括：传统素质，指具备读、写、计算等基本文化素质；媒体素质，指对包括图书馆信息资源在内的各种信息媒体的认识；计算机素质，了解计算机基本文化，掌握其基本应用；网络素质，即对互联网的认识和掌握。

国内关于信息素养内涵的认识有多种观点，各自提出了信息素养的构成要素，主要包括信息意识、信息知识、信息能力、信息观念、信息道德、信息心理等。如马海群认为："信息素养可以广义地理解为在信息化社会中个体成员所具有的各种信息品质，包括信息智慧（涉及信息知识与技能）、信息道德、信息意识、信息觉悟、信息观念、信息潜能、信息心理等等。" 孙建军认为："信息素质主要包括两个层面：一是信息知识能力，它标志着信息专业知识水平；二是信息认识与意识，它标志着信息认识水平，主要包括信息收集、整序、利用和评价方面的素养。" 皮介郑认为信息素养的内涵包括信息意识、信息观念、信息知识、信息能力和信息道德。

综上所述，虽然大家对信息素养内涵认识略有差异，但在信息素养的构成描述上大致都包括对信息的获取、分析、加工、利用以及对信息内容的批判与理解能力和融入信息社会的态度和能力，这些能力的综合体现即为全面的信息素养。信息素养的构成可归纳为 4 个方面，信息意识、信息知识、信息能力和信息道德。

（1）信息意识是信息素养的前提，被称为信息素养的灵魂，是信息素养最重要的构成部分之一。信息意识的形成有赖于人的自然属性与社会文化属性的结合，二者缺一不可。信息意识是人们从事其他信息活动的精神驱动力，能直接影响人们在其他信息活动中的效能，也是人们在信息活动中产生的知识、观点和理论的总和。它包括人们对信息的认识过程和评价过程。能否意识到何时需要信息和需要什么样的信息，是信息意识强弱的重要表现。强烈的信息意识表现为对信息有敏锐的感受力、洞察力和持久的注意力，以及对信息价值准确的判断力。

（2）信息知识是信息素养的基础，包括人们使用信息技术进行工作和学习需要掌握的各类知识。信息知识的内容随着信息技术的进步不断更新，内容主要包括：有关信息的基本知识、使用信息系统的知识、信息技术的应用知识、有关信息方法与信息检索知识等。通过学习信息知识，我们能够充分认识到在现代竞争中，信息作为一种战略资源的重要作用正在日益加强。我们应该用积极的态度应对信息化和信息社会，树立正确的信息价值观。

（3）信息能力是信息素养的核心，是指人们在工作与学习中运用各种方式，尤其是通过现代信息技术发掘、利用信息资源，发现与解决实际问题的能力。具体包括信息获取能力、信息分析能力、信息加工能力、信息创新能力、信息利用能力、信息的交流能力、信息工具与信息技术使用能力等。这些能力相辅相成，在人们的工作与学习过程中共同发挥作用。

（4）信息道德是信息素养的保障，是人们在获取、利用和传播信息的过程中，应当遵循的伦理道德规范，主要包括信息生产道德、信息使用道德和信息传播道德。在现代信息社会，人与人的交往是非直接的，缺乏直接的舆论监督和社会压力。一个具有很高的信息技术的人，如果没有信息道德的保障，往往危害更大。所以，一个具备良好信息素养的人，首先应该是一个具备良好信息道德修养的人，具体表现为具有高度的社会责任感，勇于与社会的各种落后和丑恶的现象做斗争；遵守信息法律法规，勇于承担相应的责任和义务；尊重知识产权和他人的劳动成果，保证劳动成果的科学性；自觉抵制网络犯罪，维护网络安全等。

第三节 信息素养的标准

许多国家制定了高等教育的信息素质教育指标，以作为衡量信息素质教育教学成果的标准。其中以美国所制定的相关标准最为详细，且具层次化。

一、美国信息素养的标准

2000年，美国大学与研究图书馆协会（ACRL）制定了《高等教育信息素养教育标准》（International Literacy Competency Standards for Higher Education），为信息素养教育提供了评价的框架。该标准包含5项标准和22项具体的评价指标，较全面地反映了信息素养的内涵要求，其中5项标准有：

标准一：具有信息素养的学生能够确定所需信息的性质和范围；

标准二：具有信息素养的学生能够有效和高效地获取所需信息；

标准三：具有信息素养的学生能够评价信息及其来源并将选取的信息整合入其知识基础和价值体系中；

标准四：具有信息素养的学生，不论是个人或作为小组成员，都能够有效地利用信息达到特定的目的；

标准五：具有信息素养的学生了解信息利用过程中的经济、法律和社会问题，在信息获取和利用时自觉遵守道德规范和有关的法律。

《高等教育信息素养教育标准》已得到全美高等教育研究协会（ACRL）及美国独立大学理事会（CIC）的认可和签署，它为全美乃至全世界信息素养标准的制定和使用提供了基础。该标准经过十多年的实践，是比较成熟的、权威的评价标准体系。

2013年3月，美国大学与研究图书馆协会（ACRL）开始起草修订2000年发布的《高等教育信息素养教育标准》，计划于2015年年初提交给协会理事会申请通过。在2014年11月发布的第三次修订稿中，对信息素养的定义赋予了新的含义，并对信息素养标准的体系重新拟定了框架。该框架结构由六个子框架组织形成，每一个子框架分别包含一个信息素养的重要概念，一系列知识实践，以及一组相关配置。支撑6个子框架的核心概念分别为：

（1）权威是基于环境创建而成，是指认识到信息资源来源于其创造者的专业知识，且其可信度是基于信息需求和信息使用环境的一种意识。专家在看待权威时通常持见多识广的怀疑主义态度，以及一种对新视角、其他意见以及学派发展变化的开放精神。

（2）信息创造即为过程，是指了解信息的目的、内容和传播是创造的有意识行为。专家们意识到了信息创建的本质，关注信息创建的底层过程，以及最终产出，并批判性地评价信息的实用性。

（3）信息含有价值，是指认识到信息具有若干价值维度，这包括信息可以作为一种商品、一种教育方法、一种影响手段，以及一种协商和了解世界的方式。信息在生产和传播系统中的流动受到法律、社会政治和经济利益的影响。

（4）研究如同调查，是指认识到研究是迭代性的，且取决于日渐复杂的或新出现的问题，这些问题的答案中提出了其他问题或其他领域的调查线路。

（5）学术就是交流，是指在学者、研究者或专家社群里通过持续论述产生的观念，以及随着时间的推移由更具竞争力的视角和解释带来的新思想和新发现。

（6）检索具有策略，是指认识到信息检索通常是非线性的、迭代性的，需要对广泛的信息资源进行评估，还需具备弹性思维以探讨新的可替代途径。

二、国内信息素养的标准

我国在制定信息素养评价标准方面起步较晚，主要是在国外信息素养评价标准基础上，综合考虑我国信息素养教育现状提出的框架体系。目前，有3项标准体系是由专门的研究机构在广泛吸纳各学科专家意见的基础上进行的研究。这包括：北京高校图书馆学会在2005年完成了"北京地区高校信息素养能力指标体系"的设计；2005年8月，中国科学技术信息研究所在承接的联合国教科文组织的中国国民信息素养教育研究项目中提出了信息素养标准；2008年4月，图工委信息素质教育工作组提出"高校大学生信息素质指标体系"。这三项研究在对信息素养内涵进行深入研究的基础上构建了信息素养评价指标体系，具有很强的学术性、专业性和较高的参考价值。

"北京地区高校信息素养能力指标体系"是我国第一个正式且比较权威的信息素养评价标准体系，该指标体系来源于清华大学图书馆、北京航空航天大学图书馆所承担的北京地区高校信息素养能力示范性框架研究项目。作为北京市高校学生信息素养评价的重要指标，该指标体系参照了美国大学和研究图书馆协会（ACRL）、澳大利亚大学图书馆员协会（CAUL）、英国高校国家图书馆协会（SCONUL）的3个信息素养标准，共分7个一级指标、19个二级指标项和61个三级指标。其中一级指标有：

（1）具备信息素养的学生能够了解信息及信息素养能力在现代社会中的作用、价值与力量；

（2）具备信息素养的学生能够确定所需信息的性质与范围；

（3）具备信息素养的学生能够正确地评价信息及信息源，并且把选择的信息融入自身的知识体系中，重构新的知识体系；

（4）具备信息素养的学生能够有效地管理、组织与交流信息；

（5）具备信息素养的学生作为个人或群体的一员能够有效地利用信息来完成一项具体的任务；

（6）具备信息素养的学生了解与信息检索、利用相关的法律、伦理和社会经济问题，能够合理、合法地检索和利用信息。

参考文献

[1]柯平.信息素养与信息检索概论［M］.天津：南开大学出版社，2005.

[2]庄善洁，朱翮，迟秀丽.泛在知识环境下的大学生信息素养教育［M］.北京：知识产权出版社，2012.

[3]周红炜.地方高校大学生信息素质教程［M］.广州：华南理工大学出版社，2011.

[4]喻萍，詹纯喆，谢蓉.现代经济信息检索与利用［M］.北京：化学工业出版社，2010.

[5]The ACRL Board.Framework for information literacy for higher education[EB/OL].[2015-04-20]. http：//www.ala.org/acrl/standards/ilframework.

思考题

1.请举例说明信息、文献与知识的关系。

2.信息资源都有哪些类型？

3.信息素养的内涵是什么？

4.请比较中美在制定信息素养标准方面的异同。

5.北京地区高校信息素养能力指标体系有哪几个一级指标？对照这些指标，你是否是一个具有信息素养的人？

第二章　信息素养的生成

✲本章提要

本章介绍了信息意识的内容，提出了提高信息意识的方法与途径，指出了数字鸿沟与信息素养教育之间的关系，阐述了信息生存及信息能力等方面的具体内容。

第一节　信息意识教育

信息素养是学生建立有效的学习和研究方法及培养终身学习能力的基础，是在教育过程中逐渐培养起来的。个人的信息素养达到什么水平，学校的信息素养教育是否有效，是需要定量的分析与评估的。

在国外，美国是信息素养研究和实践较早的国家，其针对信息素养教育的不同阶段，制定了相应的信息素养能力标准，作为评价个人信息素养能力、指导信息素养教育实践的指南。

1974年，美国信息产业协会主席保罗·车可斯基首次提出“信息素养”的概念，将其定义为“利用大量的信息工具及主要信息源使问题得到解答的技术和技能”。美国图书馆学会（ALA）1989年将“信息素养”定义为“个人认识到何时需要信息，并能有效地寻找信息、评价信息和使用所需信息的能力”。随着信息技术的飞速发展和广泛应用，信息素养的内涵变得更为丰富和深刻。2003年9月，联合国信息素养专家会议发表了“布拉格宣言：走向信息素养社会”，宣称：“信息素养是终身学习的一种基本人权。信息素养正在成为一个全社会的重要因素，是一项促进人类发展的全球性政策。信息素养是大学生投入信息社会的先决条件，也是终身学习的基础”。

在国内，大学的信息素养教育是由早期的文献检索课和计算机教育发展而来的。1984年教育部下发《关于在高等学校开设文献检索与利用课的意见》（[84]高教一字004号）文件，明确要求在高等学校中由图书馆开设文献检索这门课程。由于对信息素养教育培养目标缺乏统一的规划，对教学内容、教学方法没有明确的要求，各高校课程设计随意性大，课时多少不等，教学目标滞后于用户需求，与社会发展需要联系不够紧密。这种现状无疑影响着我国信息素养教育的发展和质量的提高，存在的问题随着社会信息化速度的加快会越来越明显地凸显出来。面对信息急剧增长、知识不断更新的要求，高等教育必须转向培养大学生获取、选择和利用知识的能力。信息素养的提高，对培养大学生的自学能力，独立研究能力和创新能力起着非常关键的作用。因此，如何加强信息素养教育，已成为一个紧迫而有意义的课题。

在信息化社会中，信息素养成为最基本的生产要素。信息素养是大学生适应信息社会的先决条件，也是终身学习的基础。具备较高信息素养的人就是那些知道如何学习的人，是为终身学习做好准备的人。他们懂得怎样学习、如何学习，懂得知识是如何组织的、如何获取信息。而要真正实现这几点，就要求各院校必须重视加强信息素养课程教学工作，将信息素养教育与学科教育及社会实践的现实要求相整合。

网络环境下高校教育与学习模式向问题型、调研型、资源型和研究型模式的转变，要求教师必须在信息资源的基础上向学生提供学习方法，以便学生所有学科的学习过程不限于教材、辅助教材与讲义范围之内，而以信息资源及相应信息素养作为基础。因此信息素养的培养和教育就显得十分重要。学习的目的不只是为了学习学科知识，更重要的是能够学会学习，能够利用信息资源，掌握信息技能，进行交流、探究、解决问题。因此，信息素养学习目标要与其他专业学科的学习目标实现一体化，相互促进。信息素养教育不仅仅是信息技能的培养，还包括以独立学习的态度和方法，将已获得的信息用于进行创造性思维、解决实际问题。因而个人的信息素养实际上就成了一个人学习能力高低的标志，是评价一个人自主研究能力和创新能力的重要指标。因此，信息素养教育具有现实意义和深远意义。

信息意识决定着人们捕捉、判断和利用信息的自觉程度，信息意识的弱强直接决定了信息需求和信息行为的产生。信息意识的教学目标是促使学生的信息意识从潜意识层面上升到意识层面，即使学生的信息意识从感性阶段过渡到理性阶段、由隐性知识过渡到显性知识、由被动的接受状态过渡到自觉的活跃状态。在新的世纪里，人们对创新精神和实践能力是现代人才的基本素质这一论点有了更深刻的理解。然而创新精神和实践能力是建立在知识信息的掌握和竞争信息的获取能力上的，而后者又是以信息意识的强化为基础。目前在高校实际教育工作中，信息意识教育还没有普遍开展起来，这种状况对于培养适应现代信息化社会、迎接未来挑战的新型人才显然不利。

一、信息意识概述

"意识"是人类头脑中对于客观世界的反映，是感觉、思维等各种心理过程的总和，是一种自觉的心理活动。信息意识则专指人对各种信息的自觉反应，具体讲就是人作为信息的主体对信息交流活动在社会中的地位、价值、功能和作用的认识。它既是信息主体对信息的认识过程，也是其对外界信息环境变化的一种功能反应。从功能上讲，这种意识是高校学生在以后和将来适应社会信息化、网络化发展的基础，它对人的信息行为起着调控作用，信息意识的强弱直接影响着信息主体的信息行为效果。具体的信息意识教育有以下几方面的内容：

（1）信息价值意识教育。信息价值意识是指信息主体对信息的作用、功能及其在社会中的价值应有充分的认识。信息价值意识教育的核心就是大学生信息价值观的确立，使他们真正领会"信息是社会三大资源之一"。进行信息价值意识教育，应该注重以下几个方面：

①创新意识。随着素质教育的兴起，"创新"教育已经成为热点话题。人们普遍认为信息时代、知识经济时代客观上要求高校应该造就具有创新能力的人才。创新能力的培养和发挥首要依赖于创新意识的培养，而创新意识的培养又与对信息价值的认识有着不可分割的关联。有了创新意识，人们就会积极地并且有目的地去查询、分析和整合有用的信息，而各种信息又可以帮助人们进行联想，对开辟新的思维境界有着进一步启发的作用。

②树立尊重知识的观念。从信息的角度来看，知识是人类通过信息对自然界、人类社

会以及思维方式与运动规律的认识和掌握，是人的大脑通过思维重新组合的系统化的信息的集合。树立信息价值意识首先要树立尊重知识的观念，要充分认识到使技术和产业在社会中占统治地位、起决定作用的是人的知识。作为大学生，主要任务就是要在短暂的大学生活中掌握扎实的专业基础知识，为今后的发展做铺垫。

③全新的时空观念。信息的价值并不是绝对的，随着时间的推移，信息的价值很有可能会逐渐消失，也就是说信息具有老化特性。在信息化时代，这种特性更为明显，正如有的文献上所说"速度经济取代了规模经济"、"货币光速般地在运行，信息必须运行得更快"。在高校教育中我们要向学生灌输信息价值的时间特性，要让他们深刻认识到只有尽早获取和利用相关的信息，才能发挥这些信息的价值，才能用这些有价值的信息去获取事业上的成功，否则这些信息不仅会变为无用，而且极有可能成为信息的污染源，祸及其他。信息时空观念的变化，是由信息技术的飞速发展引起的。

信息技术尤其是网络技术的产生、发展和广泛应用加强了全球经济、政治、文化的联系，加速了全球一体化的进程。这必然要冲击传统的狭窄的民族心理和各民族之间封闭的状态，全球意识成为日益流行的观念。正是在这种观念的引导下，人们开始注意将眼光放远，世界各地的信息都有可能成为自己的资源财富，而自己的信息有可能也有必要传播到世界各地。

④未来意识。未来意识的培养，一方面要让学生认识到信息的预测性；另一方面要让学生明白掌握信息不能只为眼前，更重要的是为将来的发展打下基础。只有增强了未来意识，学生们才有可能主动根据过去、现在的数据和事实进行信息的分析与综合，并对事物的发展趋势做出预测，对未来进行设想和筹划。

（2）信息获取意识与信息传播意识教育。传递性是信息的基本属性之一。信息的传递性，一方面是指信息可以通过一定的物质形式进行传递；另一方面是指信息的获取和信息的传播必须要经过传递。信息虽然有着传递特性，但它必须在人们的信息获取意识和传播意识的控制和调节下才能体现出来。信息获取意识是指信息主体要具有主动寻求和发现信息的意识。信息化社会中存在着各种各样的信息，过去那种教师"满堂灌"的教学模式已经无法满足学生对知识的需求，更无法满足社会对学生的要求。信息获取意识教育正是引导学生不仅要认识信息的价值特性，更要有积极探询有用信息的观念。这种观念对用户将信息意识转化为信息行为起着发动、催化和调节的作用。

信息传播意识就是指信息主体要具有将自己创造或获取的信息传播给其他信息用户的观念。信息传播意识教育就是要引导学生认识到信息作为一种资源其价值只有在它的传递和流通过程中才能体现出来。过去我国许多科研机构和高校的科研成果被束之高阁，没有转化为生产力，就是因为其没有及时地被传播出去，从而使科研成果失去了真正的价值。著名信息学家萧伯纳有句名言："假如你有一个苹果，我也有一个苹果，我们相互交换，我们各自只得到一个苹果；假如你有一个思想，我有一个思想，我们相互交换，我们各自得到两个甚至两个以上的思想"。我们在高校开展对学生的信息传播意识教育，就是让学生有信息传播概念，认识到自己不仅能够从他处获取信息，而且自己也有义务、责任和能力通过多种媒体和渠道传播信息，使这些学生成长为信息传播的活跃分子。

（3）信息保密意识和信息守法意识教育。尽管目前我们一再强调信息资源的共享性，但某些特定的信息内容却需要某种程度的保密，如家政治、经济、军事等机密内容，尖端科技成果，单位的秘密，个人的隐私等，都不可以随意散播。有些信息内容如果任意散播，不仅是道德问题，还有可能涉及法律问题。信息保密意识是特定社会环境下的特定要求，有没有信息保密意识在很大程度上决定着一个人能否在社会中立足，能否在工作中得到认可并取得成功。

由于信息流通渠道的可用性以及信息交流的国际化，因而在获取、传播和利用信息方面已出现许多问题，为此各国以及一些国际组织制定一些法律法规来规范和约束信息活动。如我国颁布的《计算机信息网络国际联网安全保护管理办法》、《中华人民共和国计算机信息系统安全保护条例》、《中华人民共和国计算机信息网络国际联网管理暂行规定》、《CHINANET用户入网责任书》、《数据库入网责任书》、《网络发布信息注意事项》等一些规定。信息用户信息守法意识教育的目的就在于培养大学生对他人信息和使用信息权利的尊重、遵守传播和使用各类信息的有关规定等。

（4）信息安全意识教育。信息技术在给人类的信息交流带来实惠的同时，也带来了不少问题，其中以信息安全问题最为突出，尤其是计算机网络上的信息安全问题，影响非常大，已引起人们的格外注意。信息安全问题主要是指：如何保护信息系统免遭他人的攻击而泄露、丢失、更改信息内容。造成信息交流不安全的因素概括起来有：人为因素，主要是指人为地攻击信息网络以获取和破坏信息内容以及信息系统，这里既包括有意的行为也包括无意的损害；技术因素，主要是指信息系统、信息网络系统本身就存在着许多漏洞而容易造成信息的不安全。信息安全意识教育就是要教育学生意识到在进行信息交流时应当处处注意相关的信息安全，在使用各种信息工具，特别是计算机及其网络时应注意：

①加强密码的管理，不使用人们熟知的数字和名字作为密码。对于大学生，还特别要强调不应将密码随意告知别人。有的同学出于友情和面子将其密码（存折密码、牡丹卡密码、上机卡密码等）告诉自认为关系不错的同学，这不仅给其他同学带来了额外的替其保守密码的责任，而且对于相应信息数据的保护是非常不利的。

②对重要的和有用的信息应当有备份，以防信息系统和存储介质的损坏。

③掌握更多的技术和相关的法规，防止由于技术不精而无意中对信息安全造成危害。

④要有保护与己相关的信息系统的安全措施，防止他人的进犯和破坏。从理论上讲，绝对的信息安全是没有的，但我们可以尽力将潜在的危险性降到最低限度。

（5）信息动态变化意识教育。信息的存在价值就在于它的动态性，在动态过程中，旧的信息逐渐失去了它的生命力，不断被新的信息所取代和超越。在信息化的社会，信息的更新要比以往更为频繁，尤其是网络上的信息，有的几天一更新，更有的是几个小时就进行更新。往往是几天前查的内容，今天再进入该网页时其信息内容或是被刷新或是被取消。信息动态变化意识教育就是要让学生们认识到应该不断探求新的信息、开发新的知识，要认识到信息垃圾和过时信息存在的障碍和副作用，同时也要根据信息更新这一特点及时了解最新信息，并对已获得的有价值的信息留心保存。

（6）信息经济意识教育。信息经济就是以信息商品及其服务为基础或基本形式的经济，这是一个与物质经济相区别的概念。将信息作为商品，就意味着我们可以通过对信息的销售获取利润，可以用货币去购买信息。信息经济意识包含着三方面的内容：一是信息是可以卖的，二是信息是可以买的，三是存在着专门的信息咨询服务企业为人们进行信息买卖服务。信息作为一种可以消费的商品，虽说不完全是新的概念，但在实际运行中还是经历了不少曲折。在过去的许多科研项目、生产建设项目中都存在重复现象，有不少人认为花钱搞具体项目尽管没有成功也可以说得过去，但让他们拿出部分资金花费在信息获取与分析工作上则认为不可以接受，是浪费。值得欣慰的是，花钱买信息的消费意识现在正在确立。

（7）信息污染意识教育。信息污染意识指两个方面：一是要意识到信息流通渠道存在着许多错误的、虚假的、被污染的信息；二是要意识到信息系统也会出现故障，给出错误的信息。"被污染的信息"在这里含义广泛，不仅指错误的、虚假的信息，也包括无任何使用价值的信息。这些信息或是人为故意制造和传播的，或是信息制造者由于知识与能力问题而无意制造与传播的。这些信息往往与真实有用的信息混合在一起。错误的信息不仅不能帮助人们解决问题，而且会带来许多麻烦，甚至导致严重的损失。意识到信息系统也会给出错误的信息这一点是非常重要的。有的人过于相信信息技术尤其是计算机，以为经过计算机处理的数据一定是正确的，而有的人正是利用这一点为自己开脱责任。

二、信息思维训练

信息思维训练可以通过以下几个途径实现：

（1）在教学过程中加强信息意识教育，包括设置相关的信息教育系列课程并纳入全校公共课，如信息理论、信息技术知识、信息资源的查询与利用等；在专业知识教学过程中融入信息意识教育，把学习"如何学习"融汇于正式教育。

（2）优化校园环境，提供多种培养信息意识教育的条件和机会。如发展计算机网络即校园网；提供先进的系统软件与应用软件；围绕信息意识教育开展丰富多彩的网页设计比赛、信息伦理道德辩论、信息法规宣传等活动；加强计算机辅助教学与辅助管理。计算机辅助教学是以计算机为主要媒介而进行的教育活动，计算机辅助管理是将计算机技术应用于教学管理、后勤管理、人事管理和图书馆管理等工作中，逐步做到无纸化办公。在校园中营造一个信息技术应用氛围，增强师生信息意识的紧迫感；提供信息教育的机会；激发学生掌握信息技术的欲望。计算机在教学管理中的应用，不但可提高教学效果，提高管理工作效率，而且对增强学生的信息知识和信息意识，有着不可忽视的作用。

（3）在大学生接受信息意识教育过程中，充分发挥高校图书馆的教育职能。当前不少大学图书馆和院系资料室在促进学校课堂教育与图书馆服务上双向渗透，与学校的教学科研保持"互动"。图书馆和资料室的优势在于：第一，有着丰富的信息资源，包括传统印刷型文献和现代电子出版物、多媒体教学辅助系统及网络资源。第二，随着信息时代的到来，有不少图书馆开始自己设计开发制作多媒体教学软件，有自己的网络信息源和数据库，从而为学生提高信息素养开辟了一个良好的学习环境。第三，针对不同的用户群开展用户培训。近年来，在广泛庞大的信息资源使用户倍感困惑的情况下，图书馆不断增加现代技术设施，结合用户群体特点，有针对性地开展用户培训活动。如不同载体的信息资源以及各种数据库的获取方式和检索策略，这对加强学生的信息意识无疑有着很大的帮助。

（4）加强教师自身的信息意识。教师是学生的榜样，所以教师要注意自身的知识更新，自觉提高信息意识，紧跟时代步伐，站在科学前沿，捕捉最新信息，更新教学内容，这对于培养学生的信息意识有着潜移默化的作用。

第二节　信息化生存

人类即将进入信息化社会，生活在信息中的人们的生存境况将随之发生深刻的变化。一方面，由数字0、1组合的比特形式所构建起来的信息世界是一个高度人化的世界，在其中，人们最大限度地摆脱了物质现实的束缚，实现了自由自在的理想生存；另一方面，在信息化世界里，人们不断被信息同化、物化，由此，生存要承受不可忍受的空虚、轻浮与急迫———这就是信息化生存的两重性。

一、信息焦虑

当前是一个信息爆炸的时代，因特网在不断地调整、新的信息发布渠道不断涌现、搜索引擎良莠不齐，给图书馆资源建设、服务内容、服务方式等带来了深远的影响。联机计算机图书馆中心（Online Computer Library Center，OCLC）2005年的一项调查显示，大学生在开始课题研究时，70%使用搜索引擎，10%选择在线图书馆，而仅有14%选择到馆获得服务。信息环境的变化导致了图书馆用户行为、种类和心理发生变化，产生的用户群体现象，即用户信息焦虑。这一现象主要存在于需要利用信息开展工作和学习的用户中。他们意识到在信息检索和发现过程中需要花费大量的时间在无用的信息上，而且很容易被网络干扰信息打断思路，甚至面对大量数据"缺乏抽取所需信息的能力"，"所理解的内容与期望自己应该理解的内容之间存在差距"，导致时常会产生紧张和焦虑情绪。信息焦虑削弱了学生学习、钻研的兴趣，阻碍了信息被记忆、被利用、被传递，更隔断了学生对信息加以利用和交流的根本动力。

图书馆作为信息服务机构，在肩负传播知识和文化使命的同时，应该承担起指导"焦虑用户"正确、理性、有效利用信息资源进行文化创造的责任。

曾有学者对大学生的信息焦虑做过问卷调查，通过SPSS（Statistical Product and Service Solutions，统计产品与服务解决方案）系统对问卷数据进行因素分析，大学生信息焦虑的影响因素大致可以归为理解障碍、检索障碍、选择障碍、组织障碍和获取障碍，这5个因素伴随于用户学习和研究的过程中，而且环环相扣，都对用户心理和情绪产生影响。

（一）理解障碍

理解障碍是指用户在学术研究过程中不理解研究目标或任务所传递的信息需求，不清楚所需信息的类型和主题范围，以致总感觉所查的相关研究成果太少，遗漏了必需的信息；或者由于查询目标定得太宽，以致查到的相关信息过多，从而产生烦躁和焦虑情绪。调查结果显示，69%的学生存在理解障碍。他们普遍反映对某个命题不太理解，感觉缩小文献查询的范围很难。理解障碍主要受限于每个人的理解能力，而理解能力又与自身拥有的知识密切相关，然而每个人的知识是有限的，学习能力更是因人而异。因此，图书馆作为一个信息组织者，首先，除了有序地排列信息外，更要把复杂的信息描述清楚，使它们能够被他人理解；其次，图书馆作为一个供他人学习、具备丰富师资力量的场所，更应该担负起培养学生正确的学习方法和知识教育的责任。

（二）检索障碍

检索障碍是指用户在检索过程中由于检索知识缺乏、检索策略不当或检索工具使用不熟练而找不到所需的信息或者不清楚如何检索信息。调查结果表明，当今大学生并不因为广泛利用信息技术而提高了信息检索的能力，相反，78%的学生反映自己信息检索的效率低下，不会制定有效的检索策略，极少能够选用合适的主题词正确表达信息需求；许多学生通常只依赖一种通用搜索引擎，所以很难查找到所需特定类型的信息；很多学生也反映由于外语水平低，很少搜索外文文献或使用国外学术搜索引擎。

图书馆员熟悉各种大型搜索引擎，清楚搜索引擎工作原理和数据库之间的关联，应该承担培养学生信息技能和指导学生信息检索的责任。

（三）选择障碍

选择障碍是指用户在信息搜索过程中受求全心理的驱使，同时由于大量虚假信息的存在，使其在文献鉴别和选择方面耗费大量的时间。调查中发现，72%的学生认为信息选择已经成为他们的研究障碍，让他们产生焦虑。许多学生表示"我只是不停地在获取，来不及思考"，"我的一贯心理和习惯便是试图寻找到最全面的信息，之后把这些信息混淆了"。选择障碍直接导致用户在选择环节花费大量的时间，而缺乏时间去理解隐藏在数据背后的信息，无法将有价值的信息组织利用起来；同时，选择接收的信息越多，越容易混淆他们的视线，影响他们的感知能力。而图书馆具备信息资源开发的人才优势，通过促进信息资源开发与服务部门间的交流合作，有助于了解用户所需、摒除无用信息的干扰，推动用户对信息的理解和选择。

（四）组织障碍

调查显示，68%的学生缺乏有效组织信息的能力，尤其在对学科背景进行调研或文献综述中，缺乏对信息主题的精确把握、深度挖掘和加工整理归类，直接导致无法进一步识别和选取信息中可资利用的内容，难以结合自身知识拓展选题所需、进一步明确选题方向、精确检索目标、删减冗余信息。组织能力的强弱关系着用户对信息检索结果的满意程度。由于普通用户缺乏信息组织能力，一味地信息堆砌还会让用户再次陷入信息泥沼，使研究受阻，导致信息焦虑程度进一步上升。图书馆应充分利用馆内外人力资源为克服用户组织障碍搭建服务桥梁。

（五）获取障碍

信息提供方没有所需的信息资料或者信息用户虽检索到所需信息的馆藏地址但无法获取该文献时，用户的焦虑程度会陡然升高。另外，OA（Open Access，开放存取）等开放性电子期刊需经过专家评审、质量考证等环节，在一定程度上也导致了信息的滞后，而信息时滞的客观存在也是影响用户信息获取的一个重要因素。调查显示，82%的被测学生在信息检索过程中碰到过信息无法获取的问题，其中67%的学生经常遭遇这种情况。这种结果表明，信息获取障碍是产生焦虑最普遍的因素之一。

二、数字鸿沟

在全球化竞争激烈的背景下，21世纪面临的是一个快速变化的信息时代。在信息社会，信息已成为社会的基础资源，是现代人工作、生活所必需的。欧盟的研究认为：信息时代个人工作所具有的信息技能，是个人能否顺利进入职场的先决条件之一；是否具备符合职场所需的信息技能，也是立足于劳动力市场的重要依据。由于经济发展、地理区域、教育水平差异等因素，信息化浪潮为人们带来机会的同时，也形成了普遍存在于人群中间的数字鸿沟（Digital Divide）。如何缩小数字鸿沟、培养信息素养，是信息社会的重要议题。

（一）数字鸿沟、信息素养理论的发展及二者之间的关系

1.数字鸿沟理论和信息素养理论的发展

数字鸿沟是指在信息社会中，个人或群体在信息科技应用、信息资源获取与利用上的差别。美国商务部国家电信与信息管理局（National Telecommunications and Information Administration，NTIA）发布的报告指出：在信息社会，计算机与网络等信息工具对于个人的经济成就及职业发展具有关键性的影响力，是否拥有计算机和运用计算机能力的高低将成为主宰贫富差距的力量。经济合作与发展组织（Organisation for Economic Cooperation and Development，OECD）把数字鸿沟定义为存在于个人、家庭、企业和地理区域的信息存取和信息科技运用因不同的社会经济环境和网络利用活动而呈现的机会差距现象。祝建华在《数码沟指数之操作定义和初步检验》中简洁明了地定义数字鸿沟为社会各阶层之间在使用互联网上的差别。从以上定义可以明确数字鸿沟是一种差异表现，形成差异的因素包括性别、年龄、家庭收入、教育程度、地域和社会阶层等，而这种差异影响着个人在信息时代的经济成就与职业发展。

信息素养是一项能觉察信息需要，并有效查找、评估、分析与利用信息的能力。自美国学者Paul Zurkowski于1974年首先提出信息素养概念后，国内外学者对信息素养的内涵进行了广泛深入的研究。美国图书馆学会（American Library Association，ALA）的报告指出，具备信息素养使人们在面对相关的切身信息（如医疗保健、就业机会、社会经济政策、环境卫生、教育制度、消费者权益等）时，懂得搜集与有效的利用，据此建议改革教育以培养学生的信息素养为主，使学生能主动了解和利用各种丰富的信息资源，打下独立学习和终身学习的基础。实践独立学习和终身学习的个人，能够探索与个人兴趣有关的信息，并能理解文献和对信息进行其他形式的创见性的表达以及能够在信息查询与知识竞争中力争最优。在信息素养内涵维度建构上，学者们从不同角度进行了研究。McClure认为信息素养不仅是一种观念，也是一种解决信息问题的能力，包括传统素养、电脑素养、媒体素养和网络素养等。Shapiro和Hughes将高等教育信息素养剖析为工具素养、资源素养、社会结构素养、研究素养、出版素养、科技素养和批判素养。Bruce认为信息素养是经验的全部，建议学生从七个方面积累：信息科技经验、信息来源经验、信息处理经验、知识结构经验、知识扩展经验和智慧经验。台湾学者吴美美提出信息素养可通过内在与外在两种能力来考察。内在的能力包括：能理清问题、分析所需要信息、正确解读信息及组织对自己有用的信息。外在的能力包括：知道信息源在哪里、知道如何获取、能用适当的方式将吸收的信息呈现出来并利用信息来解决问题。王锦贵把信息素养内涵解构为信息意识、信息能力和信息伦理三方面内容，指出信息意识反映了个人对信息的敏感程度，信息能力描述了个人获取和利用信息的能力，而信息伦理则是指信息使用过程中需要遵循经济、法律和社会规范。

2.数字鸿沟与信息素养

数字鸿沟内涵可以分为两层：第一是信息接近（Access）机会，个人在拥有电脑、网络接入和网络使用行为上的差异；第二是信息素养和信息进修机会，个人应用信息科技和利用信息的差别。信息接近意味着一种能够接近使用计算机、网络和信息资源的状态，它的使用包括硬件设施和信息资源的接近。信息科技设施的接近包括信息基础建设以及电脑网络相关设备与服务的拥有和使用。硬件设施的解决并不等同于信息资源的获取，只是为

其提供了条件。硬件设备的拥有和有效信息的接近，才形成所谓的信息接近。由于信息资源的市场化运作，社会弱势群体往往被淹没在垃圾信息中，从这个角度而言，人人享有平等利用图书馆的权利，即保障社会各群体都拥有对信息资源的接近机会。在现实生活中，信息的接近使用机会，往往因为不同的收入、群体、城乡发展状况和教育水平而存在显著差异。为应对信息接近机会的数字鸿沟，政府应该秉持普及服务（universal access）的理念。普及服务意指社会在建设网络基础设施的同时，也应该致力于提升国民的网络使用能力，并提供与使用者切身相关的信息内容，使之得以接近使用。Berte 和 Bjornson 认为普及服务的概念应该包括四个方面：

（1）可获得性（Availability），让想上网的人都能联网；

（2）可负担性（Affordability），网络的使用资费在普通使用者可以负担的范围内；

（3）可用性（Usability），网络能够让大众方便使用，不会发生操作上或内容获取上的困难；

（4）相互可操作性（Interoperability），各种格式的信息资源可自由转换，用户不会产生认知上的困难。

能够接近使用各种信息科技和信息资源，是获取信息与知识的必要条件之一，但非充分条件。信息的接近，并不必然保证信息的获取，也不等同于信息的有效吸收与利用，更不能保证知识的增长。个人需要具备一定的信息素养，才能够有效地运用信息科技获取、评价和利用信息。缺乏信息素养者即使能够接近信息，也不一定能够从中获益。OECD 的数字鸿沟报告明确指出信息社会的良好运作并非单靠完善的信息环境与服务可以完成，政府除了要提供良好的信息基础建设和相关服务外，更要培养良好信息素养和信息技能的信息使用者，这样才能让人们在信息社会中充分利用信息环境与服务，为自己与社会创造更多的价值。信息素养反映个人获取和利用信息的能力，是独立学习的基础。因此，可把数字鸿沟的第二层内涵归结为信息素养的差异。越来越多的政府与机构把普及服务的理念延伸到信息素养的普及教育中，在各级学校与教育机构开设信息素养相关课程，推动信息素养培训活动的开展。

Ronald（1991）在回顾关于信息科技与社会公平的研究中发现：个人的家庭收入影响个人家庭电脑的有无，而个人家庭电脑的有无以及在校能否有机会使用电脑是决定信息能力的重要因素之一。另一方面，网络使用程度越高和电脑技能越强的个人或群体，越能达到使用网络的目的，能更快捷地获取所需信息，扩大与信息匮乏者之间的信息接近机会。信息接近是信息素养培养的基础，信息素养的高低又决定了信息接近机会。

（二）启示

从数字鸿沟与信息素养的理论发展及相互关系得出，我们应从信息基础建设和信息素养培养两方面应对信息时代越来越严峻的数字鸿沟问题。

1.制定和实施有关的信息与电信基础设施建设政策，保障人民的信息接近权利

政府应重视信息基础建设与使用的普及程度，秉持普及服务（Universal Service）与平等接近（Equal Access）的理念制定和实施有关的信息与电信基础设施建设政策，保障人民的信息接近权利。目前，我国乡村地区或偏远地区的电话、计算机与互联网等信息基础建设的普及率和使用率远落后于都市地区，信息基础建设的普及和使用随着当地群众的收入、社会经济地位的不同也呈现出不同的差异。针对这些实情，政府应通过市场竞争与研

发新技术，促使信息基础设施的建设成本和使用负担能够持续下降；运用行政资源支持和鼓励运营商在农村和偏远地区投资信息基础建设；在学校、公共图书馆和社区中心等建设公共信息中心，提供免费使用的计算机和互联网联机服务；刺激电子政务、电子医疗、电子教育等领域的需求，扩大企业与政府部门的应用服务，促进应用与服务创新。

2.规划各级教育机构的信息素养培养计划，协助培育具备良好信息素养的劳动力

政府要依靠大学高等教育资源，提供适合市场需求的信息技术培训计划，协助培育具备良好信息素养的劳动力。在具体措施的实施上，各大学、大学图书馆与相应学会要积极推动信息素养教育活动计划。各级学校应将信息素养与阅读、写作和数学并列为学生必备的四项能力，各大学有必要开设信息素养相关课程。除了发展信息基础建设、提供公平的信息接近机会之外，更重要的是必须培养人们的信息素养及技能，这样才能使人们有能力运用信息科技，享受其所带来的便利，进而提升国家的全球竞争力。

第三节　信息能力

信息能力（Information Ability）是信息素质教育的主要方面，它包括信息获取、加工处理和利用能力等。在当今信息时代，一个人信息能力的大小在很大程度上决定着他的社会活动能力和工作能力。仅有信息意识而没有信息能力的人是不能选用好各种信息的。因此，对大学生进行信息能力教育，能够增强其自身的信息能力，使其能在纷繁无序的信息中筛选、鉴别出自己所需类型的信息，并能熟练应用有关信息技术和信息工具充分加工利用这些信息。总而言之，信息素养不仅仅是诸如信息的获取、检索、表达、交流等技能，而且包括以独立学习的态度和方法，将已获得的信息用于信息问题解决、进行创新性思维的综合的信息能力。培养信息素养就是要培养终身学习的能力。

一、信息能力的定义、发展及内涵

信息能力指理解、获取、利用信息能力及利用信息技术的能力。理解信息即对信息进行分析、评价和决策。具体来说就是分析信息内容和信息来源，鉴别信息质量和评价信息价值，决策信息取舍以及分析信息成本的能力。获取信息就是通过各种途径和方法搜集、查找、提取、记录和存储信息的能力。利用信息即有目的地将信息用于解决实际问题或用于学习和科学研究之中，通过已知信息挖掘信息的潜在价值和意义并综合运用，以创造新知识的能力。利用信息技术即利用计算机网络以及多媒体等工具搜集信息、处理信息、传递信息、发布信息和表达信息的能力。

国外对信息能力的研究始于20世纪70年代。1974年，美国信息产业协会主席Paul Zurkowski首次使用"信息能力"这个概念。他认为：一个人通过培训能把信息资源应用到其工作中，便可被认为具备了信息能力。进入20世纪80年代，计算机技术广泛应用到信息处理过程，因此专家们都认为，信息能力首先是要具备利用计算机了解和获取信息的过程，包括：能为不同目的选择最佳的获取信息的渠道；了解各种信息资源系统和鉴别信息的价值；掌握获取和存储信息的基本技能。其基本点是具备信息处理技术，具备筛选、鉴别和使用信息的能力。到了20世纪90年代，专家们则认为信息能力是一个含义广泛和综合性的概念，这种能力必须终身学习才能获得并不断发展。综上所述，信息能力的概念包括：

（1）能充分利用新的信息技术来获取和处理所需的信息；

（2）遇到问题时，知道需要某种信息，乐意去查找和使用信息；

（3）掌握查找信息的各种途径和方法，具备组织、分析、鉴别、评价信息价值的能力；

（4）能有效地利用信息来解决实际问题。

二、信息能力的因子结构

信息能力的构成因子应包含以下几个方面：

（一）收集信息的能力

所谓收集信息的能力，是指对于给定的目标，能选择适当的手段，自主地、不遗漏地收集信息的能力。

收集信息对于我们认识问题、理解问题、明确问题是十分重要的。认识问题、理解问题、明确问题是解决问题的条件和前提。

收集信息应有明确的目标。收集信息应基于给定的目标，选择一定的信息源，以实现信息的有效收集。对于收集到的信息，应进行有效的评价，不仅要评价收集到的信息，还应评价收集信息的方法、效果，然后基于评价的结果去完善信息收集。评价是实现有效收集信息的重要步骤。

（二）判断信息的能力

所谓判断信息的能力，是指从众多的信息中，选择必要的信息，判断其内容，并从中引出适当信息的能力。

随着信息技术的广泛应用，信息的发布、修改、传递变得越来越容易，这使得在传递的信息中，特别是在因特网这样的虚拟世界，有许多片面的、不实的、无用的甚至是虚假的信息。在这种情况下，必须对收集到的信息进行批判性的思考。对信息的判断、识别是非常重要的。

（三）表现信息的能力

所谓表现信息的能力，是指以一定的表现方法，采取一定的形式，对信息进行整理、表现的能力。

随着信息社会的发展，人们不仅要接受信息，而且还要以一定的形式发表自己的观点、意见和看法，这就需要表现信息。

表现信息应根据表现信息的目的、特点，选择不同的表现方法和表现形式。只有这样，才能有效地表现信息。

（四）处理信息的能力

所谓处理信息的能力，是指对于收集到的信息，能通过适当的处理，读取其中隐含的、有意义的信息的能力。

在我们阅读的大量信息中，有许多有意义的内容并不是显性的，不是很容易发现的。对于这些有意义的内容，只有通过对信息进行适当的处理后，才能从中读取到这些更为重要、更加深层次的内容。对信息的处理能力，在我们对信息进行理解和分析时，是十分重要的。

（五）创造信息的能力

所谓创造信息的能力，是指基于自己的认识、思考、意见，去创造信息的能力。

信息社会是一种创新型的社会，创造信息对信息社会的发展具有重要的意义。作为创造信息的实例，如发表一篇论文、发表一篇演讲、撰写一份报告，又如发表一篇小说、拍摄一部电影等，这些都是基于自己的一些认识、思考所创造的新信息。

（六）发布与传递信息的能力

所谓发布与传递信息的能力，是指能基于信息接受者——受众的立场，在信息处理的基础上，对信息进行发布与传递的能力。

信息社会的发展为人们提供了丰富的发布信息、传递信息的手段。例如，利用电视播放系统，特别是利用因特网，人们可以十分便利地发布、传递信息。发布、传递信息时，应根据受众的情况、特点，选择发布、传递信息的手段和形式。

在发布信息时，应对信息进行适当的处理，负责任地予以发布。信息能力由以上6个基本因子所组成。信息能力的这6个因子相互之间具有一定的独立性，其中的任何一个都不能被另一个所代替，也不包含另一个。信息能力是这6个因子的综合，对于一个现实问题，不能仅靠其中一两个因子，而应依靠这6个因子的综合应用来实现问题的解决。

三、信息能力的作用

（一）信息能力是开拓与创造的基础

科学技术的迅速发展，涌现出大量的科技信息，要开拓新的研究课题，仅靠自己的学识是难以办到的，还要依靠他人的经验，借鉴他人的成果，使之成为新的研究方向的依据。这就需要研究人员自己去获取有用的信息，这时信息能力就成为科学研究有力的助手。

（二）信息能力对人的成才具有帮助作用

信息能力是综合的能力，是创新的基础，人们获得了信息能力，进而就可获得创造能力，促进人的智力水平的提高。

（三）信息是区分现代人才与传统人才的关键

传统教育培养的人才以知识型为主，他们所接受的狭窄的专业知识，逐渐被新的知识替代。信息时代新知识不断涌现，能够适应这种发展潮流的人被称为现代人才，也称之为"信息人"。只有具备了一定水平的信息能力，才能在信息的浪潮中游刃有余。

参 考 文 献

[1] 杨晓兵.网络环境下文献检索与利用课的改革与实践[J].现代情报,2008（11）：202-204.

[2] American Library Association.Presidential Committee on Information Literacy：final Report [EB/OL]．（1989-01-10）[2007-01-10].http：//www.ala.org/ala/acrl/acrlpubs/whitepapers /presidential.htm.

[3] Rader H B. Information literacy 1973-2002：a selected literature review[J]. Library Trends，Fall，2002，51（2）：242-259.

[4] Maughan P D. Assessing information literacy among undergraduates：a discussion of the literature and the University of California-Berkeley assessment experience[J]. College and Research Libraries，2001，62（1）：71-85.

[5] 杨晓兵.大学校园环境下信息素养教育的新发展[M]//李笑野，陈骁，王伯言.再造

大学图书馆：上海财经大学图书馆的实践与思考[M].上海：上海社会科学院出版社，2013：189-195.

[6] 周均兵. 信息素质的概念建构[J]. 图书与情报，2007（2）：67.

[7] 谢守美，赵文军. 嵌入式信息素养教育——信息素养教育的新途径[J]. 情报资料工作，2012（1）：108-111.

[8] 陈志慧. 大学生信息能力与图书馆知识资源利用率的内在关联[J]. 情报理论与实践，2011，34（1）：43-46.

[9] 张莉. 数字鸿沟与信息素养之关系研究[J]. 图书馆界，2010（2）：16-18.

思考题

1.信息素养教育包含哪几方面的内容？

2.信息思维训练有哪些途径可以实现？

3.大学生信息焦虑的影响因素有哪些？

4.数字鸿沟内涵可分为哪两层？

5.信息能力的构成因子包含哪几方面的内容？

第二编　信息检索篇

第三章　经济信息概述

❋本章提要

　　本章介绍了经济信息的概念及类型，阐述了经济信息的特征和功能。

第一节　经济信息的概念与类型

一、经济信息的概念

　　不论是在宏观经济还是在微观经济活动中，都存在着大量经济信息，人们通过接收、传递和处理经济，反映和沟通各方面经济情况的变化，借以调控和管理生产，实现管理环节间的联系。经济信息分为计划信息、控制信息、生产和经营信息、统计信息等。它们有的来自经济单位外部，有的产生于经济单位内部，故有时也分别称为外源信息和内部信息。在整个社会生产过程中，无时不在产生和使用大量的经济信息，它是客观经济过程的基本构成要素之一。

　　经济信息是信息的一种，属于人类社会信息的重要组成部分，它常常表现为各种经济数据、经济指标、经济资料等。按信息的一般概念，经济信息实质上是各种经济运动发展变化及相互内在联系的客观反映。由此，可以把经济信息的内涵归纳为：一是社会各种经济活动的信息。社会经济活动是多种多样的，反映经济活动的信息也是多种多样的。二是反映社会经济发展变化、相互联系及其特征的信息。三是经济运动和发展变化、相互联系及其特征的客观反映。总之，经济信息是反映经济活动实况和特征的各种消息、情报、资料、指令等的统称。

二、经济信息的类型

　　现代经济是一个建立在深厚的知识和技术基础上的复杂系统。虽然经济发展离不开自然物质资源的开发和利用，但是，忽视经济信息资源的开发利用，会严重影响社会经济的发展，因为经济信息作用于经济活动过程，能更好地利用和开发各种自然存在物，为人类社会创造更多的物质财富，也就是说，有效地开发利用经济信息已成为现代经济发展的一种推动力。

　　经济信息的开发和利用，就是将所搜集到的经济方面的信息进行再加工研究，将其变成动态知识、情报和信息流，从而最大限度地满足经济建设的需要。

　　（一）市场信息

　　市场信息是指市场经营活动的信息，即有关市场活动的消息、数据，是对市场上各种经济关系和经营活动的客观描述和真实反映。具体来讲，狭义市场信息是指有关市场商品销售的信息。它的内容包括：商品销售情况、消费者情况、销售渠道与销售技术、产品的评价。狭义市场信息是企业制订经营计划和决策的依据。广义市场信息是多方面反映市场活动的相关信息，内容包括：社会环境情况，社会需求情况，销售情况，流通渠道情况，产品情况，竞争者情况，原材料与能源供应情况，科技研究、应用情况及动向。

广义市场信息是企业在全国或国际范围推销商品和经济管理与规划的基础信息。

市场信息作为一种重要的社会资源，是社会生产力发展的强大动力，在现代经济活动中起着极其重要的作用。市场信息占有与开发的多少直接影响着一个部门、一个企业甚至一个国家的生产和贸易能力。

（二）产品信息

产品是市场的核心，一切经济信息的收集和利用都是为了产品流通与交换这一目的。产品信息包括生产资料产品和生活资料产品，而与企业生产成败有直接关系的是：

（1）价格信息。价格信息不仅仅是对价格本身变化的反映，由于价格范畴是商品经济的基本范畴，价值规律是商品经济的基本规律，因而作为反映价值和价值规律的价格运动，同商品经济发展中其他方面的运动是有着密切联系的。它们相互作用、相互影响、互相制约。这样，从广义来讲，价格信息的来源不仅仅是价格本身的变化，而是一切与价格、价值变化有关的社会、经济乃至自然情况的变化，包括法规、政策等。

（2）商标信息。在商品经济社会中，商标是不可缺少的，并起着重要的作用。所谓商标，是经营者为了把自己的商品和其他商品区别开来而给商品加上的标记。

（3）样本信息。样本信息即实物信息，对生产厂家进行技术开发、产品开发和外购订货都是有重要参考价值的，因为产品样本所介绍的产品技术信息都比较成熟，基本上介绍的是已经投入市场销售的产品，附有较多的结构图、比例图、线路图、照片、曲线、表格和数据，甚至还附有图纸和样品。

（4）标准信息。标准是相关的团体合作而建立的共同准则，是从获得更好效益的角度出发，以技术规格，统一规定，简要说明的形式颁布的。标准信息用于公司、企业了解竞争对手的动向，控制新的市场（尤其是国外市场），设计新产品，改进产品质量，降低生产成本，控制工作环境。

（三）金融信息

凡是由银行体系或金融信息系统收集、整理、存贮和提供的一切经济信息，可以统称为金融信息。金融信息对经济增长与发展具有特别重要的意义。具体反映在两个方面：其一，它是个别经济单位实行成本核算、加强经营管理、获取最大经济效益的依据。其二，它是政府制定宏观经济规划、协调国民经济发展、实现经济良性循环的纽带。

（四）技术经济信息

科学技术是第一生产力，科学技术在经济建设中作用重大。科研成果变成了商品加入到经济流中，所以技术经济信息是关于技术市场中技术经济活动及其发展变化的信息。

第二节　经济信息的特征与功能

一、经济信息的特征

（一）经济性

这是经济信息的首要特征。经济信息的主要内容是反映社会生产力和生产关系方面运动变化的特征，它产生于社会经济活动，又服务于社会经济活动，是构成生产力的首要资源。既是来自于有关经济政策、经济制度等上层建筑方面的经济信息，也是为经济活动服务的。信息对于管理（特别是经济管理）是十分必要的，信息是对管理的一种投入，这种投入也要求是经济的，即以尽量小的成本和代价来获得尽量多、尽量有价值的信息。这也是管理本身的要求。因为管理本身就是一种讲求效率和效益的活动。如果我们只强调信息对于管理的重要性，而忽视其经济性，以为只要获取信息，就可不惜一切代价，这是不符合管理的基本要求的。

（二）客观性

信息是物质的运动形式，经济信息是对社会运动变化及其特征的反映。由于社会经济运动不间断地进行着，始终处于不停的运动之中，因而，经济信息也就源源不断地产生出来。这些产生出来的经济信息是对经济运动变化过程的真实反映，这种真实性是不以人们的意志为转移的。经济信息的这种客观性也就构成了经济信息的基本来源，综合考察大致可以分为三个方面：第一，社会各种直接的经济活动产生的信息；第二，社会对经济活动管理方面产生的信息；第三，由国际经济技术交流方面产生的信息。这几方面构成复杂、客观的经济运动，可以说经济信息具有客观性。

（三）时效性

经济信息直接产生于经济活动全过程之中，而任何一种经济活动都是人们有意识的自觉行为，经济信息作为对经济运动的客观反映，它的生成、传递及应用都是为一定的经济目的服务的，所以说经济信息是具有一定的经济利益和效用的信息。经济信息一旦产生，如不及时采用，其价值将随着时间的推移迅速递减，特别是随着人类科学技术的发展，社会生产力水平的提高，经济活动呈现出瞬息万千的变化，经济运动的节奏不断加快，变化幅度日益增大，从而使经济信息时效性更强。内容真实、传输快、符合需要的经济信息，能保证迅速的判断和恰当的决策，而迟到的信息，会失去其自身应有的价值。

（四）系统性

经济信息是人与人之间相互传递的社会信息，是人们在经济活动中互相沟通、联络及实现各方面联系的工具。因此，一切客观的经济运动的变化都不是孤立的，而是在一定条件下和一定环境中有规律地运动着，从各方面来反映经济运动中的变化及其特征，具有规律性、系统性。所以，经济信息具有全面性和连续性，即系统性。

（五）共享性

经济信息的共享性是由经济信息的社会性所决定的。从一般意义上说，这种共享性是指经济信息在输出过程中，只能使输入一方信息量增加，而不会使输出一方的信息量减少，因此，可以做到"资源共享"。这种共享性往往表现为不同领域不同层次的经济活动对同一信息资源的共同使用。我们认识这一规律，可以加强对信息资源的开发、利用和管理，从而在一定程度上避免某些可以共用的经济信息在收集、加工、传输、储存方面的重复劳动。

以上只是经济信息比较突出的特征，如果详细划分，还有其他一些特征。这里不再赘述。

二、经济信息的功能

信息是经济活动的要素，其功能是多方面的，在社会经济信息化环境里，信息在经济活动中的功能越来越大，成为现代化经济发展的重要手段。经济信息是经济活动和经济管理中必不可少的重要因素之一，它像生物神经感知系统一样，被喻为决策者的"神经系统"，企业的"大脑"。其主要功能有以下几个方面。

（1）经济信息是经济决策的基础。经济信息是决策系统运动、变化的条件和根据。正确的决策，固然取决于多种因素，但最主要的因素是全面、及时、准确地掌握符合客观实际的信息，这是决策者正确判断和决策的基本前提。决策者只有掌握了全面、可靠的经济信息，才能驾驭形势，适应环境，不失时机地做出正确的决策。否则决策就是无源之水、无本之木。所以说经济信息是决策的"材料"，决策方案是对经济信息进行加工的"产成品"。

（2）经济信息是从事经济管理活动的依据和手段。整个经济管理是由决策、执行、控制三个基本环节组成的，每一个环节的活动，每一个功能的发挥，都离不开对信息的处理。计划的组织实施，是根据信息制订和决策的，在实施过程中，又会不断产生新的经济信息，管理者就可以根据经济信息和执行状况，对经济活动进行必要的、有效的调控，加强经济管理。

（3）经济信息是沟通各管理层次、各经济环节的纽带。社会经济是一个多层次结构的庞大系统，这个系统又由若干子系统组成，每个子系统又都有自己的层次结构，任何一项工作都有自己的环节和过程。要想有效地将各层次、各环节的活动协调于系统整体之中，就必须借助于经济信息这一"神经系统"，上下沟通、纵横相接，以形成一个四通八达、准确灵敏而有力的立体信息网络，以便实行有效的、科学的管理。

（4）市场经济条件下对经济信息的依赖性日益增强。根据发达国家和我国沿海实行市场经济体制比较早的地区情况来看，经济的发展不仅依赖于物质和能源，更依赖于信息。据有关资料介绍，我国国民经济各部门的正常运转需要处理相当于2 500万页书的年周转信息量。有人估计，生产每增长1倍，要求经济信息相应地增长3倍。据原苏联情报学家研究，国民生产总值每增长1倍，社会情报需求就增加4倍。发达国家利用经济信息取得了很大的经济效益。美国通过地球资源技术卫星获得的信息，仅应用于减少洪水造成的损失、改进油田勘探和预测世界麦收量，每年就可获益10亿美元以上。国际货币基金组织的统计也表明，由于科技进步和信息投入的增多，目前一个单位工业品所需原料仅为1900年的2/5左右。

我国正在建立和实行社会主义市场经济新体制，增加经济信息的投入，对于节省人力、物力、财力，提高经济效益，加快经济发展，加速现代化的步伐，必将起到非常重要的作用。

参考文献

[1]谢阳群. 经济信息的概念和特征[J]. 情报杂志, 1994, 13 (6): 37-39.

[2]乌家培. 经济信息与信息经济[J]. 数量经济技术经济研究, 1989 (2): 14 -20.

[3]乌家培. 经济、信息、信息化[M]. 大连: 东北财经大学出版社, 1996: 372.

思考题

1.如果理解经济信息的内涵?

2.经济信息有哪几种类型?

3.经济信息有哪些特征?

4.经济信息的功能是什么?

第四章 经济信息检索及方法

✳本章提要

信息检索的技术与方法是进行信息检索工作的基础。通过本章的学习可以使读者了解和掌握信息检索的基本概念、技术方法和检索策略。

第一节 经济信息检索概述

一、信息检索基本概念

为了更加准确地解释经济信息检索这个概念，我们先来介绍一下什么是信息检索。信息检索活动起源于图书馆参考咨询工作。随着信息检索实践的发展，人们对信息检索理论的研究也在不断地深化。1950年，美国学者C.穆尔斯（Calvin Mooers）最早提出了信息检索（Information Retrieval）的概念。他认为，信息检索是一种时间性的通信形式，即检索用户通过信息检索获得文献信息时，便与著者建立起一种通信。其后，英国的维克利和美国的兰卡斯特都从信息查寻的角度对信息检索下了定义。维克利认为信息检索是从汇集的文献中选出特定用户在特定时间所需信息的操作过程；兰卡斯特认为，信息检索是查找某一文献库的过程，以便找出那些某一主题的文献。目前，对于信息检索还没有形成一个统一的定义。

总的来说，信息检索的概念可以分为广义和狭义两种。

广义的"信息检索"是指将信息资源按照一定的方式组织和存储起来，并根据用户的信息需求按照一定的程序找出有关信息的过程和方法，全称为"信息存储与检索（Information Storage and Retrieval）"，它包括了"存储"和"检索"两个过程。信息存储是指按照一定的方法（如主题法、分类法等）对信息资源进行处理，形成信息特征标识，为检索提供有序的信息集合的过程与方法。信息检索则是在分析检索课题的基础上，按照一定的方法（如主题词表、分类表等）形成检索提问标识，再根据信息存储所提供的检索途径，从信息集合中查获信息的过程与方法。信息检索的过程与方法，也称信息查找（Information Search）、信息查寻（Information Seek）等。通常人们所说的信息检索，主要是指狭义的概念。信息存储与检索过程如图4-1所示。

二、信息检索基本原理

人类的信息需求千差万别，获取信息的方法也多种多样，但信息检索的基本原理却是相同的。基于上述信息检索的概念，信息检索的基本原理可以概括为：对信息集合与需求集合的匹配与选择，如图4-2所示。

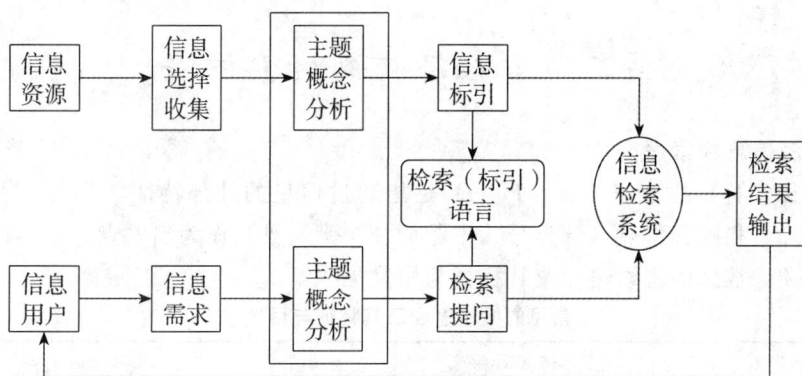

图 4-1　信息存储与检索流程图

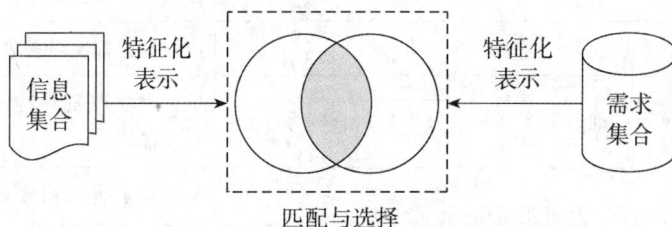

图 4-2　信息检索基本原理示意图

　　人类信息检索行为总是伴随着特定的信息需求而产生，并在特定的环境和信息检索系统中完成。这里的环境包括产生信息需求的环境、信息检索系统的运行环境和其他因素。用户在为了完成某项任务或满足某种需要时，往往会觉得缺少某些知识，因而产生了信息需求。信息集合就是有关某一领域的文献或数据的集合体。它是一种公共知识结构，有可能弥补某个特定用户的知识结构，即可以向用户提供所需要的知识、事实或获取知识的线索，或者提供某种信息去激活用户自身存储的知识。匹配和选择是一种机制，它负责把需求集合与信息集合进行相似性比较，然后根据一定的标准选出符合需要的信息。这样，信息需求与信息集合的匹配就简化为提问与有序的、特征化表示的信息集合之间的匹配，即两组有限的词语符号化特征之间的匹配比较。这种机制至少包括两个要素：执行匹配的动因和选择的标准（或称匹配标准）。前者可以是人或机器，或者二者同时作用；后者则要依据需求性质和系统的性能水平来确定。

　　众所周知，现实世界中的信息资源量非常庞大。要想进行有效的匹配和选择，首先必须对大量的原始信息进行收集和加工处理，使之从无序到有序，使信息获得某种特征化的表示，即让原来隐含的、不易识别的特征显性化。这种加工处理称为内容分析与标引，其结果是使信息都得到某种标识（分类号、主题词）。另一方面，对用户提出来的信息需求（问题或检索课题）也需要做类似的加工处理，即分析需求的内容，提取出主题概念或其他属性，并利用与信息集合相同的标识系统（检索语言）来表示需求中所包含的概念和属性。经济信息检索是信息检索的一部分，那么经济信息检索同样遵循信息检索的基本原理和技术方法。

第二节　经济信息检索方法

一、经济信息检索途径

检索途径又称检索点（Access Point）是指通过信息的外部特征（题名、责任者、著者和出版者等）和内容特征（分类号、主题词和关键词等）作为出发点，从不同角度来检索信息的途径。常见的检索途径及其特征与用途见表4-1。

表4-1　常见的检索途径及其特征与用途

检索途径	常见形式	特征与用途
题名途径	题名（篇名）、书名、刊名、文档名	直接利用信息的题名查找所需信息的方法，在数据库中应用较多
著者途径	著者、编者、译者、执笔者	指根据已知文献著者来检索
代码途径	国际标准书号和刊号、报告号、合同号	指通过文献资料特定的序号进行检索的途径
分类途径	分类目录和分类索引	按学科属性，以隶属、派生与平行的关系，从学科所属范围来查找
主题途径	主题目录或索引，主题途径中最常用的是关键词途径	能集中反映一个主题的各方面资料，便于用户对某一问题、某一对象作系统的专题性研究
机构途径	著者单位、图书出版发行单位、期刊编辑单位	通过名称进行检索的途径
内容途径	文摘、全文、句子、附录	基于计算机检索的一种新途径
引文途径	利用文献所附参考文献或引用文献	从被引论文去检索引用论文
专门途径	名词术语、地名、人名、商品名、年代等	文献信息所包含特定信息可以解决特定问题

检索途径是检索语言的表现方式，有什么样的检索语言，就有对应的检索途径。在检索系统中，检索途径通过字段来实现，它们之间的关系见图4-3。

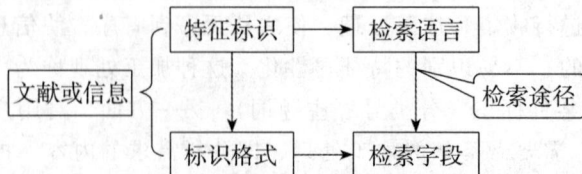

图4-3　文献信息特征、检索语言、检索途径关系图

二、信息检索方法

信息检索的方法很多，应根据课题需要、检索要求、设备条件，采取相应的检索方法。这里所说的检索方法，不是指选择某一检索工具或数据库系统而采取的具体检索方法，而是指查找文献信息的一般方法。在信息检索实践中常用的检索方法可以归纳为以下

几种方法。

（一）常规法

常规法指利用成套的检索工具查找有关文献信息的方法，也称之为工具法或直接查找法。常规法可以分为顺查法、倒查法和抽查法三种。

1.顺查法

顺查法是指根据检索课题的起始时间，利用选定的检索工具，由远及近地逐年查找。这种按年代顺序逐年查找的方式，其全面性和系统性好。同时，在检索过程中，可以根据初步检索结果，不断调整检索策略，减少漏检和误检，提高检索的效率。顺查法适合检索范围较大、时间较长的复杂课题。这种方法的不足是工作量大，费时费力。

2.倒查法

与顺查法相反，倒查法是指根据检索课题的起始时间，利用选定的检索工具，由近及远地逐年查找。这种与年代顺序相反的逐年检索方式，能够较快地检索出时效性强、新颖性好的信息。检索过程中，若能够检索出时效性强、新颖的信息，能够根据用户的检索需求随时中止检索。倒查法能够有效地节省时间和精力，比较适合检索准确性要求较高的检索课题。不足之处是检索不够系统，容易漏检。

3.抽查法

抽查法是指针对有关学科、专业的发展特点，根据检索要求，重点抓住学科、专业发展较快和发表文献数量较多的年代，抽出一定的时间范围进行逐年检索。这种检索方式，可以用较少的时间获得较多的文献，检索的效率高。但使用这种方法必须了解有关学科专业的发展状况，否则就会产生较大的漏检。

（二）回溯法

回溯法也称为引文法或引证法，是利用文献末尾所附的参考文献或引用文献，由近及远地进行逐一追踪检索。这种检索方式，可以先通过一篇文献入手，查找出其引用或参考的文献，再根据这些检索出的文献，找出更多引用文献，如此反复，即可获得大量的有关文献信息。回溯法检索到的文献针对性强，数量较多。它摆脱了各种符号或词语标识的限制，检索极为准确，且容易掌握。

（三）循环法

循环法也称为分段法、交替法、综合法，是综合常规法和回溯法的检索方法，即在进行信息检索时，既利用检索工具检索，又利用文献后所附的参考引用文献进行回溯，分阶段交替使用。

循环法在具体操作上可以有两种方式：

一是先使用常规法，再使用回溯法，然后不断循环交替，直到满足检索的需求。

二是先使用回溯法，再使用常规法，然后不断循环交替，直到满足检索的需求。

循环法是对常规法和回溯法的综合使用，因此兼具两者的优点，具有较高的查全率和查准率，可以不受检索工具不完备的限制，适用于一些过去年代内文献数量较少的课题。主要缺陷是可能产生一定程度的漏检。

在检索实践中，可以根据不同的检索条件、检索要求和检索背景，有针对性地选择检索方法。具体可以参考以下几项原则。

如果检索工具不全，检索的课题涉及面不大，对查全率不作较高要求，可以使用回溯法。回溯的起点最好是相关领域所附参考文献较多的论文或著作，如“综述”、“述评”等；如果检索工具齐备，检索的课题涉及范围大，则应采用常规法或循环法；如果检索课题属于新兴或者交叉学科，可采用倒查法；如果研究课题对查全率作特别要求，如要进行科技查新，一般采用顺查法；如果已经掌握了检索课题发展规律、特点，一般采用抽查法。

三、信息检索技术

信息检索技术是用户信息需求与文献信息集合之间匹配的技术。由于信息检索提问是用户需求与信息集合之间匹配的依据，所以信息检索技术的实质是信息检索提问的构造技术。目前，常用的信息检索技术有：布尔逻辑检索、截词检索、位置检索。

（一）布尔逻辑检索

布尔逻辑检索是运用布尔逻辑算符将检索词、短语或代码进行逻辑组配来指定文献的命中条件和组配次序，用以检索出符合逻辑组配所规定条件的记录。它是信息检索系统中最常用的一种检索方法。布尔逻辑运算符有三种，即逻辑“与”、逻辑“或”和逻辑“非”。在中文数据库中，布尔逻辑算符有时用AND、OR、NOT下拉菜单形式表示，供用户选择；有时用“*”、“+”、“-”表示“与”、“或”、“非”。

1. 逻辑“与”

逻辑与是一种具有概念交叉或概念限定关系的组配，用“AND”或“*”表示。检索时，用AND或*连接检索词A和检索词B，检索式为（A AND B）或（A*B）。命中信息同时含有两个概念，专指性强。

2. 逻辑“或”

逻辑或是一种具有概念并列关系的组配，用“+”或“OR”运算符表示。检索时，用OR或+连接检索词A和检索词B，检索式为（A OR B）或（A+B）。命中信息包含所有关于A或B或同时有A和B的，检索范围比逻辑“与”扩大。

3. 逻辑“非”

逻辑非是一种具有概念排除关系的组配，用“-”或“NOT”运算符表示。用NOT或-连接检索词A和检索词B，检索式为（A NOT B）或（A-B）。命中信息包括A、不包括B或同时含有A和B的，排除了不需要的检索词。

（二）截词检索

所谓截词是指检索者将检索词汇在他认为合适的地方截断；截词检索是使用被截断的词汇进行检索匹配，也就是利用检索词的词干加上截词符号进行检索。所以又称词干检索。凡满足这个局部中的所有字符（串）要求的记录都为命中结果。这种检索具有检索命令简单、检索步骤简便、查全率较高等特点，主要用于西文电子资源的检索。常用的截词符号有“?”、“*”、“#”等。根据截词的位置不同，截词检索可分为前截词、后截词、中截词三种。

1. 前截词

截去某个词的前部，进行词的后方一致比较，也称后方一致检索。例如，输入“*logy”能够检出含有logy的biology、technology等词的记录。

2. 后截词

截去某个词的后部，进行词的前方一致比较，也称前方一致检索。例如，“*”为无限截词符号，输入"econ*"能够检出含有 econ 的 econometric、economic、economies、economy 等词的记录。"$"为有限截词符号，输入"book$"能够检索出含有 book 的 book 和 books 的记录。

3. 中截词

截去某个词的中间部分，进行词的两边一致比较，也称两边一致检索。英文中有些单词的拼写方式有英式、美式之分，有些词则在某个元音位置上出现单复数的不同。例如，输入"organi?ation"，可以检出 organization、organisation 等词的记录。

（三）位置检索

位置检索即运用位置算符（也称邻近算符）表示两个检索词的位置邻近关系，又叫邻近检索。这种检索技术一般只出现在西文数据库中，特别是在全文数据库检索中应用较多。应用位置算符检索时需要注意所利用系统的使用规则，不同的检索系统使用的位置算符不同，不同的算符在不同的系统中有时含义不同。这里以常用的位置算符（W）与（nW）、（N）与（nN）为例：

1.（W）与（nW）算符

W 是 With 的缩写，表示其两侧的检索词必须按前后顺序出现在记录中，且两词之间不允许插入其他词，只可能有空格或一个标点符号。其可扩展为（nW），n 为自然数，表示其两侧的检索词之间最多可插入 n 个词。

例如，"intern（W）control"，表示 intern 必须紧跟在 control 之后，中间不允许插入其他词，且位置不能颠倒。"intern（3W）control"表示 intern 与 control 之间最多可插入 3 个词，且两词位置不能颠倒。

2.（N）与（nN）算符

N 是 Near 的缩写，表示其两侧的检索词位置可以颠倒，在两词之间不能插入其他词，但两词词序可以颠倒。例如，"wastewater（N）treatment"表示检索结果中具有"wastewater treatment"和"treatment wastewater"形式的均为命中记录。（nN）为其扩展，表示其两侧的检索词之间最多可插入 n 个词。

四、经济信息检索策略

（一）检索策略的概念

所谓"检索策略"，概括地说，是指为实现检索目标而制订的全盘计划和方案，是对整个检索过程的谋划和指导。基于这样的理解，对于一个具体的检索课题来说，要达到什么目标、要求什么范围、选择什么检索系统、通过什么检索途径、选择什么检索标识和逻辑组配方法以及需要哪些反馈调整措施等一系列问题的考虑和具体查询步骤的安排，都应属于检索策略的研究范围。参考以上检索策略的定义，经济信息检索策略是指经济信息检索的计划和方案。经济检索策略的制定，要在分析经济信息需求的基础上，确定检索工具和检索途径，应用的检索方法、技术及查找步骤。

（二）检索策略的类型

信息检索策略一直受到研究人员的重视和关注，并陆续提出了各种各样的检索策略。长期以来人们对"检索策略"概念的理解很不一致，实际上有很多所谓"检索策略"只不过是某种检索方式或者检索式的构造方法，真正称得上检索策略的还不多。下面选取一些较为实用且影响较大的信息检索策略（如图 4-4 所示）进行介绍。

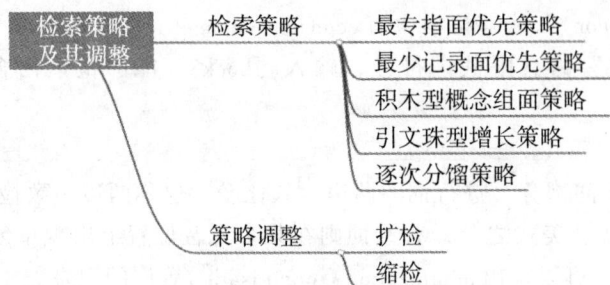

图 4-4　常用检索策略

1. 最专指面优先策略

这是指在检索时，首先选择最专指的概念组面进行检索，如果检索命中的文献相当少，那么其他概念组面就不再加到检索提问式中去；如果检索命中的文献较多，就把其他概念组面加到检索提问式中，以提高查准率。

2. 最少记录面优先策略

与最专指面优先策略类似，即先从估计检中的文献记录数量最少的概念组面入手，如果检中的文献记录相当少，则不必检索其他概念组面，反之，则将其他概念组面加到检索提问式中去，提高检索结果的查准率。

3. 积木型概念组面策略

把检索要求或检索课题分解成若干个不同的概念，先分别对这几个概念进行检索，并在每个概念中尽可能多地列举相关词、同义词、近义词，并用布尔算符 "OR" 连接成子检索式，然后再用布尔算符 "AND" 把所有子检索式连接起来构成一个总检索式。这种检索策略因类似于把各个积木块拼成完整的图案而得此名。

积木型检索策略条理清晰、简洁明了，能提供比较明确的检索逻辑过程，分步操作、容易掌握，还可部分或全部地用作保留检索，比较适合于复杂的多概念检索课题。它的不足之处是可能会耗用更多的检索时间。

4. 引文珠型增长策略

从已知的关于检索问题的少数几个专指词开始检索，以便至少检出一篇命中文献或一条相关信息，然后检查这批文献或信息条目，从中选出一些新的相关检索词，补充到检索式中去。检索人员从一条或数条记录中找到新的规范词或自由词，补充到检索式中去，这些词加入到检索式之后，就能查出其他新的命中结果。不断重复进行上述过程，直到找不出其他适合包含于检索式的附加词为止，或者已经得到了数量适宜的命中结果。

这种检索策略具有很强的人机交互性，可以使检索式以比较生动和经验性的方式生成并不断丰富，有类似 "滚雪球" 般的效果。虽然这种方法需要较多的思考时间，但对命中检索文献、判断增减检索词等方面很有帮助。"引文珠型增长" 中的 "增长" 包括查全率和查准率的增加。

5. 逐次分馏策略

先确定一个较大的、范围较广的初始文献集，然后逐步提高检索式的专指度，从而逐步缩小命中文献集，直到得到数量适宜、用户满意的文献集合为止。"逐次分馏" 检索策略的特点是检索操作比较主动，查全率较高而漏检较少。例如，对 "我国中小企业电子商务应用现状分析" 这样的检索课题，首先，将检索词 "企业" 和 "电子商务" 用检索算符

"逻辑与"连接，构成检索式"企业*电子商务"在数据库中进行试探检索。如果检索结果较多，为缩小检索结果，将"企业"换成"中小企业"带入检索式中。如果结果数量依然较大，为继续提高检索精度，再使用"我国"这个概念组面（包括"中国、我国、国内、全国"几个相关词）进行限定，构成检索式"中小企业*电子商务*（中国+我国+国内+全国）"，并指定在题名字段检索，以提高专指度。

（三）检索策略的制定

构造一个良好的检索策略，通常涉及多方面的知识和技能。例如，是否了解检索系统的特性与功能，是否熟悉所检课题的专业知识，是否熟悉所检数据库的检索规则及词表工具，是否掌握了必要的检索方法与调节措施，等等。

随着计算机网络检索系统的发展，检索匹配操作逐渐由系统来完成，检索者与具体的检索匹配过程相分离。在此种情形下，检索前制定相应的检索策略显得尤为重要。早在20世纪60年代末期，检索策略的重要性就引起了人们的重视。1968年，在由兰卡斯特主持的著名MEDLARS系统评价试验研究中，通过对300多个检索提问的检索失误分析，发现由于检索策略不当所造成的查全失误和查准失误比例分别占到了35%和32%。国内外专家对检索策略问题的关注和讨论，涉及检索策略的构造模式、动态反馈、试验分析，甚至期刊上"最佳检索策略设计奖"的征集等各个方面。这些大量的研究成果，不仅有益于从理论上对检索策略问题进行系统的概括与阐述，也对具体的信息检索实践产生了重要的指导作用。

1. 检索词

电子版检索工具都设计了专门的检索界面，这和印刷版的检索工具书都必须有检索途径一样。同时，不同的检索工具在检索界面中提供的检索入口并不完全相同。总体来说，电子版检索工具的检索入口、检索途径要大大地多于和优于印刷版的工具书。

使用电子版检索工具，首先需要根据检索界面的提示选定检索途径并输入相应的检索条件——检索词，这等于是向计算机发出命令：按照指定的方法、条件检索数据库中存储的数据。所以，根据检索目的和已知条件正确地给定检索词，是利用电子版检索工具查找文献信息的前提条件。

在现在的电子版检索工具中，检索词主要有以下两大类：字段词和任意词。

以数值型数据库、事实型数据库和书目数据库出现的电子版检索工具，检索词是字段词。因为这类数据库实际上是关系数据库，数据库中的大量记录是通过字段来描述和揭示其内容特征与形态特征的，如题名字段、著者字段、主题字段、摘要字段、时间字段、语种字段等。从数据库检索的角度说，就必须通过字段检索记录。所以，字段词是这类数据库的检索入口。

用于描述和揭示文献信息记录的字段有大致的范畴，但不同数据库所确定的字段也不完全相同。在电子数据库检索系统中，可以用于检索的字段在检索界面上都有提示。作常规检索时，只要按照检索界面的提示输入相应的字段词，就可以得到检索结果。

在全文数据库检索系统中，检索词可以是来源文献中任何具有实际意义的词语，就是通常所说的"任意词"——自然语言系统中任意的字词、短语、短句。这是因为全文数据库的数据源是全文，检索技术采用了类似于印刷版工具书中语词索引的方法，对源文献中所有具有实际意义的语词都进行了标引，并利用字符串检索、布尔逻辑检索、截词检索、位置检索等现代检索技术对标引词进行了处理。因此，检索对象也是全文的。

检索词是信息检索工具的检索入口。但无论是字段词还是任意词，都存在一个利用者在检索时给定的词语与数据库中的标引词是否一致的问题，还存在一个用户想到的检索词与大量来源文献中实际使用的词语是否一致的问题。如果二者不能匹配，计算机就无法满足用户的检索要求。因此，在信息检索系统的使用过程中，检索词的选择、确定是一个非常重要的问题。

一般来说，作为检索词的字段词，多数规范性都较强。如题名、作者、时间、语种等，只要已知，使用时大致不会有什么问题，因为这类词语表达的自由度不大。

字段词中主题词、关键词、分类词、摘要词，以及全文数据库中的任意词，规范性就比较弱了。当使用这类词语作为检索词时，为了尽可能实现与标引词的吻合，有时需要作较多的分析、比较、遴选、尝试，需要掌握一定的策略方法和技巧。

2. 二次检索

二次检索又称再次检索，是在已有检索结果中进一步检索。

利用数据库检索系统检索经济文献信息时往往出现这样的情况：当选定一个检索词完成检索后，发现得到的检索结果数量太多，而且有大量文献信息不是想要的文献。数量太多，给有效利用带来了困难。二次检索就是为进一步准确、精细地选择文献信息而设计的一种功能。利用这一功能，可以有效地淘汰冗余检索结果，使检索效率最大化。

现有的数据库检索系统大都具有二次检索功能。

由于二次检索是在已有检索结果的范围内进行，所以使用的检索词必须与前次检索的主题相关，比如包含关系、下位关系、并列关系等。完全不相关的检索主题，无法实现二次检索。

（四）检索策略的调整

所谓检索策略调整就是根据反馈的检索结果，反复对检索式进行调整，直至得到满意的结果。

1. 扩检

（1）原因分析：输出篇数过少，多数由漏检造成。具体原因：对检索词进行限制或限制过严，包括字段、时间、分类限制等；选用了不规范的主题词或某些产品的俗称、商品名作为检索词；没有使用学名"马铃薯"而使用了俗名"土豆"；没有使用"表面活性剂"而使用了商品名称"迪恩普"；同义词、近义词等没有充分考虑，如检索"物理化学"，没有考虑到"物理有机化学"、"物化"等同义词；检索词过多。

（2）调整方法：扩大检索范围，提高查全率。

①限制条件：如字段、时间、类型等，尤其改变检索字段，如题名→摘要→关键词→全文。

②检索词：选全同义词、近义词（用OR连接）；使用规范主题词（有词表）；降低检索词的专指度，选一些上位词或相关词。

③构造恰当的检索提问：利用AND、OR、NOT等逻辑符、匹配方式等，减少AND运算，增加OR运算，选择模糊匹配方式等。

④试检其他同类数据库。

⑤减少不必要的检索词。

2. 缩检

（1）原因分析：输出篇数过多，多数由误检造成。具体原因：没有对检索词进行限制或限制过松，包括字段限制、时间限制、分类限制等；主题概念不够具体或具有多义性导致误检，如检索世界贸易组织（World Trade Organization）仅输入"WTO"，系统可能会检索出"World Tourism Organization"（世界旅游组织）；对所选的检索词截词截得过短，如使用compu? 会有太多检索结果；输入检索词太少。

（2）调整方法：缩小检索范围，提高查准率。

①限制条件：如字段、时间、类型等，尤其改变检索字段，如全文→关键词→摘要→题名。

②选择合适的检索词，尽量使用专指词、特定概念或非常用词，避免普通词、泛指概念。

③构造恰当的检索提问：利用 AND、OR、NOT 等逻辑符、匹配方式等，增加 AND 运算，减少 OR 运算，选择精确匹配方式等，利用"二次检索"。

④增加适当的检索词。

参考文献

[1] 赖茂生，王延飞，赵丹群.计算机情报检索[M].2版.北京：北京大学出版社，2006.

[2] 肖珑，等.数字信息资源的检索与利用[M].2版.北京：北京大学出版社，2012.

[3] 鄢百其.便于快速入门的检索策略模式[J].情报理论与实践，2011（12）：126-128.

[4] 孙更新.经济信息检索概论[M].武汉：武汉大学出版社，2011.

[5] 黄孟黎，童国强.经济信息检索与利用导论[M].武汉：湖北科学技术出版社，2001.

[6] 黄如花.信息检索[M].2版.武汉：武汉大学出版社，2010.

思考题

1. 简述常用的经济信息检索途径。
2. 常用的经济信息检索方法有哪几种？
3. 简述通过网络数据库来了解和应用相关信息检索的常用技术。
4. 常用的经济信息检索策略类型有哪些？

第三编　信息资源篇

第五章　全文数据库

✽**本章提要**

　　本章介绍了检索经济信息资源常用的几个中文全文数据库和外文全文数据库，包括中国知网（CNKI）、万方数据知识服务平台、维普中文期刊服务平台、EBSCOhost（ASC、BSC、EFT）、ProQuest ABI/INFORM。

　　全文数据库（Full-text Database），是指记录原始文献全文或主要部分的数据库，可以是一本书、一本期刊、一份报纸或某一问题的全部或主要部分。全文数据库组合了一次文献与二次文献的功能，可在数据库中直接浏览原始文献全文，免去了检索书目数据库后还得费力去获取原文的麻烦，并提供全文字段检索，便于读者对文献的查询。常见的全文数据库有中国知网（CNKI）、万方数据知识服务平台、维普中文期刊服务平台等，外文全文数据库有 EBSCOhost（ASC、BSC、EFT）、ProQuest ABI/INFORM 等。

第一节　中文全文数据库

一、中国知网（CNKI）

　　国家知识基础设施（National Knowledge Infrastructure，简称CNKI）工程是以实现全社会知识资源传播共享与增值利用为目标的信息化建设项目，由清华大学、清华同方发起，始建于1999年6月，现通过中国知网提供服务。

　　中国知网知识发现网络平台面向海内外读者提供中国学术文献、外文文献、学位论文、报纸、会议、年鉴、工具书等各类资源统一检索、统一导航、在线阅读和下载服务。涵盖基础科学、文史哲、工程科技、社会科学、农业、经济与管理科学、医药卫生、信息科技等十大领域。

　　（一）中国知网的主要内容

　　中国知网"经济与管理科学"专辑所含专题包括：宏观经济管理与可持续发展、经济理论及经济思想史、经济体制改革、经济统计、农业经济、工业经济、交通运输经济、企业经济、旅游、文化经济、信息经济与邮政经济、服务业经济、贸易经济、财政与税收、金融、证券、保险、投资、会计、审计、市场研究与信息、管理学、领导学与决策学、科学研究管理。

　　该专题涉及的全文数据库主要有：

1.中国学术期刊网络出版总库

以学术、技术、政策指导、高等科普及教育类期刊为主，内容覆盖自然科学、工程技术、农业、哲学、医学、人文社会科学等各个领域。截至2012年6月，收录国内学术期刊7 900多种，全文文献总量3 400多万篇。收录自1915年至今出版的期刊，部分期刊回溯至创刊。核心期刊收录率96%；特色期刊（如农业、中医药等）收录率100%；独家或唯一授权期刊共2 300余种，约占我国学术期刊总量的34%。

2.中国学术辑刊全文数据库

辑刊是指由学术机构定期或不定期出版的成套论文集。中国学术辑刊全文数据库是目前国内唯一的学术辑刊全文数据库，收录自1979年至今出版的论文集，共收录国内出版的重要学术辑刊512种，累积文献总量167 966篇。

3.中国博士学位论文全文数据库

收录全国985、211工程等重点高校以及中国科学院、社会科学院等研究院所的自1984年至今的博士学位论文。覆盖基础科学、工程技术、农业、医学、哲学、人文、社会科学等各个领域。截至2012年6月，收录来自404家培养单位的博士学位论文17多万篇。

4.中国优秀硕士学位论文全文数据库

重点收录985、211高校以及中国科学院、社会科学院等研究院所的优秀硕士论文，重要特色学科如通信、军事学、中医药等专业的自1984年至今的优秀硕士论文。

5.中国重要会议论文全文数据库

收录了国内重要会议主办单位或论文汇编单位书面授权、投稿到"中国知网"进行数字出版的会议论文。

重点收录1999年以来，中国科协、社科联系统及省级以上的学会、协会，高校、科研机构，政府机关等举办的重要会议上发表的文献。其中，全国性会议文献超过总量的80%，部分连续召开的重要会议论文可回溯至1953年。

6.中国重要报纸全文数据库

收录2000年以来中国国内重要报纸刊载的学术性、资料性文献的连续动态更新的数据库。文献来源是国内公开发行的580多种重要报纸。

除以上介绍的几个全文数据库之外，中国知网还有中国专利全文数据库、国家标准全文数据库、中国行业标准全文数据库、中国年鉴网络出版总库等多个与经济信息相关的全文数据库。

（二）中国知网的主要功能

登录中国知网主页，可以通过检索、导航、知网节三种途径获取自己所需要的文献。

1.检索

在中国知网的检索平台上，用户可以在某一单独的数据库内进行检索，也可选择多个数据库进行同时检索，即在同一个检索界面下完成对期刊、学位论文、会议论文、年鉴等各类型数据库的统一跨库检索，减少了在不同数据库中进行逐一检索的麻烦。

单库检索和跨库检索都设置有简单检索、标准检索、高级检索和专业检索等检索界面，用户可以根据自身的检索条件、检索要求和检索技术水平选择。下面以某一检索案例来进行介绍。

案例：检索关于"浙江民营经济转型"的相关文献，包括期刊、学位论文、会议论文。

在中国知网主页（如图5-1所示），可以直接进行检索。其中区域1可以选择需要检索的文献类型。区域2可以选择检索字段。区域3可以根据检索要求直接选择"出版物检索"、"跨库检索"、"高级检索"。

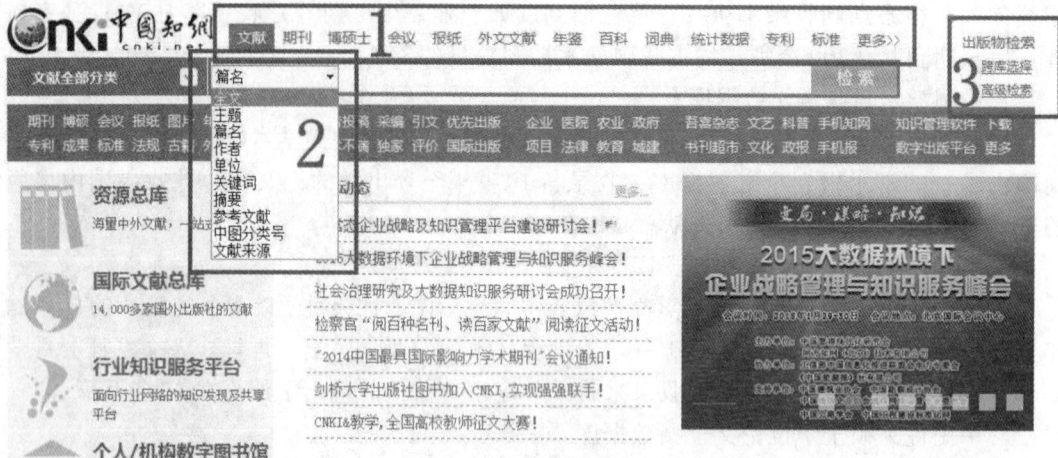

图5-1　中国知网主页

在本检索案例中，由于需要多种类型的文献，所以可以采用跨库简单检索。点击"跨库检索"后，在下拉菜单中选择所需的数据库。

（1）简单检索。

选择"篇名"或"主题"等合适的字段，输入检索词，即可得到检索结果，如图5-2所示。

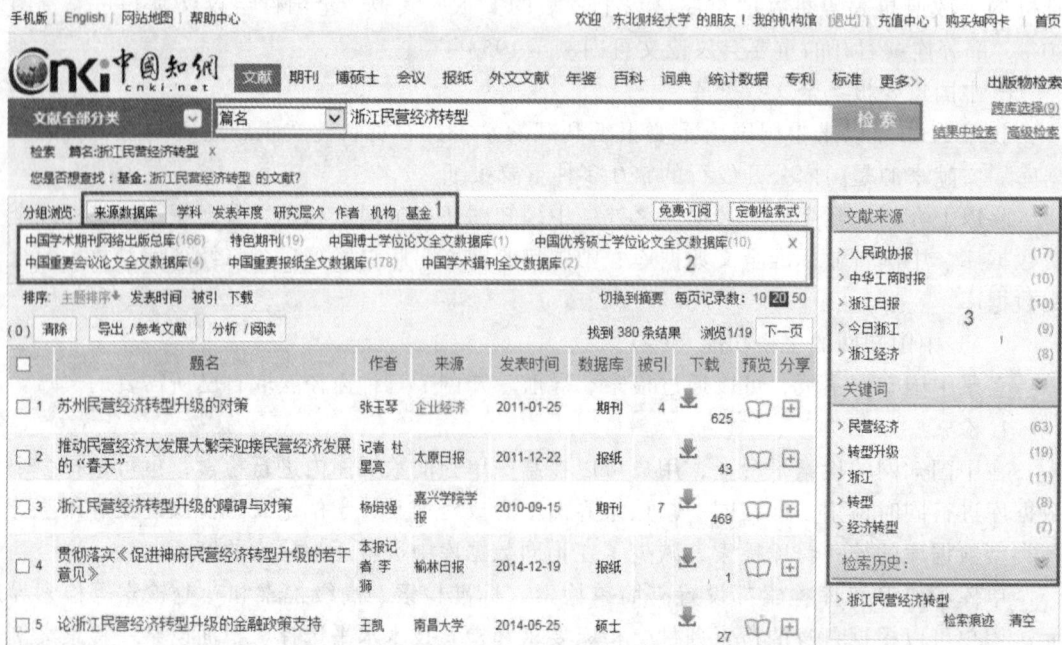

图5-2　跨库简单检索结果界面

区域1可以选择不同的分组浏览，在一定程度上起到了类似"二次检索"的功能。例如选择"发表年度"分组（如图5-3所示），可以选择只浏览某一年度的检索结果。

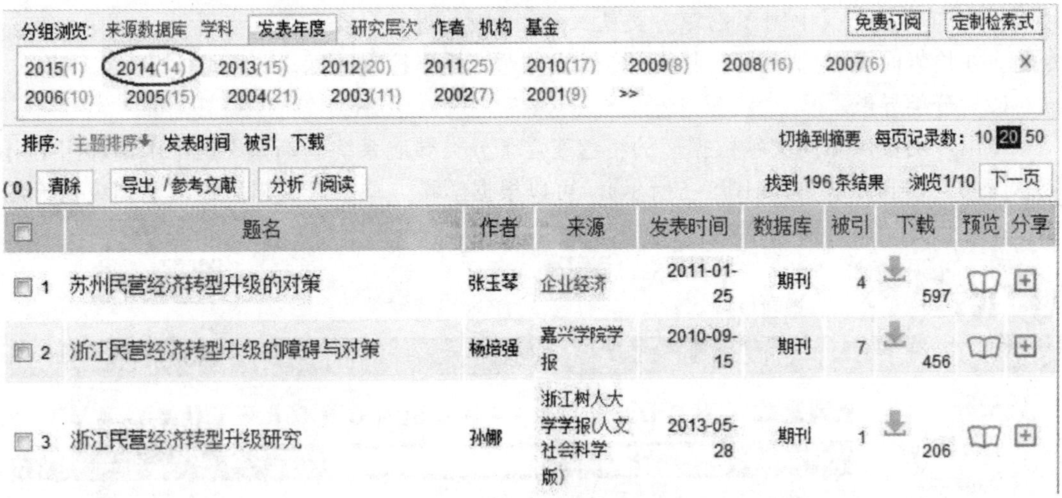

图5-3 检索结果分组浏览

区域2可以看出在哪几个数据库中进行了检索，每个数据库获取了多少条检索结果。也可以直接点击某个数据库，获取单个数据库的检索结果。

区域3通过选择不同的文献来源或关键词来进一步缩小检索结果。

（2）高级检索。

也可以采用跨库高级检索，如图5-4所示。

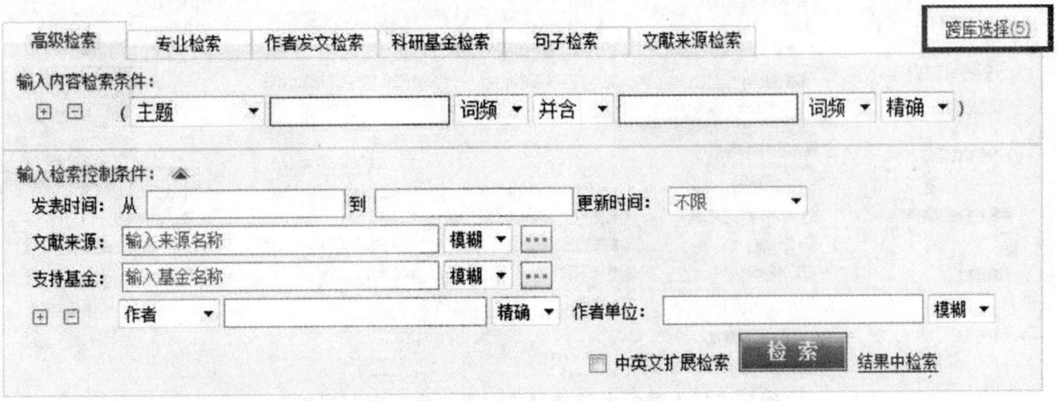

图5-4 中国知网跨库高级检索

高级检索提供检索项之间的逻辑关系控制，如"关键词=浙江"并且"关键词=民营经济"并且"关键词=转型"，将检索出关于浙江地区的民营经济转型相关的文献。如果要提高查准率，可以添加多个检索条件，进行多种检索控制，如时间控制、词频控制等。

（3）专业检索。

中国知网还提供专业检索，直接在检索文本框输入检索表达式，该检索方式适合于对检索非常熟悉的用户。在检索界面有"专业检索表达式语法"介绍。

2.导航

导航的目标是通过多种途径找到所需要的文献。导航的方式分为统一导航和分类导航。

（1）统一导航。

中国知网基于《中国图书馆分类法》（第四版）进行分类，共分为十大专辑、168个专题。在检索时可以选择一个或多个专辑或专题，缩小检索范围。

（2）分类导航。

中国知网按照不同文献数据库的特色建立了分类导航系统。例如中国学术期刊网络出版总库的"期刊导航"（如图5-5所示）。可以根据学科、首字母、出版地、期刊级别等各项指标进行分类浏览期刊全本。

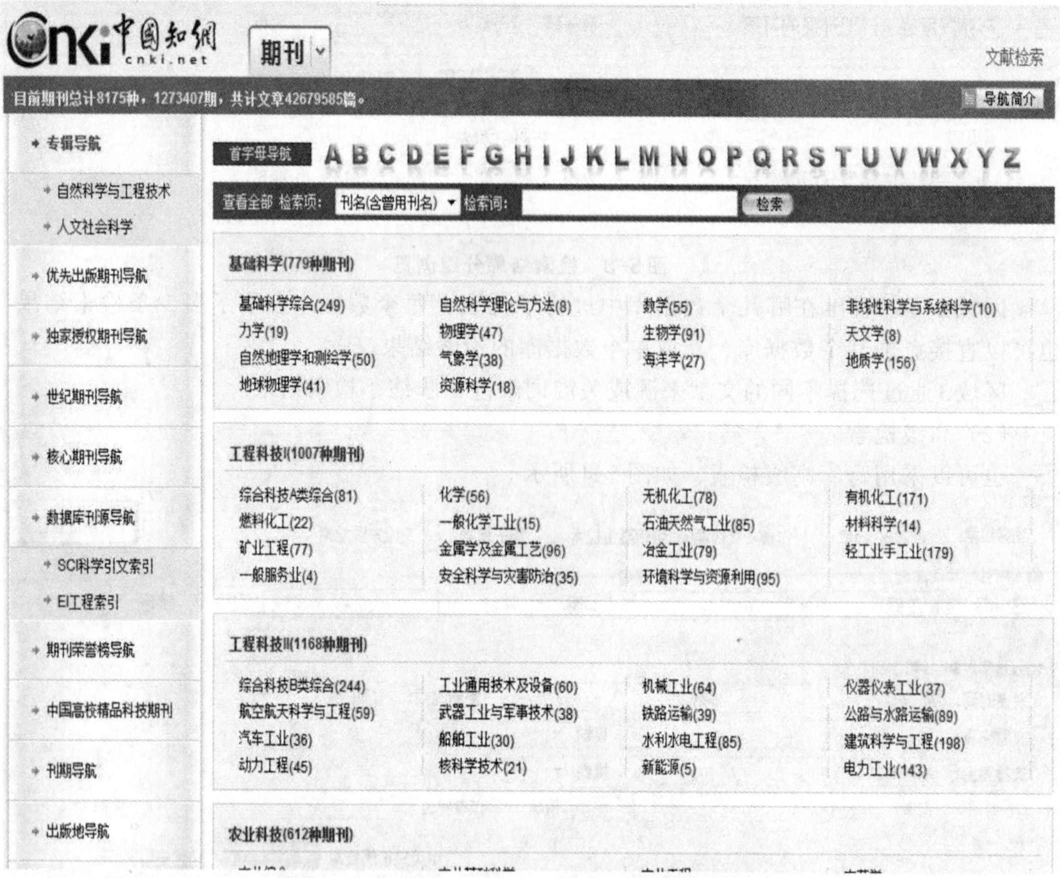

图5-5　中国学术期刊网络出版总库"期刊导航"

3.知网节

知网节以一篇文献作为其节点文献，内容包括节点文献的题录摘要和相关文献链接，提供单篇文献的详细信息和扩展信息的浏览页面，即通过参考文献、引证文献、同被引文献、相似文献、同行关注文献、相关作者文献等链接达到知识扩展的目的，有助于新知识的学习和发现。知网节主要内容见表5-1。

4.浏览下载全文

除极少数刊物仅提供题录，中国知网（CNKI）的大部分文献都提供全文。中国知网（CNKI）的文献资源格式为CAJ格式和PDF格式，所以浏览下载全文前，务必确认安装CAJ浏览器或PDF浏览器。

表 5-1 知网节主要内容

项目	功能
节点文献题录摘要	提供篇名、作者、机构、关键词、摘要、刊名、刊期等信息及链接
参考文献	反映本文研究工作的背景和依据
引证文献链接	链接引用本文的文献。本文研究工作的继续、应用、发展或评价
共引文献链接	链接与本文有相同参考文献的文献，与本文有相同研究背景或依据
同被引文献链接	链接与本文同时被作为参考文献引用的文献，与本文共同作为进一步研究的基础
二级参考文献链接	链接本文参考文献的参考文献。进一步反映本文研究工作的背景与依据
二级引证文献链接	链接本文引证文献的引证文献。更进一步反映本文研究工作的继续、应用、发展或评价
相关文献作者链接	链接以上相关文献作者在总库中的其他文献
相关文献机构链接	链接以上相关文献作者所在机构的其他作者在总库中的所有文献
相同导师文献链接	链接与本文同一导师的文献
分类导航	链接与本文属于同一专业、学科、领域的文献，逐级揭示，并可跳转其他相关专业、学科、领域
知识元链接	从文献中的名词概念、方法、事实、数据等知识元，链接到知识元的解释和出处文献

二、万方数据知识服务平台

万方数据知识服务平台（Wanfang Data Knowledge Service Platform）是在原万方数据资源系统的基础上，经过改进和创新，集合中外学术论文、中外标准、中外专利、科技成果、政策法规等文献的在线服务平台。

（一）万方数据知识服务平台的主要内容

1. 中国学术期刊数据库（China Science Periodical Database，简称 CSPD）（原数字化期刊群）

期刊论文是万方数据知识服务平台的重要组成部分，集纳了多种科技及人文和社会科学期刊的全文内容，其中，绝大部分是进入科技部科技论文统计源的核心期刊。内容包括论文标题，论文作者，来源刊名，论文的年、卷、期，中图分类法的分类号，关键字，所属基金项目，数据库名，摘要等信息，并提供全文下载。总计约 2 550 余万篇。

2. 中国学位论文全文数据库（China Dissertation Data Base，简称 CDDB）

收录了国家法定学位论文收藏机构——中国科技信息研究所提供的自 1980 年以来我国自然科学领域各高等院校、研究生院及研究所的硕士研究生、博士及博士后论文，内容包括论文题名、作者、专业、授予学位、导师姓名、授予学位单位、馆藏号、分类号、论文页数、出版时间、主题词、文摘等信息，总计约 270 余万篇。

3. 中国学术会议文献数据库（China Conference Paper Database，简称 CCPD）

收录由中国科技信息研究所提供的国家级学会、协会、研究会组织召开的各种学术会议论文，每年涉及 1 000 余个重要的学术会议，范围涵盖自然科学、工程技术、农林、医学等多个领域，内容包括数据库名、文献题名、文献类型、馆藏信息、馆藏号、分类号、作者、出版地、出版单位、出版日期、会议信息、会议名称、主办单位、会议地点、会议时间、会议届次、母体文献、卷期、主题词、文摘、馆藏单位等，总计约230余万篇。

4. 中外专利数据库（Wanfang Patent Database，简称WFPD）

收录了国内外的发明、实用新型及外观设计等专利约3 400多万项，内容涉及自然科学的各个学科领域。

5. 中外标准数据库（Wanfang Standards Database，简称WFSD）

综合了由国家技术监督局、建设部情报所、建材研究院等单位提供的相关行业的各类标准题录。包括中国标准、国际标准以及各国标准等30多万条记录。

6. 中国科技成果数据库（China Scientific & Technological Achievements Database，简称CSTAD）

主要收录了国内的科技成果及国家级科技计划项目。内容由《中国科技成果数据库》等十几个数据库组成，收录的科技成果总记录约70万项，内容涉及自然科学的各个学科领域。

另外还有图书、地方志、政策法规、机构、学者、科技专家等库。

（二）万方数据知识服务平台的主要功能

1. 检索

万方数据知识服务平台提供简单检索和高级检索，并提供"推荐检索词"功能。

（1）简单检索。

登录万方数据知识服务平台主页，最上端即是简单检索区（如图5-6所示）。用户可以根据检索需要切换到不同类型子库进行检索。简单检索不需要选择检索字段。

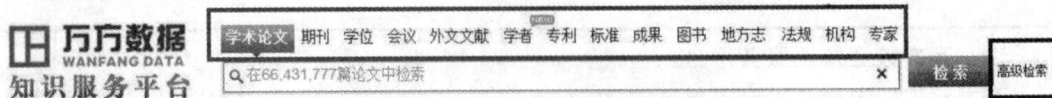

图5-6　万方数据简单检索

以检索"房地产泡沫"相关学术论文为例。检索结果界面如图5-7所示。

图5-7　万方数据简单检索结果界面

区域1可以在检索结果中进行二次检索。

区域2将全部检索结果按学科、论文类型、年份、刊物进行了分类，用户可以分类浏览，缩小检索结果。

也可以选择区域3"仅全文"，仅显示提供全文的记录。

可以根据个人需求选择不同的排序方式来显示检索结果。

（2）高级检索。

在万方数据知识服务平台首页简单检索框右侧，可以选择"高级检索"（如图5-8所示）。

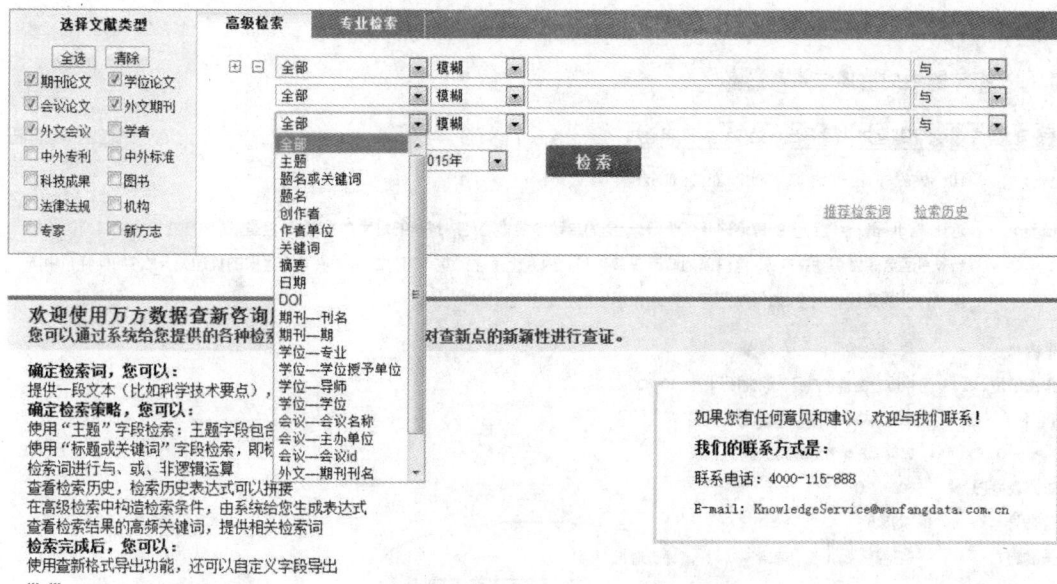

图5-8 万方数据高级检索界面

在高级检索中，可以通过选择文献类型来限定检索范围。通过选择检索字段、布尔逻辑运算符进行组配检索。可以通过选择时间段来限定检索结果的时间范围。万方数据同时提供"推荐检索词"功能（如图5-9所示）。

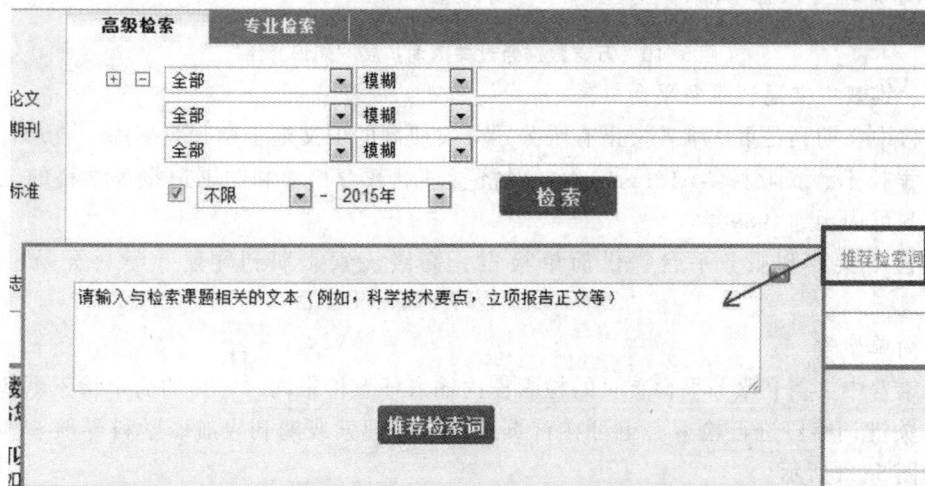

图5-9 万方数据"推荐检索词"

2. 导航

万方数据知识服务平台各子库按照不同文献的特色建立了分类导航。例如学术期刊数据库建立了学科、地区、首字母三类导航；学位论文数据库建立了学科、专业目录导航和学校所在地导航；会议论文数据库建立了学科分类导航和会议主办单位导航。

3. 知识脉络功能

在检索结果界面，除可以了解该文献的题录信息、参考文献、引证文献、相似文献，以及浏览或下载全文之外，还可以利用知识脉络功能，通过关键词进一步扩展该领域的相关知识，了解每年该关键词命中的文献数量、相关热词、经典文献、研究前沿文献、相关学者等（如图5-10所示）。

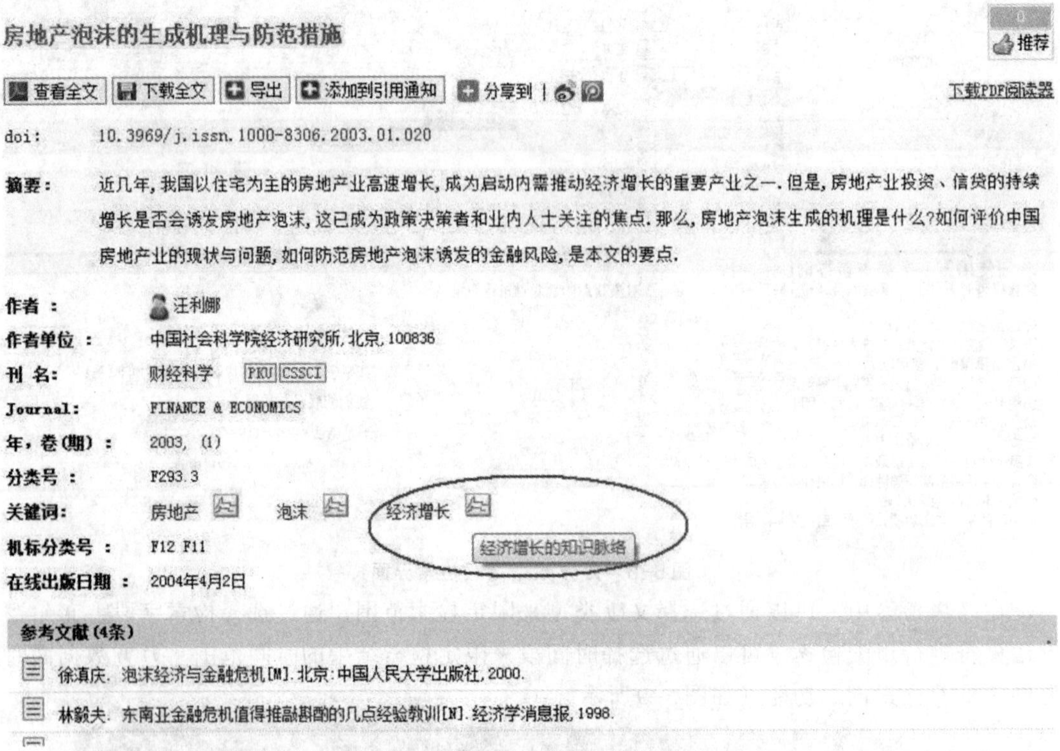

房地产泡沫的生成机理与防范措施

查看全文 下载全文 导出 添加到引用通知 分享到 | 下载PDF阅读器

doi:	10.3969/j.issn.1000-8306.2003.01.020
摘要：	近几年，我国以住宅为主的房地产业高速增长，成为启动内需推动经济增长的重要产业之一. 但是，房地产业投资、信贷的持续增长是否会诱发房地产泡沫，这已成为政策决策者和业内人士关注的焦点. 那么，房地产泡沫生成的机理是什么?如何评价中国房地产业的现状与问题，如何防范房地产泡沫诱发的金融风险，是本文的要点.
作者：	汪利娜
作者单位：	中国社会科学院经济研究所, 北京, 100836
刊 名：	财经科学 PKU CSSCI
Journal:	FINANCE & ECONOMICS
年, 卷(期)：	2003, (1)
分类号：	F293.3
关键词：	房地产 泡沫 经济增长
机标分类号：	F12 F11
在线出版日期：	2004年4月2日

经济增长的知识脉络

参考文献(4条)

徐滇庆. 泡沫经济与金融危机 [M].北京:中国人民大学出版社,2000.

林毅夫. 东南亚金融危机值得推敲斟酌的的几点经验教训[M].经济学消息报,1998.

图5-10 万方数据通过关键词扩展"知识脉络"

三、维普中文期刊服务平台

维普中文期刊是重庆维普资讯有限公司开发研制的中文电子期刊数据库，收录自然科学、工程技术、农业科学、医药卫生、经济管理、教育科学和图书情报等学科的全文期刊。期刊可回溯到1989年。

维普中文期刊服务平台提供简单检索、高级检索、期刊导航、学科导航、地区导航。

1. 简单检索

在维普中文期刊服务平台首页的检索框内输入任意检索词，首页的简单检索默认在题名或者关键词字段进行检索。也可在首页选择高级搜索或期刊导航、学科导航、地区导航，如图5-11所示。

图 5-11　维普中文期刊服务平台简单检索

2. 高级检索

在高级检索中，通过选择检索字段、布尔逻辑运算符进行组配检索。可以通过时间限定、期刊范围、学科限定等功能来限定检索范围，如图5-12所示。

时间限定：数据收录年限从 1989 年至今。

期刊范围：包括全部期刊、核心期刊、EI来源期刊、SCI来源期刊、CAS来源期刊、CSCD来源期刊、CSSCI来源期刊。

图 5-12　维普中文期刊服务平台高级检索

3. 导航功能

维普中文期刊服务平台在页面左上角提供期刊导航、学科导航和地区导航功能，如图5-13至图5-15所示。

图 5-13 维普中文期刊服务平台期刊导航

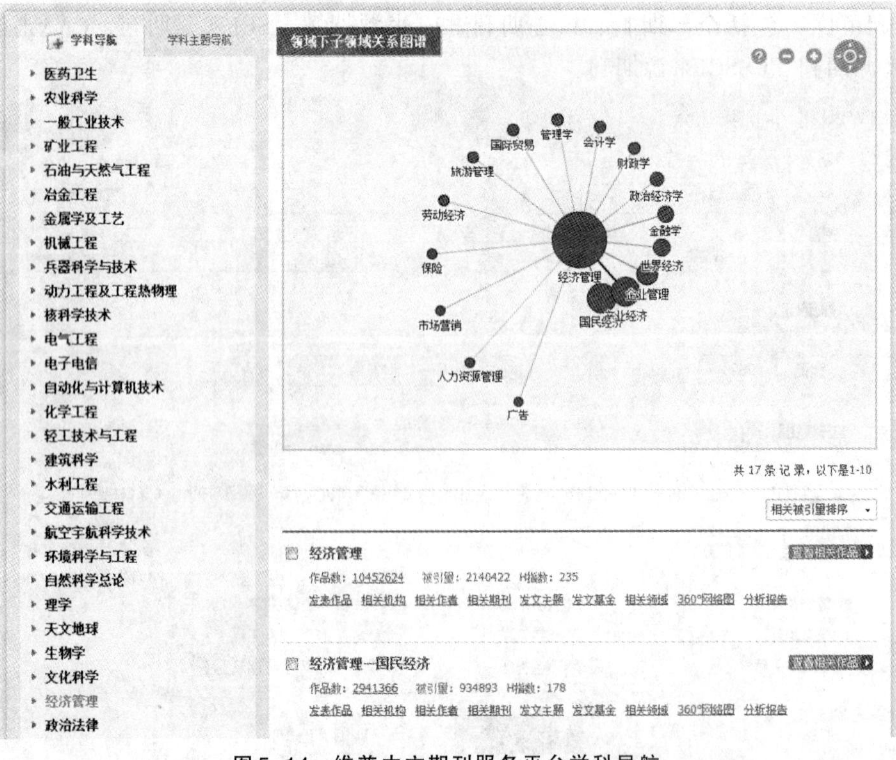

图 5-14 维普中文期刊服务平台学科导航

图 5-15 维普中文期刊服务平台地区导航

4. 检索结果处理

以检索近两年内"电子商务与物流"相关学术论文为例，检索界面如图 5-16 所示。

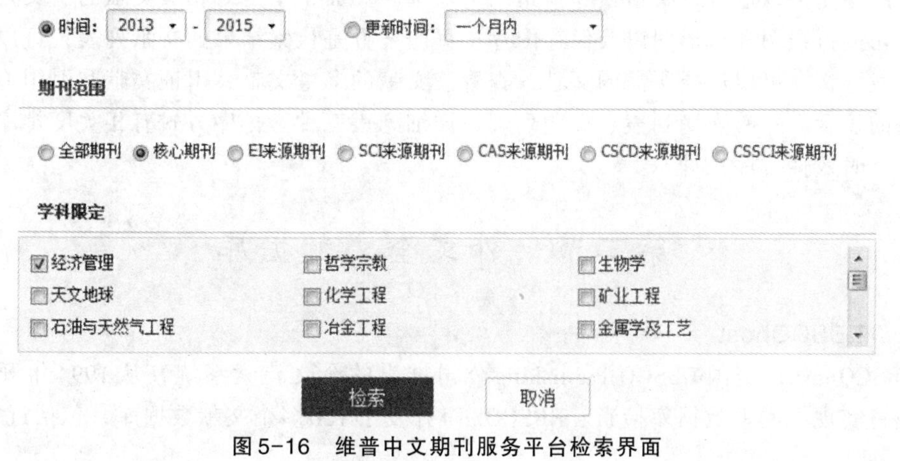

图 5-16 维普中文期刊服务平台检索界面

在页面上方将全部检索结果分成了文章、期刊、主题、作者、机构、基金几大类，用户可以根据自己的需要进行分块浏览。维普中文期刊服务平台检索结果界面如图5-17所示。

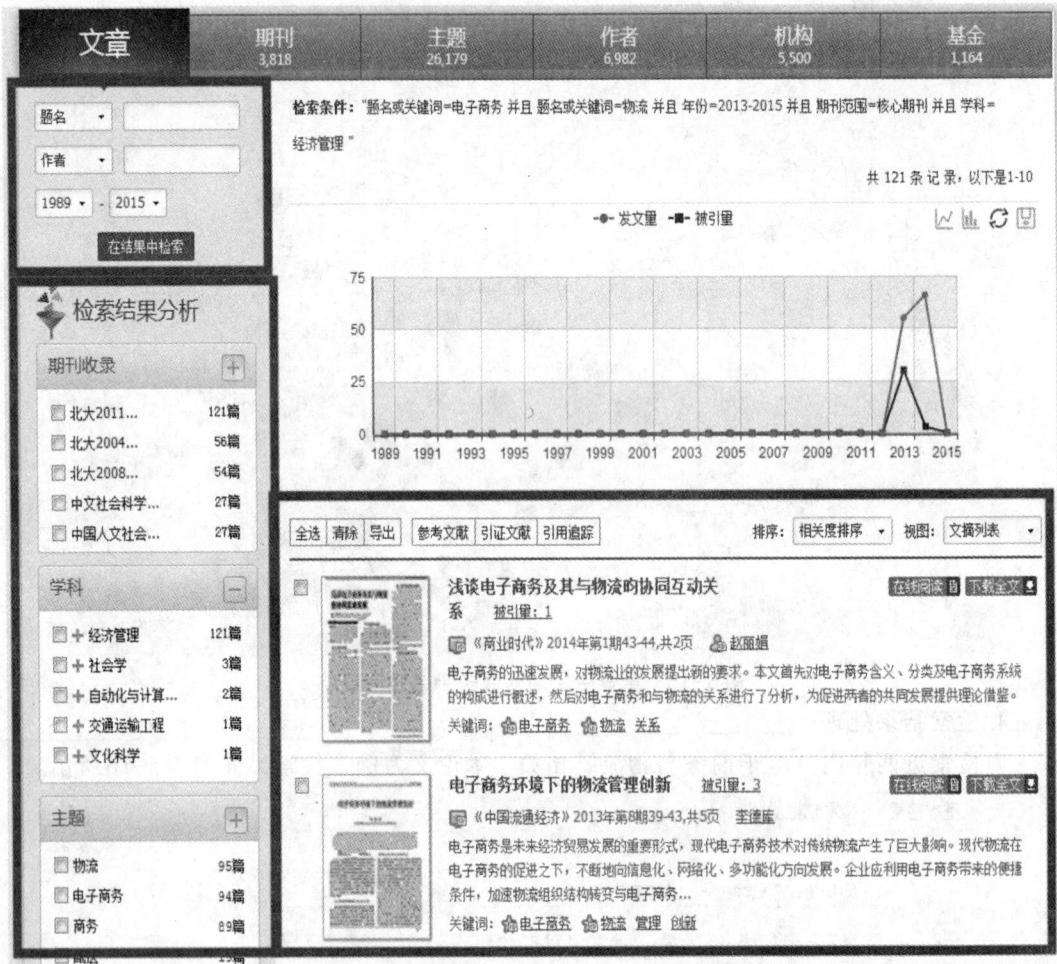

图5-17　维普中文期刊服务平台检索结果界面

页面左侧可以进行二次检索和检索结果筛选。页面正中是对相关文献的引文分析，可以自由切换折线图和柱形图以及保存图片。页面下方是检索结果的文献列表，可以在线阅读和下载全文，可以选择所需的文献，查看该文献的参考文献、引证文献和引用追踪。检索结果的显示方式有文摘列表、标题列表、详细列表三种。排序方式有相关度排序、被引量排序、时效性排序三种。

第二节　外文全文数据库

一、EBSCOhost

EBSCOhost是美国EBSCO Publishing公司推出的全文检索系统，从1994年开始提供Web版，实现了网上数据库检索。EBSCOhost开发了100多个文献数据库，包括近3 000种期刊全文，涉及自然科学、社会科学、人文和艺术等多种学术领域。

EBSCOhost的特点是检索界面设计友好，有许多方便用户的功能，如建立自己的数据库账户、直接收藏或E-mail感兴趣的文献等。

（一）EBSCOhost重要的全文数据库

1. Academic Search Complete（ASC）综合学科参考类全文数据库

ASC是世界上最大的多学科全文数据库，包括13 800多种学术性期刊的索引、文摘（大多数期刊可追溯至创刊时或1965年）和4 700多种期刊全文。其中同行评审的期刊索引、文摘达12 200多种，同行评审的全文期刊达4 000多种。涉及了几乎所有自然科学和社会科学领域，包括语言文学、哲学、历史、社会学、政治、经济金融与管理、法律、教育、新闻、生命科学、医学、数学、物理、化学、技术科学、信息科学、环境科学等学科门类，每日更新。

2. Business Source Complete（BSC）商管财经类全文数据库

Business Source Complete是世界上最大的商业全文数据库，包括2 200多种期刊全文（大多数期刊可追溯至创刊时或1965年，引文检索可追溯至1998年）。该库商业资源的全文覆盖率较高。收录《华尔街日报》（The Wall Street Journal）、《商业周刊》（Business Week）、《财富》（Fortune）、《福布斯》（Forbes）等许多著名商业领域的顶级期刊。涉及的主题范围有：国际商务、经济学、经济管理、金融、会计、劳动人事、银行等。非期刊内容包括市场研究报告、行业报告、国家报告、公司简介及SWOT分析，每日更新。

3.EconLit with Full Text美国经济学会（AEA）全文期刊数据库

由美国经济学会（AEA）所建立，收录自1969年至今经济学领域的学术期刊、杂志、书籍、研究报告、会议论文、博硕士论文等6大类型文献。主题包括经济理论、历史、货币理论、财政制度、劳工经济、国际性经济、区域性经济及都市经济等相关领域。数据库60%的数据来自美国地区以外的国际性专业期刊；99%的数据以英文撰写。每笔数据含基本书目数据、主题及地区说明，自1987年开始，每笔资料都加上了摘要说明。

EconLit with Full Text收录了近600种经济类全文期刊，包括了美国经济学会（AEA）出版的所有期刊，如American Economic Review、Journal of Economic Literature、Journal of Economic Perspectives等。同时还包括众多知名经济类现刊和大量的回溯刊物，如Annals of Economics and Finance、European Journal of Comparative Economics、Journal of Economic Cooperation among Islamic Countries、Marine Resource Economics、Review of Law and Economics等。同时也收录众多财经领域的非英语全文期刊。

（二）EBSCOhost的主要功能

1.一站式检索

EBSCOhost包含大量子数据库，通过一站式检索平台可以同时在多个子数据库中检索，也可根据检索需求选择"高级检索"。一站式检索平台首页是基本检索界面，如图5-18所示。检索框上方"正在检索"可以查看到当次检索的数据库范围。也可重新选择数据库，如图5-19所示。可根据检索需求选择"高级检索"，如图5-20所示。

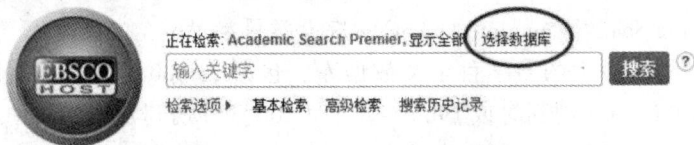

图 5-18　EBSCOhost 基本检索

图 5-19　EBSCOhost 选择数据库

　　高级检索界面提供三个检索文本输入框，每个文本输入框后面对应一个字段下拉列表框。用户在检索框中输入关键词，根据需要选择检索字段，框与框之间可以使用逻辑算符进行逻辑组配。可以根据检索要求增加或减少组配条件。利用检索框下的各项选择可以缩小检索范围，使检索结果更准确。

　　2. 出版物检索

　　在检索页面左上角选择"出版物"（Publications），进入出版物检索页面，利用系统提供的出版物（期刊）名称进行检索，可以选择一种或多种出版物检索，如图 5-21 所示。检索时首先对出版物名称进行检索，然后选定某个特定出版物，检索出在该出版物上发表的论文，对带有全文的论文，可以直接查看其全文内容。通过这种检索还可以了解该数据库收录的期刊名称、刊号、出版周期、出版者、刊物报道范围等。

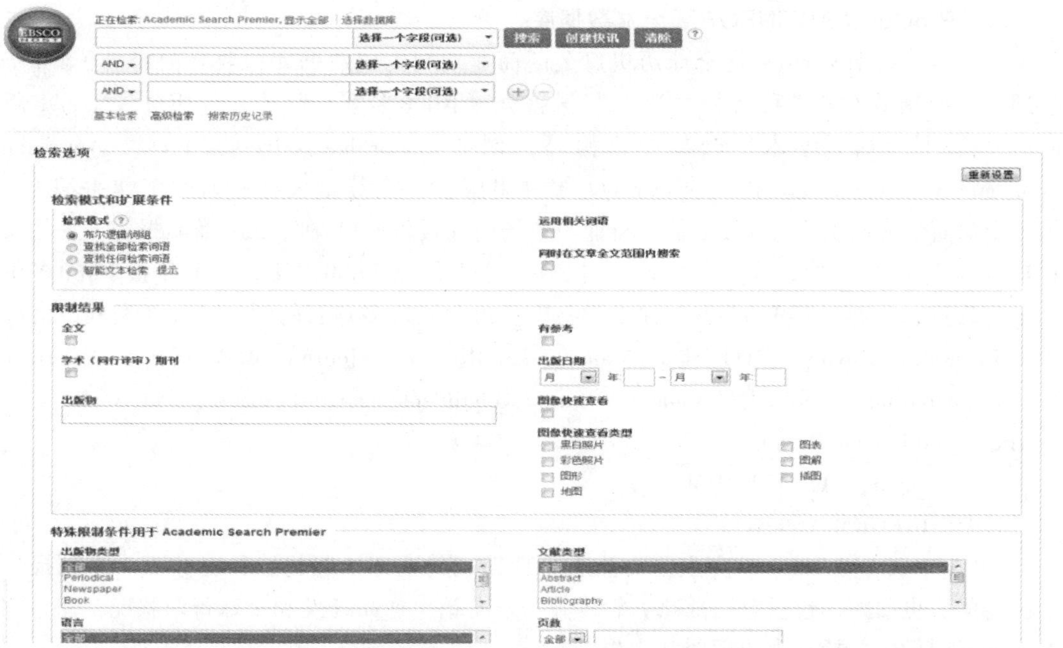

图 5-20　EBSCOhost 高级检索

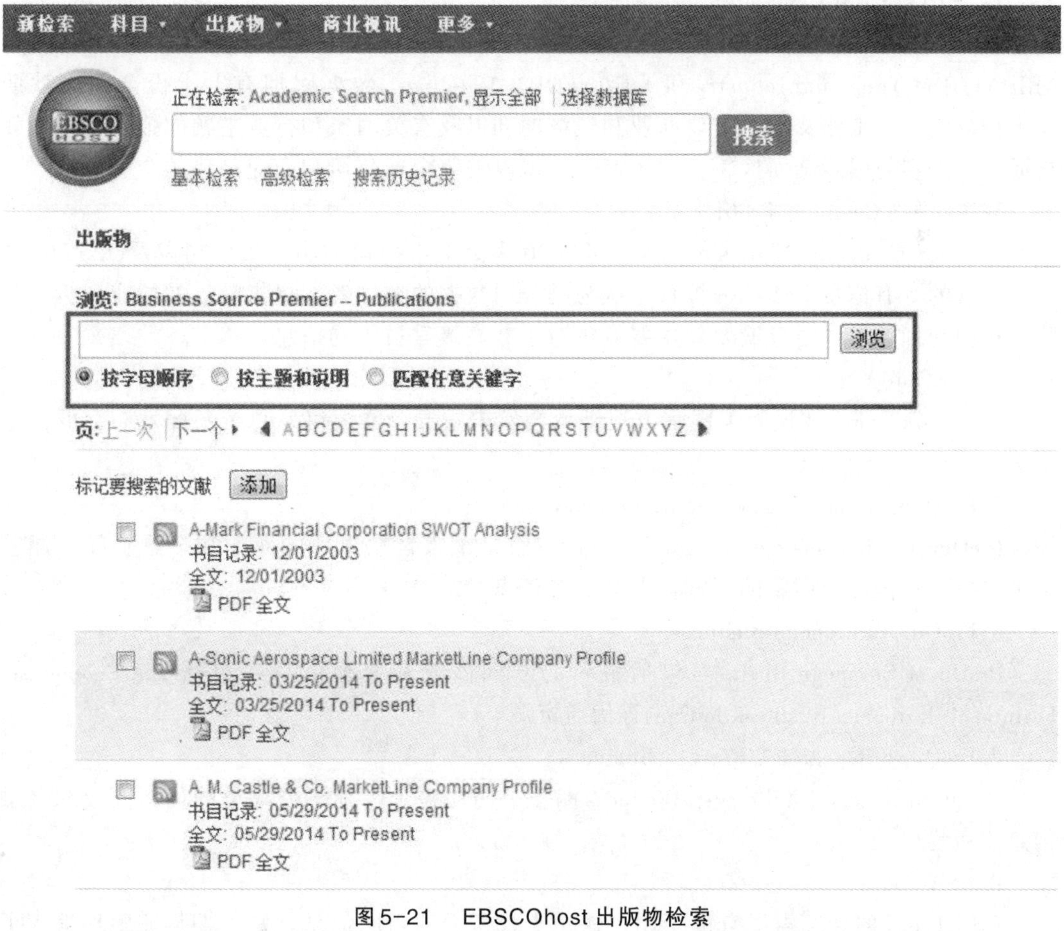

图 5-21　EBSCOhost 出版物检索

二、ProQuest ABI/INFORM 全文数据库

ProQuest ABI/INFORM 是全球历史悠久的商业期刊集成数据库，收录内容涵盖经济、管理、商业领域的各学科及相关学科。涵盖全球 1 000 多家出版社，包括众多知名出版商、大学出版社、学术协会出版机构等，例如 Cambridge University Press、American Economic Association 等。提供全球 6 000 多种出版物，全球重大社科研究工作手稿 3 万篇，全球商学博硕士论文 3 万多篇，行业与市场研究报告 1 300 种，EIU 商品报告（食品饮料饲料、工业原材料）、地区与国家报告 EIU、案例研究 6 000 多份，企业年报 7 000 多份等丰富的信息资源。其中 6 000 多种出版物中，包含了众多知名的学术与商业期刊，例如 The Accounting Review、MIT Sloan Management Review 、Journal of Retailing、American Economic Journal：Applied Economics、Supply chain management review、The Wall Street Journal、The Economist 等。

（一）ProQuest ABI/INFORM 子库

1. ABI/INFORM Archive

ABI/INFORM Archive 包含主要商业和管理期刊的全部出版物，针对数百个主题提供了独特的历史回顾，包括公司战略、管理技巧、营销、产品开发和全球行业状况，完整收录了全部图像，包括其中的插图和广告。

2. ABI/INFORM Complete

ABI/INFORM Complete 是最全面的 ABI/INFORM 数据库，包括 ABI/INFORM Global、ABI/INFORM Trade and Industry 和 ABI/INFORM Dateline。数据库拥有上千份全文文献期刊、长篇论文、工作文件、重要商业和经济期刊以及有关国家和行业主题的报告和可下载数据。其内容与国际全面接轨，使研究人员得以一窥全球公司和商业趋势的全貌。

3. Hoover's Company Profiles

Hoover's Company Profiles 包括有关 40 000 多个上市公司和非上市公司以及 225 000 个重要主管的专有信息。Hoover 被普遍认为是公司数据的领导者，提供深入的行业分析、有关公司的地理位置、财务摘要、主要竞争对手、高级官员等的信息。

4. New York Times

New York Times 被视为美国官方报纸，会发表重要公文演讲及总统新闻发布会的文本全文。

5. ProQuest Asian Business & Reference

ProQuest Asian Business & Reference 重点收录了来自东半球的商业和金融新闻，涵盖了来自重要的国际出版物的亚洲商业和金融信息。

6. ProQuest European Business

ProQuest European Business 包括最新的欧洲商业和金融信息，包括 The Economist、Fortune 和 European Business Journal 等优质资源。

7. ProQuest Research Library：Business

ProQuest Research Library：Business 涵盖了面向各个级别研究人员的最新商业和金融信息出版物。

8. USA Today

USA Today 的详细索引有助于用户快速查找所需的新闻信息。每一期均完整地编入了

索引，研究人员不但可阅读热门新闻，同时还可阅读报纸各个版块中的信息。该索引不但包含完整的参考书目信息，而且涉及各个公司、人员、产品信息等。

9. The Wall Street Journal

The Wall Street Journal 提供 Web 版《华尔街日报》。

ProQuest ABI/INFORM 独特期刊举例见表5-2。

表5-2　　　　　　　　　ProQuest ABI/INFORM 独特期刊举例

学科/专业	独特的期刊举例
市场营销	Journal of Retailing (New York University), Demography (Population Center of America), Population Ecology (Springer), International Marketing Review (Emerald)
国际研究	Journal of International Business Studies (Palgrave), Journal of Global Optimization (Springer), The China Quarterly (Cambridge University Press)
数据分析/技术	Data Mining and Knowledge Discovery (Springer), Knowledge and Information Systems (Springer), Technimetrics(American Society for Quality)
经济/金融	Journal of Economic Growth(Springer), Experimental Economics (Springer), Environmental & Resource Economics (Springer), Econometric Theory (Cambridge University Press), Journal of Economic History (Cambridge University Press)
交流与传播/组织行为	Personnel Review (Emerald), Journal of Organizational Change Management (Emerald), Journalism and Mass Communication Quarterly (Association for Education in Journalism and Mass Communication)
运营管理	Journal of Quality Technology (American Society for Quality), Journal of Information Technology (Palgrave), International Journal of Operations & Production Management (Emerald), Supply Chain Management(Emerald), Industrial Management & Data Systems (Emerald)

（二）ProQuest ABI/INFORM 非期刊内容

除了学术期刊内容，ProQuest ABI/INFORM 现提供的非期刊内容包括：

1.Business Monitor International （BMI）

提供超过900种按时更新的国家行业报告。报告内容包含市场概况、经济指标、行业展望、SWOT分析、竞争数据等。

2. 英国经济学家智囊团报告（EIU ViewsWire）

EIU ViewsWire 精选反映世界经济、政治和市场发展动态的250个地区的重要事件，并就这些事件对商界所产生的影响作深度点评。最新加入 G20 由1982年至现在的国家数据（EIU：Country Data），而且数据可以 Excel 报表下载，更方便应用分析。数据参数包括GDP、进口、出口、债务、工资等数百种指标。

3.SSRN （Social Science Research Network）

提供128 000多份工作底稿。这些工作底稿向用户提供了对即将出版的著作的预览，同时使得用户可以提前了解到一些非常前沿的研究进展。

4. ProQuest 商学论文（PreQuest Business Dissertations）

独家提供北美博硕士论文。收录了37 000多篇商学与经济管理博士学位论文全文，收录来自于1 000多所大学从1962年迄今的毕业论文。

5. 商业案例（Business Cases）

收录了400份商业案例的全文信息和8 700多条来自于世界顶级商学院的商业案例的文摘索引信息，如Harvard Business Review、Ivey、Thunderbird、Idea Group和Darden等。

6. 年度报表

ABI/INFORM Complete（完整版）现抽样提供北美800家主要公司的7 000多份年度报表，内容涉及各行各业。

7. Oxford Economics

作为ProQuest的长期合作伙伴，Oxford Economics提供包括190多个国家、85个行业以及2 500多个地区和区域的经济分析报告。

（三）ProQuest ABI/INFORM的功能

1. 快捷检索

只要在检索框中直接输入检索词、词组或检索表达式，便可进行检索。默认在所有数据库中检索，如图5-22所示。

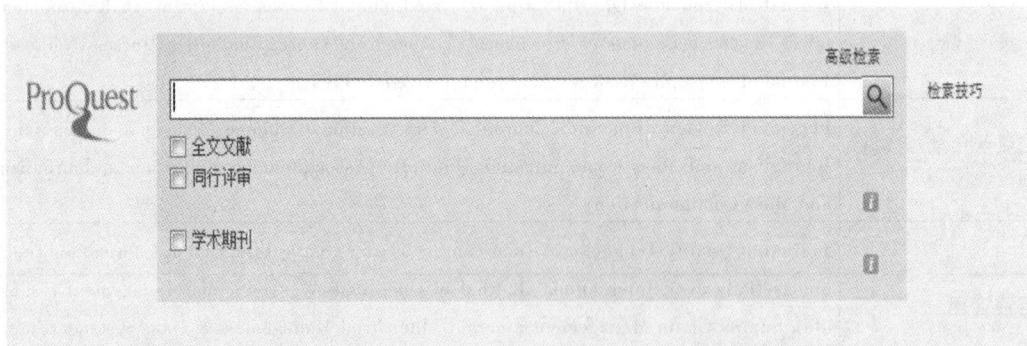

图5-22　ProQuest ABI/INFORM 快捷检索

2. 高级检索

高级检索可以选择若干个检索条件通过布尔逻辑算符自由组配，在"检索选项"中可以选择全文文献、同行评审、学术期刊来缩小检索范围。另外还提供文献类型、出版物类型、出版日期、文档类型、语言等选项精确检索结果，如图5-23所示。

3. 词库

输入检索词，可以在词库中获得匹配项，或者浏览相关检索词，从而获取更准确的检索词，提高检索效率，如图5-24所示。

4. 出版物浏览

在出版物浏览中，可以浏览系统中所有的全文期刊，选定出版物后可进行如下操作：浏览出版物卷期，在选定出版物中检索、浏览选定出版物的信息。

5. 检索结果处理

可以在结果页中浏览命中记录的简明或详细题录，可以预览文档和查看全文，如图5-25所示。可按相关性或出版物日期改变检索结果的排序方式；可以修改检索策略，或者利用页面右侧的检索选项精确检索结果；可对每条记录做标记，标记过的记录可以打印或下载、发送电子邮件、导入书目管理软件等。

高级检索

以引文查找全文 ｜ 命令行 ｜ 查找相似内容 ｜ 补告 ｜ 数据＆报告

词库 ｜ 字段代码 ｜ 检索技巧

	于	所有字段 ▼
AND ▼ （ ） OR （ ）	于	所有字段 ▼
AND ▼ （ ） OR （ ）	于	所有字段 ▼

田 添加行 ｜ 删除行

检索　清空检索表格

° 并非所有选定的数据库都会在该字段回送检索结果。查看

检索选项

限定条件：　☐ 全文文献　☐ 同行评审 🛈 　☐ 学术期刊 🛈

出版日期：　所有日期 ▼

显示更少 ▲

人名：°　［　　　　　　　］ 查找 民族

NAICS 代码：°　［　　　　　　　］ 查找 NAICS 代码

地点：°　［　　　　　　　］ 查找 地点

分类代码：°　［　　　　　　　］ 查找 分类代码

产品名：°　［　　　　　　　］

显示更多字段

出版物类型：°

☐ 全选
　☐ 报告
　☐ 报纸
　☐ 电报荟萃
　☐ 工作文件
　☐ 会议论文及记录
　☐ 其他来源
　☐ 书籍

文档类型：°

☐ 全选

检索学科领域

使用为各个学科定制的检索表单。

ABI Complete 全球经
济管理商业期刊

Hoover's Company
Profiles

Wall Street Journal

图 5-23　ProQuest ABI/INFORM 高级检索

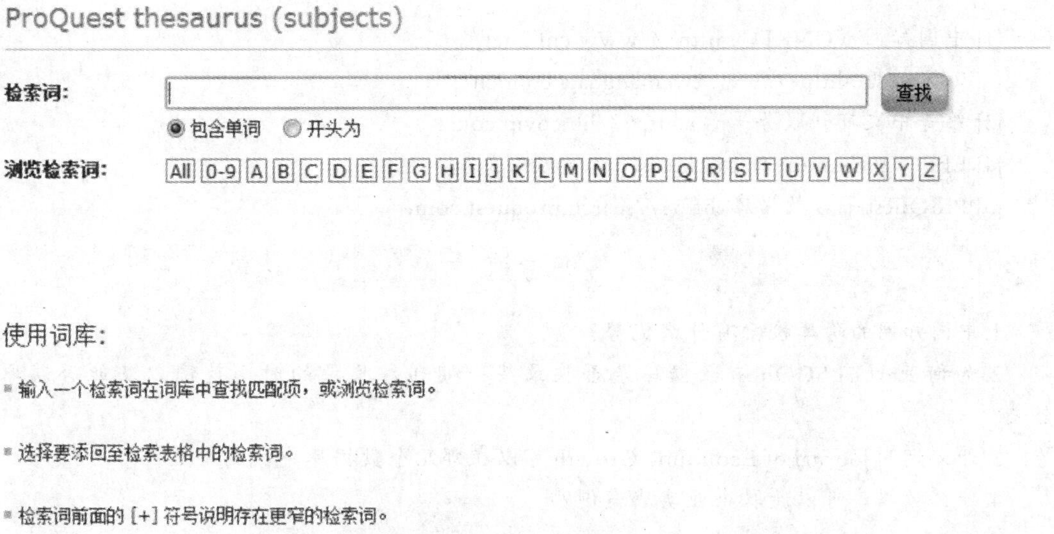

ProQuest thesaurus (subjects)

检索词：　［　　　　　　　　　　　　　　　　］ 查找

　　　　◉ 包含单词　◯ 开头为

浏览检索词：　All 0-9 A B C D E F G H I J K L M N O P Q R S T U V W X Y Z

使用词库：

※ 输入一个检索词在词库中查找匹配项，或浏览检索词。

※ 选择要添加至检索表格中的检索词。

※ 检索词前面的 [+] 符号说明存在更窄的检索词。

图 5-24　ProQuest ABI/INFORM 词库

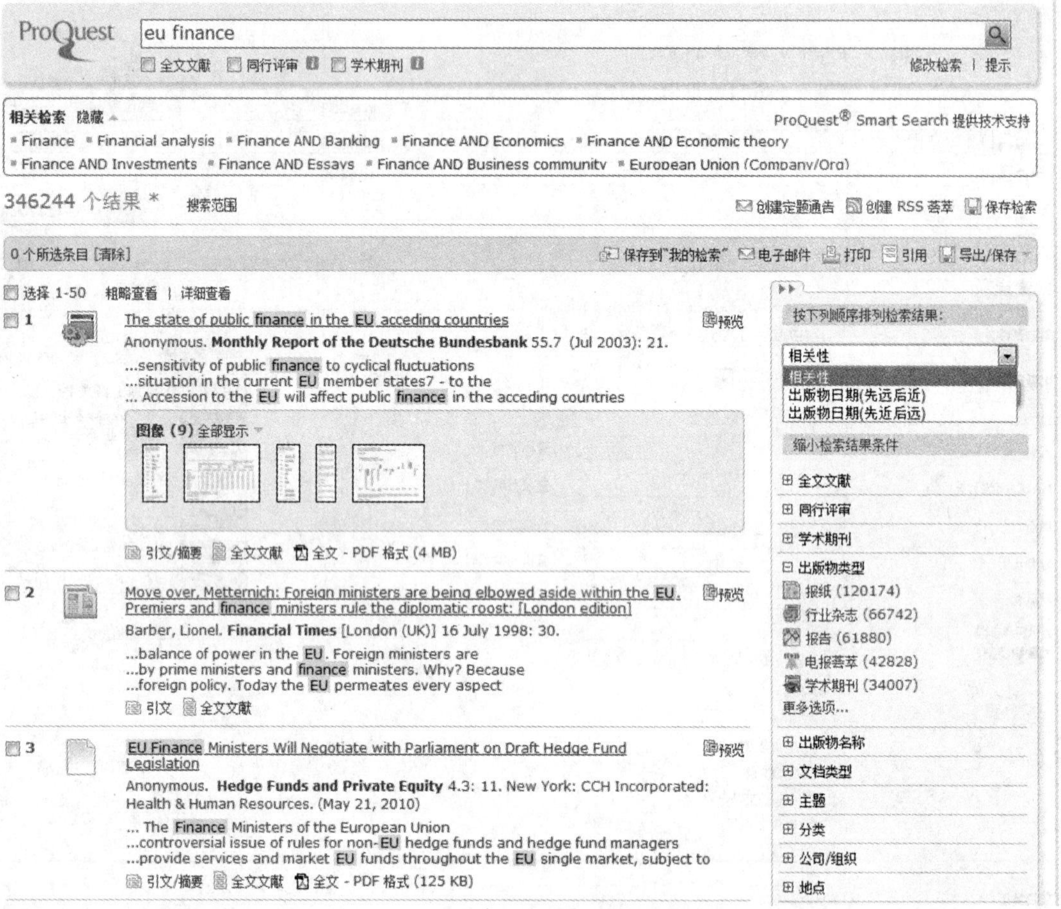

图 5-25　ProQuest ABI/INFORM 检索结果

参考文献

[1] 中国知网（CNKI）. http://www.cnki.net/.

[2] 万方数据. http://www.wanfangdata.com.cn/.

[3] 维普中文期刊服务平台. http://lib.cqvip.com/.

[4] EBSCOhost.http://search.ebscohost.com/.

[5] ProQuest 平台数据库.http://search.proquest.com.

思考题

1. 中国知网的跨库检索有什么优势？

2. 如何获知 EBSCOhost 数据库是否收录某一期刊、收录的时间范围以及能否获取全文？

3. 外文期刊 Journal of Economic Growth 可以在哪几个数据库中找到全文？

4. 什么数据库可以获取企业实战案例？

第六章　电子期刊、电子图书和电子报纸

❋本章提要

本章主要介绍适合财经类院校使用的中文、西文电子期刊、电子图书和电子报纸数据库。其中，中文电子期刊数据库主要有中国知网、万方、维普；西文电子期刊数据库主要有 Elsevier、JSTOR、SAGE、Springer、Wiley 等；电子图书主要有超星数字图书馆、方正 Apabi 等；电子报纸有 NewsBank、PressDisplay 等。

第一节　电子期刊概述

1978 年 4 月在卢森堡举行的"科技社会中的出版未来"（The Future of Publishing by Scientific and Technical Societies）研讨会上，J.A.Urquart 提交了论文《为什么图书馆要削减期刊订阅》（Why Libraries are Cancelling Periodicals and What Can Be Done About It）。在该论文中，他首次使用了"电子出版"一词，提出以电子出版这种新的出版方式可以应对图书馆采购经费减少带来的问题。2003 年联机计算机图书馆中心（Online Computer Library Center，简称 OCLC）发布的《未来五年信息格式趋势》（Five-year Information Format Trends）报告的内容之一指出：在数字化领域，新的信息表现方式（格式）正在迅速扩张，特别是未来网络格式的数量将会多到难以准确计算。OCLC 于 2004 年还发布了相关的报告并对这种数字化趋势予以强调和肯定。事实上，作为重要的数字形式，电子期刊（Electronic Journals）的出版与发行也出现了蓬勃发展的趋势。据《乌利希国际期刊指南》（Ulrich's Periodicals Directory）统计，全世界正在发行的期刊共有 63 720 种，其中以在线电子形式存在的期刊就有 18 320 种，几乎涉及所有的学科领域。而以开放存取（Open Access，简称 OA）形式提供在线学术信息的各类机构知识库（Institutional Repositories，简称 IR）也是在线期刊的主要提供者。据开放存取知识库登记机构（Registry of Open Access Repositories，简称 ROAR）统计，截至 2014 年 12 月 31 日，全世界共有 106 个国家、地区或是组织团体建立了 3 315 个机构库。《开放获取期刊名录》（Directory of Open Access Journals，简称 DOAJ）的统计则显示，其收录的在线免费的学术性期刊总数是 10 145 种，其中 6 037 种期刊可以检索到文章篇名，涉及的国家达 136 个，各学科的论文数量高达 1 815 395 篇。由于电子期刊借助高新技术，以光盘、网络通讯技术为载体，通过图像、文字、声音、视频等动态形式，运用现代技术作为检索手段，电子期刊得以迅速发展。

第二节　中文电子期刊

一、中国期刊全文数据库

中国期刊全文数据库（China Journal Full-text Database，简称 CJFD）由中国知识基础设施工程（简称 CNKI 工程）集团主持开发。该库是目前世界上最大的连续动态更新的中

国期刊全文数据库，收录自1994年至今的9 100多种期刊（部分刊物回溯至创刊），按学科分为168个专题，现有文献3 000多万篇，每日更新，年新增文献100多万篇。内容涵盖自然科学、工程技术、农业、医学、哲学、人文社会科学等学科领域。该数据库数据高度整合，可实现一站式文献信息检索。

中国期刊全文数据库是在中国知识资源总库（CNKI）的统一平台上，从CNKI主页（http：//www.cnki.net）即可进入，选择"期刊"进入该库的检索主页，如图6-1所示。中国期刊全文数据库的检索方法有期刊导航、数据库检索、高级检索、专业检索、作者发文检索、科研基金检索、句子检索及来源期刊检索，用户可以根据需求选择检索方法、设置检索条件。为方便用户下载阅读和管理文献，可下载安装PDF、CAJViewer或E-Learning软件。

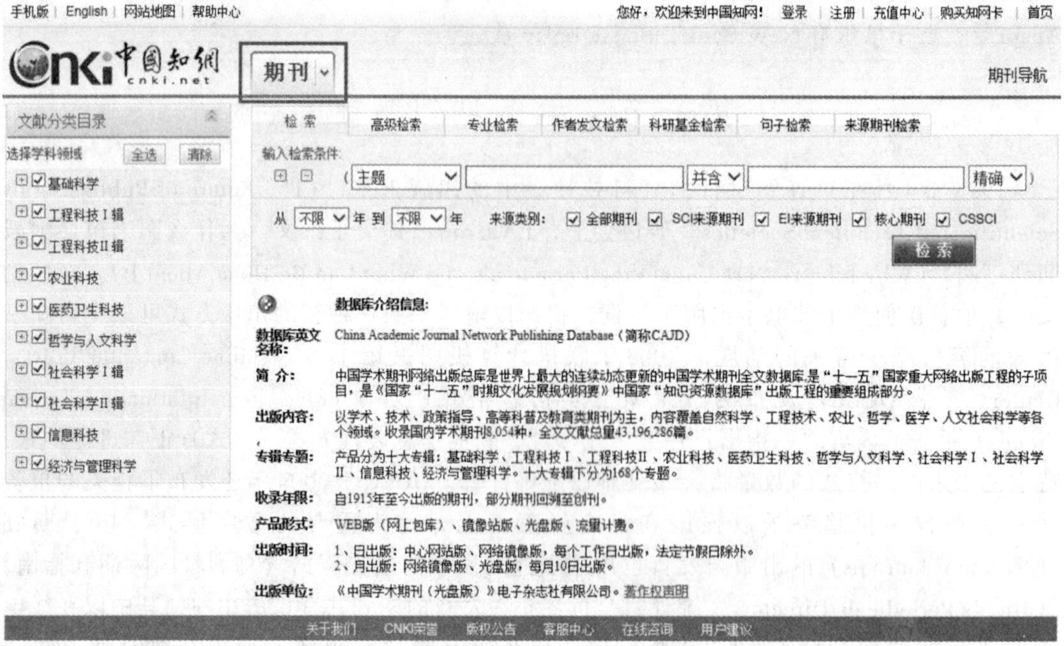

图6-1　中国知网（CNKI）期刊全文数据库

二、万方电子期刊

万方电子期刊库是万方数据知识服务平台的重要组成部分之一，其整合国内科技论文与引文数据库及其他相关数据库中部分期刊内容，包含绝大部分自然科学类统计源期刊和社会科学类核心源期刊，囊括多数人文社科类全文内容，涵盖3 005万余条期刊文献。万方电子期刊库为整刊文献收录，将全部文献按学科分为哲学政法、社会科学、经济财政、教科文艺、基础科学、医药卫生、农业科学和工业技术八个大类，并按期刊来源地共列出31个地区，按期刊名称首字母从A到Z排列。万方数据期刊检索首页如图6-2所示。

三、中文科技期刊数据库

中文科技期刊数据库是维普期刊资源整合服务平台的一项期刊产品，目前已拥有包括港澳台地区在内6 000余家大型机构用户，收录期刊12 000余种，文献总量达3 000余万篇，是我国数字图书馆建设的核心资源之一，是高校图书馆文献保障系统的重要组成部分，也是科研工作者进行科技查证和科技查新的必备数据库。

图6-2　万方数据期刊检索首页

　　点击进入维普期刊资源整合服务平台（http：//lib.cqvip.com/）——期刊文献检索，分别有基本检索、传统检索、高级检索、期刊导航和检索历史，可以选择按学科分类查询文献，或者是按专辑分类查询文献，分别对应的是"分类导航"、"专辑导航"。如按学科分类查询，可以点击"分类导航"打开下面的各级学科分类，选中某一学科，然后在页面上端"检索词（检索式）"处输入关键词或者是检索式，点击"检索"进行查询；如按专辑分类查询，可以点击"专辑导航"打开下面两级分类，选中某一专辑或者分类，然后在页面上端"检索词（检索式）"处输入关键词或者是检索式，点击"检索"进行查询。维普期刊检索首页如图6-3所示。

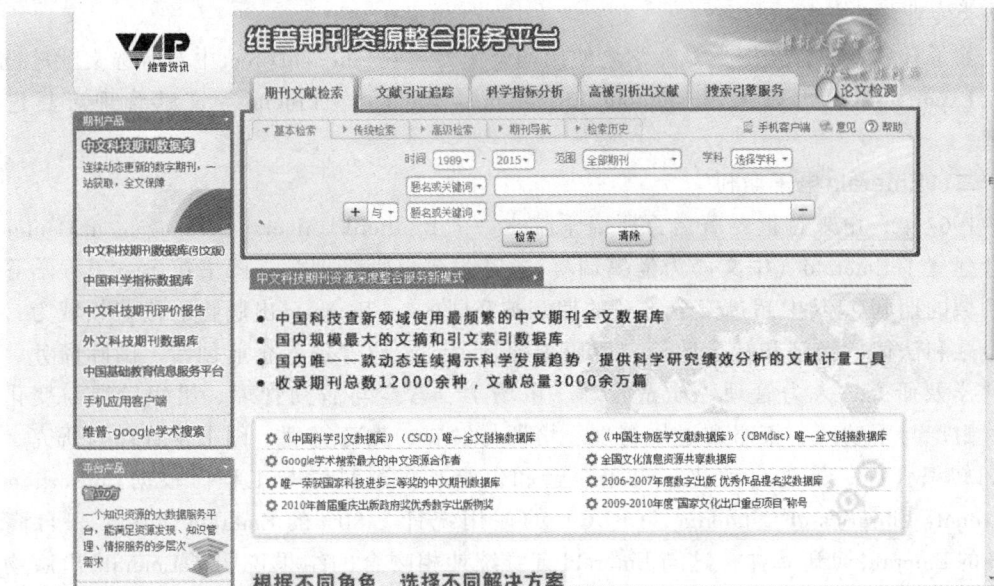

图6-3　维普期刊检索首页

第三节 西文电子期刊

一、Elsevier电子期刊

Elsevier（中文译为爱思唯尔）是一家荷兰的国际化多媒体出版集团，主要为科学家、研究人员、学生、医学以及信息处理的专业人士提供信息产品和革新性工具。Elsevier公司沿用了Elzevir书屋的名字，并将Elzevir更改为现代的书写方式Elsevier。经过百年发展，Elsevier已从一家小小的致力于传播经典学术的荷兰书店发展为一个向全球科技和医学学术群体提供超过20 000本刊物和图书的国际化多媒体出版集团，并与诸多世界知名的出版商进行合作，其中包括North Holland、 Excerpta Medica、 Pergamon、 Mosby、W.B. Saunders、 Churchill Livingstone、 Academic Press等。

1997年Elsevier推出了名为ScienceDirect（SDOL）的电子期刊计划，将该公司的全部印刷版期刊转换为电子版，并使用基于浏览器开发的检索系统Science Server。这项计划还包括对用户的本地服务措施的ScienceDirect Onsite（简称SDOS），即在用户本地服务器上安装Science Server和用户购买的数据（镜像站点）。此外，2001年1月，Elsevier还启动了回溯文档项目，便于研究人员通过Science Direct平台访问其1995年以前的全部期刊内容。这些文章可被进行全文检索，并带有HTLM格式的文摘和参考文献列表，并直接链接至被引文献。回溯文档中收藏了回溯至180多年前的最古老的文章，如《柳叶刀》（The Lancet），即可回溯到1823年出版的第一卷第一期。现在可以回溯400万篇1995年以前的学术全文。

进行ScienceDirect主页进行检索之后，按照主题（Subject）进行浏览，在社会科学和人文科学（Social Sciences and Humanities）下有经济学、计量经济学和金融学（Economics， Econometrics and Finance），并分为经济（Economics），计量经济学（Econometrics）、财务（Finance General）和金融（Finance）三个方向的电子期刊，适合经济类专业学生使用。

除了有大量适合经济类专业学生使用的资源外，在ScienceDirect中对所选文献进行导出（Export）时，可以采用Endnote、References Manager、Procite等文献管理工具进行管理。

二、Emerald电子期刊

1967年，由来自世界著名百所商学院之一的Bradford University Management Center的学者建立了Emerald（中文译为爱墨瑞得）。其主要出版管理学、图书馆学、工程学等专业领域的期刊，其中超过三分之一的期刊被ISI收录。Emerald出版物的覆盖领域为：会计金融和法律、经济和社会政策、健康护理管理、工业管理、企业创新、国际商务、管理科学及研究、人力管理、质量管理、市场学、营运与后勤管理、组织发展与变化管理、财产与不动产、策略和通用管理、培训与发展、教育管理、图书馆管理与研究、信息和知识管理、先进自动化、电子制造和包装、材料科学与工程。根据Consortium of University Libraries of Catalonia（CBUC）的使用统计，80%的Emerald使用量来自高达47%的Emerald期刊品种，这与Emerald自身统计相吻合的结果说明了Emerald出版物的高平均水准。

（一）Emerald数据库平台首页

Emerald数据库产品主要包括Emerald Management eJournals（管理学电子期刊数据库），该库有270多种同行专家评审期刊，30多万篇管理学评论文摘；Emerald Engineer eJournals（工程学数据库），包括23种同行专家评审期刊，基本全被SCI、EI收录，同时全部被Scopus收录；工程师专栏资源、工程学领域重大事件等。在Emerald数据库首页可以进行期刊和图书（Journal & Books）、案例集（Case Studies）以及作者服务（Author Services）检索。

（二）管理学全文期刊库

Emerald管理学全文期刊库中，包含200种专家评审的管理学术期刊，提供最新的管理学研究和学术思想。其中知名的期刊有：European Journal of Marketing《欧洲营销杂志》、Management Decision《管理决策》、The TQM《全面质量管理》、Supply Chain Management：An International Journal《供应链管理》、Personnel Review《人事评论》等。

（三）数据库特色

Emerald为作者提供多样的平台，包括各国语言的作者指南（Region-specific author resources）、主编访谈（Editor interviews），就热点问题、如何提高发表概率向Emerald主编进行访谈、编辑服务（Editing services），特别是可在此选项由专业领域的同行帮助非英语国家的作者润色文章语言；学者网络（Emerald Literati Network），每年Emerald会针对合作的学者评选出优秀作者、最佳文章、杰出主编、优秀期刊；发表指南和写作指南等。

三、JSTOR回溯电子期刊

JSTOR，全名为Journal Storage，是过刊数据库，创立于1995年，是主要收集学术期刊的在线系统。收录各学科领域有影响的学术性期刊1 000余种，特别注重社会科学与人文科学。该数据库中的绝大多数期刊提供从创刊号开始到最近三至五年前过刊的PDF格式的全文。如英国皇家学会1665年创刊的"Philosophical Transactions"以及1880年创刊的"Science"等；该数据库中的每本期刊均不收录当年数据，但少部分期刊提供近期期刊内容链接功能，可以使用"Links to Recent Content"链接，通过SFX链接服务（数据库中的"Go to Article"图标）进行使用，收录这些期刊近期卷期的数据库页面，从而获取全文。这些文献的收录文献年限一般是从创刊号开始，但是不同的期刊有所不同。

（一）JSTOR界面说明

在JSTOR界面中，用户可以免费检索文献信息。可以点击SEARCH或BROWSE，从而进行检索或者浏览。此外，还可以点进入MyJSTOR，提供存储检索历史等便于个人管理的功能。JSTOR界面简洁、内容集中。

用户可以点击任意一个出版者，将会出现出版社相关的信息，包括出版社简介、出版社联络信息以及出版社收录在JSTOR里的出版物、全文收录范围、连接到现刊的收录范围等。

（二）JSTOR特色功能

若一篇期刊论文中含有图片，在"Images in this item that match your search terms"页

面中，浏览到相应的页面，就可以看到保留原有色彩的高清质量图片。

如果标志是 ，说明 JSTOR 现在并未对此文章进行存档，JSTOR 只提供该篇文献的摘要、参考文献、作者信息等，但是可以在外部网站获取（Article on external site）。

如果需要保存，选中所需文献，点击 MyJSTOR 中的"Save Citations"将所需文献的记录进行保存，进入 MyJSTOR 中，再选中所需文献，点击"Export article Citation"图标，即可将所需文献的题录信息批量导出或是保存。单篇文献题录信息，每篇文章记录后或文章详细页的右上角有"Export this Citation"链接，点击此链接，可直接导出或是保存单篇文章的题录信息。

（三）MyJSTOR 功能说明

第一次使用时应先申请个人账号，然后注册个人化服务账号 MyJSTOR Registration，注册个人化账号，需要填入个人信息，"*"为必填字段，同意并接受"JSTOR Terms and Condition"就可以注册。在 MyJSTOR 中有书目管理、检索词/检索策略储存、新信息提醒等功能。

四、SAGE 电子期刊

SAGE 公司于 1965 年成立于美国，最初以出版社会科学类学术出版物起家，自 1995 年以来，也开始陆续出版科学、技术、医学（STM）三大领域的文献。至今为止已经与 310 多家专业的学术协会和组织建立了紧密的合作伙伴关系（主要为欧美协会和组织）。经过 40 余年的发展，目前 SAGE 连续出版 700 多种商业、人文、社会科学、自然科学、科技和医学类的期刊。SAGE 期刊 100% 为同行评审期刊，据 2012 年有关数据，309 种期刊被 2012 年 SSCI（社会科学索引）收录，125 种期刊被 2005 年 SCI（科学引文索引）收录。102 本 SAGE 期刊位列相应领域的前 10 位，更有 8 种期刊排名首位。作为最大的学术协会合作出版商之一，SAGE 出版 366 种学术协会期刊，占期刊总量的 56%。学科范围包括：传播媒体、教育、心理与咨询、社会学、犯罪学、城市研究与规划、政治和国际关系、商业管理和组织学、观光旅游学、青少年及老年研究、方法学、考古人类学、语言文学、食品科学、信息科学、数学与统计学、化学和材料科学、工程、环境科学、生命科学、护理学、健康科学与临床医学等。

（一）SAGE Journals 平台介绍

SAGE 全文期刊的电子访问平台是由美国斯坦福大学 HighWire 公司开发的 SAGE 期刊在线（SAGE Journals Online，SJO）。SJO 具有强大而友好的检索性能，因此受到科研人员及专业图书馆员的一致好评，并荣获 2007 年美国出版家协会最佳平台大奖。在平台中主要有个人账户登录（Sign in）、上方功能框与左边功能框的快速对接；右下方的 Helpful Resources 是移动终端授权。

（二）SAGE Journals 个性化服务

1. My Tools

SAGE 在 My Tools 中，主要有邮件提醒（Email Alerts），可以对最新发表期刊信息、在线文章等进行邮件提醒；引文标注/管理（My Marked Citations）、储存检索公式/引文（Saved Searches & Saved Citations）、设定最关注的期刊（My Favorite Journals）、管理个人账户（Manage My Account）等。

2.引文分析

对于所需要引用的文献，点击"Check Item"，然后添加到引文管理"Add Citations"。通过"My Tools"中的"My Marked Citations"，将会出现引文管理工具接口"For All Marked Citations"。如果需要进一步导出参考文献，点击"Save/Print/Email/Download"，将选中的文献下载到引文管理器"Download to Citation Manager"中，可以根据用户需要导出这些文献。

五、Springer 电子期刊

施普林格（Springer）出版社于1842年在德国柏林创立，是全球第一大科技图书出版公司和第二大科技期刊出版公司，每年出版5 500余种科技图书和1 700余种科技期刊，其中超过1 500种经同行评阅的期刊。SpringerLink平台由Springer出版社推出，是全球科技出版市场最受欢迎的电子出版物平台之一。1999年和2000年分别获得德国和欧洲科技创新奖。SpringerLink平台内容丰富、功能强劲。

2006年6月SpringerLink平台进入第三代界面，成为全球第一个多语种、跨产品的出版服务平台。新平台采用新的搜索工具，功能更加完备，使用更加便捷。2008年，施普林格在加深和谷歌（Google）、MSN、雅虎等搜索引擎合作的同时，还与中国知网（CNKI）合作。施普林格向CNKI提供SpringerLink电子出版物发布平台上各类资源（电子期刊、电子图书、丛书、工具书等）的题录摘要数据。CNKI利用成熟的关联技术和关键词自动翻译功能，使用户免费看到丰富的施普林格出版物双语题录摘要。SpringerLink所提供的全文电子期刊按学科分为以下11个"在线图书馆"：生命科学、医学、数学、化学、计算机科学、经济、法律、工程学、环境科学、地球科学、物理学与天文学。其是科研人员的重要信息源。

SpringerLink主页分三部分，分别为搜索框、按学科浏览功能、根据个人资料提供的相关内容。同时在内容区域，按照颜色识别用户类型，橙色代表的是匿名用户；粉色代表是可以识别的用户。当某用户在可识别的IP范围内登录时，该用户将自动识别为该机构的一部分。同时，用户登录时所用的邮箱和密码也可以进行识别：可以点击注册/登录（Sign Up/Login）；注册并建立账户（Sign up to create an account），或者在任何地点登录到您的收藏页面。如果您匿名登录，"活动"（Activity）将显示为橙色，在该区域中，您将获得所有最近期的下载列表；如果您以机构名义登录，"活动"（Activity）将显示为粉红色，在该区域内，您将会看到您所在机构最近期的下载列表。

此外，还可以在期刊封面下面进行文献导出，这些链接可以导出参考文献。文献可以用以下几种格式导出：ProCite（RIS）、Reference Manager（RIS）、Ref Works（RIS）、EndNote（RIS）、PubMed（TXT）、Text only（TXT）、BibTeX（BIB）等。在文章显示的下面，还有其他一些功能，如相关内容（related），可以看到本网站提供的相关文章链接；补充材料（supplementary material），如果有补充材料，将会以列表的形式在下方显示；参考文献（References），通过"CrossRef"链接，大部分的参考文献可以链接到原始出处；关于此文章（About this articles），可以在页面右侧看到作者信息和所属单位或机构等信息。

六、Wiley 电子期刊

John Wiley & Sons是有着200年历史的专业出版机构，于1807年在美国创建，出版高质量的学术期刊、过刊集、图书、参考工具书、实验室指南、循证医学图书馆（The Cochrane Library）、数据库等。Wiley 是众多国际知名学会的合作伙伴，在化学、生命科学、医学、材料学以及工程技术等领域学术文献的出版方面具有一定权威性。Blackwell 出版公司是全球最大的学术协会出版商，与世界上 550 多个学术和专业学会合作，出版国际性的学术期刊，其中包含很多非英美地区出版的英文期刊。它所出版的学术期刊在科学技术、医学、社会科学以及人文科学等学科领域具有一定权威性。

2007 年 2 月 Wiley 收购 Blackwell 出版公司，并将其与自己的科学、技术及医学业务（STM）合并组建 Wiley-Blackwell。Wiley-Blackwell 出版 1 455 种同行评审的学术期刊及涵盖面广泛的书籍，涵盖学科领域包括科学、技术、医学、社会科学及人文。Wiley Online Library 出版的期刊质量较高，核心占比大。根据 2012 年 JCR 报告，Wiley 拥有影响因子的期刊数量达到 1 192 种，占全部 Wiley 期刊总量的 77%。其中，学科排名第一的 Wiley 期刊数量增加 19%，排名在学科前十名的 Wiley 期刊数量也增加了 11%。

（一）Wiley 电子期刊平台

Wiley Online Library 是 Wiley 电子期刊的发布平台，其首页主要是导航。任何用户都可以浏览、检索和查看 Wiley Online Library 上的摘要。注册用户还可以保存常用出版物名称及检索结果，设置电子邮件提醒，管理"我的档案"（My Profile）账户等。

（二）Wiley Online Library 的特色功能

1.漫游访问

Wiley Online Library 是通过 IP 范围控制访问，当您机构内的网络已订阅内容时，即无须登录。如需于家中或其他地方访问已订阅内容时，可启用漫游服务功能。设置漫游访问，您必须是注册（registered）用户，并在您的机构 IP 网络范围内登录并激活。

（1）登录并进入我的档案。

（2）点击左侧菜单漫游访问链接。

（3）点击此链接（Refresh Roaming Access）激活或刷新漫游访问，如图 6-4 所示。漫游访问的有效期限为 3 个月。

（4）当前漫游访问到期日将在此处显示。如需刷新，只需再次点击刷新漫游访问（Refresh Roaming Access）链接。

2.个人访问选项

用户可以在"我的资料"里管理所保存的文章/章节、出版物和检索结果；管理电子邮件提醒；编辑个人登录信息；查阅订单进程和管理订购事宜。

（1）登录。

（2）点击我的文档（My Profile）链接（可从任一页面点击）。

（3）在我的文档页面，可以进行各种功能的操作。

（4）从左边菜单中进入所有功能：编辑您的账户和登录信息。

（5）跟踪订单和查看订购详情。

（6）激活或刷新漫游访问。

（7）管理保存的文章/章节、出版物和检索结果。

（8）管理电子邮件提醒以及最新目录（e-toc）通知、Wiley Online Library 提供的提前阅

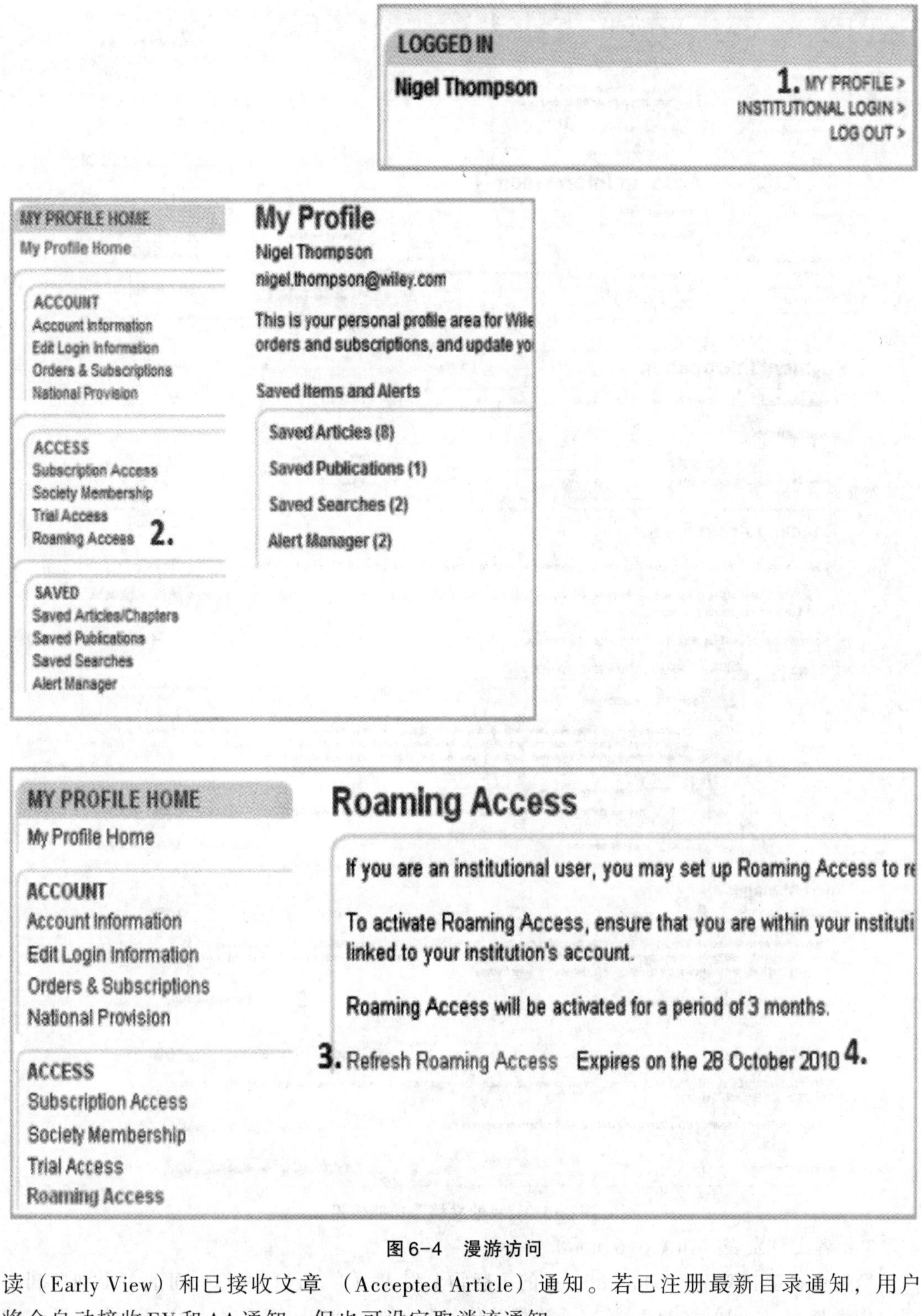

图6-4 漫游访问

读（Early View）和已接收文章（Accepted Article）通知。若已注册最新目录通知，用户将会自动接收EV和AA通知，但也可设定取消该通知。

（9）可点击停用/启用内容提醒 Stop/Start Content Alert，停用或启用一个电子邮件提醒。

图6-5 "我的文档"功能使用

3.作者文章发表（如图6-6所示）

您是否希望在Wiley Online Library的出版物上发表一篇自己的文章？可通过个别期刊主页的作者指南（author guidelines）了解相关信息。另外，Wiley还有一个专门为作者设立的网站Author Services，可为未来的作者提供信息服务。

（1）左侧菜单中的"投稿人专用"（For Contributors）区，是查询为特定出版品撰写文章相关信息的第一步，其中包含编辑政策/目标与范围、伦理指导原则、准备及提交手稿的相关信息。

（2）在"作者指南（Author Guidelines）/作者专用"信息中，可找到 Author Services 网站的链接。

（3）您可在 Author Services 网站中，找到指导原则、资源、联络信息以及常见问题的解答。

（4）Wiley 的许多期刊皆是采用在线手稿提交系统 Scholar One Manuscripts。可在此追踪您的文章，自提交至被接受的过程。

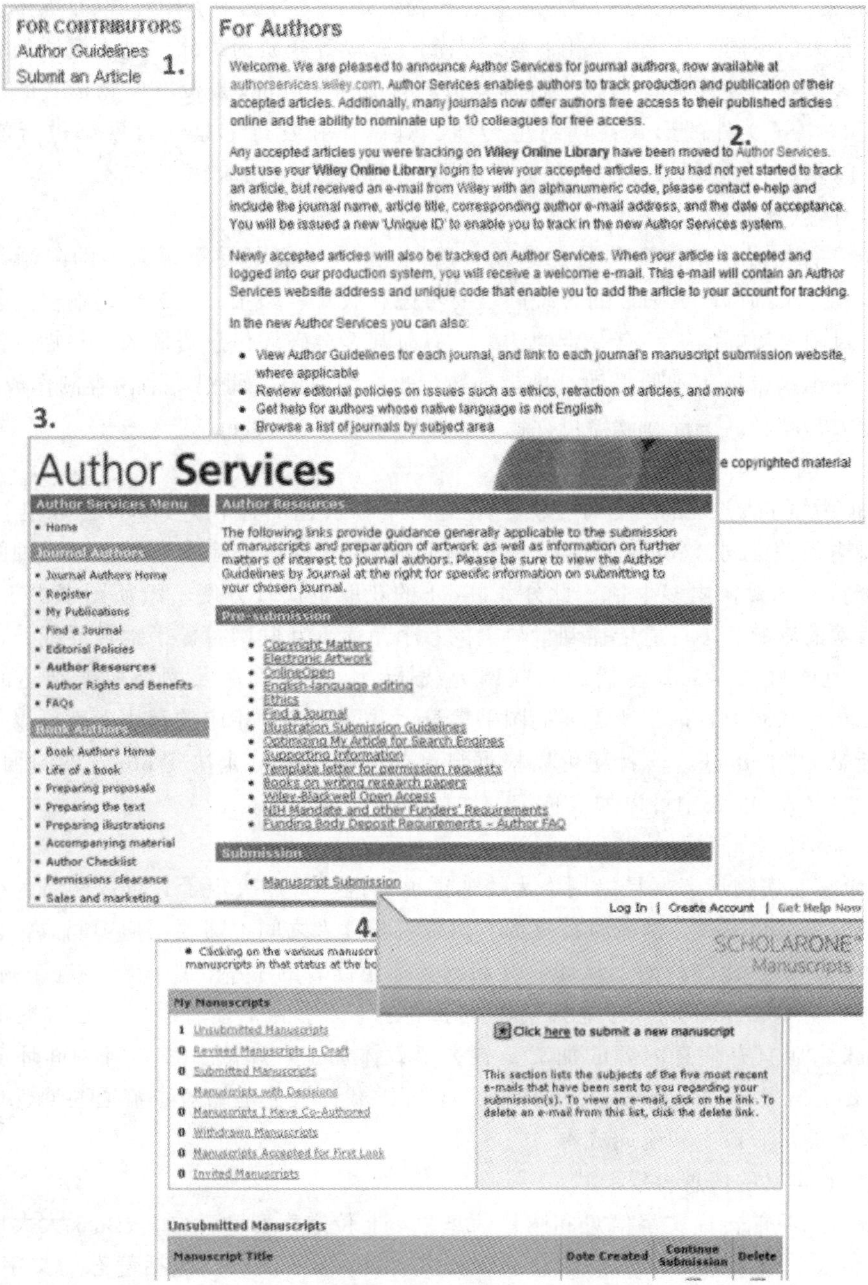

图6-6　文章发表

第四节　电子图书

电子图书又称eBook，是指以数字代码方式将图、文、声、像等信息存储在磁、光、电介质上，通过计算机或类似设备使用，并可复制发行的大众传播体。

一、电子图书特点

（一）没有实物形式

eBook是一种电子出版物，但是它没有实物形式，这与磁带、CD、VCD等传统电子出版物有着很大的不同。传统电子出版物以光盘、磁盘等介质为载体，进入流通领域前要对其进行封装，然后才能通过书刊发行等渠道进行流通。eBook是没有实物形式的电子出版物，它是以电子文件的形式在网络上传播，其制作和发行都是通过网络进行的。不过eBook可通过打印、复制等方法转化为纸质图书或传统电子出版物。

（二）信息容量大

由于没有物流，不需要包装和运输，所以eBook一般不受篇幅大小的限制，少至几页，多至几万页都可以成书。而传统图书要考虑到版式、印张、包装、运输、定价和成本等因素，对图书篇幅的大小有一定的约束，有时甚至会破坏信息资源的完整性。纸质图书体积大，外出携带极为不便，而且携带的数量也极为有限。而把图书内容制作成eBook以后，重量大为减轻。一部阅读器可存储上百部甚至更多的eBook。

（三）方便查阅

eBook为资料、数据的查询提供了最为简单和快速的途径。eBook可以进行全文检索，只要输入关键词，eBook阅读器会在瞬间查出所有的相关检索结果，这比翻阅纸质图书查找资料不知要快出多少倍。此外，eBook的获取也比较方便。纸质图书由于受地域、环境等因素的影响，不可能传播到世界上的各个角落。互联网打破了地域界线，使世界变为一个"地球村"，eBook传播以互联网为载体，传播范围遍及网络所能到达的各个角落。只要在互联网上查询到所需要的图书信息，并网上支付相应的费用，就可以足不出户地获取所需要的eBook。读者还可以根据自己的兴趣、爱好来决定eBook的封面、字体、字号等，并且在eBook中可以加入标记、注释和评语等信息。

（四）流通环节简捷

eBook没有实物形态，且以网络为流通渠道，这些特点决定了它可以网络为载体，使让出版物以数字化方式与读者直接见面，出版者与读者之间不需要任何中间人，也不需要其他媒体的介入。传统的图书从印刷开始到传播至读者的手中，中间要经过印刷、装订、晾干、运输等许多个环节，才能到销售商手中，等图书到了读者手中，已经时滞半年以上。eBook出版只有信息内容的加工，省去了载体加工、印刷、发行等中间环节，新的eBook只要上网发行，读者马上就能看到，立即下载，大大地缩短了流通周期，也节约了传统意义上的出版成本和流通成本。

（五）有丰富的信息表现形式

传统图书只能传递文字信息和图片信息，不能传递声音和动画。eBook大大地拓宽了"书"的概念，拥有更为丰富的信息表现形式。eBook不仅可以包括静态的文字、图片，还可以包括动态的声音和动画。通过视频和音频的表现形式，eBook不仅可以承载传统纸书所无法承载的内容，提供更为生动逼真的声音和图像，而且会降低读者读书时的疲劳，使读书成为一件轻松而愉快的事情。

（六）按需印刷

eBook通过网络将信息传递给读者，读者需要时，可以随时按需印刷（POD）。按需印刷服务对那些专业理论性强、学科范围窄、读者群有限的学术专著及专业性较强的教材来说，无疑提供了很好的解决方法。它使得印数少，又具有学术价值的作品出版更加容易，使图书产品的投放避免了盲目性，有效地抑制了退货及库存、无纸化、低成本，节约社会资源。eBook省去了纸质图书的印刷、装订、运输的时间，使POD更加高效和快捷。

二、电子图书格式

（一）TXT电子书

TXT电子书其实就是未做任何加工的电子文本，是最简单的展现文本，它的编码分为ansi、unicode、unicode big endian、utf-8，这几种代码在电脑中都可以正常浏览，我们电脑中常规用的是ansi编码，但手机就不同了，手机一般默认的是unicode编码，不认编码的情况下会出现乱码，当然随着手机的逐渐发展这种情况会有所改善，简而言之，TXT电子书制作最简单，将常规编码的电子资料"另存为"的时候将编码改成unicode编码形式的即可。

（二）EXE电子书

EXE电子书，众多电子书格式中制作起来算是最复杂的一种，但也是最美观、功能最多的一种，它是先将TXT格式的内容文本，按章节分为多个TXT文本，再制成一个html的集合（页面插图及电子书封面），最后通过电子书的封装软件，制成一个后缀为.exe的电子书文件。

（三）PDF电子书

PDF电子书，一般是用Foxit PDF Editor来制作的，基本分为两种：一种是文字版的；另一种直接将纸质书籍文字全版影印成图片，集合一下便是PDF电子书。

（四）JAR电子书

JAR电子书，其实就是将TXT电子文本转码成unicod编码，然后通过手机电子书制作软件，再次将功能实用性提升了一下，基本相当于TXT电子书的升级版。

（五）EPub电子书

EPub是一个自由的开放标准，属于一种可以"自动重新编排"的文本格式，也就是文字内容可以根据阅读设备的特性，以最适于阅读的方式显示。EPub档案内部使用了XHTML或DTBook（一种由DAISY Consortium提出的XML标准）来展现文字，并以zip压缩格式来包裹档案内容。EPub格式中包含了数位版权管理（DRM）相关功能可供选用。

三、电子图书阅读

（一）超星数字图书馆

超星数字图书馆成立于1993年，是国内专业的数字图书馆解决方案提供商和数字图书资源供应商。超星数字图书馆，是国家"863"计划中国数字图书馆示范工程项目，2000年1月，在互联网上正式开通。它由北京世纪超星信息技术发展有限责任公司投资兴建，目前拥有数字图书80多万种。超星数字图书馆提供了大量的电子图书资源，其中包括文学、经济、计算机等50余大类，数百万册电子图书，500万篇论文，全文总量13亿余页，数据总量1 000 000GB，大量免费电子图书，超8万的学术视频，拥有超过35万名授权作者，5 300位名师，1 000万注册用户并且每天仍在不断地增加与更新。超星数字图书馆是世界最大的中文在线数字图书馆。超星数字图书馆首页如图6-7所示。

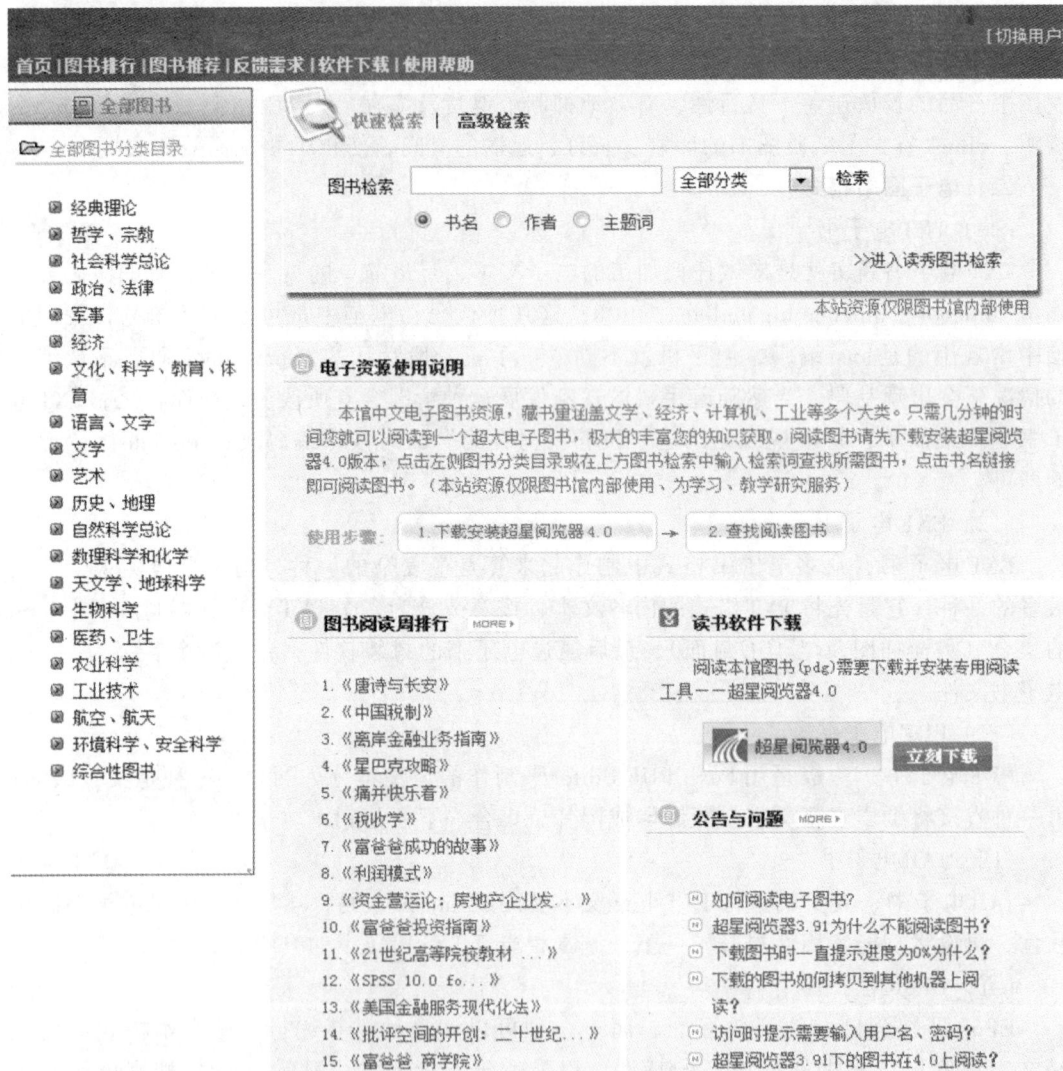

图6-7　超星数字图书馆首页

在超星数字图书馆查找图书有两种途径：

①通过页面左侧图书分类目录逐级进行查找图书。

②通过页面上方的快速检索和高级检索工具进行图书查找。通过点击图书书名超链接即可自动启动超星阅览器阅读图书。通过超星阅览器右键菜单下载功能可以将图书下载到本机保存。

1.超星数字图书馆快速检索

在超星数字图书馆页面，可以按照"书名"、"作者"和"主题词"字段进行快速检索。进行检索时，可以按照图书分类目录进行限定，如图6-8所示。

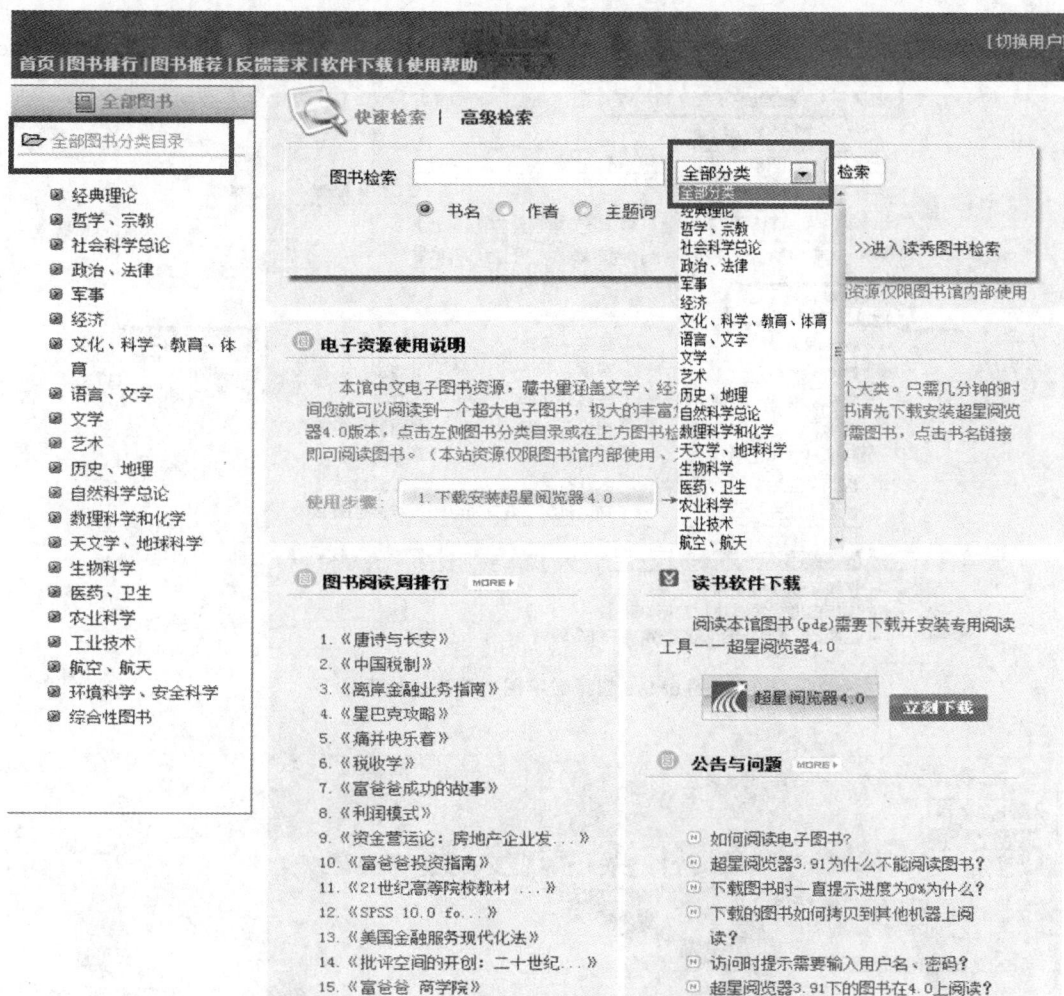

图6-8　超星数字图书馆快速检索

快速检索的结果按照书名、出版日期进行排序，每页可以显示10、20、30条记录。

2.超星数字图书馆高级检索

在高级检索中，可以通过逻辑运算符对检索项（书名、作者、主题词）进行限定。同时还可以对出版年代进行限定。超星数字图书馆高级检索如图6-9所示。

（二）书生之家

"书生之家"数字图书系统由北京书生科技有限公司研究设计并推出，主要提供1999年以来中国大陆地区出版的新书的全文电子版。"书生之家"所收图书涉及社会科学、人文科学、自然科学和工程技术等所有类别，如文学艺术、经济金融、语言文化、法律政治、哲学历史等；数学、物理、生物、化学等；农业、医学、交通、工程、建筑、电子电工等。

1.下载阅读器

第一次使用书生之家需要安装阅读器。当前阅读器是7.2 Build 1347，支持 Win2K、WinXP、Win2003等系统，可以在书生之家软件下载处免费下载。阅读器下载界面如图6-10所示。

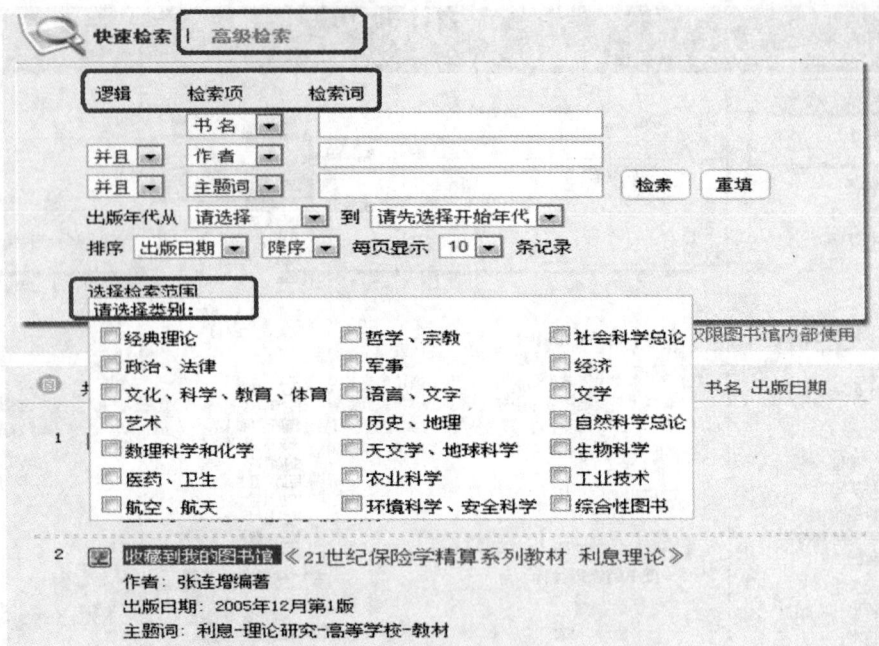

图6-9　超星数字图书馆高级检索

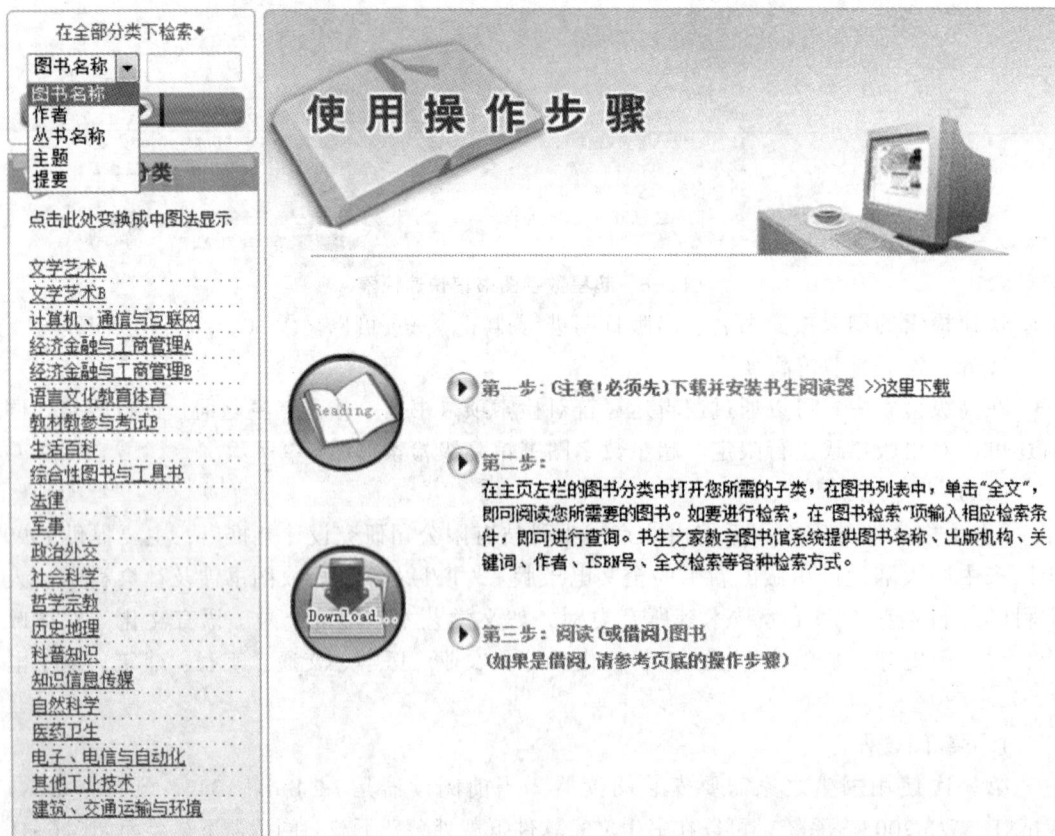

图6-10　书生之家阅读器下载界面

2.检索图书

在主页左栏的图书分类中打开您所需的子类，在图书列表中，单击"全文"，即可阅读您所需要的图书。如要进行检索，在"图书检索"项输入相应检索条件，即可进行查询。书生之家数字图书馆系统提供图书名称、出版机构、关键词、作者、ISBN号、全文检索等各种检索方式。

此外，还可以在书生之家首页点击"图书"，进入电子图书检索功能。在全部分类下检索，提供图书名称、作者、丛书名称、主题、摘要等字段。书生之家数字图书馆将全部电子图书按照《中国图书馆图书分类法》分为22类，如图6-11所示，在各个大类下又逐级划分为多个子类，可以逐级进行检索，并按照每个级别显示不同的书籍。

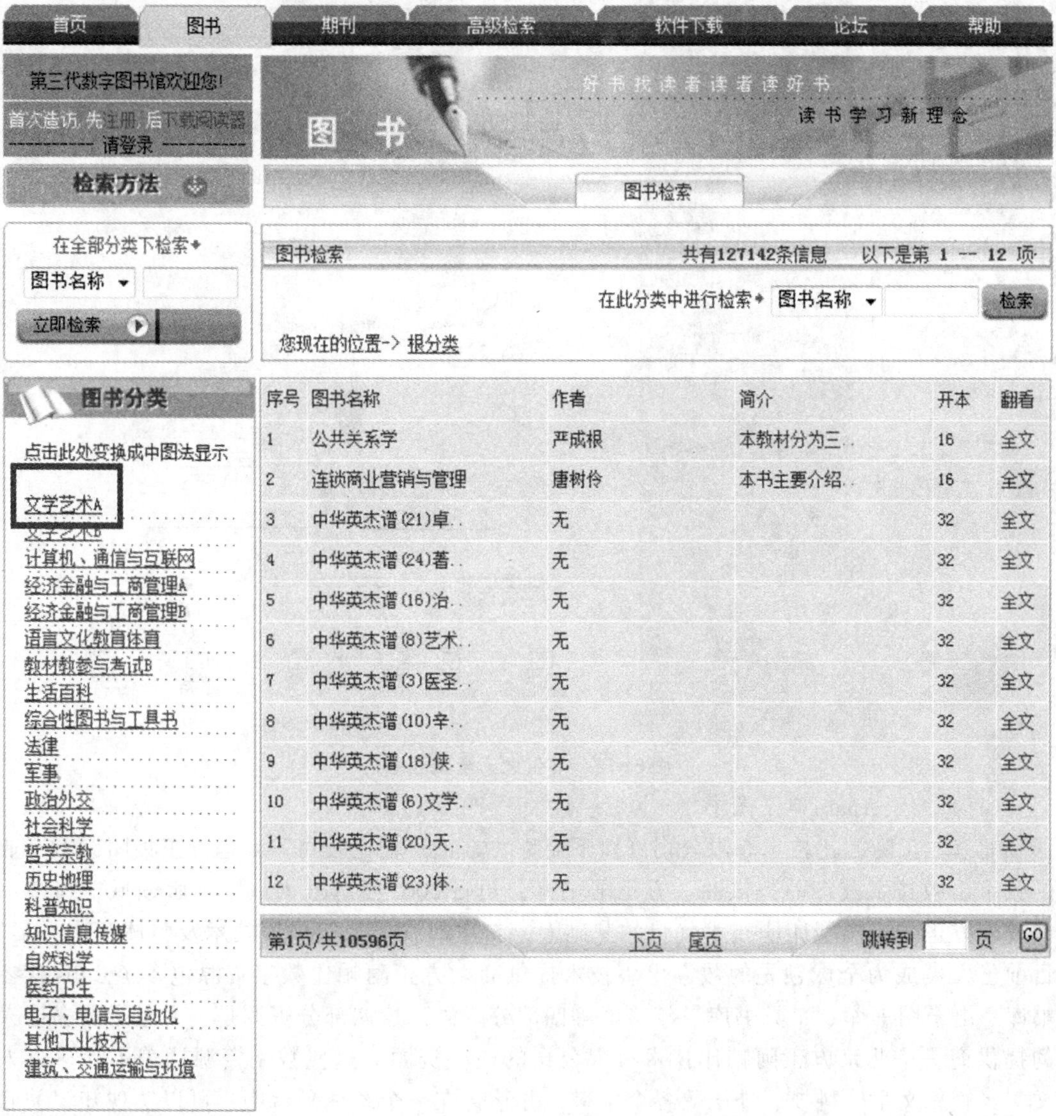

图6-11　书生之家图书检索

3.借阅图书

点击某一本书可以看到全文，如图6-12所示。

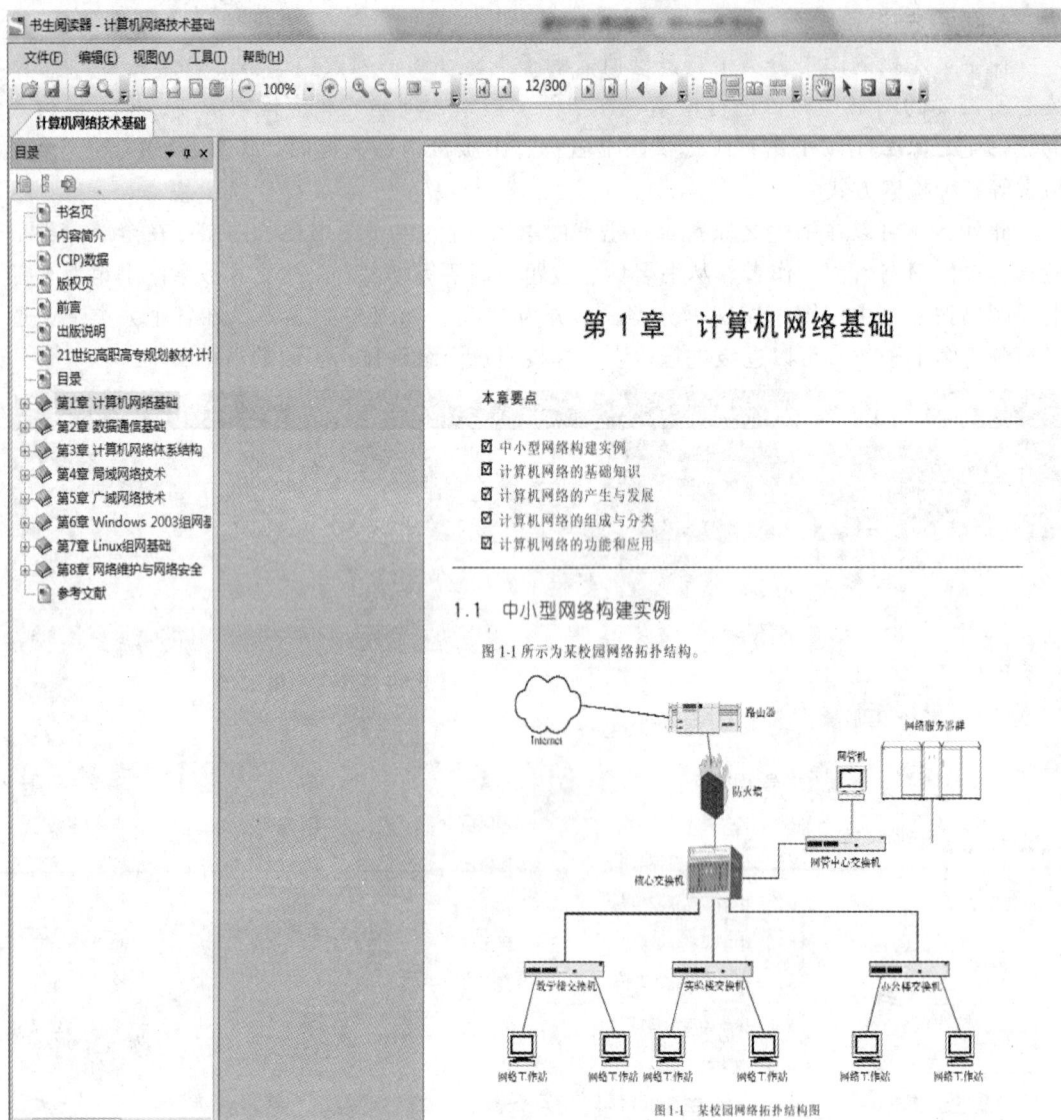

图 6-12　书生之家全文获取

（三）方正 Apabi 电子图书

北京方正阿帕比技术有限公司（以下简称"方正阿帕比公司"）是方正集团旗下专业的数字出版技术及产品提供商。方正阿帕比公司自 2001 年起进入数字出版领域，在继承并发展方正传统出版印刷技术优势的基础上，自主研发了数字出版技术及整体解决方案，目前已发展成为全球领先的数字出版技术提供商。方正阿帕比数字资源包含了 Calis 教参书库、电子图书库、工具书库、年鉴库等四部分资源，这四部分资源是中文电子图书最大的提供商——北京方正阿帕比技术有限公司的核心资源。这些数字资源涵盖了社科、人文、经管、文学、科技、外语等各个学科，并整合在一个统一平台中，可以实现知识关联的功能，能够为读者提供高效检索和知识应用服务。Apabi 电子图书检索方式主要有以下几种：

1.直接浏览 （如图6-13所示）

图6-13　Apabi电子图书直接浏览

直接点击某一本书名，可以进行在线浏览和借阅。在这一界面中，将会出现图书基本信息，如图6-14所示。

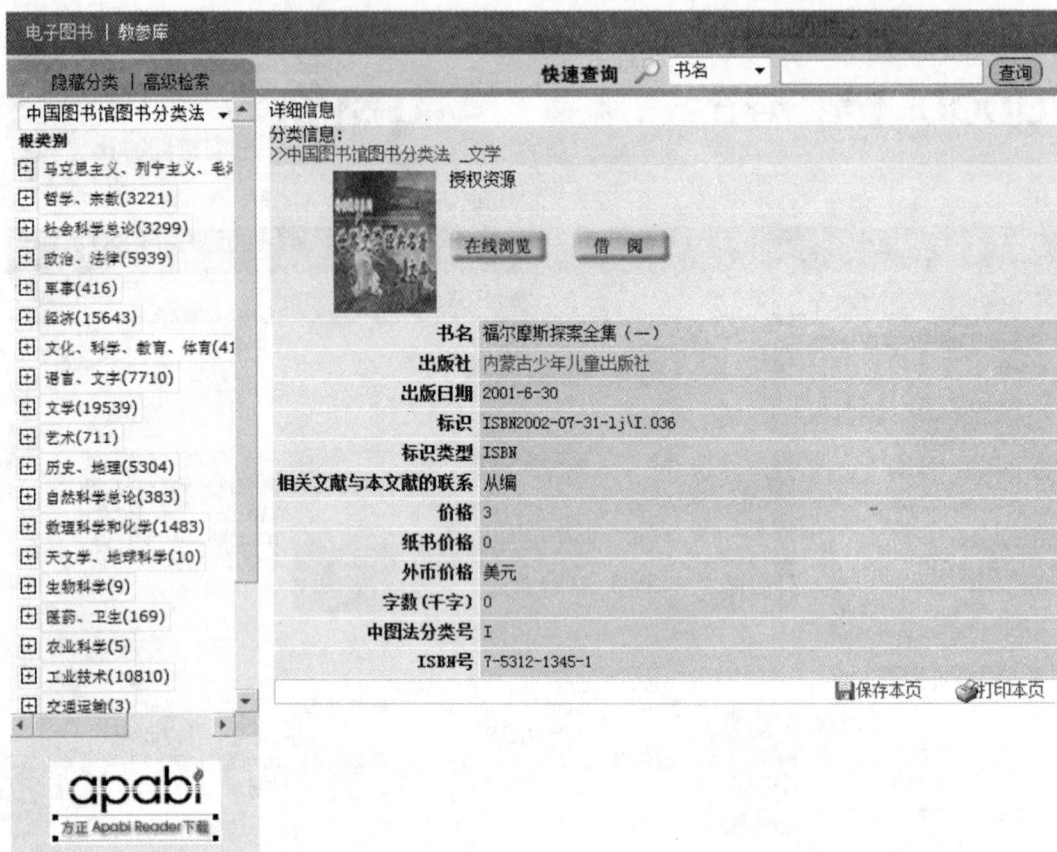

图6-14　Apabi电子图书借阅界面

2.快速检索

在快速检索界面中，可以按照书名、责任者、摘要、出版社、年份、全面检索等字段进行检索，如图6-15所示。

图6-15　Apabi电子图书快速检索界面

3.高级检索

高级检索中，提供本库查询和跨库查询功能。其中跨库检索是指实现电子图书与教参库之间的检索。可以按照书名、责任者、主要责任关系、目录等字段进行逻辑检索。Apabi电子图书高级检索界面如图6-16所示。

图6-16 Apabi电子图书高级检索界面

Apabi电子图书高级检索信息显示如图6-17所示。

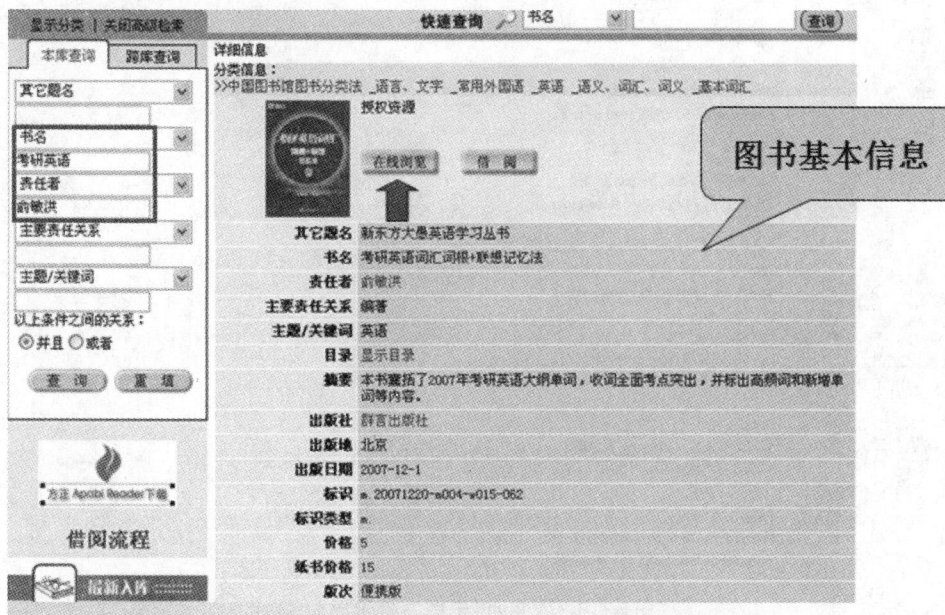

图6-17 Apabi电子图书高级检索信息显示

4.阅读器下载

需要下载Apabi专门的阅读器，Apabi Reader是免费电子文档阅读软件，集电子书的阅读、下载、收藏等功能于一身，既可看书又可听书，还兼备RSS阅读器和本地文件夹监控功能。可用于阅读CEBX、CEB、PDF、HTM、HTML、TXT格式的电子图书及文件。

（四）Wiley Online Library电子图书

Wiley Online Library的图书包括在线图书和参考工具书，例如，百科全书和手册。所有用户都可以浏览章节、摘要、前言和索引部分，全文只供订购单位浏览。

1.Wiley电子图书检索界面（如图6-18所示）

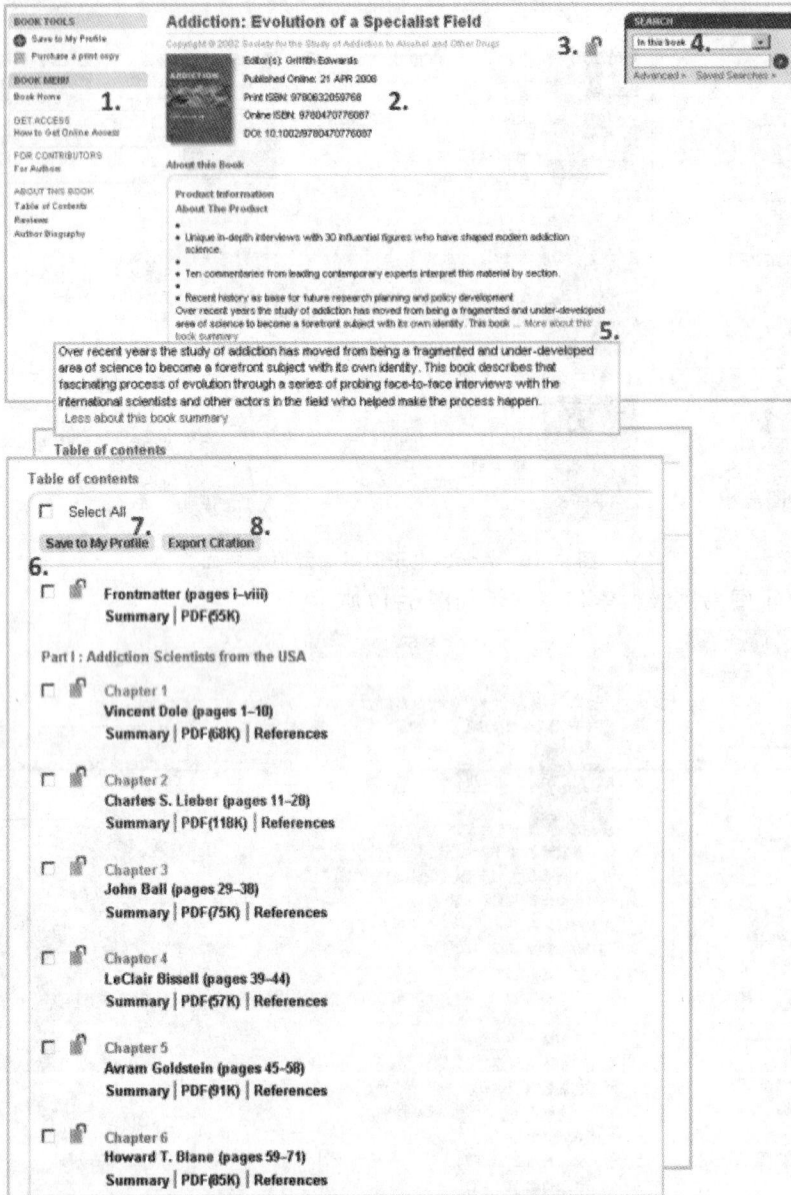

图6-18　Wiley电子图书检索界面

（1）所有页面都设有图书工具和菜单（Books Tools and Menus），包括保存至我的档案（仅适用于注册用户），以及目录、评论和作者传记的链接；

（2）标题、作者和其他信息；

（3）访问图标标明是否具有全文使用权；

（4）从所有页面均可检索本书内容（摘要、全文和关键词）；

（5）在线图书摘要细节可以展开；

（6）选择一个或多个章节；

（7）保存至用户的档案（仅适用于注册用户）；

（8）输出引文数据（Export Citations）。

2.Wiley电子图书检索结果显示界面（如图6-19所示）

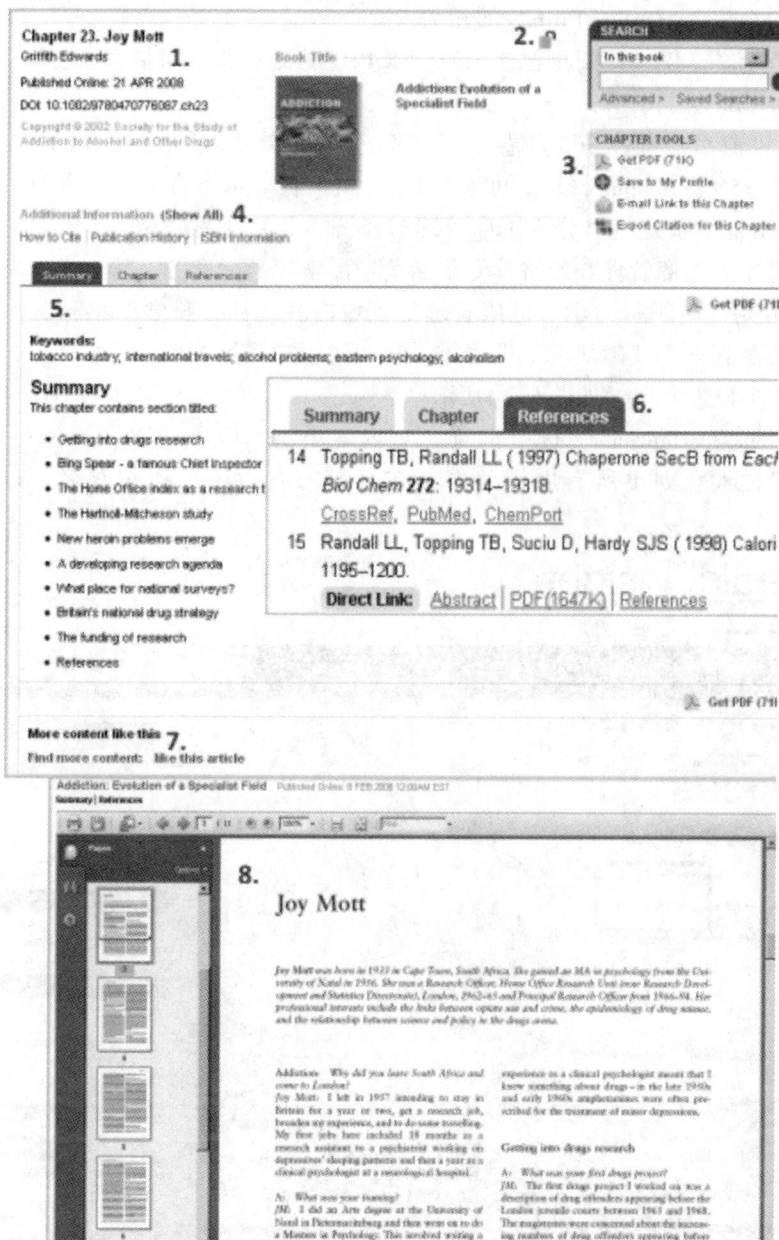

图6-19　Wiley电子图书检索结果显示界面

（1）章节标题、作者、DOI和其他信息；

（2）访问图标标明您是否具有全文使用权；

（3）章节工具包括保存至我的档案、电子邮件链接至本章节和输出引文数据；

（4）其他信息可能包括如何引用、出版历史和ISBN信息；

（5）摘要中包括关键词清单；

（6）参考文献（仅供订阅单位使用）包含链接至参考数据的电子文件来源（若有相关数据），包括被 ChemPort、Chemical Abstract Service (CAS)、PubMed / Medline、ISI Web of Science 纳入索引的其他数据源；

（7）链接至 Wiley Online Library 的相关内容；

（8）章节全文（仅供订阅单位使用）仅以 PDF 格式提供，可储存及打印。

（五）Emerald 电子图书

Emerald 目前出版了 1 300 多卷电子系列丛书，其中约 50% 被 BKCI（Book Citation Index）收录，85% 被 Scopus 收录。可通过 Emerald 平台对每个章节进行方便快捷的检索和浏览。Emerald 电子系列丛书分为工商管理与经济学和社会科学两个专集，涉及 150 多个主题领域。其中，工商管理与经济学专集涵盖经济学、国际商务、管理学、领导科学、市场营销学、战略、组织行为学、健康管理等领域内容，社会科学专集涵盖社会学、政治学、心理学、教育学、残障研究、图书馆科学、健康护理等领域。

1.电子图书检索界面（如图 6-20 所示）

点击"Books & Journals"进行浏览，对内容类型（Content Type）进行限制，选择"Book Series"，将会列出所有电子丛书。在页面的右边还可以按题名（Title）和主题（Subject）浏览。

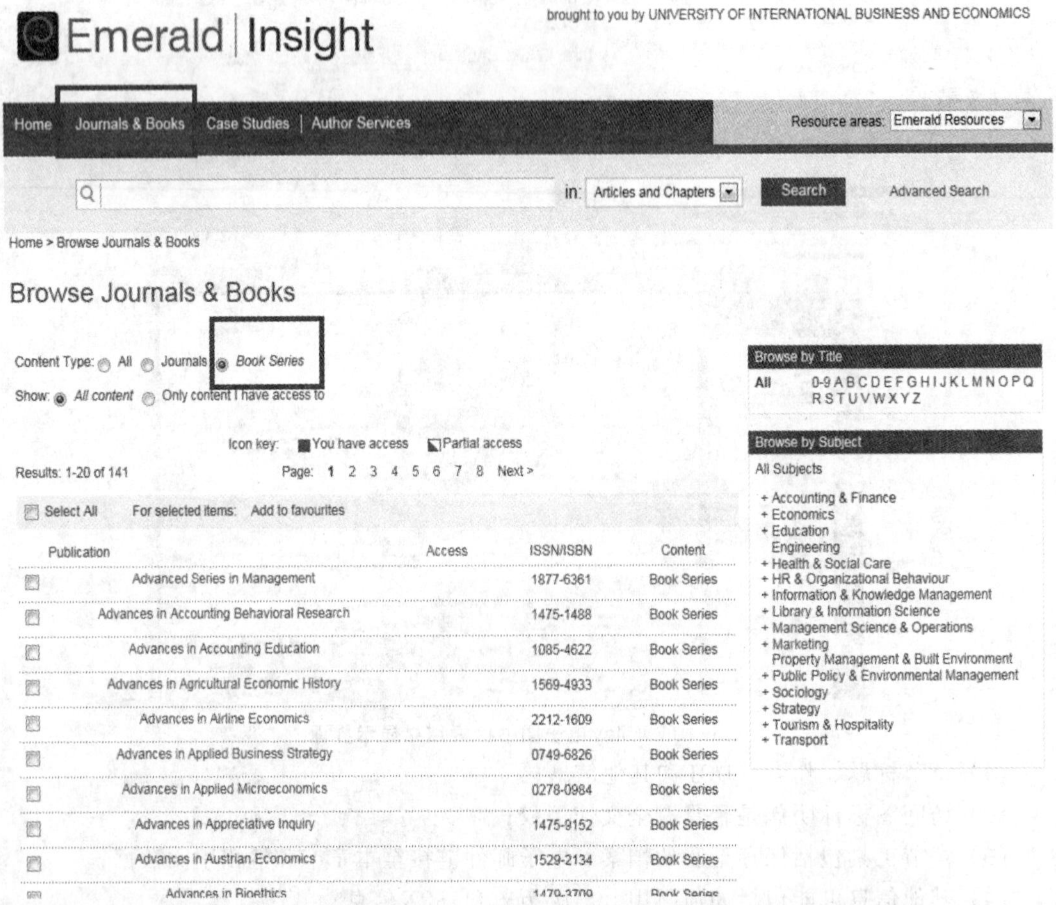

图 6-20　Emerald 电子图书检索界面

2.电子丛书信息显示（如图6-21所示）

点击某一电子丛书，进入后主要有三种信息：一是电子丛书的 ISSN 号、丛书编辑（Series editor）、主题领域（Subject Area）；二是数据库中收录的卷期列表（Volume List）；三是图标注释。此部分内容与电子期刊一致。

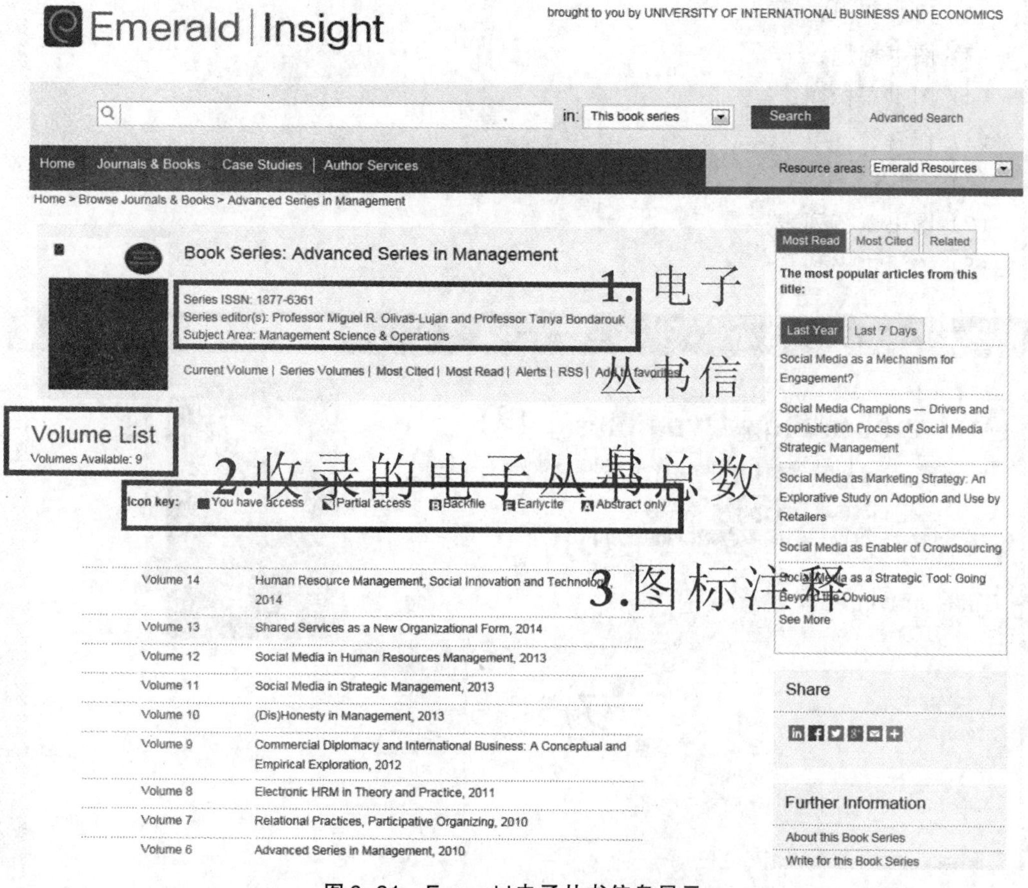

图6-21　Emerald电子丛书信息显示

3.文献下载

点击某一卷，会出现某一丛书的章节，可以根据本机构订阅的情况进行下载、阅读。可以按照摘要、HTML、Epub、PDF等多种形式进行阅读。其他的检索与电子期刊检索类似。

（六）Springer电子图书

Springer是世界上著名的学术出版集团。Springer电子图书是Springer推出的全球最大规模的综合性的网上电子图书系列。此系列电子书是根据科研人员需求而特别设的网上电子书数据库，该数据库数据可回溯至1997年，目前包括12 000种图书供读者阅读，并还在以每年3 000余种新书的速度增加。

该系列在学科上分为以下专题库：建筑、设计及艺术（2006年新推出）、行为科学、生物医学及生命科学、商业及经济、化学及材料科学、计算机科学、地球及环境科学、工程学、人文学科与社会科学及法学、数学、医学、物理学及天文学。在图书类型上包括图书、丛书及参考工具书，并包括了世界最具盛名的 Lecture Notes in Computer Science（计算机科学讲义）、Lecture Notes in Physics（物理学讲义）、Lecture Notes in Mathematics（数学讲义）、Lecture Notes in Earth Science（地球科学讲义）和 Lecture Notes in Control and Information Science（控制与信息科学讲义）等丛书。

1.图书检索功能（如图6-22所示）

（1）在本书内搜索；

（2）出版年限；

（3）图书标题；

（4）图书子标题；

（5）作者；

（6）ISBN；

（7）图书章节列表；

（8）关于本书。

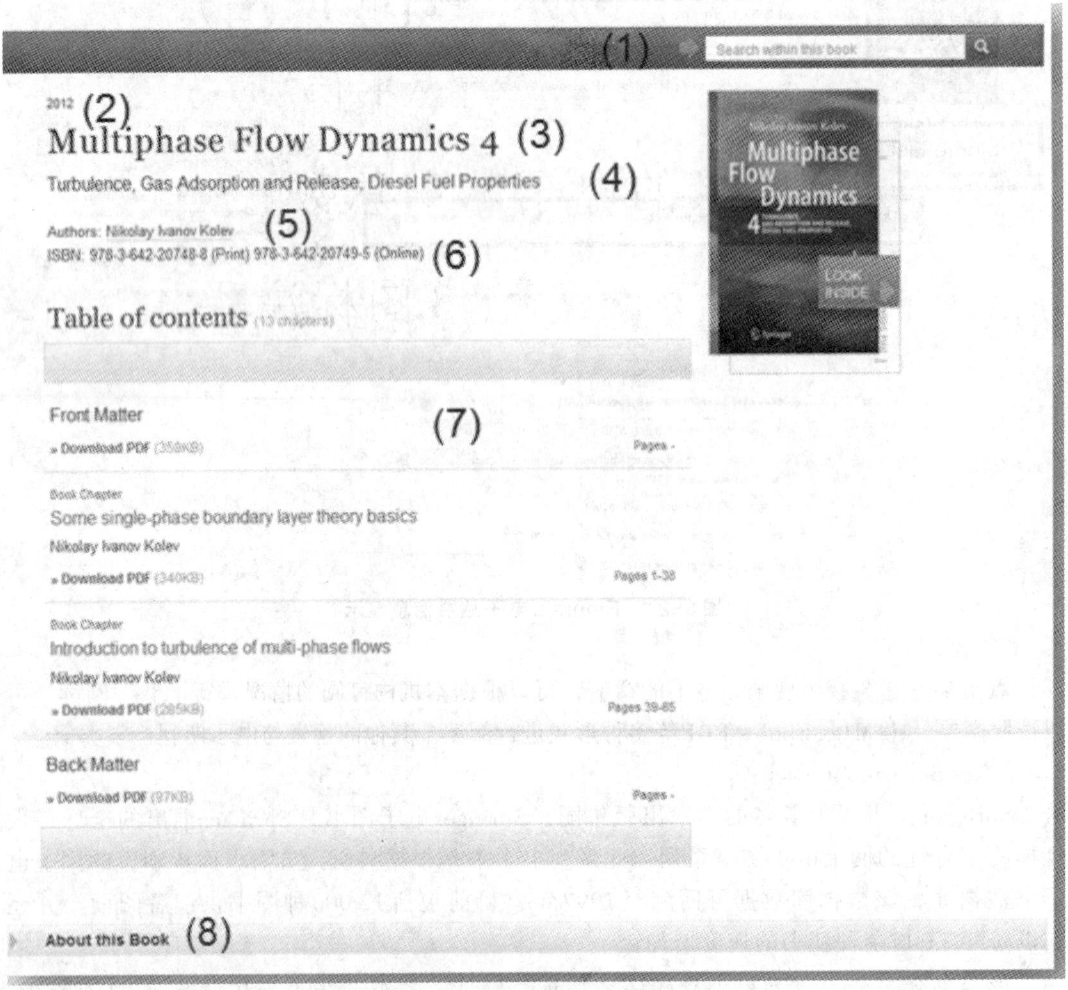

图6-22　Springer电子图书检索功能

如果需要搜索特定的关键词，可以使用页面上方的"在本书内搜索"（Search within this book），搜索结果将跳转到新的页面。在本书内浏览章节，您会看到"内容列表"，内容涵盖以下信息（如图6-23所示）：①内容的类型；②此章节的标题；③作者信息；④下载PDF链接（前提是有下载权限）。

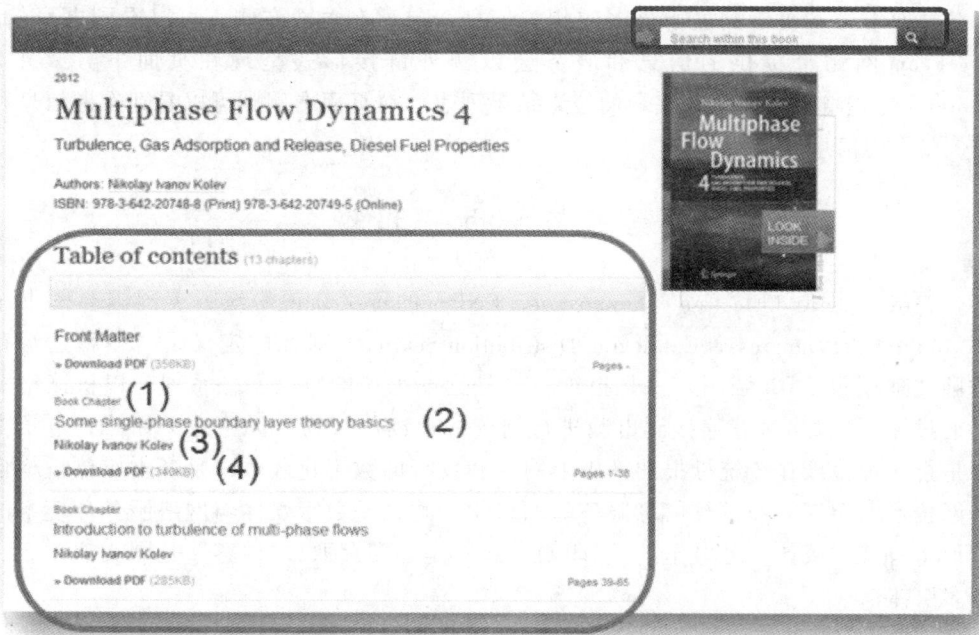

图6-23 在本书内检索

如果您没有权限浏览，页面设计将有所不同（如图6-24所示）：所有项目将会以黄色背景显示，在每个项目前端有一个黄色锁标记无下载链接，只出现免费预览链接，但同时也会有"获得章节全文权限"的链接。

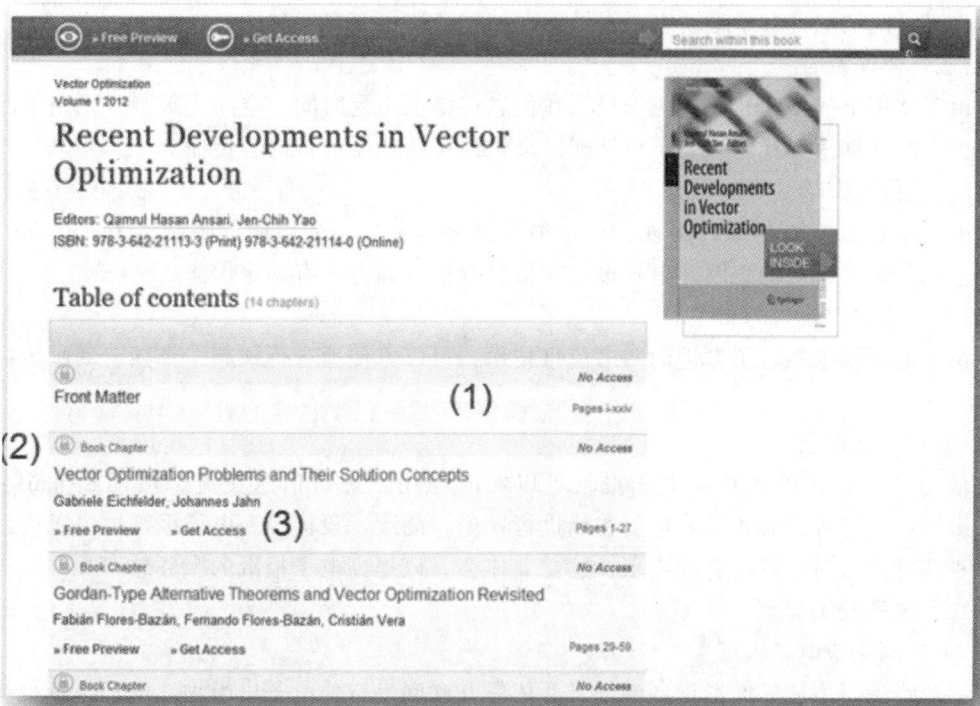

图6-24 无权限浏览

2.图书信息显示

在页面下方，可看到关于该书的相关信息，包括在页面左侧，可以看到书目信息。springer.com 网站上提供的信息和服务会以额外链接形式呈现在页面下方"主题"（Topics）。这些链接指向相关主题的搜索结果列表，在页面右侧则可以看到作者信息和所属单位或机构信息。

第五节　电子报纸

有关电子报纸（Electronic Newspaper，ENP）的定义众说纷纭，美国国会图书馆目录部（Library of Congress，Cataloging Distribution Service）对此的定义是"一种远端存取的电脑文献型报纸"，强调：一是报纸；二是远端可得的电脑文件系列，以机读格式发行，通过输入-输出装置连接到电脑进行阅读的连续出版物。无论定义如何，电子报纸主要是指各种报纸在传统母报的基础上制作和发行的数字化版本，是各类媒体机构借助因特网技术发布新闻和进行信息服务的网络化产物，是数字媒体与网络服务环境下的报纸新形态。其"载体"是电子纸，"印刷方式"是远端存取，"内容"是图文、声音、动画等多媒体信息。

一、电子报纸特点

（一）使用方便

电子报纸阅读器重量轻，可随身携带，可以进行弯曲、折叠。由于利用现代计算机技术、数据库技术、超文本或是超媒体的形式存储信息，对电子报纸可以进行方便、灵活的信息检索以及打印、复制和下载等。此外，海量存储技术的发展可以使得电子报纸保存内容和保存时间增加，对于过期电子报纸的存储和获取也变得容易。

（二）快速及时

由于使用上的便利，使得电子报纸在信息传播上不受时间、空间等限制，也由于时效性强、出版周期短等优势，电子报纸能以最快的更新速度进行内容传播。

（三）信息海量

电子报纸以 Web 的形式出现，在增加信息内容上并不受版面等限制，为此，在成本增加上也是微乎其微的，因此电子报纸在信息容量方面也占有一定优势。

（四）检索方便

由于电子报纸融合了先进的网络信息技术，可以方便地进行视频、音频、动画等内容检索。

（五）互动性强

借助网络媒体的优势，电子报纸可以实时与用户进行信息交流，借助 E-mail、论坛、微博、博客等方式，读者可以在线进行评论、阅读、投稿等。电子报纸也可以借助网络调查的方式及时了解读者的需求、感受、体会，以提高电子报纸的服务效率。

二、电子报纸类型

（一）网络版电子报纸

一般指通过电脑等阅读设备阅读，并依靠互联网发行的电子出版物。电子报纸最初指传统报纸的电子版，后来电子报纸逐渐演变成信息量更大、服务更加充分的网络新闻媒体，如《纽约时报》、《金融时报》等。

（二）以光盘或是硬盘等载体存储和发行的报纸

这类载体的报纸数据库多以某种或是某类报纸的回溯数据为主，如《人民日报》光盘数据库就包括《人民日报》于1964年创刊以来的全部回溯数据。

（三）便携式电子报纸

这是融合报纸、计算机和网络的特点，将一个微型电脑嵌在报纸的夹板内。我国首份便携式电子报《宁波播报》于2006年10月起正式与读者见面，电子阅读器虽小，却可以容纳50份对开大报的文章与数据。

（四）手机报纸

将传统报纸信息经过整合编辑后变成适合在手机上观看的新闻，再通过基于GPRS等无线网络技术的彩信业务平台将其通过彩信（MMS）发送到用户的手机上，或者用户利用WAP连接到网络直接浏览信息的全新传播模式。手机报纸图文并茂，在观感上更加接近传统报纸。手机报纸简称手机报，已经成为传统报业继创办网络版、兴办网站之后，跻身电子媒体的又一举措，是报业开发新媒体的一种特殊方式。

三、代表性报纸

（一）独立性报纸

1.《纽约时报》网络版

《纽约时报》（The New York Times）是一份在美国纽约出版的日报，在全世界发行，有相当的影响力。它是美国严肃报刊的代表，长期以来拥有良好的公信力和权威性。《纽约时报》的网址是 https://www.nytsyn.com/，可以在该网站上进行目录（Catalog）、图片（Images）、档案资料（Archives）、视频（Videos）、卡通（cartoons）等内容检索，也可以对当天的热点新闻（Today's Top Headlines）进行浏览。

2.《华盛顿邮报》网络版

《华盛顿邮报》（The Washington Post）是美国华盛顿哥伦比亚特区最大、最老的报纸。许多人认为它是继《纽约时报》后美国最有声望的报纸。由于位于美国首都，它擅长于报道美国国内政治动态。其网址是 http://www.washingtonpost.com。检索界面按照体育、经济、国内、国外等进行分类，在过期的报纸中，2005年至今的报纸可以免费检索，但是之前的需要进行付费才能阅读。

3.《泰晤士报》网络版

《泰晤士报》（The Times）诞生于1785年，创始人是约翰·沃尔特。其是英国的一份综合性全国发行的日报，是一份对全世界政治、经济、文化发挥着巨大影响的报纸。《泰晤士报》关注的领域包括政治、科学、文学、艺术等等，并几乎在每个领域都赢得了良好的口碑。其网址是 http://www.thetimes.co.uk。

4.《金融时报》网络报

英国《金融时报》是一份领先的全球性财经报纸，其美国、英国、欧洲和亚洲四个印刷版本共拥有超过160万名读者，而其主要网站FT.com更拥有每月多达390万名在线读者。英国《金融时报》创刊于1888年1月9日，总部设于伦敦，当时名为《伦敦金融指南》（London Financial Guide），于同年2月8日改名并维持至今。该报主要报道商业和财经新闻，并详列每日的股票和金融商品价格。在最近的一项由位于瑞士苏黎世的研究公司

Internationale Medienhilfe所进行的"全球舆论引导者"的调查中,英国《金融时报》被评为全球最佳报纸。

(二)报纸全文数据库

1.NewsBank世界各国报纸全文库

世界各国报纸全文库由美国NewsBank公司提供。目前收录超过8 000种来自世界各地的主要报纸和新闻资源,如《每日新闻》(Mainichi Daily News)、《星期日星报》(Sunday Star Times)、《金融时报》(Financial Times)、《华盛顿时报》(Washington Times)等。内容全面,涉及政府、政治、国际关系、商业、财经、法律、环境、能源、科技、文化、人口、社会、教育、体育、艺术、健康等各个领域,适合各专业广泛使用。检索首页如图6-25所示。

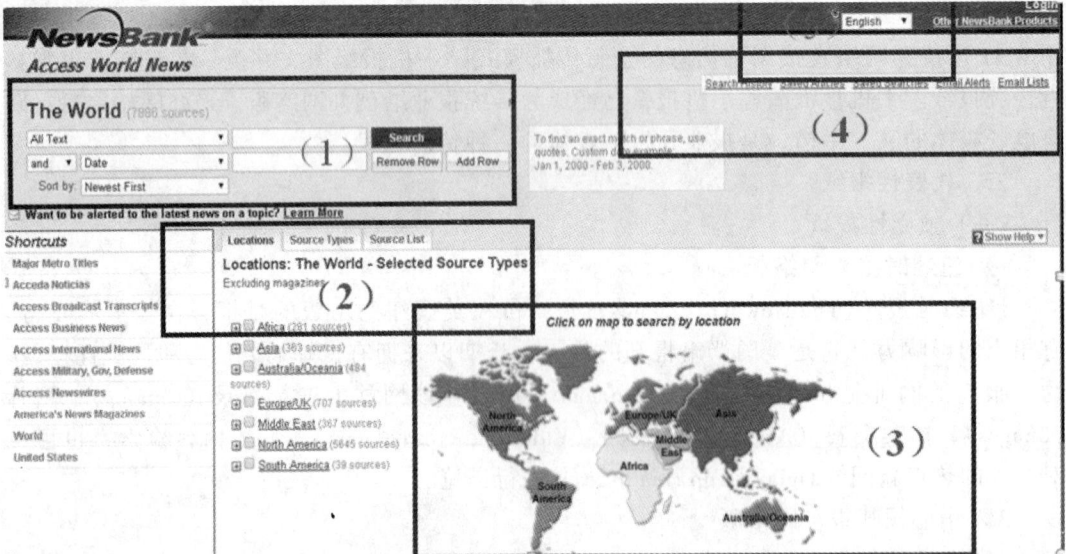

图6-25　NewsBank检索首页

(1)检索表单:可进行任意复杂程度的检索,并可增减检索栏数量;

(2)辅助检索区:可选择按国家或地区、资源类型、报纸名称限定范围检索;

(3)地图:点击地图,可进入该国家或地区的报纸列表;

(4)检索历史、已保存文章、保存的检索条件、邮件提醒、邮件列表:点击可查看和使用;

(5)界面语种切换:可在英语、西班牙语、葡萄牙语、威尔士语之间切换。

2.PressDisplay报纸数据库

DynoMedia公司推出的PressDisplay(library.PressDisplay.com)是全世界最大的数字报纸在线服务平台,拥有来自97个国家,以54种语言编写的2 200余种报纸。所有报纸以其原始格式与外观在线上同步出版,包括全文和图片,回溯90天内的报纸信息。收录的报纸有《华尔街日报》、《华盛顿邮报》、《今日美国》、《卫报》、《观察家报》、《每日快讯》、《中国日报》、《远东经济评论》等世界知名报纸。语种包括英语、俄语、德语、日语、韩语、阿拉伯语、西班牙语、法语、波兰语、葡萄牙语等。内容90日滚动,即仅能检索和阅读当前90日之内的记录,建议及时保存检索结果。用户可以下载客户端应用

PressReader，通过智能手机、平板电脑（IPAD）等在授权IP范围内使用。PressDisplay的内容更新及时，甚至在印刷版发行之前就可为在线客户提供浏览。

PressDisplay报纸库功能特点：①全球同步出版的全文报纸阅读；②智能导阅；③包括中文在内的9种语言界面显示；④13种语言全文翻译；⑤8种语音播放；⑥支持社区WEB2.0分享。

利用该数据库，可以：①了解全世界最知名的报纸的当天最新报纸信息，如《华尔街日报》等；②多语种的听力练习，8种标准的语音播放，含英语、德语、法语、意大利语、荷兰语、葡萄牙语、俄语、瑞典语；③为不同语种的阅读课提供素材，协助教师制作课件，图文并茂；④方便获取其他语种的报纸信息，13种语言的翻译功能。PressDisplay检索首页如图6-26所示。

图6-26 PressDisplay检索首页

3.Gale Infotrac Newsstand全球报纸精选数据库

全球报纸资源库可提供美国逾1 100个主要地区及其他国家地区的报纸，还包括数以千计的图片、广播、报告及手册资料。超过1 800种的报纸新闻类资料提供实时的全文内容，通过这种创新报纸全文资源，用户可以即时地通过搜索文章标题、日期、作者、报纸名称或其他关键词，找到相关档案资料。主要的报纸有《泰晤士报》（The Times）、《今日美国》（USA Today）、纽约时报（New York Times）、《国际先驱论坛报》（International Herald Tribune）等。可以按照出版物名称、主题进行浏览并进行基本检索、高级检索以及二次检索。

4.美国历史报纸数据库

美国历史报纸（America's Historical Newspapers，简称AHN）目前有7个系列，收录了美国50个州1690—1980年间的2 000多种报纸，适用于美国研究、新闻、政治科学和17—20世纪历史研究的学术图书馆和有关领域的学者，为研究国际关系、国际政治、世界历史和美国历史必备的研究文献。它所收集的早期报纸见于布里格姆（Brigham）的《美国报纸史及书目：1690—1820》（History and Bibliography of American Newspapers，1690—1820）之中，其核心部分是收藏于美国古文物家学会，并已拍摄成胶卷的Isaiah Thomas殖民地时期报纸典藏，其他报纸则收藏于全美许多机构，如波士顿图书馆、康州历史学会、费城图书馆公司、国会图书馆、布朗大学和哈佛大学，以及许多私人手中。美国历史报纸检索界面如图6-27所示。

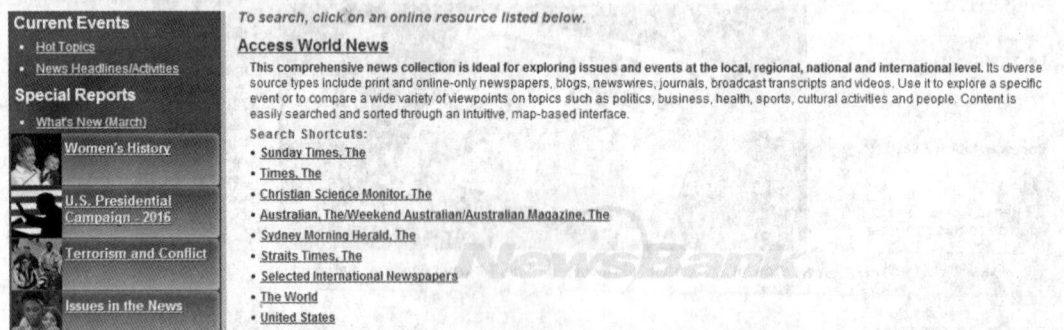

图6-27　美国历史报纸检索界面

参考文献

[1]Urquart J A. Why libries are cancelling periodicals and what can be eone about it[C]// Luxembourg：commission of the European Communities，1978.

[2]金兼斌.电子报纸与网络传播[J].新闻与传播研究，1998（3）.

[3]符艺.公共图书馆电子报纸资源利用分析——以深圳图书馆为例[J].图书馆建设，2010（4）.

[4]肖珑.数字信息资源的检索与利用[M].2版.北京：北京大学出版社，2013.

[5]来玲，庞恩旭，吴凤玉.信息资源检索与利用[M].3版.大连：东北财经大学出版社，2011.

思考题

1.常用的中文电子期刊数据库有哪些？
2.JSTOR属于哪种类型的数据库？
3.分别阐述不同数据库的特色功能。
4.简述电子报纸的特点。

5.电子报纸数据库分为几种类型？

6.电子图书主要有哪些数据库？

7.电子图书数据库阅读全文之前是否都需要下载专门的阅读器？

第七章 事实和数值型数据库

✲本章提要

本章介绍了事实和数值型数据库的概念、类型和特点；常用的英文和中文事实和数值型数据库，包括：BvD系列数据库、世界知名组织（IMF，World Bank，OECD）数据库、股票证券数据库（国泰安CSMAR、锐思数据库RESSET/DB、万得Wind、彭博Bloomberg、沃顿WRDS、同花顺iFinD）、综合经济数据库（中经网、国研网、中宏网）、商务数据库（中华商务网、阿里巴巴、中国电子商务数据库）、经济案例数据库（全球案例发现系统、毅伟商学院商业案例数据库、国研网经济·管理案例库）、统计数据库（CEIC、ProQuest Statistical统计大全、中国统计信息网、中国经济与社会发展统计数据库、搜数网数据库、EPS全球统计数据库）等。

第一节 事实和数值型数据库概述

简单地说，事实型数据库主要用来提供各种可利用、可参考的事实信息。数值型数据库提供各种统计数字、统计数据和统计资料。

一、事实型数据库

经济信息是反映经济活动实况和特征的各种消息、情报、资料、指令等的统称。不论是在宏观经济还是在微观经济活动中，都存在大量的经济信息，人们通过对其接收、传递和处理，反映和沟通各方面经济情况的变化，借以调控和管理经济行为。

（一）事实信息

事实信息，是指人物、机构、事务等的现象、情况、过程之类的事实性数据。在经济活动中，无论是宏观经济、行业经济、区域经济等方面的动态信息、统计数据、研究报告，还是各种产业信息、市场信息、经济事件、经济领域人物、经济机构、股票证券等经济信息，都属于经济类事实信息。

（二）事实型数据库的特点

数据库是为了满足某种特定需要，在计算机信息系统中按照一定结构形式组织、存贮和使用的互相关联的信息集合。

事实型数据库，存贮的是相互关联的事实信息集合。经济类事实型数据库，存贮的是相互关联的经济类事实信息集合。其主要有：宏观经济数据库、行业经济数据库、区域经济数据库、产业数据库、市场信息数据库、商务数据库、经济事件数据库、经济领域人物数据库、经济机构数据库、股票证券数据库等。

事实型数据库提供的经济信息与一般经济信息相比有如下特点：

1.具有依附性

经济类事实信息不同于经济图书那样具有完整的文献特征（是内载和外型的统一

体），只是附着于文献中的内载信息，是文献的一部分。

2.具有一定的运动性

经济类事实信息的积累和更新，是在动态信息向静态信息转变的运动中完成的。同时，静态信息又是通过动态信息传播的。

3.具有一定的时间性和空间性

经济类事实信息可以是最新的动态信息，也可以是过去久远的历史性信息。事实型经济信息可以是世界范围内的整体文献信息，也可以是一个地区或一个部门的局部文献信息。

4.具有权威性

经济类事实信息的来源是政府机构及其拥有的官方或半官方机构，一个国家或地区或一个部门的经济发展状况如何，取得的成就、存在的问题和发展的方向，都必须由政府部门及相关机构得出结论并公布。

5.具有真实性

经济类事实信息反映的都是人们经济活动中的真实情况，是经济活动的客观记录。

（三）事实型数据库的类型

事实型数据库按其收录内容可划分为综合经济数据库、地区经济数据库、行业经济数据库、商务数据库、股票证券数据库、人物数据库、机构数据库等；按其收录语种可划分为中文事实型数据库、外文事实型数据库。

二、数值型数据库

数值经济信息，以客观和直观的数据、图表等形式反映某一国家、某一地区在某一时期内的经济发展变化、动向和趋势，为人们了解所取得的经济成就、总结经验教训、指定经济政策和经济发展的战略方针提供翔实、可靠的依据。

（一）数值信息

经济类数值信息是经济信息的重要组成部分，是反映经济发展变化、动向和趋势的各种统计数字、统计数据、统计资料的总称。

统计数字，是在对社会经济现象进行有目的的调查的基础上，经过分析、筛选编成的有序化数字性特殊资料。统计数字，单从经济领域看，就是关于人口、财产、国民收入和分配、社会产品生产、商品流通、物资供应、财政、金融、进出口贸易、市场行情、人民生活、物价等诸方面的资料。

统计数据，主要指社会经济研究方面经常使用的一些经济参数、常数等，具体说来，包括理论数据、实验数据、数字数据和预测数据等。通常是科学论证多次的产物，较之统计数字，更能反映经济现象的本质特征和规律性。

统计资料，是统计调查活动的成果，是通过统计调查活动得到的反映社会、经济、科学技术发展情况的统计信息的总称。它包括原始调查资料和经过调查分析的综合统计资料；以统计表形式提供的数据资料和以统计报告形式提供的文字、数字和图表资料；由统计机构和统计人员直接进行调查所取得的统计资料和由财务会计机构、业务管理机构及其有关人员根据统计调查制度的要求整理提供的统计资料；以书面或文件形式提供、传输的统计资料，以电讯、磁介质提供、传输或保存的统计资料。许多出版物都可归入这一类，如统计政策法令、统计程序说明书、统计调查报告、统计数字汇编、统计年鉴、统计杂志以及有关统计方面的文章等等。

数值型数据库提供的经济信息与一般经济信息相比有如下特点：

1.数量性

一般经济信息既有数据形式，也有文字形式，但数值型经济信息都是数据资料。

2.大量性

数值型经济信息是对大量现象或同类现象实地观测所取得的数据资料，而不是反映个别现象的个别数据。

3.具体性

数值型经济信息是对事实的记载，而不是拟议中的数据资料（如计划数据），故各种质量标准或技术规范等经济信息，尽管往往也有大量性和数量性，但都不是数值型经济信息。

（二）数值型数据库

数值型数据库存贮的是统计数字、统计数据、统计资料的信息集合。数值型数据库的类型很多，可以按照以下不同方面进行划分。

1.数值型数据库按其收录信息的内容划分

数值数据库（numeric databases）：专门提供以数值方式表示的数据（或包括其统计处理表示法）的一种源数据库，如各种统计数据库、财务数据库、科技数据库等。

文本-数值数据库（textual numeric databases）：能同时提供文本信息和数值信息的数据库。这类数据库有产品数据库、商情数据库等。

2.数值型数据库按其载体形式划分

光盘数据库：是指将已经出版或公布的统计数据资料制作成光盘，供人们在计算机局域网上使用，有单机版和网络版。

在线数据库（联机数据库）：是拥有完整的网络提交系统，及时更新，有完善的检索查询系统（用户服务）的动态数据库，如华通数据中心（http://data.acmr.com.cn）。

3.数值型数据库按其收录语种划分

按收录的语种划分，数值型数据库包括中文数值型数据库和外文数值型数据库。

目前，数值型数据库的特点包括：

（1）一般是商用数据库，使用时要收费。

（2）数据量大，有完整的分类系统。

（3）数据更新快、时间跨度大。

（4）有完善的检索系统，可通过多种途径进行检索。为了更好地描述清楚数据间的关系，完成分级查询与检索，统计数据库主要依靠三条线索来制作栏目框架：

①从时间上分为月度、季度与年度数据。

②从地区上分为全国和地区及国外统计数据。

③从专题内容上分宏观、行业、地区（城市）等专题栏目统计数据。

三、事实和数值型数据库的检索特点

事实和数值型数据库进行人物、机构、事务等的现象、情况、过程之类的事实性数据检索和有关统计数字、统计数据、统计资料的检索。掌握这些特殊的、经过浓缩的事实和统计信息，对研究和了解不同历史时期各国的社会生活和经济状况，对有关经济问题做出精确的定性、定量分析，从而为我国国民经济的科学管理和检查监督提供依据，有着十分重要的意义。

（1）相对于文献数据库，事实和数值型数据库具有更强的实用性，涉及面广，查准率高，检索结果往往只是单一记录。

（2）相对于参考工具书，事实和数值型数据库具有更强的检索功能，存储的信息范围更广，内容更新及时。

（3）在事实和数值型数据库中，商业、金融类事实和数值型数据库占多数，且各有特色，检索功能和收录范围各不相同。

第二节　外文经济类事实与数值型数据库

按照文种的不同，经济类事实与数值型数据库又分为中文经济类事实与数值型数据库和外文经济类事实与数值型数据库。除了语言的不同，外文经济类事实与数值型数据库具备经济类事实与数值型数据库的所有特点，主要提供各种可利用、可参考的经济类事实与数值型信息。除了内容与经济相关外，它可以是动态信息、统计数据和研究报告，还可以是各种产业信息、市场信息、经济事件、经济领域人物、经济机构、股票证券信息等。相对于文献数据库，它具有更强的实用性，涉及面更广。下面着重介绍几个常用的外文经济类事实与数值型数据库。

一、BvD 系列数据库

Bureau van Dijk Editions Electroniques SA（简称 BvD）是欧洲著名的全球金融与企业资信分析数据库电子提供商。BvD 为各国的金融监管部门、银行与金融机构、证券投资公司等提供有关国际金融与各国宏观经济走势分析等的专业数据。同时，BvD 也是欧洲最大的企业资信分析数据提供商，拥有欧洲 1 000 多万家公司的资信分析数据、全球并购交易分析数据，被欧美等国的金融与教育机构长期订购使用。BvD 公司在世界 29 个主要国际城市设有分支机构。BvD 旗下的多个数据库已经被国内的高校尤其是财经类高校广泛应用。

（一）全球银行与金融机构分析库——Bankscope

Bankscope 是欧洲金融信息服务商 Bureau van Dijk（BvD）与银行业权威评级机构 FitchRatings（惠誉）合作开发的银行业信息库。它详细提供了全球 28 900 多家主要银行与金融机构长达 16 年的财务、股东及附属机构、穆迪/标普/惠誉评级等综合分析信息。Bankscope 是全球银行业内最具权威并被广泛使用的银行业分析库，也是国际金融研究领域中学术论文参考、引用频率最高的银行专业分析库。

1.内容介绍

Bankscope 中每一家银行的分析报告都包含历年财务分层数据（Global Format，Raw Data，All Ratios），各银行全球及本国排名，标普/穆迪/惠誉的银行个体评级（长短期、外汇、独立性、支持力、商业债券等评级），国家主权与风险评级，各银行详细股东与分支机构信息。

2.分析功能介绍

Bankscope 为用户配置了高级财务分析功能，可开展同业对比分析、财务指标多年走势分析、自定义添加财务比率、自定义财务报表模板以及各项统计分析。在"Support"

中向用户提供了银行业财务分析比率的公式与定义。对于上市银行与各类上市金融机构，则另外提供了其详细的股票信息、股价阶段走势、收益率、市盈率、股息收入及相关贝塔系数等。

3.检索方法

进入 Bankscope 的主页之后，可以直接在上方第一个对话框中输入金融机构的英文名称或代码进行快速检索。下面以高级检索为例：

进入主页之后，大概有以下几个操作步骤：

第一步，设置检索条件。读者可以选择主页左侧的定性条件进行检索，包括银行名称、银行代码、银行状态、银行类别、经营概述、所属区域、管理层信息、所有权信息、股票数据、交易并购和审计师事务所。此外，还可以对右侧的定量条件进行设置，包括财务数据、财务比率、银行评级、报表信息、报表可获得性、报表原文、内容更新、客户数据等。读者可以选择上述任意的检索条件进行设置，也可以几个条件共同作用获得检索结果。用检索条件进行筛选，系统会显示出检索结果的条数，点击确定即可。

第二步，查看检索结果。读者点击上一步的确定之后，系统会显示检索结果条数的部分默认信息，包括名称、城市、ISO 国家代码、报表合并类型、总资产、银行代码等。如果要删除某条检索结果，点击检索结果序号后面的✖即可删除。如果想删除某些检索字段，点击字段右上角的✖即可。如果想添加字段，单击显示字段最后一列的"添加"，就可以选择想要添加的字段。

第三步，分析检索结果。勾选需要分析的金融机构，单击右侧的数据透视、同组分析、合并分析、统计分析、集中度分析和线性回归，读者可以进行相关分析。

第四步，导出数据。选定检索结果或分析结果，点击右上角的 ✕ 导出 ，可以将结果导出到 Excel 中，还可以发送到邮箱中和打印。

BvD 的其他数据库，如全球上市公司分析库、亚太企业分析库、全球并购交易分析库、全球保险公司分析库等的使用方法与 Bankscope 类似，后面不再做详细介绍。

（二）全球上市公司分析库——Osiris

Osiris 提供全球各国主要证券交易所内 55 000 多家上市公司的详细财务经营报表与分析比率、股权结构、企业评级数据、历年股价系列、企业行业分析报告等投资分析数据及各公司未来收益预期（含中国深/沪及海外上市公司数据）。Osiris 是目前欧美各国针对上市公司证券投资分析、企业战略经营分析、跨国企业转让定价、公司财务分析等的研究领域中广泛使用的知名实证分析数据库。

为适合不同用户的需求及准确开展跨国、跨行业检索与分析，数据库中各上市公司的财务数据按不同财务格式分层呈现，由标准模板深入至原始财务数据。BvD 收录了全球所有上市公司和近 3 200 家重要的非上市公司的历年经营分析数据。财务会计准则具有国家和行业的差异，为正确反映出一家公司的财务情况，并同时提供准确的跨国检索与对比分析，Osiris 数据库中的公司分为工业、银行、保险公司三大类，共计七大模板。在每份公司报告中，数据按深度分为 5 个层次，分别以两种预设的货币——美元、欧元显示。Osiris 含合并与非合并财务报表。另外，每家公司的报告中都含有一份默认的标准同业对比报告，使用户可立刻将任意一家公司与其同行业对比组进行比较。此外，用户也可自选同业公司组成员。

（三）亚太企业分析库——Oriana

Oriana是一个提供亚太和中东46个国家和地区共计2 000多万家公司（包括300万家中国企业）有关企业财务、经营信息以及各行业发展情况的大型企业分析库，是全球最具权威性的亚太地区企业贸易投资信息检索库，长期以来被全球各国政府的经济管理部门及各国企业用户所广泛订购、使用。

通过Oriana数据库，用户可按亚太地区各国家、所在城市、所在行业、产品类别、雇员人数、企业资产规模、企业盈利状况、企业在行业排名等指标快速查询、筛选出符合开展贸易与合作条件的亚太目标企业，并详细了解目标企业的当前与历史经营状况、公司组织结构及背后的控股公司等重要商业信息，以此作为了解亚太市场、开展投资与贸易合作所不可缺少的商业情报。同时，Oriana数据库也可为中国企业与各地政府部门开展针对亚太地区进出口商的资信背景调查、跨国企业并购战略分析、竞争对手行业分析提供重要信息依据。更为重要的是，Oriana在企业经营信息的基础上，提供了亚太地区各国各行业最新的整体发展分析报告（Industrial Report），使用户可及时了解所关注行业的整体发展动态，有力提升了中国企业的国际竞争力与风险回避能力，有利于其快速、稳健地开拓国际市场。

（四）全球并购交易分析库——Zephyr

Zephyr是国际并购研究领域知名的分析库，每天向用户在线发布全球并购（M&A）、首发（IPO）、计划首发（Planned IPO）、机构投资者收购（IBO）、管理层收购（MBO）、股票回购（Share Buyback）、杠杆收购（LBO）、反向收购（Reverse Takeover）、风险投资（VC）、合资（JV）等交易的最新信息。Zephyr当前收录了全球各行业50多万笔并购交易记录（含历史交易记录），每年还新增10万笔最新交易记录（涵盖亚太地区及中国的交易数据）。

（五）全球保险公司分析库——Isis

Isis是一个动态更新的全球保险行业分析库，它包含12 000多家各国主要保险公司的详细财务信息，提供各公司的保险业务性质、业务描述、全球及本国排名、历年资产负债、损益表、现金流量表、信用评级、股价系列（上市保险公司）、管理层人员姓名、股东及附属机构、审计情况等综合信息。

（六）各国宏观经济指标宝典——EIU CountryData

EIU CountryData是全面获取全球各国宏观经济指标的历史、当前及未来预测数值的实证分析库，在全球宏观经济研究领域享有很高的权威性，库中数据涵盖150个国家及40个地区。宏观指标分为7大类，总计317个变量系列（Series），含年度、季度、月度数值，数值时间跨度自1980至2012年（提供5～25年预测值）。同时，EIU CountryData基于对各国近期政治发展、经济走势及外部环境等因素的综合判断，每月随库发布全球181个国家与地区的月度经济展望报告（Outlook Report），是真正意义上的全球宏观经济分析库。

（七）国际商品贸易分析库——Chelem

Chelem是帮助用户深入分析单一国家的经济走势相对于全球经济表现的实证类分析数据库。它收录了全球82个最主要的经济活动体（国家与地区）的数据。这些国家与地区的贸易总量占全球贸易总量的99%、占世界生产总值的96%。Chelem包含三个模块：International Trade（国际贸易）、Gross Domestic Product（国内生产总值）、Balance of Payments（国际收支平衡）。

1.International Trade（国际贸易）

收录自1967年以来全球各国所有双边贸易的商品信息。贸易数据可横向对比，所有商品分为71个INT-CHELEM类别、43个INT-GTAP类别，以及147个INT-ISIC类别。每类商品的历年贸易数据均可按不同的地理范围（国家或国家组）以图表或分析曲线显示。

2.Gross Domestic Product（GDP，国内生产总值）

收录自1960年以来204个国家和地区或独立统计地的数据，其中含3项GDP指标：International Value、International Volume、PPP Volume。

3.Balance of Payments（BOP，国际收支平衡）

收录自1967年以来的BOP数据，范围涵盖全球189个国家与94个地区，所有地区被划分为68个贷方账户、68个借方账户、70个平衡账户和7个特别平衡账户。这些分类以IMF（国际货币基金组织）1993年第5次国际收支平衡年会通过的分类方式划分。

（八）全球合规风险分析库——Compliance Catalyst

Compliance Catalyst智能地将ORBIS中的数据与WorldCompliance所提供的政治敏感人物和制裁信息有机地整合在一起。它是仅有的可将政治敏感人物和制裁信息与完整的企业所有人结构信息有机结合的渠道，企业中的管理层和高官背景也将通过政治敏感人物和制裁列表进行全面扫描。

Compliance Catalyst可令你全面审视一家企业集团，你不用再单独地调研评估企业集团中的单家公司。它还提供自动化的检索与抓取企业是否为上市公司的信息，并可创建自定义的风险评分，并提供具体的报告生成服务。Compliance Catalyst通过合规风险的平台来有机地提升富有价值的数据信息，而且可以与现有合规流程体系无缝衔接。

二、世界知名组织数据库（IMF、World Bank、OECD）

（一）国际货币基金组织数据库

国际货币基金组织（International Monetary Fund，IMF）是根据1944年7月在布雷顿森林会议签订的《国际货币基金协定》，于1945年12月27日在华盛顿成立的。它与世界银行同时成立，并列为世界两大金融机构之一。其职责是监察货币汇率和各国贸易情况，提供技术和资金协助，确保全球金融制度运作正常。国际货币基金组织数据库主页如图7-1所示。读者进入国际货币基金组织的e-Library网站主页之后，可以进行简单检索。如果要访问IMF的统计数据，读者可以点击主页上方菜单栏的"IMF DATA"，进入国际货币基金组织的统计数据频道，读者可以浏览IMF的统计数据库，选择感兴趣的内容，点击数据库名称，即可浏览。

如果要访问IMF的出版物，点击主页上方菜单栏的"Book Store"，即可进入出版物频道。读者可以浏览出版物（可以根据名称、作者和主题分类浏览），还可以进行高级检索，对检索字段进行组合，提高检索准确性。在高级检索页面右侧，读者可以按年份浏览IMF的研究手稿和国家报告。

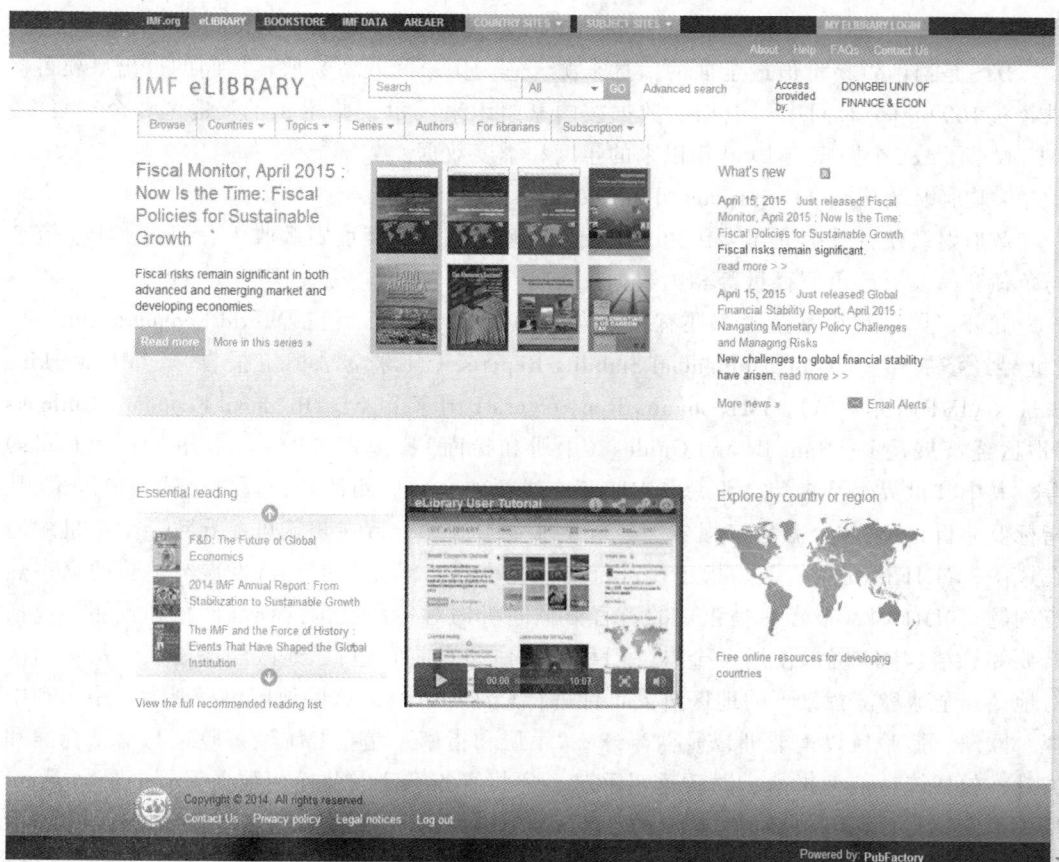

图7-1　国际货币基金组织数据库主页

通过其网站，读者可以访问如下四个数据库：

1.国际收支统计（Balance of Payment Statistics）

BOP提供了一个统计说明，概括了一个经济体与世界其他经济体之间的经济交易。从全球、区域和国家的角度，记录了商品、服务和金融的流通。国家信息显示了国际投资地位，说明了每个国家的外部金融资产和负债情况。BOP涵盖了170个国家的数据，涉及数据有：当前账户余额和构成，包括商品、运输服务、旅行、政府服务、其他服务、员工薪酬、投资收入和当前转移项目的借贷；金融账户余额和构成，包括股票和再投资收益的债权债务、债务证券、金融主管当局、政府、银行和其他部门、金融衍生物、贸易、贷款、货币和存款的资产和负债；储备资产，包括黄金储备、特别提款权（SDRs）和外汇。BOP根据不同国家按季度、年度提供自1967年以来的数据。

2.国际金融统计（International Financial Statistics，IFS）

其创刊于1948年，月刊。从1961年起每年增加一期年刊，是最全面、使用频率最高的全球统计数据单一出版物，提供来自200个国家的32 000个时间序列数据。IFS统计数据被定为国际和国内的财政标准。数据按国家组织来展示，所选的关键数据集，如商品价格、消费价格和贷款偿还等，被累积记入地区和全球表中。其主要提供国际货币基金组织各成员在汇率、基金、国际清偿能力、储备金、货币和银行账户、利率、商品价格、产品、政府财政、劳力、国民核算、进出口和人口等方面的统计数据。

3.贸易方向统计（Direction of Trade Statistics，DTS）

DTS是当前贸易价值最全面的信息来源。它为国家间及贸易伙伴之间的进出口项目提供超过 100 000 个时间序列数据。数据按国家组织来展示，并累积记入地区和全球表中。DTS收录了 186 个国家自 1980 年以来的年度和季度数据。

4.政府财政统计（Government Finance Statistics）

政府财政统计数据库包含了由IMF成员国政府提交的年度财政收入、消费支出、资产与负债交易及资产负债存量等相关数据。

此外，国际货币基金组织还有一系列的报告和出版物，包括 World Economic Outlooks（世界经济展望）、Global Financial Stability Reports（全球金融稳定报告）、IMF Working Papers（IMF研究手稿）、IMF Country Reports（IMF国家报告）、Regional Economic Outlooks（地区经济展望）、Manuals and Guides（手册和指南）、报告（Reports）和图书（Books）等。其中"世界经济展望"汇总了IMF正在进行的全球监测活动，提供全球和地区预测、指标及分析；"全球金融稳定报告"分析全球资本流动，旨在辨认可能导致金融危机的潜在风险；"IMF研究手稿"是指正在进行的研究手稿，涵盖当前经济发展与趋势的众多热点问题；"IMF国家报告"是正规的、官方顾问机构对各会员国的详细评估和预测，包括概要和总结、IMF资源使用、金融部门稳定评估和当前问题；"地区经济展望"每年两次对地区和全球经济背景下的地区重大事件进行总结和分析，这些地区包括亚太、中东和中亚、欧洲、撒哈拉以南非洲以及西半球；"手册和指南"是指IMF经济政策与信息标准和方针，包括统计汇编指南、财政透明手册、公共债务管理以及通用数据手册；"报告"包括外汇安排与外汇限制年报、IMF执行董事会报告、独立评估办公室报告、IMF年会和董事会报告；图书是关于当前课题的权威理论和分析。

（二）世界银行（World Bank）数据库

世界银行成立于 1945 年 12 月 27 日，1946 年 6 月开始营业，由国际复兴开发银行与国际开发协会两个机构组成，是向全世界发展中国家提供金融和技术援助的国际金融组织。世界银行的目标为消除贫困。根据其有关协定（于 1989 年 2 月 16 日修订生效）的规定，其所有决定都旨在推动外商直接投资和国际贸易，以及为资本投资提供便利。世界银行数据库主页如图 7-2 所示。

世界银行数据库包括世界银行开放知识库（Open Knowledge Repository，OKR）、世界银行项目库（World Bank Projects & Operations）和世界银行公开数据（World Bank Open Data）。

1.世界银行开放知识库

世界银行开放知识库是最大的单一发展知识来源，也是世界银行研究性知识产出开放获取的官方智库。世界银行通过OKR以数字化形式汇集、传播和永久保存自己的知识，OKR支持遵循都柏林核心元数据标准（Dublin Core Metadata Initiative（DCMI）Standards）和开放档案元数据收割协议（Open Archives Initiative Protocol for Metadata Harvesting（OAI-PMH））的数据互操作。OKR收录了 9 200 余件研究资料，包括：2005 至今的世界银行集团年报和独立评估报告；2005 至今的世界银行集团出版的图书；1978 年至今的全部世界发展报告（WDRs）和 2003 年至今的世界发展报告背景资料；世界银行委托牛津大学出版社出版的期刊World Bank Economic Review（WBER）和World Bank Research Observer

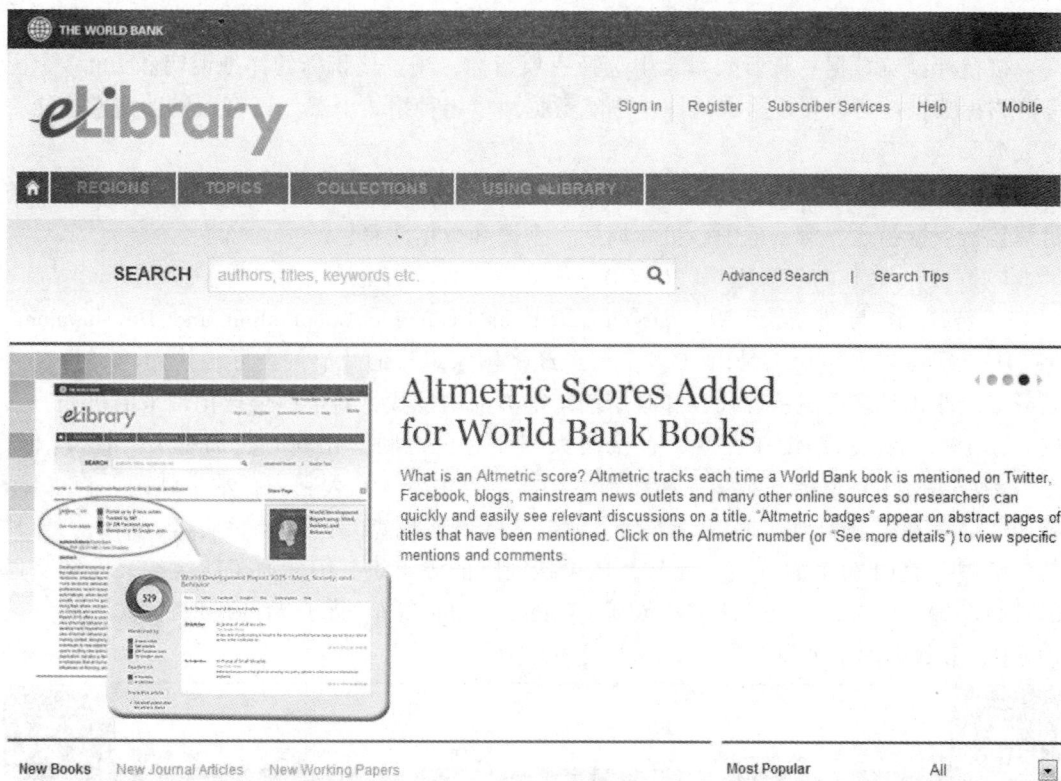

图7-2　世界银行数据库主页

（WBRO）以及 2007—2010 年的全部期刊论文；2008—2011 年出版的发展方面的期刊论文；2008—2011 年之间的元数据及银行授权的外部期刊论文的链接；连续出版物（特别是数据密集型前景报告）；2005 年以来的政策研究工作文档——系列文档，目的是传播工作进程中的发现，以鼓励大家就发展问题进行思想交流；其他经过挑选的高质量的研究论文；2005 年以来的经济和部门工作研究——为银行职员准备的系列分析报告，这些报告汇集和评估了针对一个国家的经济信息或者和某个特定部门相关的信息；1999 年至今的知识注释，这些注释提供了从银行业务和研究中获得的经验教训的简短摘要。

2.世界银行项目库

该项目库提供了 1947 年至今世界银行所有贷款项目的信息，包括项目基本信息（如标题、项目负责人、国别、项目号、主题、金额、融资情况等）和公开在线文档的链接。对于老项目，项目库提供可获得项目档案的目录信息。另外，该项目库还提供 2000 年 7 月以来世界银行所有签约合同的链接。

3.世界银行公开数据

该库收录了世界银行数据库的 7 000 多个指标，用户可以按国家、专题、指标和数据目录进行数据浏览，其中数百个数据可上溯 50 年。

按国家浏览数据：数据包括人口数量在 3 万人以上的经济体以及更小的经济体（均为世界银行的成员体）。从国家列表中选择一个国家，浏览该国的基本信息、所属地区、所属收入组别、国民生产总值和人口数量等数据。

按专题浏览数据：列出一系列经济发展专题。选择其中一个专题，浏览该专题的简要介绍、与之相关的指标、地区总量和主要数据的视图。

按指标浏览数据：从所列目录中选择一项指标，浏览该指标的详细说明和200多个国家的指标数据。可以在表格或地图中浏览数据或以多种格式下载，还可以借助搜索功能获得数据。

按数据目录浏览数据：数据目录按照专业数据、地区和全球专题等进行分类。每个条目都包括数据描述、覆盖范围、更新周期、来源和数据注释。

（三）经济合作与发展组织（OECD）数据库

经济合作与发展组织（Organization for Economic Cooperation and Development, OECD），简称经合组织，是由30多个市场经济国家组成的政府间国际经济组织，旨在共同应对全球化带来的经济、社会和政府治理等方面的挑战，并把握全球化带来的机遇。其成立于1961年，总部设在巴黎，包括澳大利亚、奥地利、比利时、加拿大、捷克、丹麦、芬兰、法国、德国、希腊、匈牙利、冰岛、爱尔兰、意大利、日本、韩国、卢森堡、墨西哥、荷兰、新西兰、挪威、波兰、葡萄牙、斯洛伐克、西班牙、瑞典、瑞士、土耳其、英国、美国30个成员国。此外，还包括国际能源组织、国际原子能组织、欧洲交通部长会议、发展中心、教育研究和创新、Club du Sahel等6个半自治的代理机构。

OECD数据库主页如图7-3所示。

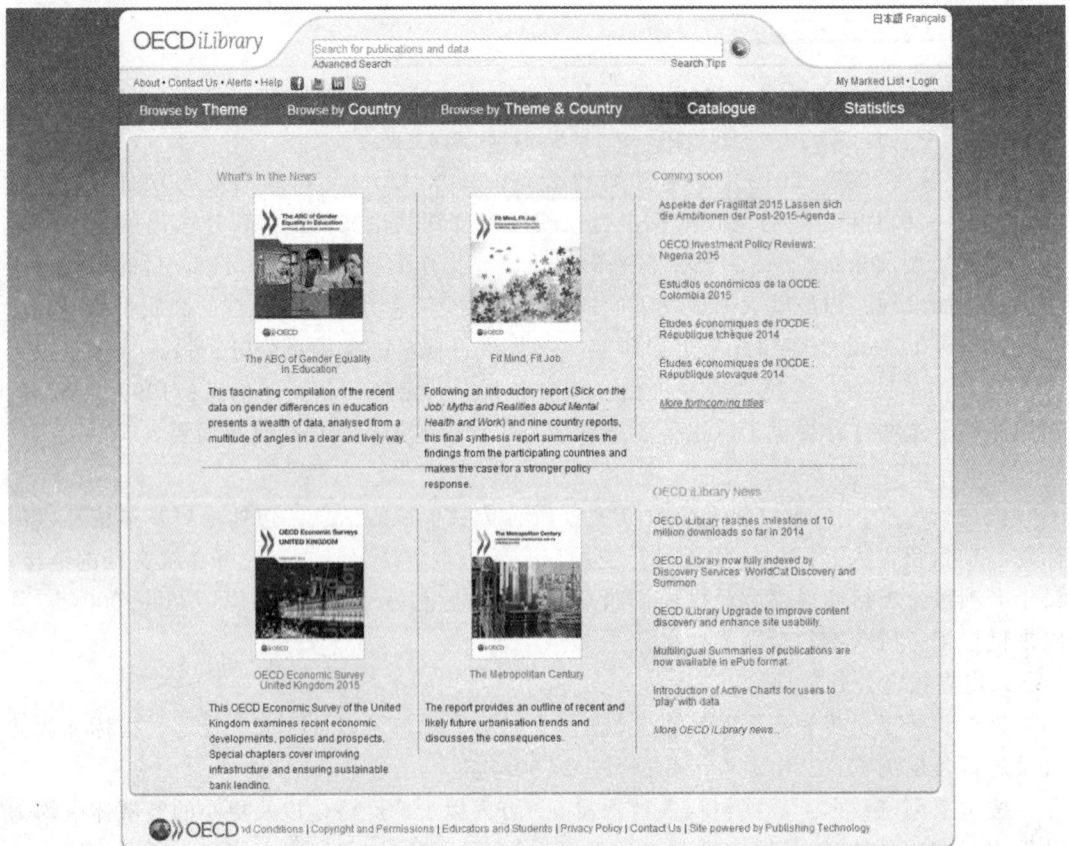

图7-3　OECD数据库主页

OECD出版物包括将近1 500种图书、报告，24种期刊和25个统计数据库。现分别介绍如下：

1.OECD 出版物

OECD 共出版书籍、报告 4 000 余种，现在可以通过 PDF 的形式从网上下载 1998 年以来出版的将近 1 000 种图书、报告（每年增加 100 多种）。这近 1 000 种电子图书、电子报告又分为农业与食物、发展、教育与技术、经济、就业、能源、环境与可持续发展、金融与投资、经济与未来研究、统治管理、工业服务与贸易、国家与历史统计、核能源、科学信息技术、社会问题/移民/公共卫生、统计资料与方法、税收、领土经济、转换经济、交通等 20 个类别。

OECD 出版的 24 种期刊全部在线，分为期刊、参考类期刊、统计类期刊三大类，包括经济、金融、教育、能源、法律、科技等各领域。

2.OECD 统计数据库

OECD 还有 25 个在线统计数据库，其数据不仅来自 OCED 的 30 个成员国，而且也有来自中国、俄罗斯、巴西的统计数据。其包括从 1960 年至今的统计资料，内容涉及 OECD 加盟国与主要非加盟国经济最新动向的综合性统计资料，主要有 OECD 加盟国在对外贸易方面的统计数据、农业政策相关统计数据、OECD 加盟国的国民经济核算（包括 GDP、附加价值、总资本形成）等，同时还详细收录了来自 OECD 地区和流向 OECD 地区的直接投资统计资料等。此外，还有国际能源组织的 7 个数据库。

检索方法：读者进入 OECD 主页之后，可以按主题、国家以及国家和主题进行分类浏览，选择相应的主题或国家，单击进入相应页面，选择感兴趣的出版物阅读即可。

在主页上，读者还可以在 "Catalogue" 下拉菜单中，选择图书、手稿、统计数据等不同文献类型进行浏览阅读，可以根据字母筛选文件。

对于统计数据，可以点击菜单栏的 "Statistics"，进入 OECD 的统计数据库列表，读者可以选择感兴趣的数据库或指标，点击 DATA 获取统计数据。

（四）Bloomberg 彭博金融终端数据库

彭博金融终端是用于访问专业的金融服务信息的计算机系统，通过该系统可以查阅和分析实时的金融市场数据或进行金融交易。其涉及全球主要国家的债券、股票、金融衍生产品、外汇、投资组合与风险管理、商品与能源、法律和新闻信息等。

目前，彭博金融终端的用户遍布全球，主要是金融机构、高校和相关管理机构，彭博金融终端数据库是世界主流的金融数据库。彭博金融终端主菜单页面见图 7-4。

彭博金融终端一般通过固定计算机访问，在访问之前要先注册个人账号。双击计算机桌面上的彭博（Bloomberg）图标之后，软件会自动连接网络。连接上之后会出现如图 7-5 所示的登录界面。

如果已经拥有彭博账号，可直接输入用户名和密码登录。如果没有账号，可点击本页面的 "新建用户名"，根据页面提示，输入个人相关信息，注册个人账号。

登录彭博金融终端之后，可以在主菜单页面选择感兴趣的信息逐级浏览。除了在菜单页面选择外，还可以使用彭博专用键盘（如图 7-6 所示）上面的快捷键，快速获取相关信息。彭博键盘功能介绍见表 7-1。

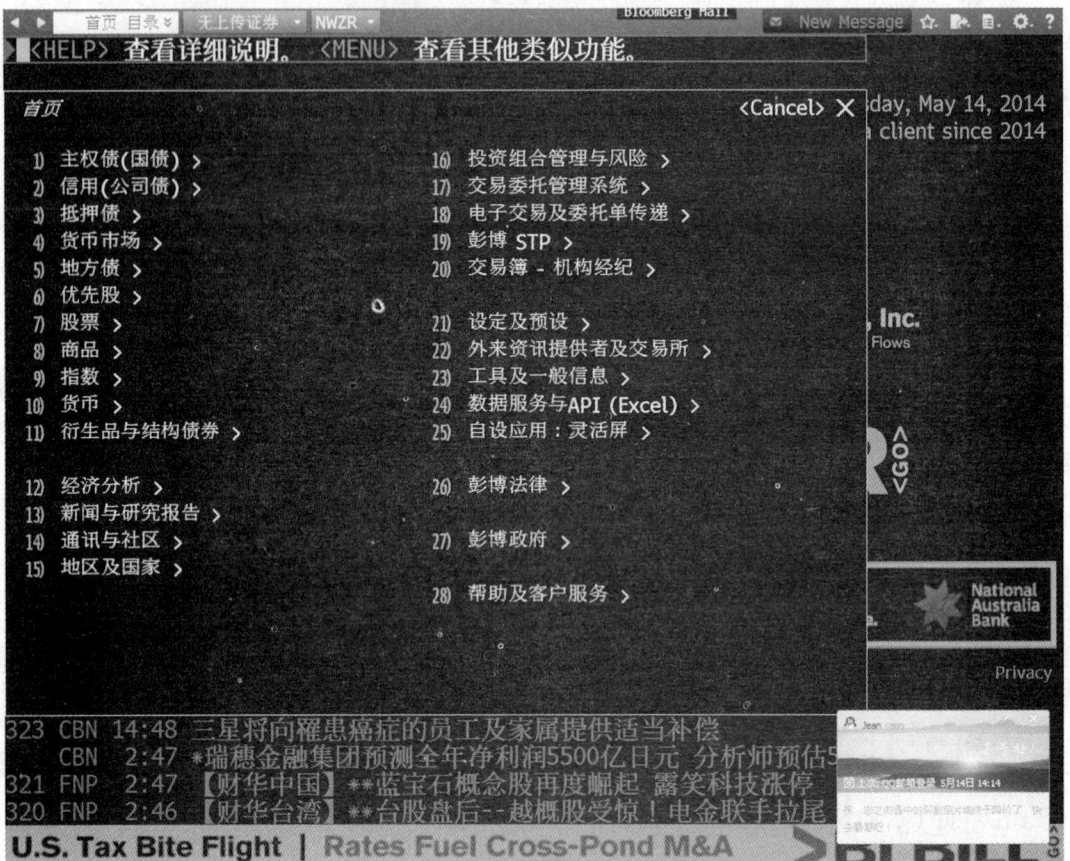

图 7-4　彭博金融终端主菜单页面

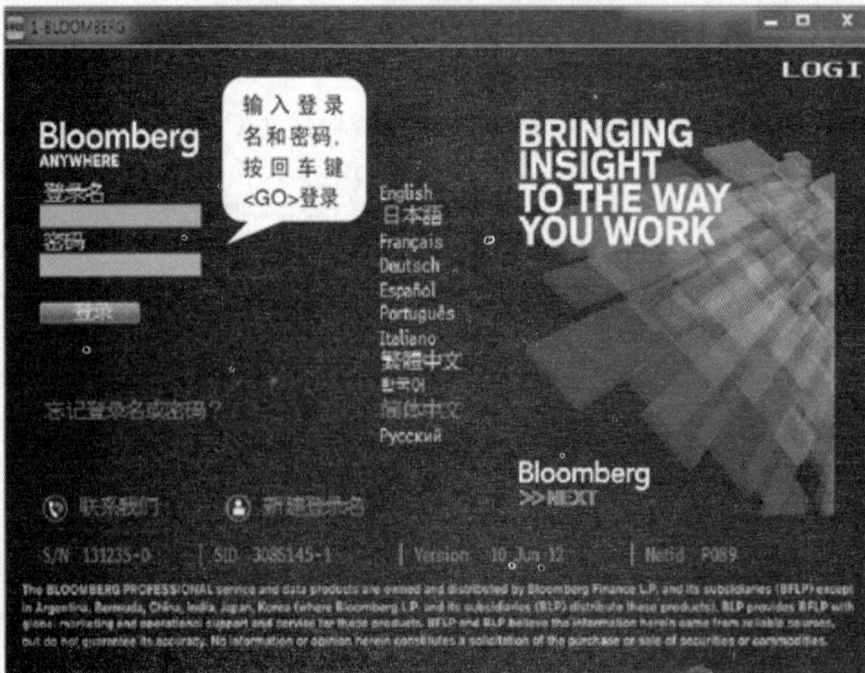

图 7-5　彭博金融终端登录界面

图7-6 彭博专用键盘

表7-1 彭博键盘功能

按键	功能
登录	登录和退出账户
取消	取消并退出当前画面、返回初始画面
Help	按一下<Help>键显示当前页面详细功能，输入关键词按<Help>键搜索，连按<Help>键2次，可链接至彭博在线咨询台
Go	回车键，在输入一个指令后使用，执行指令
Menu	回到上一个界面，显示其他相关功能菜单
End Back	与Menu键相同，回到上一个界面，显示其他相关功能菜单
Pg Up	返回上页
Pg Dn	进入下页
IB	进入IB（彭博即时通讯）聊天窗口
Message	进入收件箱
Panel	按<Panel>键，切换画面，可用于在彭博4个画面之间切换
Search	按此键后，输入关键字进行检索
News	按此键后，显示某一类别的今日要闻
Monitor	显示主要财经市场的行情
Quote Line	显示所选证券的市场报价信息
Quote Function	提供一只股票、股票期权或基金的综合市场摘要
Print	打印任何界面（请注意，有些界面无法打印）
F2 GOVT	全球各国政府债券
F3 GOVT	公司债券（也适用于除美国之外的其他各国政府债券）
F4 MTGE	房债抵押证券、资产担保证券及抵押保证证券
F5 M-MKT	货币市场证券
F6 MUNI	美国地方性政府债券（只适用于美国）
F7 PFD	优先股
F8 Equity	全球股票、存股证、基金、认股权证和期权
F9 CMDTY	所有的商品证券，包括现货、远期和期货
F10 Index	金融市场指数、自建指数以及宏观经济指数
F11 CRNCY	货币现钞、汇率以及远期汇率
F12 PORT	投资组合及风险分析

除了使用键盘的快捷键之外，还可以在彭博页面左上角的光标处输入代码，点击"GO"，执行功能指令。

在使用过程中如果遇到问题，可以按两次彭博键盘上的"Help"键，与彭博咨询台联系，咨询问题，获得即时解答。

（五）WRDS沃顿数据库平台

沃顿数据库平台（Wharton Research Data Services，WRDS）是由宾夕法尼亚大学沃顿商学院于1993年开发的金融领域的跨库研究工具（如图7-7所示）。目前已经被学术界、政府机构、非营利组织以及公司的用户广泛使用。通过该平台，可使数据库检索更便利，并提供验证数据正确性以及数据库的整合等功能。沃顿数据库平台与多个数据提供商建立了合作关系，通过该平台可以访问多个数据库，包括CRSP、Compustat、BvD、CSMAR等。

CRSP数据库是目前国际上最重要和最被广泛使用的财务与金融数据库，是美国芝加哥大学证券价格研究中心开发的，在财务领域极具权威。其主要提供的是美国金融市场的数据，包括股市指数、上市公司每日股价、成交量、市盈率、收益率等重要信息。

Compustat数据库是美国著名信用评级公司标准普尔（Standard & Poor）的产品。数据库收录了全球80多个国家中的5万多家上市公司的资料，其中包括7 000多家亚洲的上市公司。数据库提供上市公司的年度和季度收益表、资产负债表、现金流量表以及其他附加数据，利用该数据库提供的"Research Insight"软件可以进行公司财务、行业等分析，制作各种报表及动态图表。

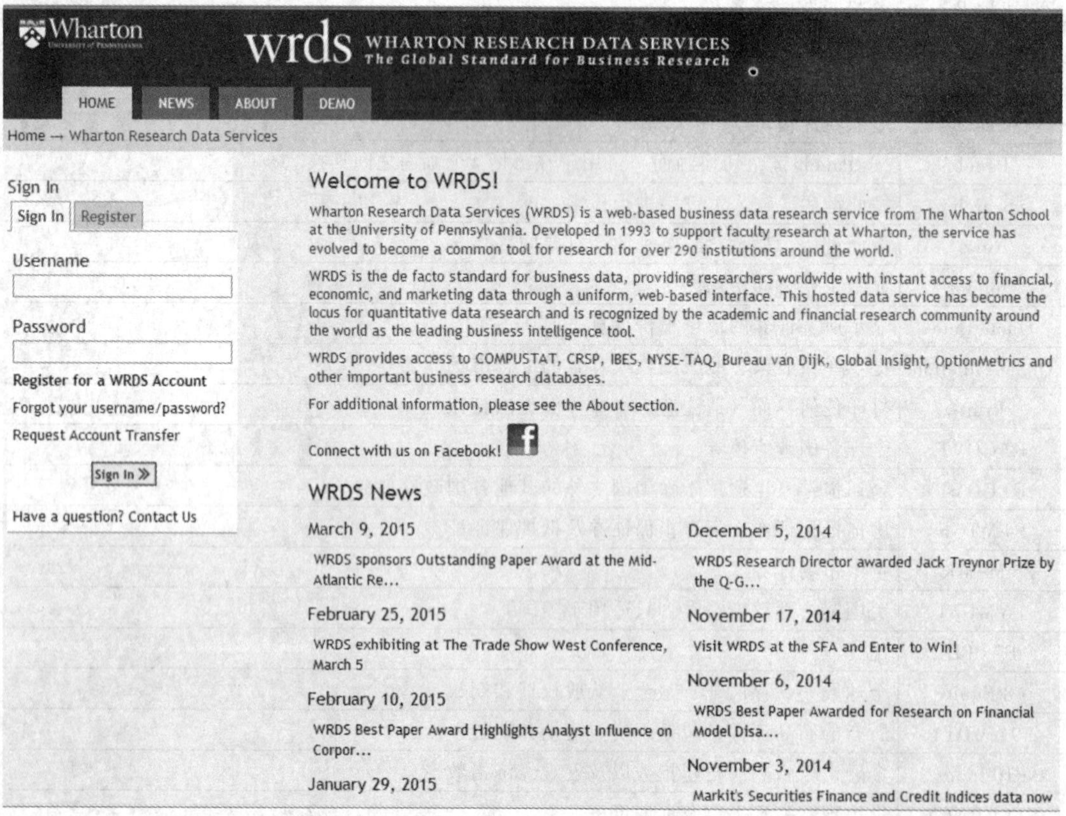

图7-7　WRDS（沃顿）平台主页

在使用沃顿平台之前，要先用个人用户名和密码登录，如果没有个人账号，要先注册。沃顿平台的注册一般有三个步骤：

第一步，读者在沃顿平台主页在线注册。根据个人情况选择账号类型，账号一般分为教师账号、IT人员或图书馆馆员账号、访问学者账号、博士生账号、硕士生账号、研究助理账号和课程账号七种，每种账号的权限有所不同。

第二步，学校的沃顿数据库代表审核并批准账号申请。在购买沃顿数据库之后，购买高校的图书馆一般会选定沃顿数据库代表（一般由图书馆相关老师担任），处理读者账号申请事务。

第三步，设置账号密码。沃顿数据库代表批准读者账号申请之后，读者会收到沃顿数据库系统自动发送的邮件，读者根据邮件中的链接指引设置账号密码，设置完之后即可登录使用。

登录沃顿数据库之后，在左侧的"Current Subscriptions"下方查看可以访问的数据库，逐级浏览、选定具体数据库之后，通过以下步骤检索并下载数据：

第一步，设置时间。设定数据的时间范围。

第二步，输入代码。导入需要查询机构的代码。

第三步，选择指标。选择需要导出的指标。

第四步，选择导出格式。

第五步，提交。

第六步，保存数据。待下载完成后，将数据保存到本地。

（六）Passport经济商业数据库

Passport数据库是一个包括200多个国家的市场信息咨询解决方案的数据库，涵盖了从宏观的国家地区信息到中观的行业产业信息再到微观的企业公司信息，帮助读者从宏观、中观、微观三个角度全面掌握各国的商业环境及其变化，了解行业、产业的发展动态，熟知行业内的竞争对手。Passport数据库的主页如图7-8所示。

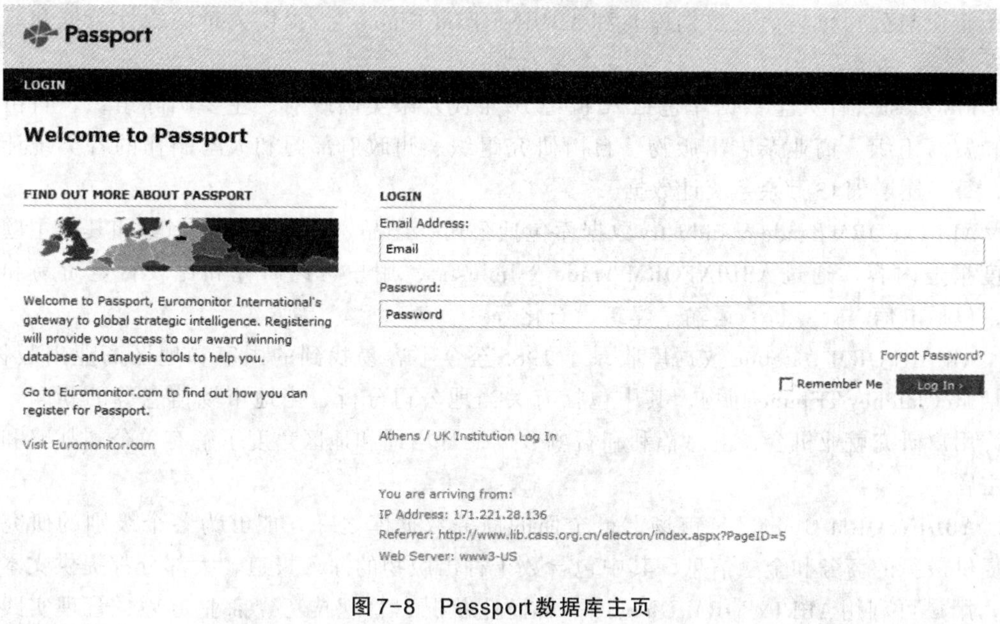

图7-8 Passport数据库主页

该数据库主要包括：

（1）21个快速消费品数据库（酒精类饮料、服装、汽车、美容与个人护理、消费类家电产品、电器、消费者健康、眼镜、新鲜食品、健康与保健、居家与园艺、家庭护理、热饮料、奢侈品、包装食品、个人配饰、宠物护理、软饮料、纸巾与卫生用品、烟草、玩具与游戏）。

（2）4个服务业数据库（消费者金融服务，消费品、食品服务，零售业，旅行与旅游）。

（3）2个供应链数据库（包装、成分）。

（4）1个按照ISIC国际标准行业分类的工业数据库。

国家、市场领域的统计数据包括历史数据和5年预测数据，具体包含市场容量和销售额、公司份额和品牌份额、分销渠道的销售额、定价、包装和成分数据、报告（对市场业绩趋势、竞争环境和关键市场驱动因素进行有深度的战略分析）、全球报告、市场洞察报告和国家部门简报。

Passport经济商业数据库主要研究的210个国家领域包括：①商业环境；②经济、金融和贸易；③工业、基础设施和环境；④科技、通信与媒体；⑤消费者趋势与生活方式；⑥收入与支出；⑦人口和家庭。

国家领域统计数据的时间跨度为1977—2030年，拥有超过1 500万份的国际间可比较的人口统计数据、月度与季度关键经济数据报告，217份国家与地区介绍，85份风险与薄弱点国家简报，85份商业环境国家简报，85份收入与支出国家简报，83份科技、通信与媒体国家简报，60份国家动向报告，93份未来人口报告，85份消费者生活方式报告，70多份战略简报、对行业产生影响的局部事件常规报告与讨论。

（七）ProQuest相关事实数据库

在ProQuest平台上集成了多个事实数据库，包括ProQuest统计大全数据库、ABI/INFORM Trade & Industry（行业与贸易信息数据库）、ABI/INFORM Dateline（北美地区中小型企业与公司贸易信息数据库）和ABI/INFORM Global™，提供大量的统计数据和研究报告。

ProQuest统计大全数据库包括20世纪70年代以来美国政府、主要国际组织、自由职业和贸易组织、商业杂志出版物、自由研究组织、州政府部门和大学制作的各类统计报表，每年还增加13万余条统计数据。

ABI/INFORM Trade & Industry数据库包括公司、产品、高管人员、趋势和其他主题的深度报道内容。通过ABI/INFORM Trade & Industry，用户可以研究和比较特定贸易和行业，包括电信、计算机、运输、建筑、石化等。

ABI/INFORM Dateline数据库收录了1985至今不容易找到的国家和地区商业出版物，包括McClatchey Tribune刊物，其中包括有关当地公司分析、当地市场信息等的新闻，还允许用户研究就业机会，汇总福利和薪酬数据，从当地和地区角度了解有关公司战略和其他主题。

ABI/INFORM Global™是市场上最全面的商务数据库之一，能够为各个级别的研究人员提供最新的商务和金融信息，其中包含数千种出版物的深入报道，大部分都提供文本全文。用户可利用ABI/INFORM Global™了解商业状况、管理技巧、商业走势、管理实践与理论、企业经营战略和战术及竞争格局。ABI/INFORM Global™包含 ABI/INFORM Archive，可提供20世纪许多极其重要的商业期刊中具有深度的文章。

（八）CEIC 经济数据库

CEIC 数据库平台（如图7-9所示）上集成了全球经济数据库、中国经济数据库、世界经济趋势数据库和行业数据库，为财经分析员提供准确、迅速而全面的全球宏观和行业经济时间序列分析数据以及各主要证券交易所的上市公司信息财务数据。它在全球拥有覆盖最广、最多的客户群，包括金融机构、基金经理、新闻媒体、财经网站、跨国公司、中央银行和政府机构。CEIC 全球的宏观经济和行业数据库提供实时更新的经济和行业指标，并为超过180个国家提供宏观经济指标的预测。

CEIC 针对五大发展中国家（中国、印度、俄罗斯、巴西和印度尼西亚）开发了深度国家经济数据库，以中国经济数据库为例，提供20个宏观经济类别，20个行业数据，并提供大量地级市和地区性数据信息，内容丰富，翔实可靠。

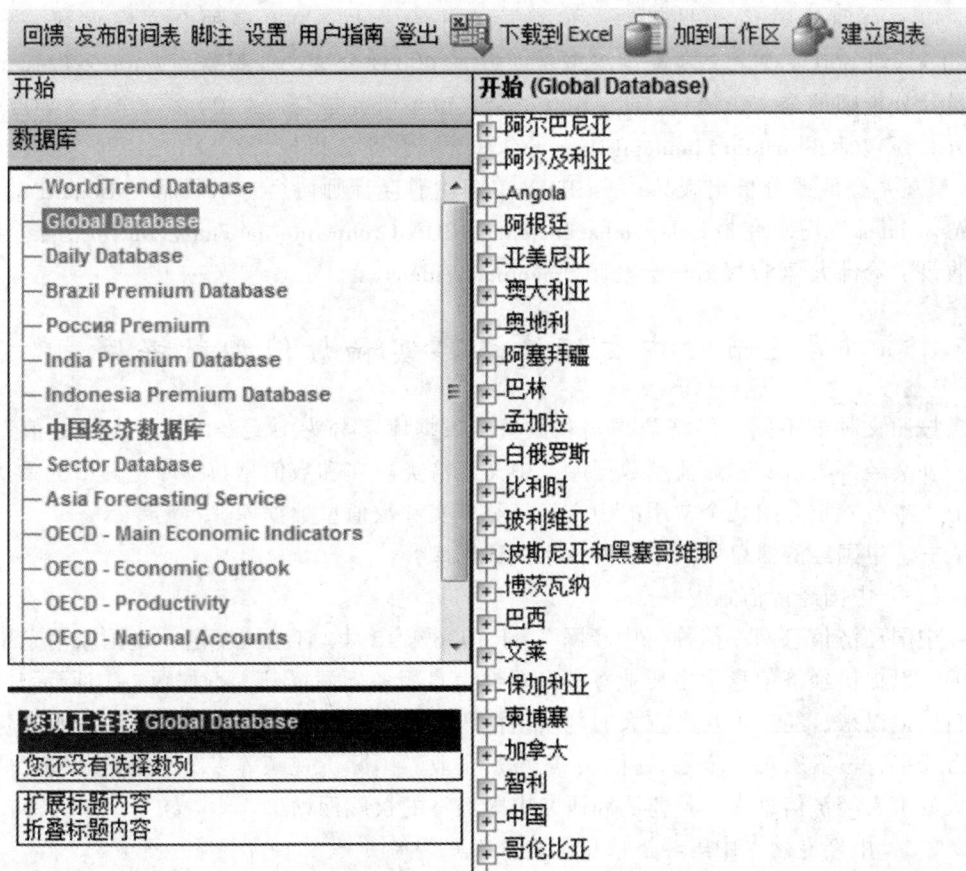

图7-9　CEIC 数据库平台

全球经济数据库（Global Database）包括全球121个国家和中国港澳台3个地区，超过2 085 917条资料，并归纳在17个界别内。数据频率分为日、周、月、季、半年及年度。为了提供更具有时效性的时间序列分析数据，大部分数据为月度数，而历史资料更可追溯至15年以上。它不但是全球最全面的宏观经济数据库，还是数据可操作性及数据质控最为严谨的经济数据库。

中国经济数据库（China Premium Database）是业内领先的时间序列经济数据库，数据内容包括全国性的宏观经济数据、地区经济数据、行业经济数据及专题数据，并系统地整理成4个组成部分，即宏观经济数据库、区域经济数据库、行业经济数据库和专题数据库。目前，数据库收编了280 000多条时间序列数据，历史数据可追溯至1949年。

世界经济趋势数据库（World Trend Database）是一个区域整合的数据库，以整个世界经济或区域经济为基准，包括全球覆盖及13个区域、9大宏观指标。同时，提供预测、商品市场、全球经济监测工具以及金融指数等数据。

行业数据库（Sector Database）搜集了超过440 000条以亚洲地区为主的行业协会及上市公司的数据列，覆盖了14个主要行业。行业资料主要来自于各个工业协会，包括主要行业及上市公司的财务及营运资料。

（九）EBSCO商管财经（非刊类）信息检索平台（国家/产业报告、市场分析等）

EBSCO商管财经（非刊类）信息检索平台提供5 000多种全文案例研究（Case Studies）、1 600多种全文国家经济报告、近20 000种全文产业报告、7 400多份知名高管人员及分析师的全文访谈录、近2 400种全文市场研究报告、3 300多种全文SWOT分析。此外，还包括Bernstein Financial Data（伯恩斯坦财务分析报告）、EIU272种全文出版物、8种晨星基金股票分析出版品、AICPA（美国注册会计师协会）出版品、Richard K. Miller & Associates市场研究报告及Global Insight、ICON Group International，Inc等报告。同时，还收录了哈佛大学57段研讨会视频（Seminar Video）。

第三节　中文经济类事实和数值型数据库

按照文种的不同，经济类事实和数值型数据库又分为中文经济类事实和数值型数据库、外文经济类事实和数值型数据库，中文经济类事实和数值型数据库是其中的重要组成部分。本节着重介绍几个常用的中文经济类事实和数值型数据库。

一、中国经济信息网（中经网）系列数据库

（一）中国经济信息网

中国经济信息网，简称"中经网"，于1996年12月3日正式开通，是国家信息中心组建的、以提供经济信息为主要业务的专业性信息服务网站（其主页如图7-10所示）。中经网自问世以来，经过了几次重大的网站结构调整和技术升级，目前已建成每日更新量为几百万汉字，覆盖宏观、金融、行业、区域、企业、国际、视频等多个频道，国内互联网上最大的中文经济信息库，是监测和研究中国经济的权威网站群。

（二）中经专网（中国经济信息网教育版）

1.中经专网简介

中经专网是中经网面向集团用户开发的，通过在线、卫星或网络同步传输方式为用户提供访问或传输到用户端的信息服务系统，是国家信息中心以打造国家经济形势晴雨表为目标推出的一个全面反映我国经济运行态势和经济政策变动的海量信息平台。其主页如图7-11所示。

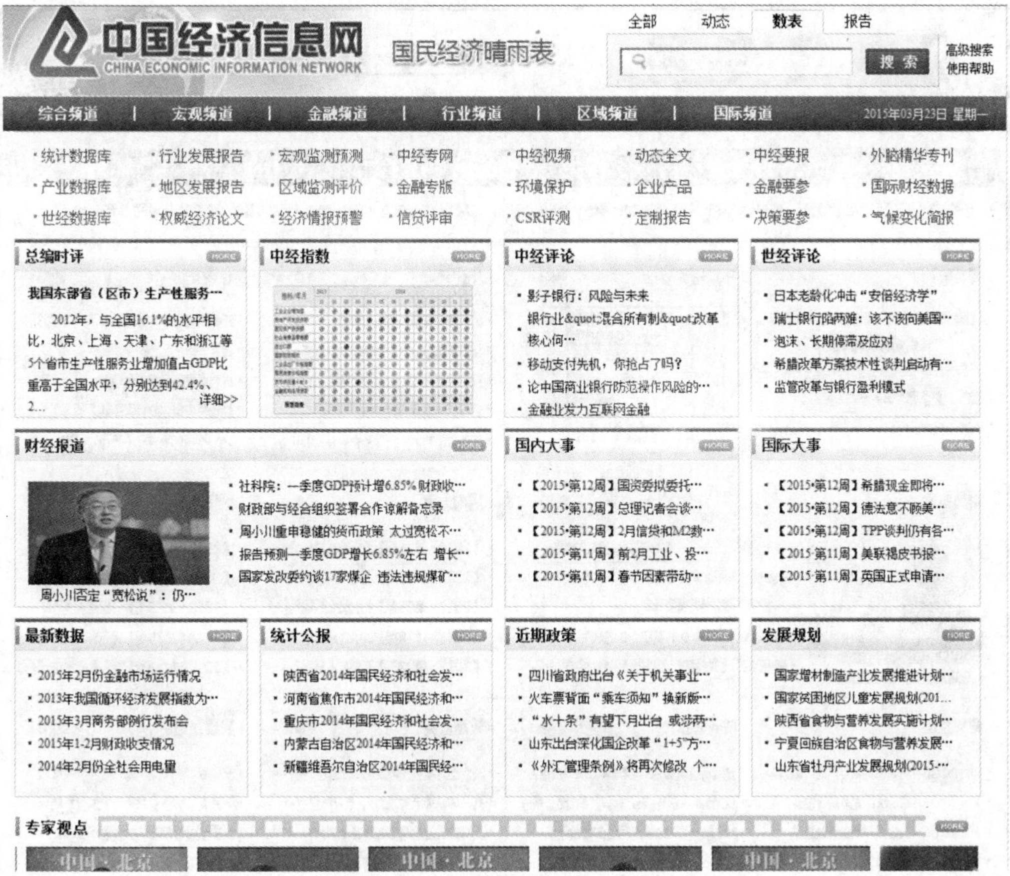

图7-10　中国经济信息网主页

中经专网覆盖了宏观、金融、行业、区域、国际等国民经济的各个领域，以专家分析为龙头，以快讯、统计、指数、政策等实时信息为背景，试图全方位、多视角地诠释经济形势，为各类经济决策提供坚实的支持。目前它已成为决策层观测经济运行的有效工具和各类经济研究人员深入探讨各类经济问题的得力智库和交流的有效平台。

2.中经专网信息内容

中经专网的信息内容主要包括综合频道、宏观频道、金融频道、行业频道、区域频道、国际频道、财经视频等七大板块。

综合频道：汇集精品信息，发布权威经济数据，展示经典分析，透视经济发展。主要内容包括：行情速递、总编时评、中经指数、中经评论、世经评论、财经报道、国内大事、国际大事、最新数据、统计公报、近期政策、发展规划。

宏观频道：全方位、多视角监测经济运行，权威分析、政策解读，诠释经济发展。主要内容包括：汇编宏观经济报道、经济政策，点评宏观经济运行中的热点问题，及时发布典型分析和权威部门公布的各类统计数据和指数。分类内容主要包括：主编点评、提示、分析、统计、指数、快讯、政策、评论。

金融频道：云集金融运行指标，公布金融调控政策，监测金融体系风险，研究金融体制改革，评价金融市场状况。主要内容：汇编金融运行中的若干热点问题和报道。分类内容主要包括：主编点评、提示、分析、统计、指数、快报、政策、周评。

图7-11 中经专网主页

行业频道：搜集产业运行数据，发布产业发展政策，全方位观察产业发展。主要内容包括：汇编各行业运行中的热点问题和报道、汇集典型分析文章。分类内容主要包括：主编点评、提示、分析、统计、指数、快讯、政策、周评。

区域频道：展示区域经济发展态势，发布各地发展规划，公布地区经济发展政策。主要内容包括：汇集国家经济信息系统和省市区及中心城市信息中心提供的经济分析文章，发布国家统计局、各省区市统计局、副省级市和计划单列市统计局等权威部门公布的统计数据。

国际频道：汇集外脑精华，纵览全球经济，把握发展先机。主要内容包括：提供著名新闻机构的时政新闻、国际权威机构的分析预测、国际市场动向、国际经济统计数据。分类内容主要包括：各类指数，国际快讯，政策信息，国际周评，主编点评、提示、分析、统计、指数、快讯、政策和周评。

财经视频：精选媒体新闻，纵论国际时政。主要内容包括：精选 CNN、BBC、DW 德国之声等国外著名媒体以及国内著名媒体的财经新闻节目，每个工作日更新 1 小时、30 多条信息。

（三）中经网系列数据库

1.中国地区经济发展报告

中国地区经济发展报告，是国家信息中心下属的中经网数据有限公司推出的"中国地区经济资源库"子库之一，由中经网数据有限公司依托国家信息系统资源和网络优势，联合全国 31 个省区市、16 个计划单列市、副省级省会城市及部分地级城市的信息中心共同开发建设并维护。

中国地区经济发展报告为国家宏观管理部门制定发展政策提供决策依据，为各级政府领导把握各地经济发展动向提供信息服务，为国内外投资商确定市场策略提供各地投资环境信息，为专家、学者、高校师生研究区域经济提供大量基础性素材。

中国地区经济发展报告包括全国及各省区市、计划单列市、副省级省会城市的季度、年度经济形势分析报告，国民经济和社会发展及专项规划，统计公报和政府工作报告四个方面。

（1）经济形势分析报告。经济形势分析报告是全面了解中国地区经济发展脉搏和步伐的权威分析资料。其重点介绍全国及各地经济总量、农业、工业、固定资产投资、消费、进出口、利用外资、财政金融等国民经济各方面的基本运行情况，经济运行中的热点、难点问题，未来的发展趋势以及对策、建议；包括季度经济形势分析报告和年度经济形势分析报告，每年更新 200 多篇。

（2）发展规划。其集中展示国家及各地国民经济和社会发展规划，全面介绍各地"五年规划"期间的专项规划；内容包括城镇化、农业、水利、建筑业、交通、能源、科技、教育、高新技术、生态建设和环境保护、西部开发、人口、信息化等；重点搜集工业发展"十五"规划；涉及纺织、机械、建材、轻工、食品、电力、煤炭、石化、石油、化学、有色金属、冶金、汽车、造纸、医药等重要行业。

（3）统计公报。全面搜集了全国及各地 2000 年以来的统计公报，集中展示各地国民经济运行情况。

（4）政府工作报告。其包括全国及各地 2001 年以来的政府工作报告，重点阐述各地政府当年的工作重点以及采取的措施。

此外，为满足不同用户对地区经济发展报告的需求，中经网公司还提供下列个性化的深度研究报告：省区市年度经济发展深度研究报告、跨区域投资环境发展报告、城市综合发展能力分析报告、地区产业竞争力分析报告。

2.中国行业发展报告

中国行业发展报告围绕综合基础、资源能源、加工制造、现代服务、基建交通及战略新兴六大类40个重点行业，全面挖掘行业信息，密切追踪行业热点及政策导向，深入分析行业运行特点，研判行业变化趋势，揭示投资前景及风险。各行业通过"行业要闻"、"政策解读"、"热点专题"、"行业周评"、"月度监控"、"发展报告"、"关键指标"和"趋势预测"等板块，提供分行业一站式浏览的便捷服务，从不同视角、不同维度对行业进行全面、及时性跟踪研究，以翔实、深入地展示行业发展全貌，为投资者、研究者提供更加科学、更加全面的决策咨询和研究参考。中国行业发展报告的行业范围见表7-2，内容构成见表7-3，研究报告见表7-4。

表7-2　　　　　　　　　　　　行业范围

大类	细分行业
综合基础类	宏观金融、农业
资源能源类	石油、天然气、煤炭、电力、石化、化工、钢铁、有色金属
加工制造类	汽车、纺织、医药、生物制药、船舶、机械、工程机械、电力设备、通信设备、电子信息、轻工、食品、家用电器
现代服务类	零售、环保、物流、旅游、电信运营、文化
基建交通类	港口、建材、建筑、房地产、公路运输、铁路运输、航空运输
战略新兴类	新能源、生物产业、节能环保、高端装备、新一代信息技术

表7-3　　　　　　　　　　　　行业报告内容构成

	产品名称	出版时间	覆盖行业	内容特色
即时分析	行业要闻	每日早10点 全年200篇	热点行业	（1）以简洁的文字提示行业热点、风险 （2）每日提供40条左右，100字/条
	政策解读	每周一	40	归纳最新行业政策，扼要解读政策含义及其影响
	行业周评	每周一	40	（1）对热点趋势进行揭示、短评 （2）补充年报、季报空档期的及时分析
	月度监控	次月月末 全年11篇	40	（1）综合行业核心指标，15个指标/行业 （2）选择核心指标，进行时序、结构、关联图形分析
深度发展报告	预测篇（年初版）	3月	40	（1）上年度数据＋前两月数据＋全年预测数据 （2）注重趋势预测、关键指标预测
	年中篇（年中版）	8月	40	（1）上年度数据＋上半年数据＋全年结构分析 （2）注重全面分析、挑战与机会分析
	展望篇（年末版）	11月	40	（1）前三季度数据＋年度数估算 （2）注重次年大势展望、政策预判、情景分析
指标	关键指标	月度更新	40	产销、进出口、投资、绩效及上下游行业指标
	趋势预测	季度更新	40	15～20个重要指标/行业（大部分行业）

表7-4 行业报告研究构架

Ⅰ 行业定义及在国民经济中的地位	（三）行业主要企业竞争力分析
Ⅱ 行业发展环境分析	1.企业1
（一）国内宏观经济环境分析	2.企业2
（二）法律、法规及政策环境分析	……
（三）上下游产业链分析	Ⅵ 行业投融资分析与预测
（四）设备及技术环境分析	（一）行业投资分析与预测
（五）国际环境分析	1.投资规模
Ⅲ 市场供求状况	2.投资结构
（一）供给分析与预测	3.影响因素
1.行业规模	4.投资预测
2.行业结构	（二）行业融资分析与预测
3.影响供给的因素	1.资金来源结构
4.供给预测	2.银行信贷状况
（二）需求分析与预测	3.影响因素
1.需求规模	4.融资预测
2.需求结构	（三）行业投融资存在的问题
3.影响需求的因素	Ⅶ 行业发展趋势及投资机会分析
4.需求预测	（一）行业发展趋势分析
（三）供求平衡与产品价格分析与预测	1.行业发展周期分析
（四）重点区域市场供求分析与预测	2.行业景气度分析
Ⅳ 行业进出口分析与预测	3.行业未来趋势分析
（一）进口分析与预测	（二）行业投资机会分析
1.进口规模	1.重点子行业投资机会
2.进口结构	2.重点区域投资机会
3.进口价格	3.重点企业投资机会
4.进口预测	Ⅷ 行业信贷建议及风险提示
（二）出口分析与预测	（一）信贷建议
1.出口规模	1.行业总体授信原则
2.出口结构	2.积极进入类信贷政策建议
3.出口价格	3.适度进入类信贷政策建议
4.出口预测	4.维持类信贷政策建议
（三）进出口平衡分析与预测	5.限制进入类信贷政策建议
Ⅴ 行业竞争状况分析	6.退出类信贷政策建议
（一）行业基本状况分析	（二）信贷风险提示
1.市场竞争格局	1.政策风险
2.进出入壁垒	2.市场风险
3.行业兼并重组现状	3.经营风险
（二）行业运营绩效分析	

3.中经网产业数据库

中经网数据中心于1998年9月正式组建，是代表国家信息中心对社会提供经济数据信息服务的唯一窗口。整个产业数据库涵盖了宏观、农业、石油、煤炭、电力、机械、钢铁、纺织、石化、电子、汽车、医药、有色、建材、家电、食品饮料、造纸印刷、车船、房地产、金融、保险、商贸、交通、旅游24个行业（类别）。在扩充行业的同时，也丰富了原有产业库专题的内容，使得研究人员能快速、全面、准确地掌握所关注行业的动态趋势。中经网产业数据库主页如图7-12所示。

（1）专题结构。各专题由三部分组成：内容简介、名词解释、运行数据。

内容简介：介绍各专题结构、行业范围、数据内容、序列长度、更新时间和资料来源。

名词解释：包括统计口径说明、行业范围界定、产品解释、重要统计指标注释。

运行数据：按行业研究习惯组织结构，直观展现专题内容，把握行业数据及其频度。其主要分两种格式，即单点报表和序列报表。其中，单点报表侧重于展示指标间的层次关系，序列报表则体现指标的随时变化趋势。

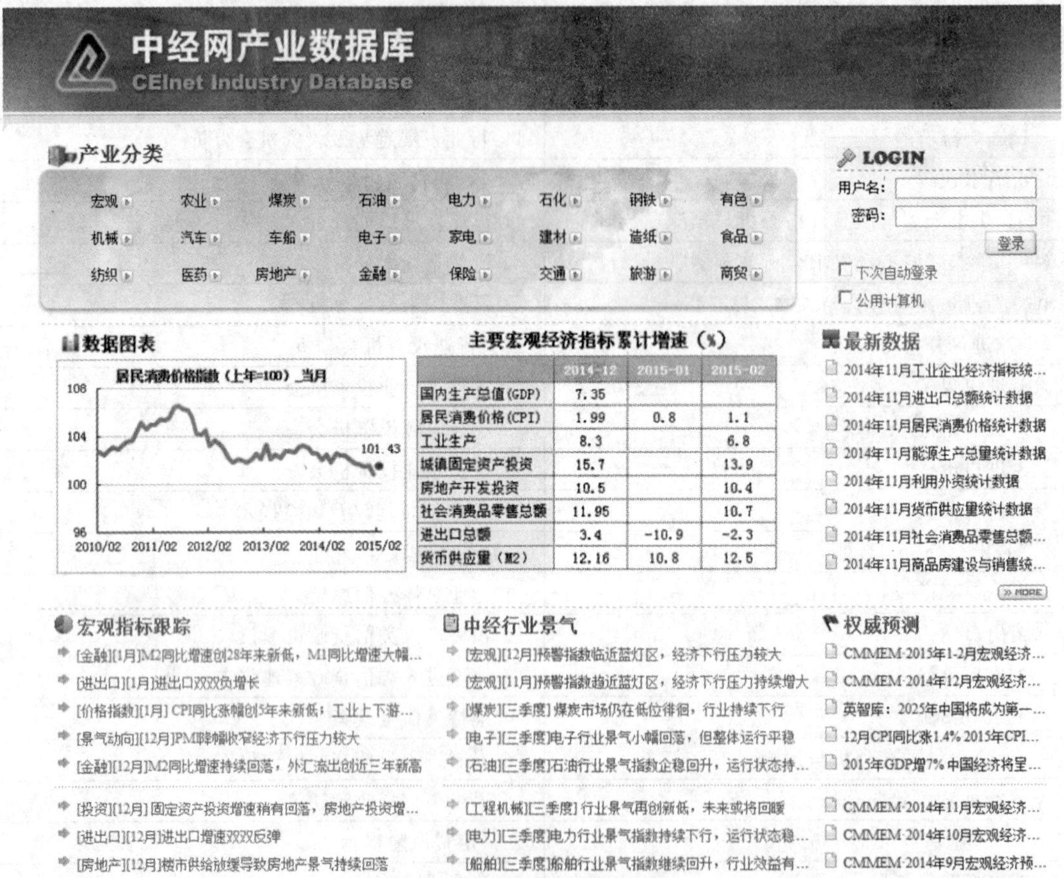

图7-12　中经网产业数据库主页

（2）系统功能。其包括：

数据浏览：按照专题层次结构逐层展开，浏览所需数据。

数据查询：浏览报表默认显示最新13个时间点数据（年度为10个），可通过修改开始和结束时间，根据用户需要，显示所需任意时间点的数据信息。

收藏报表：类似 IE 收藏功能，对于经常关注的数据报表，收藏到指定的文件夹下，下次登录可直接在"我的产业库"中点击进入该报表。

导出打印：报表可以 Excel 格式导出保存到本地机器中，也可直接打印。

作图功能：系统作图插件可根据当前报表内容，做出线形、柱形或柄状图，直观展现数据趋势。

4.中经网统计数据库

中经网统计数据库是国家信息中心中经网凭借与国家发改委、国家统计局、海关总署、人民银行、财政部、各行业主管部门以及其他政府部门的良好合作关系，经过长期的数据累积并依托自身技术、资源优势，通过专业化加工处理组织而成的一个综合、有序的庞大经济统计数据库群。内容涵盖宏观经济、行业经济、区域经济以及世界经济等各个领域，是一个面向社会各界用户提供全面、权威、及时、准确的经济类统计数据信息的基础资料库，包括"中国经济统计数据库"和"世界经济统计数据库"两大系列。

（1）数据特点：

全面性：指标涵盖国民经济各个方面，跟踪国民经济统计指标体系的修订。

权威性：统计数据来源于国家正规统计渠道。

及时性：统计数据在部委统计报表报出后及时更新。

准确性：在统计数据入库前后都进行严格规范的校对检验。

实用性：所有统计指标数据均为满足分析长度的时间序列。

（2）查询特点：

提供时间、指标、地区三个维度的组合方式及任意词检索方式。

提供对口径、范围、调整变更及重要概念的注释和说明。

数据导出 Excel 格式，可方便外接分析软件。

数据显示模式灵活简便。

提供个性化定制功能——我的收藏夹，实现对查询结果的保存和再查询。

（3）内容构成：

①中国经济统计数据库。目前包括"全国宏观月度库"、"分省宏观月度库"、"全国宏观年度库"、"分省宏观年度库"、"工业行业月度库"、"海关月度库"和"城市年度库"7 个子库，共有 5 万余个指标，全面反映我国经济和社会发展情况。

②世界经济统计数据库。其包括 OECD 月度库和 OECD 年度库，收录了自 1960 年以来的年度、季度、月度数据；涵盖了 30 个 OECD 成员国、8 个非成员国以及国际主要经济组织的宏观经济发展指标；包含国际收支、国民账户、就业、生产、制造业、建筑业、价格、国内需求、金融、贸易、商业趋势调查、先行指标等近 30 个大类指标专题；按不同国别及专题分类提供详细指标名称解释。

5.中国权威经济论文库

中国权威经济论文库，是国家信息中心中经网利用其独特的信息资源和技术优势，为政府部门、教育科研机构和大中型企事业单位开发的具有强大检索、馆藏、自定义等功能的经济论文资料库。中国权威经济论文库包括国内论文子库、国外论文子库、校内论文子库、中经评论子库四个子库。中国权威经济论文库具有以下特点及优势：

（1）论文权威，来源广泛。论文库全面汇聚国内外300多位顶尖经济学者、40余家权威机构的主要学术论文和研究报告，以及经济学、管理学类30余份核心期刊、20余份财经报纸和杂志的精髓文章。

（2）内容全面，分类清晰。论文库内有宏观经济、财政金融、区域经济、产业经济、世界经济、企业经济、经济理论等7大类37个子类的经济主题，涵盖35个经济学科和12个管理学科，既跟踪当前经济学、管理学理论研究的最前沿，也监测当前经济运行、企业管理的最新动态。

（3）积淀深厚，更新及时。论文库现已收录6万余篇精品论文，日更新50余篇，年更新万余篇，其中包括500篇未公开发表的论文、1 000余篇国外权威机构的报告原文以及600～800篇国外权威机构英文论文原著。

（4）检索高效，以人为本。论文库有组合检索、高级检索等多种检索方式，提供作者、出处、单位、经济类别、相关文章、最近浏览的文章等特色链接。用户可根据经济主题、热门词、经济学人专栏、权威机构报告等进行特色检索，并根据自身需求创建个性化、自定义的论文资料库。

6.中国环境保护数据库

中国环境保护数据库是国家信息中心中经网为满足社会各界对环保领域的信息需求而建设的数据库群，包括环境资讯库、环保统计库、分析评论库、法律法规库、发展规划库、环保会议库和环保十年图片数据库七个子库，适用于政府部门、大专院校、研究机构、企业集团和相关投资者决策参考、研究分析与信息共享。

二、国务院发展研究中心信息网（国研网）系列数据库

（一）国务院发展研究中心信息网

国务院发展研究中心信息网（其主页如图7-13所示）由国务院发展研究中心主管、北京国研网信息有限公司承办，创建于1998年3月，是中国著名的专业性经济信息服务平台。国研网以国务院发展研究中心丰富的信息资源和强大的专家阵容为依托，与海内外众多著名的经济研究机构和经济资讯提供商紧密合作，以"专业性、权威性、前瞻性、指导性和包容性"为原则，全面汇集、整合国内外经济、金融领域的经济信息和研究成果，本着建设"精品数据库"的理念，以先进的网络技术和独到的专业视角，全力打造中国权威的经济研究、决策支持平台，为中国各级政府部门、研究机构和企业准确把握国内外宏观环境、经济和金融运行特征、发展趋势及政策走向，从而进行管理决策、理论研究、微观操作提供有价值的参考。

（二）国研网"教育版"

"教育版"是国研网针对高校用户设计的专版，以"专业性、权威性、前瞻性、指导性和包容性"为原则，全面汇集、整合国内外经济、金融和教育等领域权威、实用、及时的资讯信息和研究报告，旨在为高校管理者、师生及相关研究机构提供高端的管理决策和教学研究参考信息。国研网"教育版"主页如图7-14所示。

1.数据特色

（1）独家收录了国务院直属政策研究和咨询机构国务院发展研究中心1985年以来的全部研究成果。

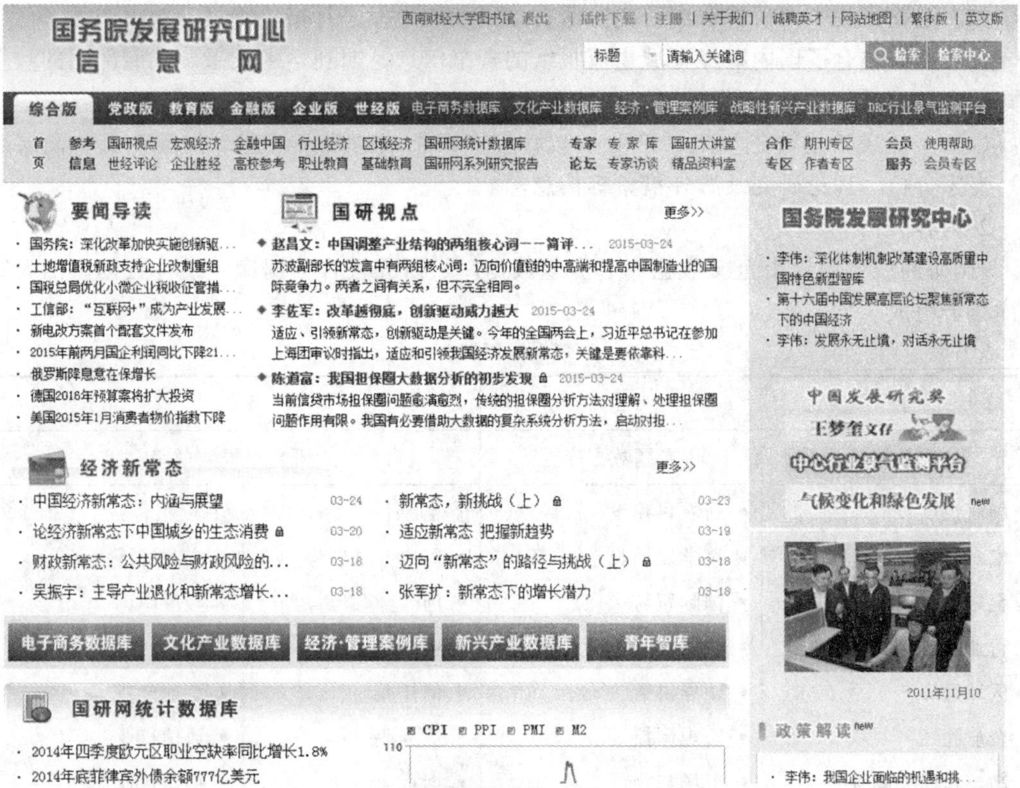

图 7-13　国务院发展研究中心信息网主页

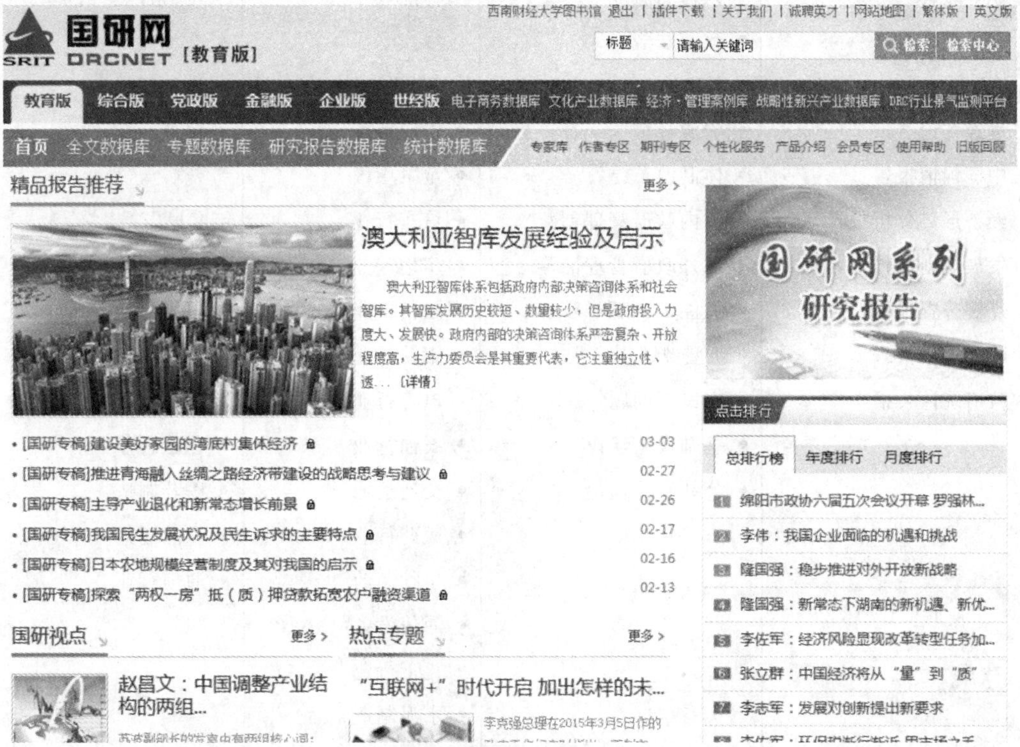

图 7-14　国研网"教育版"主页

（2）全面汇集了国研网资深研究团队自主研发的周报、月报、季报、年报产品。

（3）精心整合了国内财经领域主流报纸的资讯信息、期刊学术成果、政府部门的政策法规信息及权威机构发布的统计数据。

（4）广泛覆盖经济、金融、产业、教育等多个领域的政策动态、发展热点、高层观点、专家分析、理论研究及海外借鉴等信息。

2. 内容架构

"国研网教育版"由全文数据库、专题数据库、研究报告数据库、统计数据库四大数据库集群组成。

表7-5   数据库集群

1	2	3	
全文数据库	专题数据库	研究报告数据库	
• 国研视点	• 新农村建设	金融周评：	月度报告：
• 宏观经济	• 科学发展观	• 国内金融形势	• 宏观经济
• 金融中国	• 国际贸易	• 国际金融形势	• 金融中国
• 行业经济	• 跨国投资	• 银行业	• 汽车行业
• 区域经济	• 领导讲话	• 信托业	• 房地产业
• 企业胜经	• 宏观调控	• 证券业	• 通信行业
• 高校管理决策参考	• 市场与物价	• 期货业	• 钢铁行业
• 职业教育	• 人口与就业	• 保险业	• 电力行业
• 基础教育	• 政策法规		• 石油化工
• 财政税收	• 社会保障	季度报告：	• 港口航运
• 世经评论	• 资源环境	• 宏观经济	• 医药行业
• 中国国情报告	• 体制改革	• 金融中国	
• 经济形势分析报告	• 国内政府管理创新	• 汽车行业	年度报告：
• 发展规划报告	• 国外政府管理借鉴	• 房地产业	• 房地产业
• 经济普查报告	• 关注十二五	• 通信行业	• 电力行业
• 政府工作报告	• 新型城镇化	• 钢铁行业	• 钢铁行业
• 政府统计公报	• 农民工问题	• 电力行业	• 汽车行业
	• 基础设施建设	• 石油行业	• 化工行业
	• 公共管理理论	• 交通运输	• 医药制造
		• 医药行业	• 食品制造
		• 生物制药	• 通信行业
		• 通信设备	
		• 化工行业	
		• 水泥制造	
		• 食品制造	

续表

4 统计数据库

宏观专题数据库	重点行业数据库	区域经济数据库	世界经济数据库
· 宏观经济	· 信息产业	· 省级	· IMF
· 对外贸易	· 石油化工	· 市级	· World Bank
· 国民经济核算	· 医药卫生	· 县级	· WTO
· 固定资产投资	· 钢铁行业		· OECD
· 金融	· 交通运输	其他辅助数据库	· ADB
· 产品产量	· 有色金属	· 最新数据	· Euro Area
· 工业统计	· 汽车工业	· 每日财经	· APEC
· 人口与就业	· 机械工业	· 企业排行榜	· ASEAN
· 居民生活	· 科学技术		· 世界教育
· 价格	· 轻工行业		· 世界科技
· 教育	· 能源工业		· 世界文化
· 财政与税收	· 旅游行业		· 世界邮政
· 资源环境	· 纺织工业		· 世界卫生
· 国有资产管理	· 农林牧渔		
	· 房地产业		
	· 建材工业		
	· 批零住餐		
	· 文化产业		

（三）国研网系列数据库

1.国研网系列研究报告

国研网系列研究报告平台是国研网独家发布自主研发的系列报告的网络平台，致力于通过持续跟踪、分析国内外宏观经济、金融和重点行业的基本运行态势、发展趋势，准确解读相关政策趋势和影响，及时研究各领域热点、重点问题，为用户提供经济、金融、行业研究和战略决策方面的高端信息产品。国研网系列研究报告如图7-15所示。

2.国务院发展研究中心（DRC）行业景气监测平台

国务院发展研究中心（DRC）行业景气监测平台是国内第一个实现行业景气指数按月发布、第一个实现行业间联动和网络化分析的行业景气监测体系。

国务院发展研究中心（DRC）行业景气监测平台是DRC行业景气监测课题组发布行业景气指数和行业研究成果的指定网络平台。

DRC行业景气监测课题组的总负责人是刘世锦，协调人是余斌，项目负责人是陈昌盛，课题组成员包括来自DRC和国研网的研究人员。DRC行业景气指数由DRC宏观经济形势分析小组开发，是DRC经济监测预报体系的重要组成部分，是DRC行业监测分析的主要工具。该行业监测体系涵盖48个行业，嵌套多个模型和独立数据算法，是国内目前覆盖行业领域最广、最先实现按月发布、率先实现行业间联动和网络化分析的景气体系。国务院发展研究中心（DRC）行业景气监测平台如图7-16所示。

宏观报告 → 《宏观经济月度分析报告》
《宏观经济季度分析报告》

金融报告 → 金融周评
《国内金融形势与货币政策周评》
《银行业监管与市场动态周评》
《信托业监管与市场动态周评》
《国际金融形势周评》
《证券业监管与动态周评》
《期货业监管与动态周评》
《保险业监管与动态周评》

《金融中国月度分析报告》
《金融中国季度分析报告》

行业报告 → 行业月报
《房地产行业月度分析报告》
《电力行业月度分析报告》
《钢铁行业月度分析报告》
《汽车行业月度分析报告》
《石油化工业月度分析报告》
《通讯行业月度分析报告》
《港口航运业月度分析报告》
《医药行业月度分析报告》

行业季报
《汽车行业季度分析报告》
《房地产行业季度分析报告》
《石油行业季度分析报告》
《通讯行业季度分析报告》
《钢铁行业季度分析报告》
《电力行业季度分析报告》
《交通运输行业季度分析报告》
《医药行业季度分析报告》
《通信设备制造业季度分析报告》
《化工行业季度分析报告》
《食品制造行业季度分析报告》

行业年报
《房地产行业年度分析报告》
《电力行业年度分析报告》
《钢铁行业年度分析报告》
《汽车行业年度分析报告》
《化工行业年度分析报告》
《医药制造业年度分析报告》
《食品制造业年度分析报告》
《通信行业年度分析报告》

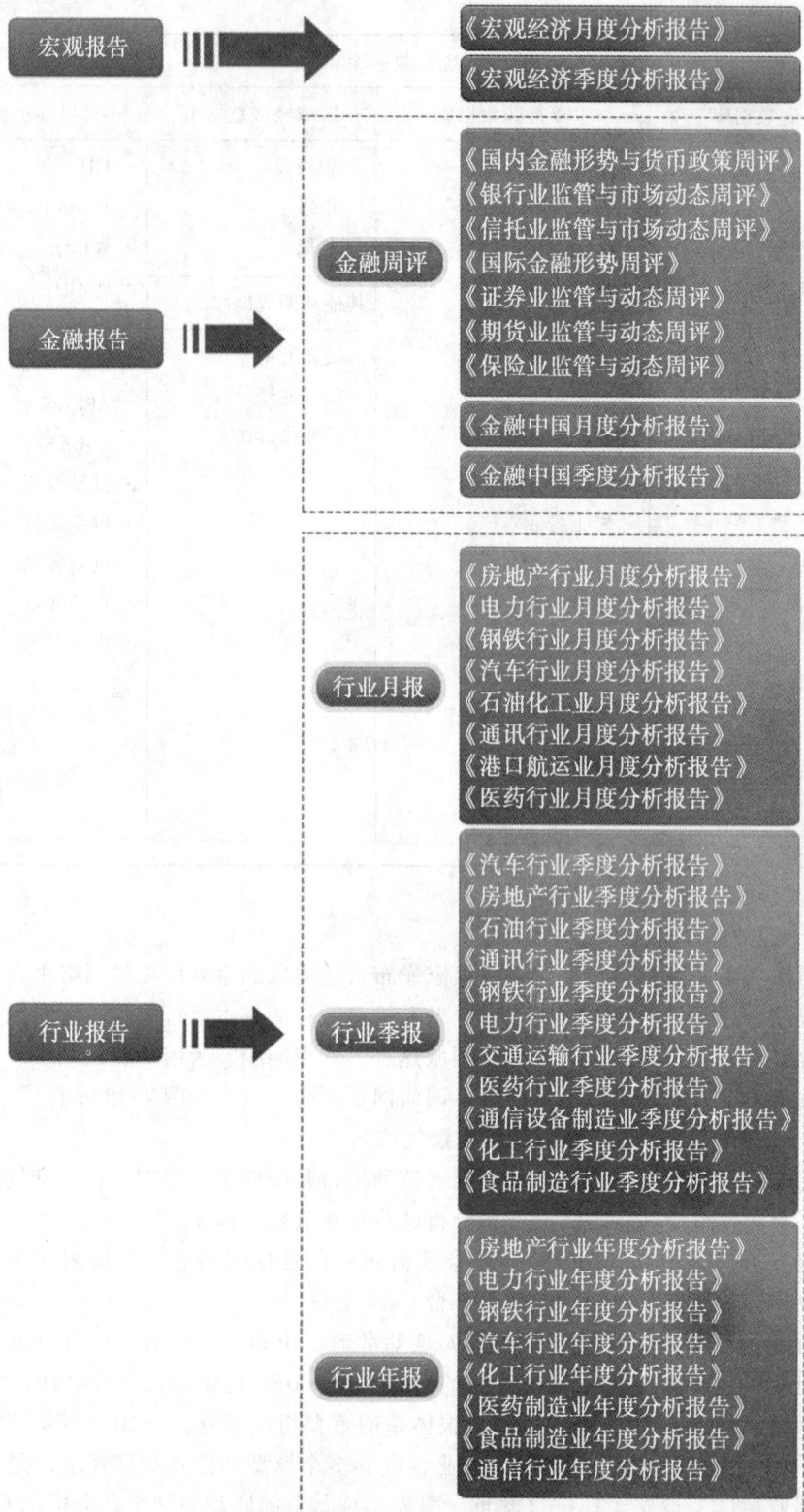

图7-15 国研网系列研究报告

国务院发展研究中心行业景气监测平台
DRC Industry Climate Monitoring System

安全退出 | 联系我们 | ENGLISH | 国研网

输入关键词　标题 ▼

首页 | 行业监测总报告 | 重点行业分析报告 | 行业专题研究报告 | 行业政策跟踪分析 | 宏观分析报告 | 监测数据 | 关于我们　2015年3月24日

重点行业景气变动　2014 ▼ 12 ▼

农业	↑	0.71
煤炭开采和洗选业	↓	-0.04
石油和天然气开采业	↓	-0.39
黑色金属矿采选业	↓	-0.25
有色金属矿采选业	↑	0.22
非金属矿采选业	↓	-0.38
农副食品加工业	↓	-0.12
食品制造业	↓	-0.01
酒、饮料和精制茶制造业	↓	-0.21
烟草制品业	↑	1.12
纺织业	↓	-0.05
纺织服装、服饰业	↑	0.06
皮革、毛皮、羽毛及其制品和制鞋业		-0.03

最新报告
- 2014年汽车行业主要政策分析　2015-03-04
- 市场延续调整 2015难有突破——石油行业景气监测报告（2014年）　2015-03-04

监测数据

平台介绍
"国务院发展研究中心（DRC）行业景气监测平台"，是DRC行业景气监测课题组发布行业景气指数和行业研究成果的指定网络平台，由DRC行业景气监测课题组主办、国研网负责建设和维护。DRC行业景气监测课题组总负责人刘世锦，协调人余斌，项目负责人陈昌盛，课题组成员包括来自DRC和国研网的研

图7-16　国务院发展研究中心（DRC）行业景气监测平台

平台内容目前由"行业监测总报告"、"重点行业分析报告"、"行业专题研究报告"、"行业政策跟踪分析"、"宏观分析报告"、"监测数据"等构成，后期将逐步形成全面覆盖宏观、中观和微观三大层次的行业研究与监测分析体系。

3.国研网经济·管理案例库

国研网经济·管理案例库以经济现象、中外机构和企业管理实践为研究对象，探索提供管理案例研究、最新管理理论、案例教学理论、方法与应用等研究成果，并辅之以管理和研究方面的实用资源，能够为各大高校经济管理类院系提供高水准、专业化的案例分析研究资源，从而为高校教师的案例教学、软课题研究以及学生的学习提供帮助。国研网经济·管理案例库主要由教学案例库、企业管理案例库、公共管理案例库和实用资源库四个子数据库构成。

（1）教学案例库，集中展现教学案例，并按照MBA、本科、通用分类，以满足不同的教学需求。

（2）企业管理案例库，分十二大类，包括战略管理、组织管理、运营管理、公司治理、创新管理、信息管理、项目管理、市场营销、财会管理、投融资管理、人力资源、物流与供应链管理等。

（3）公共管理案例库，分八大类，包括行政管理，公共财政管理，劳动与社会保障，城市管理，公共事业管理，教育、科技与文化管理，国土资源管理、公共安全与应急管理等。

（4）实用资源库，内容设计从满足高校实践类信息需求出发，包括企划方案、咨询报告、计划总结、管理制度等。

4.文化产业数据库

文化产业数据库力求通过动态跟踪与文化产业有关的新闻动态、研究报告、统计数据、政策法规等信息，全方位、多视角、深层次地记录全国以及各地文化产业的发展态势、政策举措，及时、全面、系统地反映专家、学者对全国以及各地文化产业发展的分析判断、发展建议，为用户把握政策导向、了解产业发展态势、洞悉专家观点提供强有力的信息支持。该数据库由产业纵览、重点产业（动漫产业、游戏产业、影视娱乐、出版印刷、工艺美术、广告会展、创意设计、网络文化、文化旅游）、产业投融资、市场与监管、设施建设、园区与基地、文化产业走出去、国外文化产业、文化遗产保护、公共文化服务、统计数据等子数据库构成。

5.战略性新兴产业数据库

战略性新兴产业数据库汇集了全国31个省、自治区、直辖市七大战略性新兴产业（节能环保产业、新一代信息技术产业、生物产业、高端装备制造产业、新能源产业、新材料产业、新能源汽车产业）发展的重要政策法规、重点/热点动态资讯、深度权威分析报告，力求全方位、多视角、深层次地记录各产业的市场运行态势。战略性新兴产业数据库主页如图7-17所示。

战略性新兴产业数据库设有8个子数据库，分别为新兴产业综述、节能环保产业、新一代信息技术产业、生物产业、高端装备制造产业、新能源产业、新材料产业、新能源汽车产业。每个子数据库基本上都从产业动态、各级领导及专家的观点、国内外专家学者关于各新兴产业的研究报告、关于各新兴产业的政策法规原文及官方解读等方面来展开。其中，新能源产业和新能源汽车产业还分别关注了海外在该产业方面的发展动态、研究报告、政策法规等相关信息。

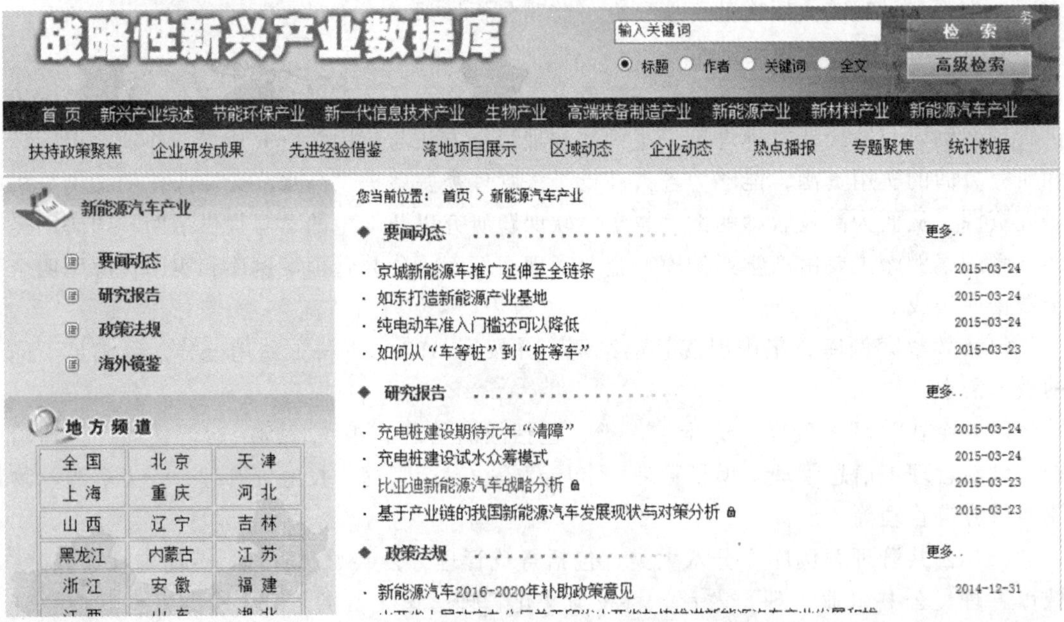

图7-17　战略性新兴产业数据库主页

6.中国电子商务数据库

该数据库力求通过动态跟踪电子商务产业有关的新闻动态、研究报告、统计数据、政策法规等信息，全方位、多视角、深层次地记录全国以及各地电子商务产业的发展态势、政策、举措，及时、全面、系统地反映专家、学者对全国以及各地电子商务产业发展的分析判断、发展建议，深入研究和解读电子商务领域内出现的重大事件以及热点、难点、焦点问题，为用户把握政策导向、了解产业发展态势、洞悉专家观点提供强有力的信息支持。"中国电子商务数据库"包含九个栏目：行业纵览、重点应用、支撑体系、示范工程、典型案例、领袖言论、月度报告、季度报告、热点研究。

三、中国宏观经济信息网（中宏网）系列数据库

（一）中国宏观经济信息网

中国宏观经济信息网（www.macrochina.com.cn）隶属于国家发改委中国宏观经济学会，是具有政府背景和研究背景的权威专业网站。中宏网首创信息整合平台、专家研究平台，拥有政策信息资源和专家研究资源两大优势。

中宏数据库拥有超过20个大类、130个中类的专业库，而且新专业库正在不断形成。中宏数据库已涵盖了20世纪90年代以来宏观经济、区域经济、产业经济、金融保险、投资消费、世界经济、政策法规、统计数据、热点专题等方面的内容，既有深度的研究报告，也有鲜活的政策动态，更有详尽的统计数据，容量已相当于一家中型专业图书馆。

（二）中宏网"教育版"（中宏教研支持系统）

中宏教研支持系统是根据我国各类高等院校教学科研的具体需求，由数家权威机构联合研制的巨型经济类数据库。该数据库将高校教研特点、信息挖掘技术、经济分析方法、信息资源保障四大要素融为一体，开创了数据库应用的全新理念。中宏网数据库组群见表7-6。

表7-6 中宏网数据库组群

一、统计数据库	十一、外资研析库
二、形势研析库	十二、产业研析库
三、战略规划研析库	十三、区域经济研析库
四、金融研析库	十四、世界经济研析库
五、财政税收研析库	十五、政策法规数据库
六、投资研析库	十六、体制改革研析库
七、消费研析库	十七、企业经营研析库
八、物价研析库	十八、课题成果库
九、商业物流研析库	十九、《危机跟踪》周刊
十、外贸研析库	二十、中宏百人团库

其中，"危机跟踪报告"系列中的《红·灰皮书》（周刊）（如图7-18所示），对当前的经济危机进行了全方位跟踪，重点跟踪危机的动向、影响、趋势及对策。其具体反映重要事件、重要政策、重要数据、重要分析、重要走势；对重要区域、重要产业的影响；体现重要机构、重要专家的成果。《红皮书》反映积极的动向、影响和政策，《灰皮书》主要反映负面的或中性的内容。《红皮书》侧重于把握机遇，《灰皮书》侧重于规避风险。

图7-18　中宏网《危机跟踪》周刊：《红皮书》、《灰皮书》

（三）中宏产业数据库2.0版

中宏产业数据库2.0版的设计以"产业集群"理论为依托，以"产业链条"为线索，根据纵向专业分工以及横向的竞争和合作关系，针对国内支柱产业群的空间聚集性和产业关联性，对与一个行业群发展相关的宏观数据、区域数据、行业数据、产品数据（产量、销量与价格）和行业领先企业的基本指标进行仔细梳理和整合。其有助于对产业数据进行深入研究和挖掘，描绘出一幅幅反映中国支柱产业群发展的路线图。

中宏产业数据库2.0版的数据来源于国家统计局、国家发改委、商务部、住房和城乡建设部、交通运输部、海关总署和各行业主管部门及行业协会等多家权威单位，在国家发改委产业司及宏观经济研究院产业经济研究所有关领导和专家的指导下，经过严格的筛选和分类、加工、处理后，形成了包含上千条数据序列的数据库产品。

中宏产业数据库2.0版的运行数据除了包含1.0版的十大支柱工业产业（即能源、冶金、机械、汽车、电子、石化、轻工、纺织、医药、建材）和五大服务业支柱产业（即交通、房地产、信息、旅游、商贸）外，还覆盖了国民经济行业分类中（国家标准GB/T 4754-2002）的采矿业、制造业和电力、燃气及水的生产和供应业等。

中宏产业数据库2.0版除了提供按关键字查询外，还提供按编码查询。用户可以通过输入行业编码查询行业运行数据、通过输入产品编码查询产品生产数据、通过输入企业法人代码查询企业财务信息等。

案例1：从区域看产业

广东省产业发展研究院想知晓广东省支柱产业的发展概况。

步骤一：知晓广东省支柱产业：

（1）基础产业：建筑材料、纺织服装鞋帽、食品饮料。

（2）新兴产业：电子信息业、电气机械及专用设备、石油及化学。

（3）潜力产业：森工造纸、医药、汽车及摩托车。

步骤二：通过使用中宏产业数据库 2.0 版，找到指标体系：

（1）总产值及增长率——产业统计。

（2）销售收入及增长率——产业统计。

（3）利润总额及增长率——产业统计。

（4）出口交货值及增长率——进出口情况。

（5）产品销售收入——龙头企业基本情况。

（6）利润总额——龙头企业基本情况。

（7）从业人员平均人数——龙头企业基本情况。

步骤三：找到相应数据，一键生成图表，广东支柱产业的发展情况一目了然。

案例 2：从产业看区域——对区域投资环境的评估

广东经贸委想了解招商引资最好的是哪个省份。

步骤一：找到与广东具有可比性的省份，如山东、江苏、浙江、上海。

步骤二：找到五省的共同行业——电子器件制造业。

步骤三：使用中宏产业数据库 2.0 版选择考察指标——外商和港澳台投资企业个数。

步骤四：生成数据并一键生成图表，招商引资情况一目了然。

（四）中宏网 MacroVue 全球经济监测分析系统

中宏网 MacroVue 全球经济监测分析系统旨在利用领先的信息技术（云数据中心和大数据技术的支持），结合国内一线专家团队的丰富研究经验，实现"全领域监测分析"的构想。其目标是致力于建立一套"评估全球各类经济活动的基础性框架和决策支持体系"，在这个信息爆炸、形势风云变幻的时代，辅助政府、高校及研究机构、企业集团和金融机构等有效把握全球和中国的经济局势，为其决策及评估提供依据。

四、国泰安数据服务中心

（一）国泰安数据库简介

国泰安数据库是由从事金融、经济信息精准数据库设计开发的国泰安公司研制的。国泰安也是大中华地区唯一被美国沃顿商学院纳入沃顿研究服务体系的中国数据提供商。2005 年 5 月，摩根斯坦利——Barra 推出了基于国泰安 CSMAR 数据的"MSCI——中国 A 股指数"。国泰安数据库如图 7-19 所示。

（二）内容及功能介绍

1.内容介绍

CSMAR 数据库是参照 CRSP、Compustat 等标准数据库的分类标准，并结合国内金融市场的实际情况以及高校、机构的研究习惯，将数据库分为股票、公司、基金、债券、衍生、经济、行业、海外、资讯系列数据库，涵盖中国证券、期货、外汇、宏观、行业等经济、金融主要领域的高精准研究型数据库，是投资和实证研究的基础工具。

2.功能介绍

国泰安数据库查询与分析平台，可加载 CSMAR 系列财经研究数据库，在单表快速查阅、多格式数据导出的基础上，添加了自定义跨库查询、字段模糊搜索、多维条件选择、在线升级更新等功能。

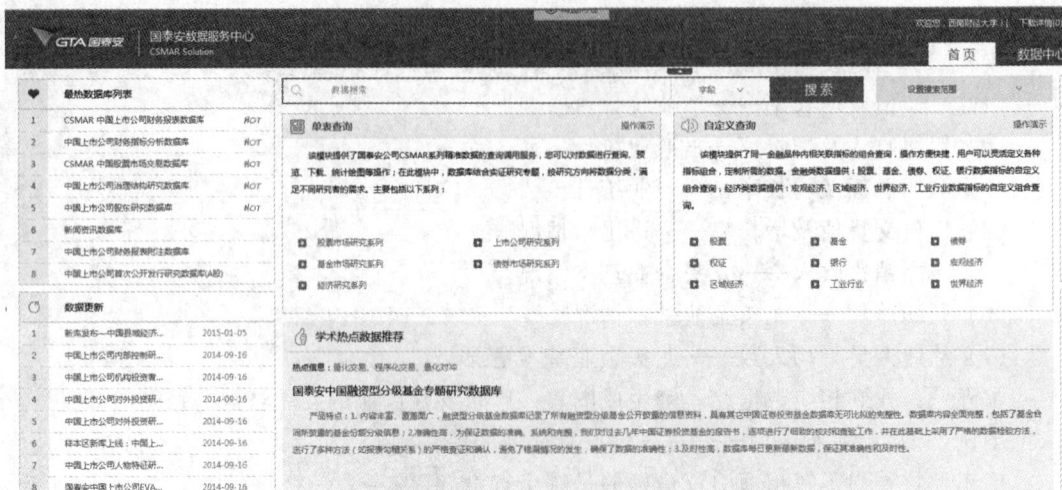

图7-19 国泰安数据库

3.检索方法

进入国泰安数据库主页，可以在上方对话框中输入检索词，选择表、数据库或全部三种字段，进行简单检索；还可在"设置检索范围"下拉菜单中选择不同类型数据库，增强检索的准确性。使用者还可以点击"单表查询"，或点击左侧目录选择数据类型，包括股票市场、公司研究、基金市场、债券市场、衍生市场、经济研究、行业研究等。选择完类型之后，可以在其下拉菜单中选择对应的数据库，单击其前方的⊕，选择表单名称。点击表单名称之后，就能进行数据检索了。其检索步骤如下：

第一步，代码选择。使用者可以通过三种方式导入代码，分别是输入证券代码进行查找、根据分类选择代码和将代码放到写字板中批量导入。

第二步，字段选择。在字段前方的方框中勾选想要导出的字段。

第三步，条件筛选。选择字段和运算符，输入条件值，点击添加。

第四步，下载数据。点击"下载数据"进行数据下载，查看页面右上方的"下载详情"，如果显示"下载完成"，可点击保存到本地。

五、锐思（RESSET）数据库

（一）锐思数据库简介

RESSET金融研究数据库（RESSET/DB）是一个为金融计算、模型检验、实证研究、计量投资等提供专业服务的数据平台。RESSET/DB融汇了清华大学、北京大学等著名教授和金融机构资深人士20多年的研发积累和技术储备，参照国际著名数据库CRSP、Compustat等的设计标准，紧密结合中国金融市场的实际情况，成为国内金融、计量经济、证券投资等专业知名的金融数据平台。锐思数据库如图7-20所示。

（二）内容介绍

锐思数据库的内容涵盖股票、固定收益、基金、宏观、行业、经济与法律信息、港股、外汇、期货、黄金等系列。检索平台上有9个专业数据库，下面又分为近百个子库，全部数据中英文对照，数据库设置了近两万个字段的内容。锐思数据库囊括了经济、金融、会计实证与投资研究所需的绝大部分数据，支持10余种格式（含SPSS、SAS、MATLAB、R等格式）下载。

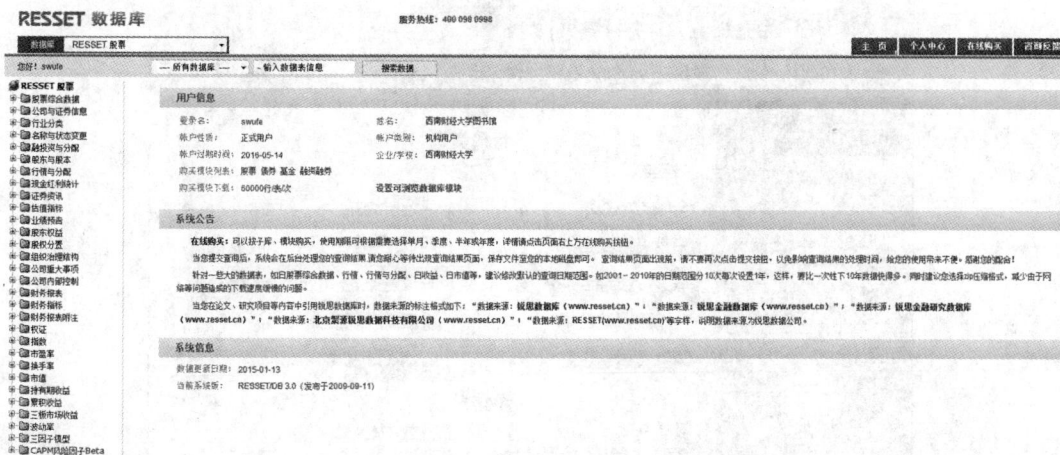

图7-20　锐思数据库

（三）检索方法

进入锐思数据库主页，可在上方对话框中输入任意字段在全库进行简单检索。

使用者可以选择具体的数据库，进行数据检索和下载。在主页左上角选择数据库类型，包括股票、债券、基金、融资融券和行业统计。选定数据库类型之后，在左侧的目录处可以逐级浏览下级目录，根据需要选定最后一级目录后，就可以进行数据检索了。检索步骤如下：

第一步，选定日期范围。日期可以是发行日期、上市日期、摘牌日或计息截止日。

第二步，设置查询条件。选择代码，可以输入代码、批量导入代码或分类选择代码；还可以设置条件进行筛选，如上市状态、报表类型等；也可以设置条件语句进行筛选。

第三步，选择输出字段。根据需要勾选输出字段。

第四步，输出设置。使用者可根据需要选择输出格式，然后提交，待下载完成之后，即可将文件保存到本地。

六、Wind（万得）资讯金融终端

Wind资讯金融终端提供中国金融市场的数据与信息，内容覆盖股票、债券、基金、指数、权证、商品期货、外汇、宏观行业等多项品种。Wind资讯金融终端将行情报价、数据提取、分析工具、组合管理、财经信息等多种功能应用融为一体。Wind资讯金融终端如图7-21所示。

Wind资讯金融终端提供的股票数据包含上海证券交易所、深圳证券交易所、香港交易所、台湾证券交易所、新加坡交易所、LSE、NYSE、NASDAQ、AMEX等交易所所有上市股票以及海外上市中资股超过20 000只股票的实时行情；上证所、深交所Level2行情及增值分析功能；大中华区（沪深港台）所有上市公司、海外上市中资公司、全球知名上市公司的基本资料、IPO资料、分红送配信息、股本股东数据、历年财务数据、公司公告等深度数据；覆盖沪深股票的盈利预测和投资评级数据（数据来自国外50家证券研究机构）。各种灵活方便的数据提取和导出方式，方便进行各种横比、纵比及计算各种衍生数据。展示常用统计数据和市场特色资讯的专题报表近1 500张。

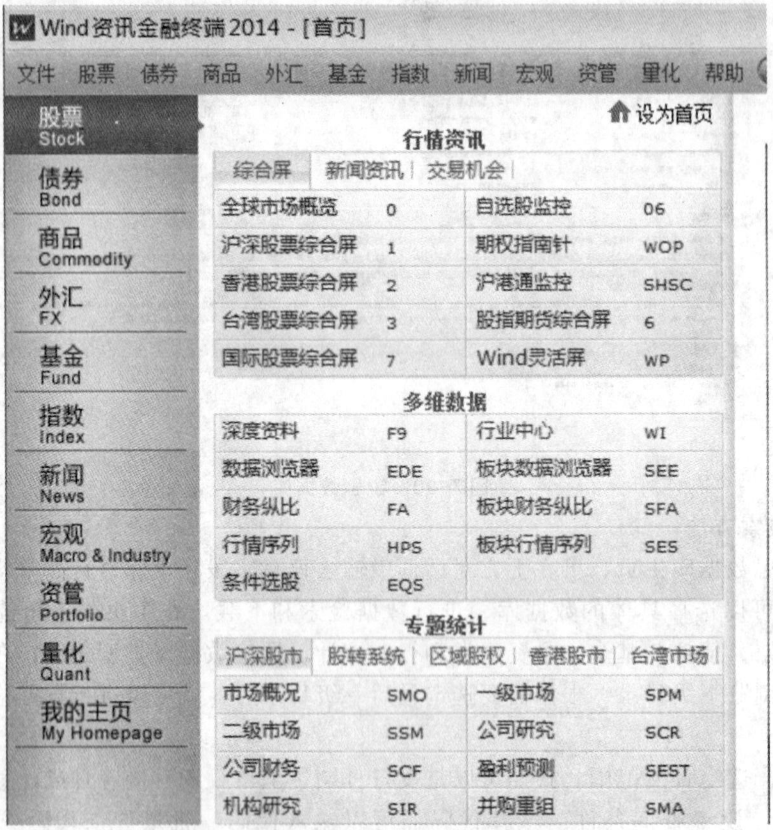

图7-21　万得资讯金融终端

Wind资讯金融终端提供的债券数据包含银行间债券市场、上海证券交易所、深圳证券交易所等超过1 200个债券的行情报价。债券数据齐全：包括债券基本信息、发行人财务数据、债券公告、信用评级数据、债券市场统计数据等全方位资料展示。品种丰富的利率数据：包括货币市场利率、债券市场到期收益率、即期收益率、远期收益率等数据。该终端还提供现券交易、回购交易的辅助计算功能，以及包含情景分析、风险收益、现金流分析的组合分析高级功能；运用BDT、对数正态数量化模型进行固息、浮息、含权债的定价功能。

Wind资讯金融终端的期货数据库提供全球商品市场行情，涵盖基本金属、农产品、能源、贵金属等众多品种，专业的行情展示方式为期货投资提供全面支持；高速中金所Level2行情，捕捉瞬间套利机会；提供海量期货市场滚动资讯，覆盖全球期货市场动态；提供深度的期货专项统计数据，对期货市场数据进行智能化处理。

Wind资讯金融终端的外汇数据包含全球重要汇率品种的实时行情及历史走势，中国外汇交易中心全部外汇品种的即期、远期、掉期等全部实时行情；提供专业的市场滚动资讯，实现全球外汇市场动态实时速递。多角度外汇行情展示、独特的外汇市场透析，满足专业的外汇投资需求。此外，Wind资讯金融终端还拥有强大的外汇计算工具，全面辅助外汇市场研究。

Wind资讯金融终端还包括开放式基金、封闭式基金、ETF、LOF、QDII等在内的超过700只中国公募基金的行情及净值，超过1 200只私募基金的净值资料。中国及全球市场相关指数超过 10 000 个，涵盖各交易所指数、Wind 指数、S&P 指数、MSCI 指数、FTSE 指数、中信指数、申万指数、新华巴克莱指数、中债指数等。

此外，Wind 资讯金融终端还提供宏观和行业数据。中国宏观数据涵盖国民经济核算、工业、价格指数、贸易、投资、金融、财政、就业工资共 14 个专项 15 多万个指标。行业经济数据覆盖三大产业共 21 个大类行业 15 多万个指标，包括价格、产量、销量、进出口量、产能、上市公司业务数据等。国外宏观数据搜集美国、日本、欧盟等 30 个国家或地区的重要宏观经济数据，包含国民经济核算、国际收支、就业、价格、金融、贸易、房地产等大类专题。中国证券市场全景数据涵盖全局与区域的融资、上市、开户、交易等数据。

七、同花顺 iFinD 金融数据库

同花顺 iFinD 金融数据库是同花顺公司推出的在线实时金融数据库，是包含宏观经济、行业经济、海外经济、公司经营、金融商品、行情咨询、估值定价工具、数据运用工具等内容在内的综合金融数据平台，可为上市公司、高校、银行、证券公司、基金公司、期货公司、投资公司等专业投资机构、专业研究机构、专业金融中介机构、财经类媒体以及政府监管部门提供全面、及时、准确的数据资源以及专业、完善的动态资讯，广泛应用于金融投资、金融研究、金融教学、金融监管等领域。同花顺 iFinD 的数据有以下特点：

（一）数据全面

同花顺 iFinD 金融数据库涵盖了中国金融数据、宏观数据、财经资讯，包括中华人民共和国成立以来中国证券市场、债券、基金、期货、外汇、股指期货等全部金融数据。同时，还包括中国宏观数据、行业宏观数据、全球宏观数据等 60 多万个数据来源，以及海量的财经资讯。研究报告包括中金、申万、国泰君安、国信、银河、安信、东方、高盛高华、高盛亚洲等 200 多家机构最近的研报更新。

行情：美股实时行情，港股行情，债券行情、期货行情及指数行情（同时可提供沪深 Lever2 十档行情及资金流向，拥有近六年资金流向的底层数据，具有大盘、板块、个股的 BBD 决策，第三代 DDE 决策引擎，监控主力资金流向，T＋0 的资金透析，实时揭示主力成交情况）。

经济数据库（EDB）：涵盖中国宏观数据、行业经济数据和海外宏观数据，是指标总数超过 60 万的海量数据库，并提供强大的指标计算和图形功能；数据目前有超过 450 个来源，新的数据源还在不断充实中。

（二）数据及时

同花顺 iFinD 金融数据库拥有超过 500 人的金融数据团队，所有金融数据、宏观和行业数据、财经资讯均及时录入，可以随时掌握最新的金融数据和金融资讯。

资讯及搜索：涵盖经济通新闻、每日速递、同花顺视点、三大报新闻等最新的财经新闻导读、市场解读及解盘资讯；强大的财经搜索引擎，快速聚焦市场热点；深交所和巨潮资讯网同步，上交所和上交所官网同步。

（三）数据使用便捷

同花顺 iFinD 金融数据库拥有强大的金融数据分析工具，可以对各类金融数据在本终端内实现提取、筛选、统计、对比、作图、导出等功能，是做各类金融方面研究最便捷的工具。

八、商务类数据库

（一）中华商务网（http：//www.chinaccm.com）

中华商务网成立于1996年，是香港博澳鸿基集团下属的全资高新技术企业。中华商务网以北京为主要运作基地，通过在线（On-Line）和离线（Off-Line）两种方式，为国内外大中型企业提供基于互联网、经过精心整合的大宗商品及原材料的专业性行业资讯和咨询服务。经过10余年的努力与积淀，中华商务网目前已经成为中国最大的、跨产业链的行业信息服务专业门户。中华商务网主页如图7-22所示。

图7-22　中华商务网主页

近年来，中华商务网的行业资讯、市场行情、市场分析、数据统计分析等，已经成为国内外大宗商品贸易的重要参考依据。中华商务网的注册用户量近200万，业务涵盖18个产业、100多个垂直行业频道（V-Channel）与20个横向综合频道（H-Channel），涉及行业包括钢铁、冶金原料、有色、石油、化工、塑胶、家电制冷、机电、汽车、粮油、建材、纸业等。

中华商务网为整个企业的生产经营、生态价值链提供以原材料、制成品现货价格与市场分析预测及市场研究为核心的市场资讯和咨询服务。各频道提供行业资讯、企业动态、市场研究、数据库、产业调查分析、中商指数、外贸商机、会议会展和市场供求等信息服务。

（二）阿里巴巴

阿里巴巴（1688.com）是全球企业间（B2B）电子商务的著名品牌，为数千万网商提供海量商机信息和便捷安全的在线交易市场，也是商人们以商会友、真实互动的社区平台。阿里巴巴是中国最大的网络公司和世界第二大网络公司，是马云1999年一手创立的企业对企业的网上贸易市场平台。2003年5月，阿里巴巴投资1亿元人民币建立个人网上贸易市场平台——淘宝网。2004年10月，阿里巴巴投资成立支付宝公司，面向中国电子商务市场推出基于中介的安全交易服务。阿里巴巴在香港成立了公司总部，在中国杭州成立了中国总部，并在美国硅谷、英国伦敦等地设立了分支机构以及合资企业3家，还在北京、上海、浙江、山东、江苏、福建、广东等地区设立了分公司、办事处10多家。

（三）中国电子商务数据库

具体内容参见本章"中国宏观经济信息网（中宏网）系列数据库"。

（四）中国资讯行

中国资讯行是一个非官方的事实型网站。中国资讯行有限公司于1995年10月成立，一向致力于将全面而实用的中国商业经济资讯传播到全球，满足商界人士不同的需求。目前，中国资讯行已成为拥有100亿汉字总量、1000万篇文献的庞大网上数据库，并以每日逾2000万汉字的速度更新。中国资讯行拥有丰富的系统集成经验，自主开发全部数据库检索系统，率先实现了在海量数据库中的快速检索；所有数据进行数码化处理后，分别进行索引和数据库整合，准确的行业分类令数据目标一击即中。中国资讯行每天通过对全国1000余家媒体、国外几十家媒体的适时监测，并和国内60余家官方和行业权威机构合作，不仅可以提供194个行业的原始数据，还可以根据客户需求，提供专业的个性化服务，并提供及时的"信息反馈"，是了解自身、行业背景、竞争对手情况最直接有效的助手。

九、经济案例类数据库

（一）全球案例发现系统

全球案例发现系统（Global Cases Discovery System，GCDS）是由华图新天科技有限公司研发的大型案例文献数据库，GCDS集中了世界众多案例研究机构的研究成果，定位于为从事案例开发和案例教学的用户提供一站式检索和传递服务。全球案例发现系统如图7-23所示。其主要包括：

1.中国工商管理案例库（CBAC）

中国工商管理案例库收录了清华大学经济管理学院中国工商管理案例中心投入巨资开发的高质量教学案例。每一篇案例的研发都严格遵循哈佛案例的研发标准，其撰写需长期跟踪目标企业并实地调研，篇均研发周期约6个月。CBAC中的案例包括案例全文和教学指导两个部分，高校可以直接将其运用于工商管理学科的案例教学中。

2.工商管理案例素材库（BACM）

工商管理案例素材库采集了众多知名媒体的相关报道，重点筛选出社会关注度高、蕴含深刻商业内涵且具有较高案例开发价值的典型性商业事件。BACM为案例开发和案例教学提供了优质、丰富的案例素材，这些案例素材一般由事件描述、专业机构评论和学科本源三部分组成。

3.全球工商管理案例在线（GBACO）

全球工商管理案例在线收录了哈佛（Harvard）商学院、毅伟（Ivey）商学院、欧洲案例交流中心（ECCH）以及中国工商管理案例中心等全球知名工商管理案例研究机构的案例的详细信息。GBACO是全球案例发现系统的搜索引擎，提供数万条工商管理案例文献的索引信息。

图7-23   全球案例发现系统

4.中国公共管理案例库

中国公共管理案例库是清华大学公共管理学院中国公共管理案例中心历时9年精心研究、自主开发的具有时效性、本土性和典型性的高品质教学案例库，主要用于公共管理领域的教学、培训和研究，亦可作为政府部门和机构的智库，服务于中国公共管理教育事业的发展。每一篇案例均由清华大学公共管理学院教师指导，硕士和博士研究生等专业的案例写作人员基于实地调研和各类参考文献开发写成，具有真实性、典型性和冲突性等特点，经过清华大学公共管理学院的教师长期实践证明，课堂教学效果非常显著，能够培养MPA学生在公共管理理论框架下分析、解决问题的能力，实现了理论与实践的有效结合。

5.公共管理案例素材库

公共管理案例素材库采集了众多知名媒体公共管理方面的相关报道，重点筛选出社会关注度高、蕴含深刻内涵且具有较高案例开发价值的典型性公共事件，为案例开发和案例教学提供了优质、丰富的案例素材。数据库每天都会进行更新，以保证用户及时了解最新的公共事件。

6.全球公共管理案例在线

全球公共管理案例在线主要收录了哈佛大学肯尼迪政治学院和清华大学公共管理学院中国公共管理案例中心等著名公共管理研究机构的案例的详细信息，方便用户掌握全球公共管理案例的发展动态。

(二) 毅伟商学院商业案例数据库

毅伟商学院是世界顶尖商学院之一，被美国《华尔街日报》和《商业周刊》评为美国本土以外最好的商学院，是仅次于美国哈佛商学院的全球第二大商业案例供应商。几十年来，毅伟案例风靡全球。毅伟案例不仅引领商学院学生了解真实的商业环境，而且帮助他们更好地将商业理论应用于商战实践中，是不可多得的教学范本。近年来，毅伟商学院的案例有相当一部分是针对亚洲特别是中国地区设计的。

毅伟的案例对于发展我国的管理教育事业、提高管理教育的质量、推动管理教学和研究、实现管理教育事业特别是专业学位教育的可持续发展，具有重要作用。

（三）国研网经济·管理案例库（http：//caselib.drcnet.com.cn）

参见本章"国务院发展研究中心信息网（国研网）系列数据库"。

十、中国统计信息网

中国统计信息网是中华人民共和国国家统计局统计信息的网络发布窗口，由国家统计局网络信息管理办公室负责管理运行。它及时、准确、快速地发布最新、最全面的统计信息，为各级领导和社会各界人士提供完善、周到的统计信息服务，是检索国内外数据型经济信息的主要渠道，也是国家统计信息（公共服务）网站。

（一）数据内容

"统计数据"是国家统计局提供给公众的统计信息。其内容包括：

1.最新信息

以新闻形式提供最新统计信息。

2.新闻发布会

由官方发言人发布统计信息。

3.数据解读

专家解读统计数据。

4.统计公报

统计公报包括年度统计公报（全国年度统计公报和地方年度统计公报）、经济普查公报、人口普查公报、基本单位普查公报、农业普查公报、工业普查公报、三产普查公报、R&D（科学研究与试验发展）普查公报和其他统计公报。

5.数据查询

数据包括月度数据、季度数据、年度数据、普查数据、国际数据和部门数据以及可视化产品和中国统计年鉴，还有统计制度、统计标准和指标解释等。另外，"统计工作"中的"专题集萃"和"统计链接"提供统计专题资料和统计网站信息。

6.专题集萃

专题集萃包括专题分析、专题数据、统计知识、统计文化等。

7.统计链接

统计链接涉及国内外各种统计链接，包括地方统计网站、地方政府网站、政府机构网站、国外统计网站、国际组织网站和相关网站，如图7-24和图7-25所示。

（二）数据特点

（1）国家统计信息网主干网已连接64个节点，即31个省、33个重点城市和单位统计局，并通过它们连接到部分市县的统计部门，建成了县以上统计信息互联网络和数据查询系统。

（2）实现了大中型企业与统计部门的联网，建立数据直报系统。目前，有"全国5 000家工业企业直报系统"、"全国3 000家房地产企业直报系统"和"农村统计调查直报系统"。

图 7-24　中国统计信息网"统计数据"栏目

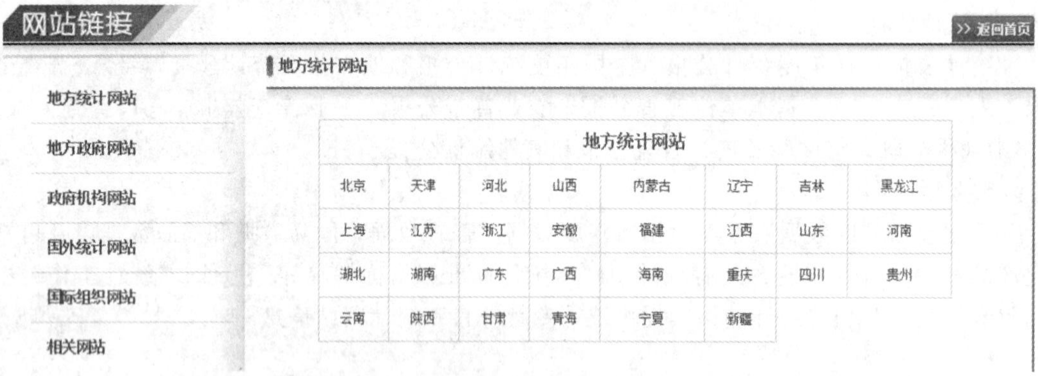

图 7-25　中国统计信息网"统计链接"栏目

（3）实现了统计部门与各部委的联网，部门统计数据查询与各部委统计数据进行超链接。

（4）建立了各种统计数据库和完善的数据检索、信息查询系统，设置了信息客户咨询网络服务，同时建立了有偿服务专线。

（5）建立了各种统计数据库。

（6）有完善的数据检索系统。

（7）逐步与国际惯例接轨，按照 WTO 和 GDDS 的要求，完善我国的统计指标体系；根据 GDDS 对数据的公布频率及公布的及时性要求，列示数据公布时间表。

（三）检索方法

1.目录导航式查询

点击目录中相应的信息目录类别，可查询相关目录内容。

2.全文检索

输入任意词汇，所有在信息全文中含有该词汇的条目都将自动显示，点击条目名称即可查看详细内容。

3.数据查询

通过国家统计调查获取的国民经济和社会发展综合统计数据。

十一、中文主要统计数据库

（一）搜数网数据库

搜数网是专门面向统计和调查数据的专业垂直搜索网站，汇集了中国资讯行自1992年以来搜集的所有统计和调查数据。搜数网自主研发了高度计算机化和自动化的统计类数据处理平台SDPP、新闻资讯类数据处理平台NDPP以及舆情监测分析系统NASS。搜数网每天监测和搜集处理公开媒体以及各种年鉴书籍中披露的各类统计和调查数据，分门别类，制作表格，导入数据库。搜数网主页如图7-26所示。

图7-26 搜数网主页

搜数网目前拥有2 000余本年鉴，部分数据最早可以回溯到1949年，覆盖了全国23个省、5个自治区、4个直辖市、2个特别行政区，数据内容涉及全国54个行业，以及部分海外地区。搜数网的数据来源于国家及各省市地方统计局的统计年鉴及海关统计、经济统计快报、中国人民银行统计季报等月度及季度统计资料。搜数网输出的所有统计表格皆附有数据来源及出处，保证了数据的严谨及权威。用户通过全文检索或路径索引的方式，可以查找目标统计信息，下载 Excel 格式的统计表格。

（二）中国经济与社会发展统计数据库

中国经济与社会发展统计数据库（其主页如图7-27所示）完整收录了中华人民共和国成立以来我国已出版发行的708种权威统计资料。其中，仍在连续出版的统计年鉴资料有150多种，内容覆盖国民经济核算、固定资产投资、人口与人力资源、人民生活与物价、各类企事业单位、财政金融、自然资源、能源与环境、政法与公共管理、农民农业和农村、工业、建筑房产、交通邮电信息产业、国内贸易与对外经济、旅游餐饮、教育科技、文化体育、医药卫生等行业领域，是我国最大的官方统计资料集合总库。

中国经济与社会发展统计数据库的统计资料主要包括：统计年鉴、统计分析报告、统计资料汇编、调查资料、普查资料和统计摘要。栏目主要有：中国区域发展统计数据、部门/产业发展统计数据、行业数据分析、最近更新年鉴资料、最新季月度数据、课题研究等。

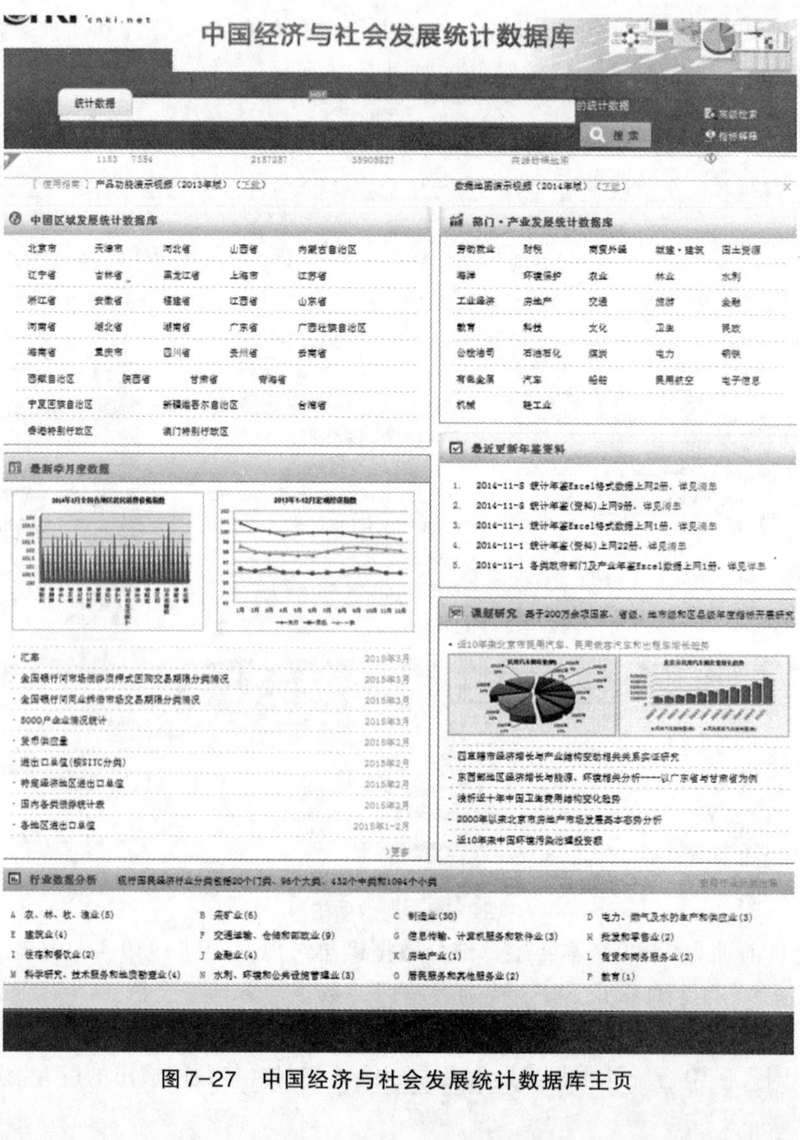

图7-27　中国经济与社会发展统计数据库主页

（三）EPS全球统计数据库

EPS（Economy Prediction System）数据平台是以北京福卡斯特信息技术有限公司专业的数据和技术资源为依托，建立起来的集丰富、翔实的数值型数据资源和强大的分析预测系统于一体，面向多学科、覆盖多领域的综合性信息服务平台和数据分析平台。EPS全球统计数据库主页如图7-28所示。

EPS的开发设计参考了SAS、SPSS等国际著名分析软件的设计理念和标准，在完整、全面、权威的数据库的基础上建立强大的数据分析和数据预测功能，突破了传统数据库数据单一、操作复杂的使用方式，通过内嵌的数据分析预测软件在平台内只需点击相关按钮即可完成对数据的分析和预测。

EPS数据库涵盖经济、金融、会计、贸易、能源等领域实证与投资研究所需的绝大部分数据，其体系结构、数据质量、技术模式等均达到了国际先进水平，可为实证研究、学科与实验室建设提供强力支持。

EPS数据平台将统计数据与经济分析预测工具进行整合，形成了面向用户不同需求的一系列专业数据库，并且对这些数据库进行整理、归纳，配合其高效、直观的使用功能，运用实用、强大的预测分析功能，为各类读者、研究者及各类研究机构、行业机构及投资机构提供完整、及时、准确的数据以及各种数据分析与预测工具。

EPS具有中文和英文两种语言平台，可以根据需求选择中文或者英文操作界面。

图7-28　EPS全球统计数据库主页

EPS数据平台具有开放的结构和界面，专业、庞大的数据库配合功能，强大、实用的软件分析预测工具，让海量数据的处理轻而易举。

1.系统操作功能

用户可以在EPS数据平台上进行数据查询、保存、打开、导出等。

2.数据模式功能

供用户切换数据显示模式，可以将查询结果显示为表格、图表和数字地图三种模式。

3.数据分析预测功能

EPS数据平台的分析预测系统是将各种分析和预测工具整合在一起的一个开放的平

台，功能强大，而且操作简单，容易掌握。作为开放的数据平台，不仅能为用户提供系统内嵌的强大的数据资源，而且能够为用户提供统计分析与各种数学建模方法。

（1）80/20分析功能。EPS数据平台的80/20分析是根据意大利经济学家帕累托的80/20法则进行数据分析的一种方法，通过这种方法的分析，可以将已经查询到的数据分为重要的并且占比达到80%的数据和不重要的占比只达到20%的数据。这样，用户就可以在经济研究、能源研究或者管理研究等过程中轻松地判断出重要的占比80%的因素是来源于哪方面或者哪个地区，从而为相关决策提供数据支持。

例如，我们对查找到的数据（2009年、2010年江苏省各市生产总值）进行80/20分析（如图7-29所示）。用户可以通过点击"80/20分析"图标，实现对数据的80/20分析。我们可以在参数设置对话框中选择需要分析的某一列，然后对分析结果的字体和背景颜色加以设置。若想删除80/20分析结果，可以通过再次点击"80/20分析"图标，然后点击清除，实现数据样式回归。可以看到，根据选择系统对2010年这一列进行了80/20分析：依降序排列此列数据，表格正常显示前80%的结果，而后20%的结果则以总和的形式显示。在分析结果中，可以看出，2010年苏州、无锡、南京等8个城市对江苏省的生产总值贡献度达到了80%，而其他5个城市的总贡献才仅仅占到20%。由此可以得出结论：在2010年，苏州、无锡、南京等8个城市在江苏省的经济发展过程中起到了很大的作用。同样，如果想继续保持江苏省的经济高速发展，必须重视并提升这8个城市的经济发展速度。

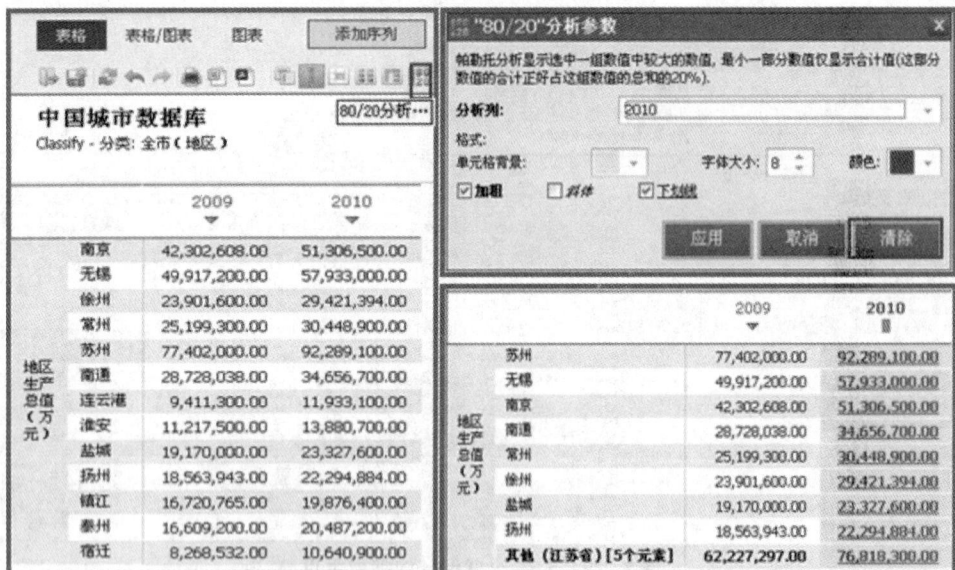

图7-29　EPS数据库80/20分析功能图示

（2）分析预测功能。EPS数据平台的分析预测模块主要是利用计量经济学的各种预测分析方法，对数据中的计算统计量进行单变量的预测分析。其方法包括：统计描述、线性回归、指数平滑、趋势分析、ARIMA、自相关分析、邹氏检验、异方差怀特检验、残差自相关分析等。

例如，我们利用"趋势分析"对2012年及2013年的国内生产总值进行预测。数据样本选取中国宏观经济数据库中1952—2011年全国国内生产总值的历史数据。通过点击"分析预测"图标，我们可以进入分析预测界面。在其中我们可以选择需要的建模方法，也可以对数据指标（序列）进行编辑，并可以定义新的变量。EPS 数据库分析功能图示（1）如图 7-30 所示。

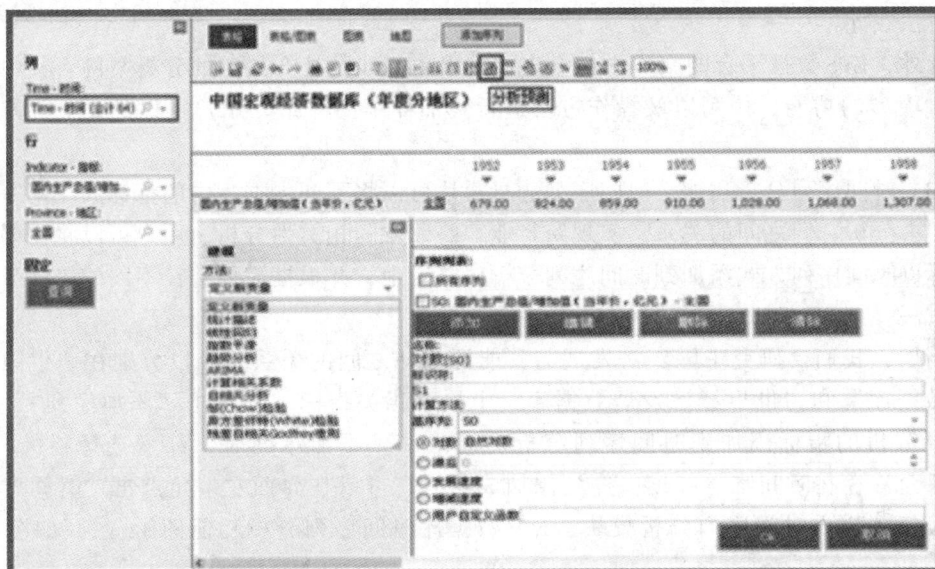

图 7-30　EPS 数据库分析功能图示（1）

从建模方法中选择趋势分析，我们可以进入参数设置界面。在其中我们可以输入和趋势分析有关的参数，同时可以设定样本的起始观测期以及预测期数目。预测期数 = "2"，表明预测 2011 年之后两年的值，这里指的是 2012 年及 2013 年的国内生产总值。点击"计算"按钮，相关的分析结果就会显现在页面的右方。其分析结果包括四部分内容：模型序列的方程、各期的拟合值、预测值以及置信区间，源序列及模型序列的曲线图，残差图，验证分析结果的统计描述表格。同时，所有的内容都可以用不同的格式下载到本地，为我们的相关研究提供数据支持。EPS 数据库分析功能图示（2）如图 7-31 所示。

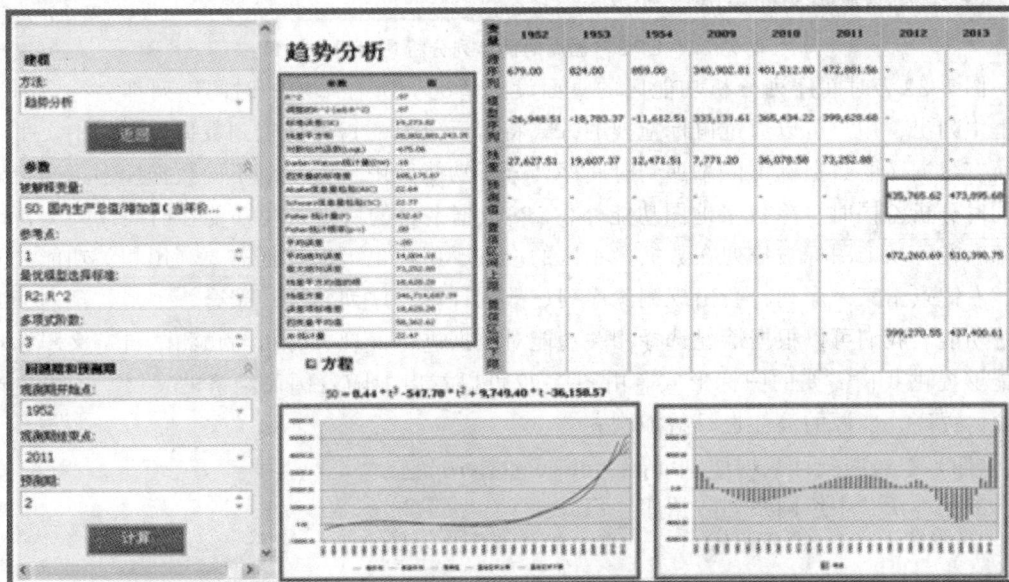

图 7-31　EPS 数据库分析功能图示（2）

　　根据研究对象或研究方向的不同，我们也可以选择其他的建模方法来进行课题研究。每一种方法都会涉及相关的参数设置，客户可根据具体情况对参数加以设置。其他模型的使用方法在此不一一赘述。

　　此外，EPS数据平台的案例中心会定期推出一些涉及社会热点的分析案例。其中，会对各种模型的功能、使用以及操作方法进行更加详细的介绍，用户可以到EPS官方网站阅读。

　　（3）时间序列分析功能。时间序列分析模块可以将不同数据库中的指标放在同一个功能区中去分析它们之间的关系，实现跨行业、跨领域的相关性分析。用户可以将需要研究的指标以时间序列方式添加到时间序列分析功能区中，并根据需要选择不同的统计分析与预测方法。

　　例如，我们要研究中国经济发展与其能源消耗之间的关系，可以分别在"中国宏观经济数据库"和"世界经济发展数据库"中检索相关指标，并点击"添加序列"按钮，把需要分析的指标添加到时间序列分析功能区中。添加序列时，纬度选择栏的"列"下，只允许存在时间唯一纬度。序列添加成功后，可以在界面左上角点击"时间序列分析"按钮，进入时间序列分析模块。EPS数据库时间序列分析功能图示（1）如图7-32所示。

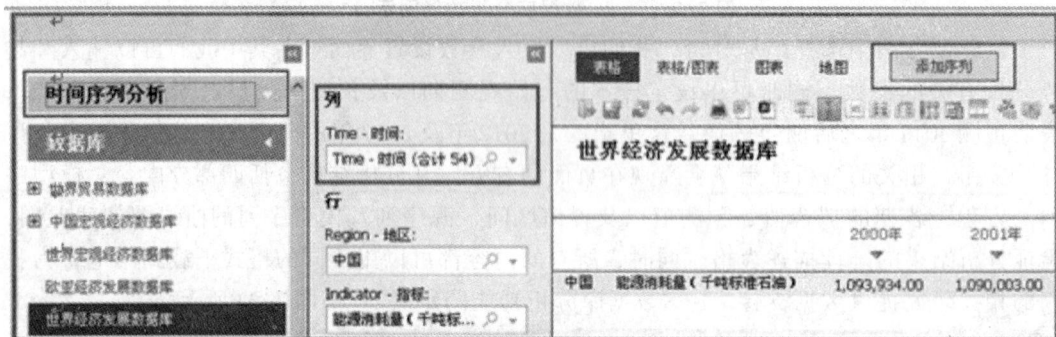

图7-32　EPS数据库时间序列分析功能图示（1）

　　图7-32为时间序列分析功能区的页面设置情况。所有添加的时间序列都会在序列选择框中列出，用户可以通过鼠标拖拽的方式将需要研究的指标拖拽到数据分析区中。平台中所有数据库的数据都可以添加到时间序列分析功能区中，实现对不同数据库中不同指标的同时分析。同时，除数字地图功能外，EPS数据平台的所有特色功能在时间序列分析区中都存在，功能图标被排列在数据显示区的上方，用户也可以根据需要利用相关功能。同时，右键点击某一序列，会出现删除序列、数据计算、序列转换、聚合、平滑、预测、回归等功能。我们可以根据情况选择相关功能对数据进行处理、分析与预测。自定义图标功能能够提供我们需要的图标形式。由图7-32可以看出，随着国民经济的发展、国内生产总值的提高，能源的消耗也日益加剧。

　　（四）中经网统计数据库（http://db.cei.gov.cn）

　　参见本章"中经网系列数据库"部分。

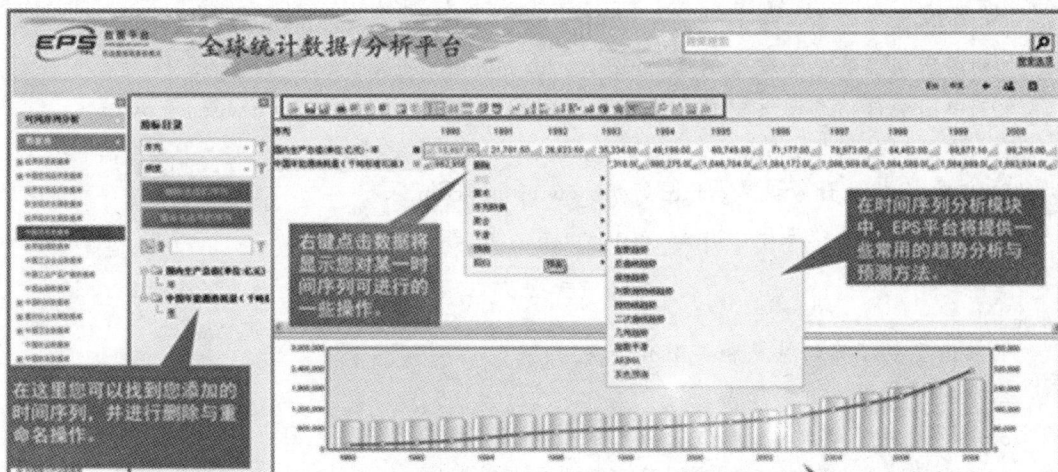

图7-33 EPS数据库时间序列分析功能图示（2）

参考文献

[1]邓慧智.信息检索与利用·经济[M].北京：世界图书出版公司，2004.

[2]全球银行与金融机构分析库——Bankscope，http://Bankscope.bvdinfo.com.

[3]亚太企业分析库——Oriana，https://oriana.bvdinfo.com.

[4]各国宏观经济指标宝典——EIU，https://eiu.bvdep.com/countrydata.

[5]国际商品贸易分析库——Chelem，https://chelem.bvdep.com.

[6]国际货币基金组织数据库——IMF，http://www.imf.org.

[7]世界银行——World Bank，http://www.worldbank.org.

[8]经济合作与发展组织——OECD，http://www.oecd-ilibrary.org.

[9]Bloomberg彭博金融终端数据库，公司官网 http://bloomberg.com.

[10]WRDS 沃顿数据库平台，http://wrds-web.wharton.upenn.edu/wrds.

[11]ProQuest相关事实数据库，http://search.proquest.com/.

[12]CEIC 经济数据库，http://webcdm.ceicdata.com/.

[13]EBSCO 商管财经（非刊类）信息检索平台，http://web.b.ebscohost.com/.

[14]中国经济信息网，http://www.cei.gov.cn.

[15]国务院发展研究中心信息网，http://www.drcnet.com.cn.

[16]中国宏观经济信息网，http://www.macrochina.com.cn.

[17]国泰安数据库，http://www.gtarsc.com.

[18]锐思数据库（RESSET/DB），http://www.resset.cn.

[19]万得（Wind）金融终端，http://www.wind.com.cn/.

[20]同花顺 iFinD 金融数据库，http://www.10jqka.com.cn/.

[21]中华商务网，http://www.chinaccm.com/.

[22]阿里巴巴，http://www.1688.com/（http://www.alibaba.com.cn）.

[23]中国资讯行高校财经数据库，http://www.bjinfobank.com.

[24]全球案例发现系统，http://www.htcases.com.

[25]毅伟商学院商业案例数据库，https：//www.iveycases.com/login.aspx.

[26]国研网经济·管理案例库，http：//caselib.drcnet.com.cn/.

[27]中国统计信息网（中华人民共和国国家统计局），http：//www.stats.gov.cn.

[28]搜数网数据库，http：//www.soshoo.com.

[29]EPS全球统计数据库，http：//www.epsnet.com.cn/.

[30]中经网统计数据库，http：//db.cei.gov.cn/.

思考题

1.数值型数据库的特点和类型有哪些？

2.事实型数据库有哪几类？

3.分析事实型数据库检索方法与文献型数据库检索方法的异同。

4.行业统计数据的检索可以利用哪几类数据库？

5.从股票证券类数据库中可以获得哪些经济金融信息？

第八章 参考数据库

✽本章提要

本章介绍了参考数据库的种类、特点，重点介绍了 Web of Science、Scopus、CSSCI 三种中外文参考数据库的内容及检索。

第一节 参考数据库概述

参考数据库（Reference Database），指包含各种信息、数据或知识原始来源和属性的数据库。数据库中的记录是通过对信息、数据或知识的再加工和过滤（如编目、索引、摘要、分类等）所形成的二次文献。

参考数据库主要包括书目数据库、文摘数据库和索引数据库。如同图书馆公共目录对于藏书的意义，没有目录的揭示，藏书将如一盘散珠，目录是那根串起珍珠的丝线。参考数据库对浩如烟海的电子资源来说，正是起到了通观全局、提纲挈领、过滤精华、草蛇灰线的作用。和其他的全文数据库比较起来，它有着不可比拟的优势。

一、书目数据库

书目数据库是存储某个馆藏单位或某个学科领域的二次文献（如目录、题录、文摘等书目数据）的一类数据库，有时又称为二次文献数据库。其主要作用在于提供文献的题名、作者、出处等基本书目信息。书目能传递目录信息，报道较全面的研究成果，介绍图书内容，反映出版和收藏情况，供查参考书的流传和存执，能指示读书门径。优秀的书目能反映某一时期某一学术领域的研究概貌，具有重要的参考价值。

二、文摘数据库

文摘数据库是某个主题或某个学科领域里文摘的聚合，是以单篇文献作为著录对象的。它对所收录的单篇文献的内容进行概括和提炼，形成简明扼要的文摘，连同文献的形式特征——篇名、作者、来源文献、卷期、页码等一起标引，为读者提供文献内容和形式的多个检索途径。文摘数据库提供的是文献的信息和线索，不提供文献全文。

文摘数据库的作用概括起来有四点：①及时全面地对科学文献进行收录。文摘数据库收录的文献来自全世界各种学术出版物，学科广泛，并经过了筛选，以保证收录质量。文摘报道的内容几乎涉及了科学家感兴趣的所有领域。文摘数据库收藏的信息量大、收录范围广。因此，利用文摘数据库可以较全面有效地了解某专业领域的研究情况及最新进展。②有助于克服语言障碍。文摘数据库收录的文献一般是面向世界的，包含多种语种，所有语种都撰写有通用语言英语的文摘。因此，通过文摘数据库可以讯速了解其他国家的研究成果。③有助于精选文献。文摘对原文内容的简要表述，有助于读者判断对其研究的参考价值。对于确定有价值的原文，可通过文摘数据库提供的文献出处，查找馆藏，获取原文。④文摘数据库具有强大的检索功能，并能分析检索结果，提供最有价值文献及作者的评价功能。正是因为这样一些特点，文摘数据库对于科学研究有着重要的参考价值，善于利用一定能起到事半功倍的作用。

三、索引数据库

索引数据库是揭示文献内容出处，提供文献查考线索，将文献中具有检索意义的事项（可以是人名、地名、词语、概念或其他事项）按照一定方式有序地编排起来，以供检索的数据库。其搜集信息全、检索功能强、全文链接、跟踪课题，是查找信息的最佳工具。索引数据库针对单篇文献进行著录，也针对整体出版物的内容进行著录，目的是查找文献的线索，不提供全文。如"全国报刊索引"及时报道全国报纸、期刊的篇目出处信息；"民国法规集成"100卷，第一卷即索引，是快速查找其他99卷内容的捷径。

书目数据库、文摘数据库和索引数据库三者有一定的区别，但又是相互渗透无法严格区分的。书目数据库以完整的出版物作为著录对象，目录中也有可能包含文摘、提要的信息。而比较完善的高水准的索引数据库，也是包含详细的文摘字段的，达到文摘和索引的完美统一，也可称作文摘型的索引数据库。

本书中，图书馆利用的章节会详细地介绍书目数据库。在本章的参考数据库的内容中，重点介绍文摘数据库和索引数据库。

第二节　西文参考数据库

由于对科学研究独特的提示和评价功能，文摘索引数据库极受研究人员的重视。因此，数据库本身得到了极为良好的发展，有专注于某个领域的文摘索引型数据库，也有提示多学科综合性的文摘索引数据库。在国际学术界享有盛誉的有：创设于1884年的美国工程索引EI，是工程技术领域的综合性检索工具；英国电气工程师学会（IEE）于1898年出版的检索性情报期刊《科学文摘》（Science Abstracts）；1907年，由美国化学协会化学文摘社（Chemical Abstracts Service of American Chemical Society，CAS of ACS）编辑出版的《化学文摘》（Chemical Abstracts），是世界最大的化学文摘库，也是目前世界上应用最广泛、最为重要的化学、化工及相关学科的检索工具；1963年美国科学信息研究所（ISI）出版的科学引文索引SCI及社会科学引文索引SSCI；2004年由爱思唯尔出版集团推出的Scopus文摘数据库等。SCI（SSCI）、Scopus为综合性的文摘索引型数据库，适合经济管理学术文献的检索。因此，本节主要介绍这两大数据库的内容。

一、西文索引数据库——Web of Science

（一）Web of Science简介

1955年Eugene Garfield博士在Science上发表了一篇文章，首先提出了将引文索引应用于科研检索，随后他创建了美国科学信息研究所（ISI），并在1963年推出了科学引文索引SCI，之后又推出了社会科学引文索引SSCI、艺术与人文科学引文索引A&HCI等。1997年，结合新兴的互联网技术，三大引文索引有了网络版，这就是著名的Web of Science。

2014年1月，新一代Web of Science发布，更名为Web of Science Core Collection（Web of Science核心合集），将全球最值得信赖的学术文献资源和最新的在线搜索技术集成在一个直观易用的平台环境中，为用户带来更好的应用体验，使科研发现更轻松、便捷。

Web of Science Core Collection是获取全球学术信息的重要引文数据库，通过这一平台，研究人员能够找到当前自然科学、社会科学、艺术与人文领域的信息，包括来自全世界13 000多种最负盛名的高影响力研究期刊及12 000多种学术会议一个多世纪以来的多学科内容。它不仅是一部重要的检索工具书，而且也是科学研究成果评价的一项重要依据。它已成为目前国际上最具权威性的用于基础研究和应用基础研究成果的评价体系。它是评价一个国家、一个科学研究机构、一所高等学校、一本期刊乃至一个研究人员学术水平的重要指标之一。

（二）Web of Science检索平台

Web of Science核心合集数据库（1986年至今），是世界领先的自然科学、社会科学、艺术和人文领域的权威学术文献数据库。其研究和分析国际会议、专题讨论会、研讨会、座谈会、研习会和代表会议的文集，收录广泛，包括各种学科及多种文献类型。其主要子库如下：

（1）Science Citation Index Expanded（SCI），科学引文索引，收录了8 600种核心科技期刊，所收录的学科有数理化、生命科学、临床医学、天文地理、环境、材料、农业、工程技术等。SCI收录的文献主要侧重于基础科学学科，论文可回溯到1900年。

（2）Social Science Citation Index（SSCI），社会科学引文索引，收录了3 100种社会科学类核心期刊，涉及的学科有人类学、商业、经济学、教育、环境研究、历史、法律、社会学等，论文可回溯到1956年。

（3）Arts & Humanities Citation Index（A&HCI），艺术与人文科学引文索引，收录了1 700种艺术与人文类核心期刊，涉及的学科有考古学、建筑、艺术、电影、传媒、历史、民俗、哲学、宗教、语言、文学等，论文可回溯到1975年。

（4）Conference Proceedings Citation Index（CPCI），会议录索引，每年收录12 000多种学术会议的论文资料，包括专著、丛书、预印本以及期刊所刊载的会议论文。会议录索引由科学会议录索引（Conference Proceedings Citation Index-Science，CPCI-S）和社会科学及人文科学会议录索引（Conference Proceedings Citation Index- Social Science & Humanities，CPCI-SSH）构成，论文可回溯到1990年。

（5）Journal Citation Reports（JCR），期刊引证报告，对WOS平台上10 000多种核心期刊的引用和被引用数据进行统计、运算，并针对每种期刊定义了影响因子（Impact Factor）等指数，成为期刊的评价工具和投稿指南。

（6）Essential Science Indicators（ESI），基本科学指标数据库，是ISI于2001年基于SCI、SSCI收录期刊的1 000多万条篇目记录推出的一个文献评价分析工具，是专门用于研究全球科学发展动态的数据库。ESI由引文排名（Citation Rankings）、高被引论文（Most Cited Papers）、引文分析（Citation Analysis）和评论报道（Commentary）4部分组成，利用它可以方便地获取高引用论文、热点课题、研究前沿等信息。

（三）Web of Science的检索功能

1.强大的检索功能

新一代的Web of Science与谷歌学术搜索（Google Scholar）合作，使用户界面更为直观和易于检索；同时，根据科研人员和用户的期望，能够更轻松便捷地实现在一个统一的数据库平台上对各个数据库内容的检索，检索功能更强大。

如图8-1所示：简洁的中文界面，统一入口，检索方式、数据库、字段良好的扩展性一目了然。

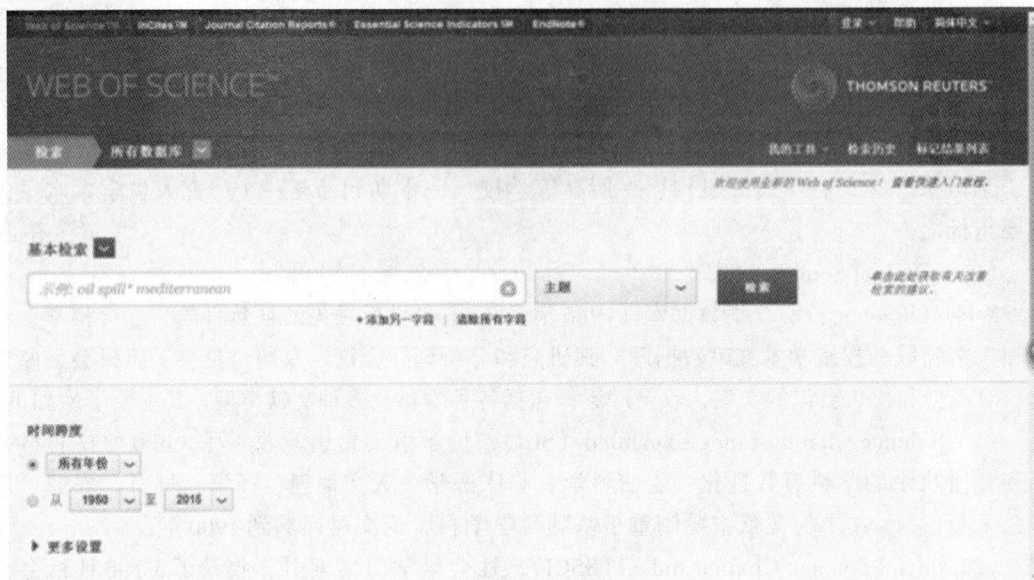

图8-1　WOS检索界面

2.更为全面综合的引文内容

Web of Science为用户提供了越来越多的地区的文献内容，使全文与开放获取期刊之间实现无缝链接。Web of Science近两年新增的中国科学引文数据库（Chinese Science Citation Database）和韩国期刊数据库（Korean Journal Database），使这一全球最大和最权威的引文资源能更全面地反映文献在各个地区的总体学术影响力。

3.科研发现更为轻松

与谷歌学术搜索的独家合作，使Web of Science的高质量内容能够被迅速发现，把文摘索引数据库在引文链接方面的强大优势也带到了开放的互联网中。Web of Science的用户能够从谷歌学术搜索直接浏览到某篇文献在Web of Science中的被引用次数，并进入到该篇文献的记录当中。Web of Science与谷歌学术搜索之间的相互链接，为全球科研人员获取全文提供了更便捷的途径。

4.收录齐备的文献类型

Web of Science数据库平台覆盖了世界范围内学术研究领域所有文献类型中有价值的文献，详见表8-1。

表8-1　　　　　　　　　　　　　WOS收录的文献类型及说明

文献类型	说明
摘要	提交至会议或在会议上提出的研究总结概述
Art and Literature（艺术与文学）	小说、音乐、诗歌或剧本等原创作品
Article（论文）	发表的研究论文
Bibliography（书目）	通常专注于特定主题、作者或时间段的出版物列表
Biography（传记）	关于个人生活和作品的文章或刊物（通常包含书目）
Book（书籍）	针对某个特定主题撰写的专题论文或出版物

文献类型	说明
Case Report（案例报告）	病人的表现、诊断和治疗描述
Clinical Trial（临床试验）	对患者进行，用于检测医疗程序安全性和疗效的研究
Correction（修订）	二次引用文章或刊物以便纠正错误
数据集	一组或多组相互关联的数据（或数据文件），由知识库以某个集合、数据研究或实验的一部分的形式提供。其中可以有多种文件格式，如电子表格、视频、音频
数据研究	针对知识库中所存储的研究或实验的描述，以及数据研究中所使用的相关数据。这些内容与一个知识库相链接，并且还可能链接到与同粒度更高的数据文件相关的"数据集"记录
Editorial（社论材料）	主题的创作观点，包括讨论、评论和意见
Government Publication（政府刊物）	由国家、州/省或地方政府出版的刊物
Legislation（法规）	提议或制定的法律
Letter（书信）	通常为提交至期刊的非正式、未主动提供的简短文书，内容有关某项特定发现，或者是对该期刊先前发表项目的评论
Meeting（会议）	论文或会议或研讨会摘要的集合
News（新闻）	报道最近发生事件或发展项目
Patent（专利）	针对一项发明的唯一编号的法律技术说明，用以保护专利权人的专有权
Reference Material（参考资料）	包含所搜集信息的资源，用于促进研究
Report（报告）	描述研究过程、进度或成果的出版物
知识库	包含记录的数据库或集合，其中存储了来自数据研究和数据集的数据并且可用于访问这些数据
Retraction（收回内容）	作者或编者所收回项目内容的再公布
Review（评论）	科学研究、图书、艺术和软件的评论
Standard（标准）	由公认权威（如委员会、社会或政府机构）就特定生物医学学科类别发布的既定准则
Thesis/Dissertation（论文）	用于获取学位资格而编写的正式研究文件
Other（其他）	用于上述类型均不适用的情况

5.检索方式

系统提供的检索方式为：基本检索、被引参考文献检索、高级检索。

（1）基本检索：提供了主题、标题、作者、作者识别号、编者、团体作者、出版物名称、DOI、出版年、地址等十个检索字段进行基本检索，并可点击"添加另一字段"进行多个字段的组合检索。

（2）被引参考文献检索：查找引用个人著作的文献，提供了被引文献的被引作者、被引著作、被引年份、被引卷、被引期、被引页、被引标题等七个检索字段。输入有关被引著作的信息，各字段用布尔逻辑运算符 AND 相组配。

（3）高级检索：使用字段标识、布尔运算符、括号和检索结果集来创建检索式，结果显示在页面底部的"检索历史"中。

①布尔运算符。

AND：连接限定词，用于缩小检索范围。

OR：连接同义词，用于扩大检索范围。

NOT：排除。

SAME：位置字符，连接的两个词必须在同一个字段或者同一句话中。

""：用于固定搭配的词组检索。

②字段标识。

TS=主题	TI=标题
AU=作者	AI=作者识别号
GP=团体作者	ED=编者
SO=出版物名称	DO=DOI
PY=出版年	AD=地址
SU=研究方向	IS=ISSN/ISBN

③检索式规则。检索式中的每个检索词都必须用字段标识明确标明，必须用逻辑运算符连接不同字段，忽略无关的空格。例如，忽略左右括号（）和等号（=）周围的空格。

对于检索式组配，在检索式的每一个编号前输入一个数字（#）符号。

SAME 仅在"地址"检索中使用。在其他检索（如"主题"）中使用时，SAME 与 AND 的作用完全相同。

最多可以运行 200 条检索式。如果运行的检索式超过这个数，将显示一条错误信息，并且不会执行检索。

④检索窍门：要将 AND、OR、NOT、NEAR 和 SAME 作为普通词进行检索，用引号将它们括起来，如"OR"。

⑤高级检索示例。查有关中国奢侈品消费的论文。

ts="luxury consumption" and ti=（China or Chinese）

检索结果：7。

⑥检索结果。其界面如图 8-2 所示。

检索结果显示：检索结果以原文的题录形式显示，包括篇名、作者、原文出处、文摘、全文馆藏信息或链接、被引频次等。

点击篇名，进入题录全记录格式下，系统提供了多个链接：

图8-2　检索结果界面

作者链接：列出作者的单位、该作者的其他文献。

期刊信息：通过 JCR 列出了该刊的影响因子。

被引频次：该文被其他文献所引用的次数。

引用的参考文献：该文所引用的所有参考文献列表。

查看"related records"：具有相同参考文献的文献群。

查看引证关系图：可以比对目标文献的前向引证关系、后向引证关系或双向引证关系。

创建引文跟踪：在文献的全记录页面上将其加入跟踪。

这些链接提供了一个相关文献的集合，使我们可以获得同一论题不同时期的相关文献。

检索结果排序：系统提供了七种排序方式，即出版日期排序、新近添加排序、被引频次排序、相关性排序、第一作者排序、来源出版物名称排序、会议标题排序。默认的排序方式是出版日期排序，随时都可更改为其他排序方式。

（四）WOS引文索引的评价功能

1.论文的影响力及其评价

论文影响力是指研究者某一论文的研究主题和研究结果被学术界或同行所认可，在学术界或同行间产生的影响力，是对论文价值的一个描述。如果论文中所提供的观点、方法、数据、结论等对其他的研究者有启示、有参考，该论文便是有价值的论文。如何判定论文的价值呢？定性而论，论文一定是经过同行评审才得以发表的够水准的文章。定量而论，要看论文被其他研究者引证过的客观次数。引证的次数越多，说明论文的影响力越大。

通过WOS引文索引平台，点击被引频次的排序功能，便可以很快从检索结果中锁定引证次数最多的高影响力的论文。根据高影响力论文的参考文献，可以了解该论文前期的研究基础和起点。根据引证文献，可以了解高引证论文后续的相关研究及最新进展；根据共引文献，可以了解与该论文研究领域相近的研究。高影响力的论文，往往代表着研究热点，还可以从中发现和寻找到研究前沿。

我们也可从高引证论文锁定高影响力的作者，并且了解作者的研究脉络、更多的研究成果。

论文影响力评价作为我国各高等院校、科研院所和政府机构评价某单位或者个人工作成果的重要依据，对于正确评价科研工作效果、营造良好的科研氛围、激发科研人员学术创造潜能及增强其学术研究的持久创新能力具有重要的意义。

2.期刊影响力的评价工具 JCR

Journal Citation Report（JCR），即期刊引证报告，是评估期刊影响力的工具。它对 WOS 平台上 10 000 多种期刊的引用和被引用数据以两年为一个周期进行统计、运算，并针对每种期刊定义影响因子等指数。其根据期刊的载文量、论文的被引用次数，应用文献计量学的方法来评价某种期刊在相关学科领域中的相对重要性。JCR 的定量评价指标主要有：

（1）影响因子。一种期刊在某一年的影响因子，是指该期刊在前两年发表的论文在该年被引用次数之和与该刊前两年发表论文总数之比。它实际上是期刊所刊载的论文在一定时期内的平均被引次数。同一学科的期刊，影响因子越大，它在该学科的影响力就越大。

（2）即时指数（Immediacy Index）。某种期刊的即时指数为该期刊当年发表的论文被引用的次数与该期刊当年发表的论文数之比。它反映了期刊当年发表的论文当年被引用的情况，是评估期刊出版后是否获得快速响应的重要指标。即时指数较高的期刊刊载的文章一旦发表，会立即受到关注，也会从一定程度上提示处于前沿的研究。

（3）被引半衰期（Cited Half Life）。被引半衰期是以统计年为基准年，某种期刊要达到从创刊年到统计年总被引次数的一半所需要的年数。这一指标从定量的角度描述了期刊的老化程度。期刊的被引半衰期越大，其老化的速度越慢，文章被利用的时间越长。

（4）引用半衰期（Citing Half Life）。引用半衰期是指某种期刊在统计当年所引用的文献中较新的一半的平均出版年，是衡量期刊所引用的"历史"文献的时效性指标。它表示的是某种期刊对多长时间内发表的文献感兴趣。

（5）总论文数（Totals）。总论文数是期刊自创刊年到统计年所发表的论文总数。

（6）总被引次数（Total Cites）。总被引次数是期刊自创刊年以来所刊载的全部论文在统计年被引证次数的总和。

JCR 与 WOS 索引数据库平台已实现了链接，用户可以从检索结果界面直接链接到 JCR，查看相关的期刊信息。

研究者可以跟踪高影响力的期刊，从而定位一个学科领域里的重要文献。同时，可以根据影响因子来决定投稿的期刊。

3.基本科学指标数据库 ESI

ESI（Essential Science Indicators），基本科学指标数据库，是汤姆森路透集团在汇集和分析 WOS（SCI / SSCI）所收录的学术文献和所引用的参考文献的基础上建立起来的分析型数据库。它将大约十年间发表的论文的被引情况，按作者、研究机构、国家及期刊进行统计分析，由此检索研究领域中各国的排名情况，并了解该研究领域中最有影响力的国家；获得某研究领域中研究机构的排名；通过对高被引论文和热点论文的检索，获知各领域内近期最受关注的论文及十年间影响力最高的顶尖论文；通过共引分析法，提示各学科当前的研究前沿等。

ESI通过WOS平台提供服务，分为四大模块：引文排名、高被引论文、引文分析以及评价报道。

引文排名模块：根据个人、机构、国家及期刊文章的被引用情况，分别给出了世界前1%的研究者（Scientists）排名、前1%的科研机构（Institutions）排名、22个学科中前50%的国家（地区）（Countries/Territories）排名、前50%的期刊（Journals）排名四个链接。

高被引论文模块：ESI提供了近十年来高被引论文和热门论文的链接。高被引论文指的是近十年间发表的且被引次数位于前1%的论文。热点论文指近两年发表的，而且在当前两个月里就被引用多次的论文。

引文分析模块：提供了基值（Baselines）和研究前沿（Research Fronts）两个链接。前者是ESI筛选论文的标准，后者则提供了若干个主题的高被引论文组。根据共同被引用的次数来判断高被引论文之间的相关性，并进行聚类，由此形成各主题的核心论文组。研究前沿的命名通过对核心论文组进行词频分析给出。

评论报道模块：提供了以高被引论文为线索的访谈录及引文分析简报，包括访谈录、特殊话题（Special Topics）、科学观察（Science Watch）。

（五）WOS检索示例

例1：在WOS数据库中查找关于政府采购协定的高影响力论文、作者及作者被WOS收录的其他论文

其检索界面如图8-3所示，检索步骤如图8-4所示。

1.高被引论文

Keyword：Government Procurement，Public Procurement，Agreement

采用高级检索方式：通过三次调整检索式，最后采用主题词和标题组合检索的方式。检索式为：

ts=（"government procurement" or "public procurement"） and ti=agreement

高级检索 ∨

使用字段标识、布尔运算符、括号和检索结果集来创建检索式。结果显示在页面底部的"检索历史"中。(了解高级检索)

示例: TS=(nanotub* AND carbon) NOT AU=Smalley RE
#1 NOT #2 更多示例 | 查看教程

ts=("government procurement" or "public procurement") and ti=agreement

检索

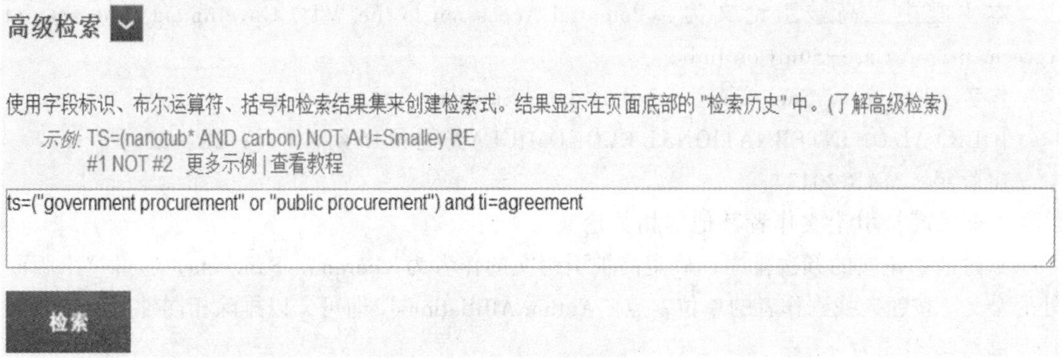

图8-3 检索界面

检索结果：35。

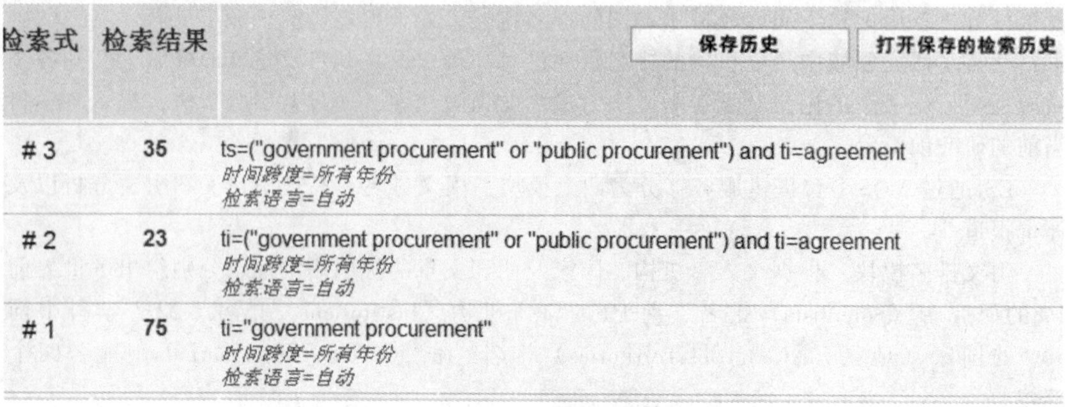

检索式	检索结果	
#3	35	ts=("government procurement" or "public procurement") and ti=agreement *时间跨度=所有年份* *检索语言=自动*
#2	23	ti=("government procurement" or "public procurement") and ti=agreement *时间跨度=所有年份* *检索语言=自动*
#1	75	ti="government procurement" *时间跨度=所有年份* *检索语言=自动*

图8-4　检索步骤

打开检索结果：35篇论文按被引频次排序，最高引证次数：5。高被引排序如图8-5所示。

图8-5　高被引排序

本主题中，高被引论文为：Potential Accession to the WTO Government Procurement Agreement：A Case-Study on India

作者：Khorana，Sangeeta；Subramanian，Sujitha

JOURNAL OF INTERNATIONAL ECONOMICLAW 卷：15期，1页：287-309

出版年：MAR 2012

2.查找高被引论文作者其他的相关论文

通过被引论文的频次排序，确定高被引论文的作者为Khorana，Sangeeta，通过"出版商处的全文"按钮，找到作者的单位，点"Author Affiliations"即可，以排除相同姓名的作者。

高级检索式为：

AU=（Khorana，Sangeeta）and AD=（Aberystwyth University）

检索结果：6。

例2：检索武汉大学被WOS收录的文献、最有影响力论文、主要的学科分布

（1）对于机构名称，首先要确定其在数据库中的表达形式：可以用已知机构的作者或是机构的关键词进行试检（如图8-6所示），然后确定检索词。如武汉大学，检索词为：Wuhan University。

地址：Wuhan University，检索结果：9 514篇，如图8-7所示。

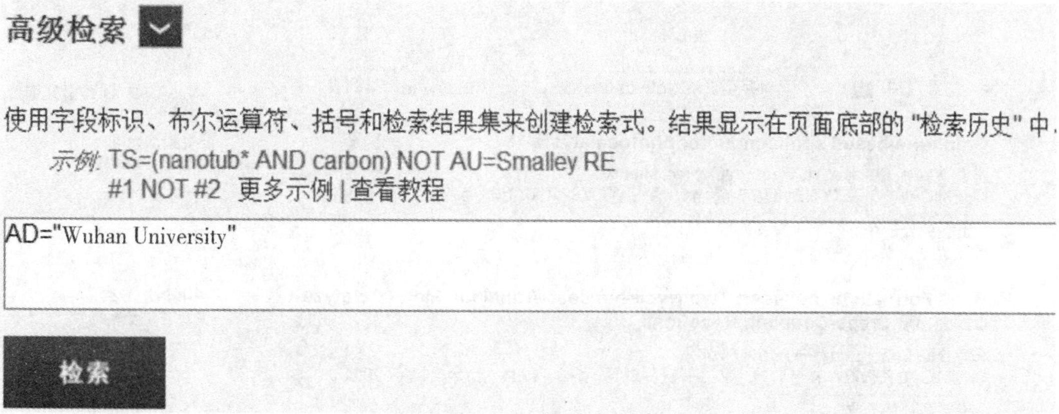

高级检索 ▾

使用字段标识、布尔运算符、括号和检索结果集来创建检索式。结果显示在页面底部的"检索历史"中。

示例: TS=(nanotub* AND carbon) NOT AU=Smalley RE

#1 NOT #2　更多示例 | 查看教程

AD="Wuhan University"

检索

图8-6　高级检索

检索历史：

检索式	检索结果		保存历史
#1	近似值 9,514	地址: ("Wuhan University") *时间跨度=所有年份* *检索语言=自动*	

图8-7　检索结果

（2）被引频次最高的论文。

Graphene-based Semiconductor Photocatalysts

作者：Xiang, Quanjun；Yu, Jiaguo；Jaroniec, Mietek

CHEMICAL SOCIETY REVIEWS卷：41期：2页：782-796　出版年：2012

被引频次：651

（3）通过精练检索结果，得到研究领域的论文分布：

在9514篇论文中，其中，

"Social Science" 412篇；

"Science Technology" 7 422篇。

（4）通过精练检索结果，得到研究方向的论文分布：

"Social Issues" 36篇；

"Social Science Other Topics" 3篇；

"Business Economics" 13篇。

（5）创建引文报告。打开右上角的"创建引文报告"，即可得到武汉大学所有年份WOS论文的产出。

其检索结果显示如图8-8所示。

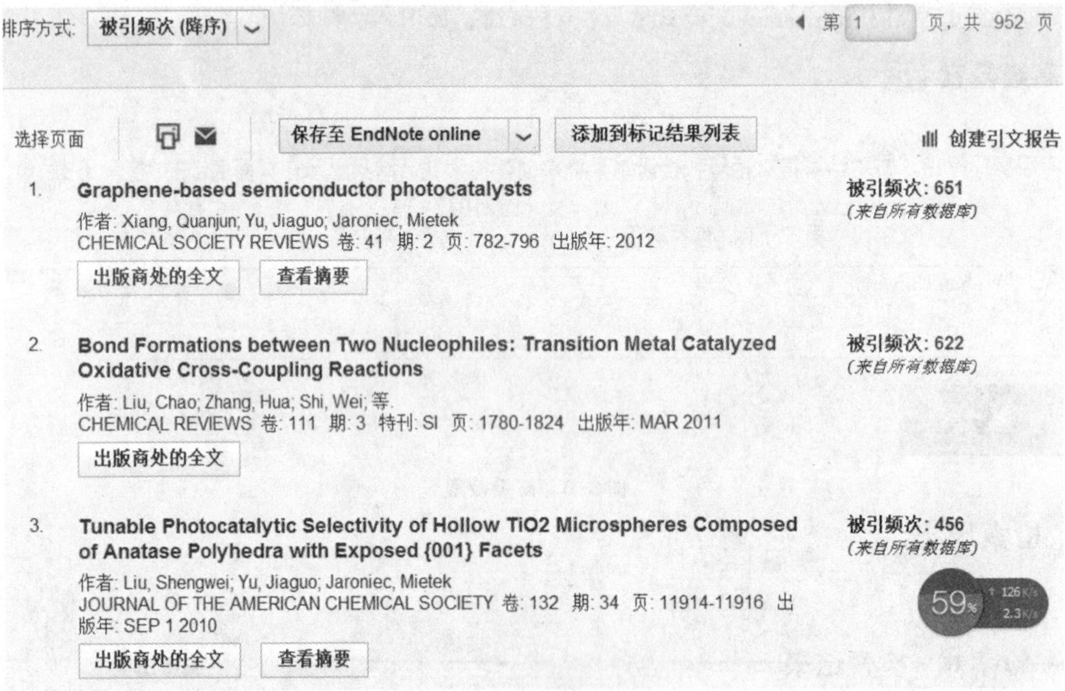

图8-8 检索结果显示

二、Scopus文摘数据库

1.数据库简介

一直以来，WOS平台的SCI/SSCI等都是科研人员、图书馆进行引文研究和学术评价的主要依据。2004年荷兰爱思唯尔（Elsevier）公司数据库Scopus问世，号称是全球规模最大的文摘和索引数据库，并立即在网上掀起了"Scopus挑战SCI数据库"的评论热潮，也给国外索引工具的发展和建设增添了新的色彩。

Scopus作为又一个具有引文查询功能的数据库，期刊收录范围和学科覆盖面比WOS更为广泛。其收录了来自于全球5 000余家出版社的近19 000种来源期刊，内容涵盖数学、物理、化学、工程学、生物学、生命科学及医学、农业及环境科学、社会科学、心理学、经济学等27个学科领域，为科研人员提供一站式获取科技文献的平台。

Scopus数据库的来源期刊中，95%是学术性期刊，达16 000多种，囊括了世界范围的高质量期刊，特别是增加了对欧洲及亚太地区学术文献的收录，其中收录中国出版的学术期刊350多种，是国外收录中国期刊最多的数据库之一。Scopus的来源期刊还全面集成了科研网络信息，包括作者的主页、大学网站、公司信息和其他信息资源，如计算机科学预印本服务器、数学预印本服务器、世界知识产权组织以及美国、日本、欧洲专利局的信息等。

2.主要特点

（1）强大的检索功能和导航功能。Scopus的命名源于一种名叫Phylloscopus Collybita的鸟，这种鸟是目前所知世界上导航功能最强的鸟。Elsevier公司用Scopus来命名它的数据库，象征着它无比强大的检索功能和导航功能。用户界面直观易用，它与Scirus检索引擎整合，具有强大的检索、浏览功能。

（2）内容广泛，既包括学术期刊、馆藏资源，也包括海量网络信息。

（3）强大的链接功能。Scopus就像一个知识发现系统一样，在一个平台上即可获取最广泛的学术信息，并无缝链接至全文文献和其他的图书馆资源。

（4）对检索结果提供整体的概观和精细的限定，以获取最相关的结果。

（5）提供引文分析功能，1996年以来的2.8亿条参考文献都可以通过简单直观的方式进行评估，进而发现某一领域的研究热点和发展趋势，寻找新的研究突破口。

（6）独特的作者身份识别系统（Author Identifier）可以帮助用户排除容易混淆的作者和确定唯一作者。Scopus为2 000万作者分配了独有的识别号，并可以识别出某一位作者最近的150位同著者。将作者身份识别与引文追踪结合运用，可以方便地对特定文献的影响、作者的影响和特定期刊的影响进行分析。

3.Scopus文摘数据库的检索功能

Scopus界面主要包括检索、引文追踪、链接、个性化服务四大模块。其中检索模块提供四种检索途径：基本检索（Basic Search）、作者检索（Author Search）、归属机构检索（Affiliation Search）、高级检索（Advanced Search）；引文追踪模块包括文献被引追踪、自引追踪和期刊总被引追踪；链接模块包括出版商链接、摘要和参考文献链接、全文链接；个性化服务模块包括我的提示（My Alerts）、我的列表（My List）、我的配置文件（My Profile）三个方面。Scopus检索界面如图8-9所示。

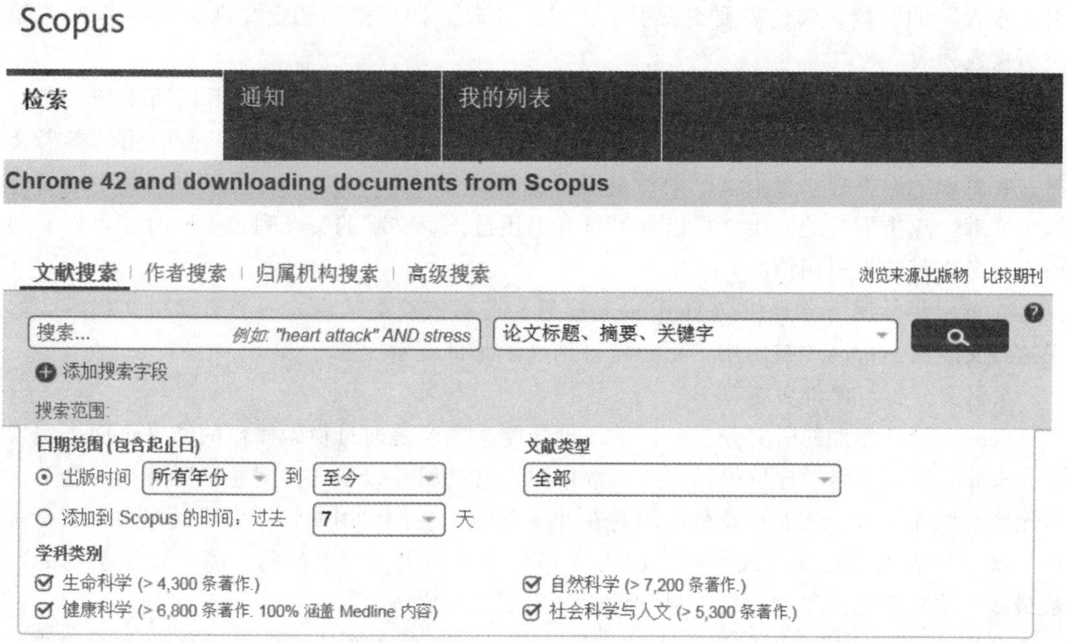

图8-9　Scopus检索界面

（1）基本检索。Scopus 提供作者、来源名、篇名、摘要、关键词、所属机构、语言、国际标准刊号、国际期刊代码、数字对象标识符、参考文献、会议文献等 12 个字段以及 All Fields、题名/关键词/摘要和题名/关键词/摘要/作者两个联合字段，便于用户全面检索相关文献。Scopus 对收录文献的特征标引得十分详尽，方便用户从不同途径查询所需文献。

（2）作者检索。Scopus 提供姓、名字第一个字母以及所属机构 3 个字段。此外，通过作者检索新增的"精练检索结果"功能，可以从来源期刊、作者机构、城市、国家和学科领域的角度对检索结果进行精练。在作者详细信息页，可以对该作者文章被引用的情况创建引证报告。

（3）归属机构检索。Scopus 提供了归属机构字段，可以获得该机构所有文章、作者、文章所属学科领域、出版时间等信息。

（4）高级检索。Scopus 提供了题名、作者、来源文献名称和作者机构、All Fields（所有字段）、摘要、关键词、题名/摘要/关键词、题名/摘要/关键词/作者、国际标准刊号、国际期刊代码、数字对象标识符、参考文献、出版年代、卷等 14 个字段。同时，可以使用布尔逻辑运算符进行多个字段的联结检索。Scopus 还提供了 AND、OR、ANDNOT、PRE/ 和 W/5 种运算符。如果对检索代码不熟悉，可以直接使用库里提供的标准代码，Scopus 提供的 59 种检索代码基本可以涵盖全部的检索方式。

（5）全文链接。Scopus 的一个显著优势就是拥有强大的全文链接功能。通过基本检索和作者检索的结果页面都可以得到具体的论文信息，在一部分文献下方的"Abstract + Refs"链接按钮后有"View at Publisher"（标准全文链接）按钮，点击即可在权限范围内获取全文。

（6）创建引文报告。在检索结果中，每篇源文献详细记录页面的上方都提供有"创建引文报告"的链接，勾选需要查看引文信息的文献，即可得到选定文献 1996 年以来各年被引次数列表。

此外，点击每篇文献下方的"Abstract + Refs"链接按钮，还可以得到摘要和参考文献页面，页面下半部分提供参考文献（Reference）列表，即源文献作者所引用的参考文献；在页面的右方提供该篇文献的被引用情况（Cited by）。在这里，可以看到其中最新的施引文献。点击下方的链接，可以查看所有引用过该篇文献的文献列表。同时，可以看到所有参考文献的被引用情况。

在被引用情况下方提供"Alert me"按钮，可对该篇文献设立一个文献引文提示，如果这篇文献在 Scopus 中被引用，用户将得到电子邮件提示。

4.引文分析与评价功能

Scopus 具有强大的引文分析与科学评价功能，主要是通过检索操作的结果页面来实现的。Scopus 可以为科学评价提供重要的数据源，帮助回答以下这些问题：所查询的这篇文章至今被引用了多少次？最新的引用是在什么时间、被谁引用的？被引用最多的文献是哪些？某个作者的某篇文章或所有文章从 1996 年至今的引用情况如何？哪一年被引用的次数最多？这些问题的答案无疑是科学评价的重要指标之一。

分析与评价功能主要体现在下述 5 个方面：对科学文献的评价、对科学出版物的评价、对学科领域的评价、对研究者的评价、对科研机构的评价。

（1）对科学文献的评价。在基本检索和高级检索的结果页面，每篇具体的文献都包含了篇名、发表日期、被引次数、来源出版物名称、著者，而且系统默认按"相关性"进行排序。其中的被引次数反映了该篇文献在 Scopus 中被他人引用的次数，同时还可以按被引次数的高低对文献进行排序，从而可以确定哪些文献的权威性较高、影响力较大。

（2）对科学出版物的评价。在来源检索的结果页面，通过"Citation Overviewed"按钮将刊物中所有被 Scopus 收录的文献的被引情况按照年代分别列出。用户通过这个功能，可以了解某种刊物的所有文献自 1996 年以来的被引情况，从而了解该刊物的总被引情况及具体某篇文献的被引情况，确定某种刊物或出版物的权威性。

（3）对学科领域的评价。在高级检索页面输入某个学科领域名称，如检索社会科学领域，输入"SUBJAREA（soci）"，即可检索到该学科的研究情况，包括发表文章的年份和数量、被引次数最多的论文、该领域的作者、期刊、文章类型等。点击"Cited by"，即可将该学科领域的所有文章按被引次数由多到少排序，确定该学科的研究热点和趋势。

（4）对研究者的评价。在作者检索的结果页面，利用引文跟踪器（Citation Tracker）可以查询该著者所发表文章的被引用期刊，只需在文献前的选择框进行勾选，点击"Citation Tracker"，结果将列出该著者所有被引文献列表、自 1996 年以来每年的被引次数和总被引情况；在著者姓名后，有著者自引链接。被引文献中只列出篇名，鼠标指到哪篇文章，右侧即出现该篇文章详细题录信息。文章列表右边则列出这些文献各年代被引情况列表，并对各年代被引数据进行统计汇总。同时，H 指数（Highly Cited Index，H-index）以图表的方式提供对研究者个人科研绩效的评价。

作为评价指标，H 指数考虑特定作者的出版记录、在某一时段发表的文章数量以及这篇文章的被引次数，其结果是一个简单的数字。同时，为了帮助用户更好地了解文献之间的被引关系和作者的影响力，Scopus 还提供了系列可视化帮助工具。通过这些可视化帮助工具，Scopus 可以为用户提供某一篇文章在某一时段被引模式的示意图，还可以揭示 H 指数是否依赖于少数几篇被广泛引用的文章、作者发表的文章是否相对稳定并不断被引用。

（5）对科研机构的评价。在检索页面输入机构名称，选择字段为"所属机构"，即可获得该机构所有文章、作者、文章所属领域、出版时间等信息。根据这些信息，可以有效地评价某个科研机构的科研竞争力。

从 Scopus 数据库的推出及功能特点可以看出，国外索引工具正朝着信息内容极大丰富、检索系统智能化、集成化、超强的全文链接、易用性理念强化和个性化服务的方向发展。

5.个性化功能

Scopus 还提供其他推送服务。如想享受这些服务，需先点击网页右上方红色的"Register"进行个人注册。

（1）资源服务。点击"Source"栏目即进入资源服务环节，在此列出 Scopus 所有出版物的首字母列表，可以直接点击所要查询的出版物首字母，再通过出版物详细名称链接进行浏览，期刊文献在刊名前显示 J；对某种期刊进行选择后，系统会列出该期刊各年代发表的论文数量，点击年代链接即显示检索结果页面，这里同样可以利用引文跟踪器 "Citation Tracker" 对该期刊的被引情况进行统计分析。资源栏目还提供快速检索服务，输入检索词后，还可以对主题或文献类型进行限定检索。

（2）My Alerts 推送服务。要想获得 Scopus 提供的多种推送服务，需先进行注册，点击 "Registration"，只需填写姓名、E-mail，然后在设定的专题栏目前勾选感兴趣专题，输入密码后即完成注册。选择专题后，Scopus 即将用户选择的专题信息定期通过 E-mail 发送给用户。

（3）My List。"我的列表"是 Scopus 服务器上用于保存检索策略、检索过程和检索结果的管理模块。用户可以对检索式进行保存，以便下次使用。

（4）My Profile。我的配置文件用来对个人信息和密码进行管理，可建立个人配置文件，包括对推送服务、检索策略进行保存和调用，同时也可以对"我的列表"和推送服务进行管理。

文献被引提示：将所需的记录页面或需提示的被引文献输入我的提示后，就会通过 E-mail 收到最快更新的信息。

检索提示：用户可将某一检索史、检索结果页或文档页创建为检索专题提示，提示服务可以定期依据创建内容的最新信息，通过 E-mail 通知用户。

可以选择提示周期，如每天、每周或每月，有 HTML 和文本两种推送格式。

（5）有权限的全文链接。如果图书馆已定制好全文链接，在文摘页面上的 "Full Text"（全文链接）就可直接链接到图书馆订购的所有有权限访问的全文。

总之，Scopus 数据库资源丰富，使用方便，是科研人员和用户了解、利用国内外学术信息资源的又一个窗口。作为文摘索引数据库的后起之秀，Scopus 虽然还并未像 WOS 那样作为权威的学术评价工具被推崇，但其内容全面、学科广泛，能够提供数量庞大的相关文献，检索效果并不亚于 WOS。由于收录的期刊数量多、学科门类齐全，Scopus 在统计不同学科之间的互引量、交叉学科的内部联系等方面较具优势，尤其是收录了更多的中国来源期刊，对于分析和评价国内科技论文、著者、研究机构的学术水平更具有实际意义。

6. 检索实例

（1）检索有关奢侈品消费这一主题的论文，其检索界面如图 8-10 所示。

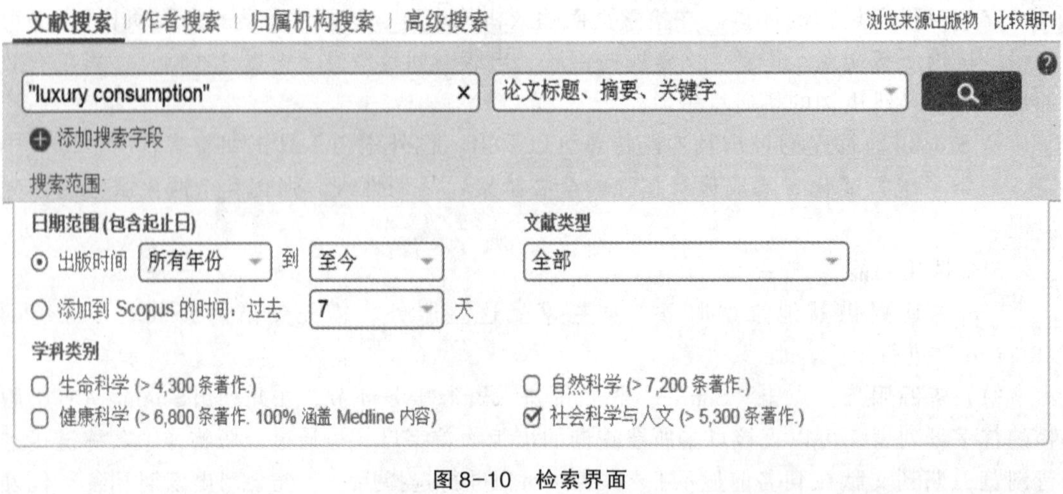

图 8-10　检索界面

通过检索结果界面（如图 8-11 所示），获取全文文献线索。"全文链接"直接打开全文，"分析搜索结果"精练和筛选最相关文献，"创建引文报告"提示研究的来龙去脉，"引证排序"揭示最有价值论文和研究热点。

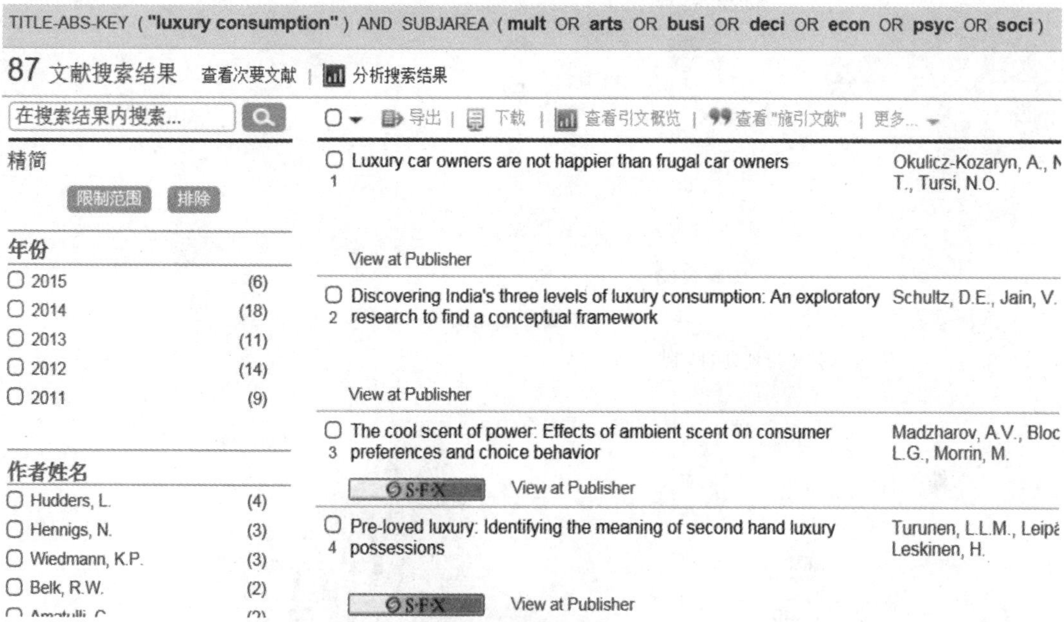

TITLE-ABS-KEY (**"luxury consumption"**) AND SUBJAREA (**mult** OR **arts** OR **busi** OR **deci** OR **econ** OR **psyc** OR **soci**)

87 文献搜索结果 查看次要文献 | 📊 分析搜索结果

在搜索结果内搜索... 🔍

📋 ▾ 📥 导出 | 📑 下载 | 📊 查看引文概览 | 💬 查看"施引文献" | 更多... ▾

精简

限制范围 排除

1 Luxury car owners are not happier than frugal car owners	Okulicz-Kozaryn, A., N... T., Tursi, N.O.
View at Publisher	
2 Discovering India's three levels of luxury consumption: An exploratory research to find a conceptual framework	Schultz, D.E., Jain, V...
View at Publisher	
3 The cool scent of power: Effects of ambient scent on consumer preferences and choice behavior	Madzharov, A.V., Bloc... L.G., Morrin, M.
S·F·X View at Publisher	
4 Pre-loved luxury: Identifying the meaning of second hand luxury possessions	Turunen, L.L.M., Leipä... Leskinen, H.
S·F·X View at Publisher	

年份
- ☐ 2015 (6)
- ☐ 2014 (18)
- ☐ 2013 (11)
- ☐ 2012 (14)
- ☐ 2011 (9)

作者姓名
- ☐ Hudders, L. (4)
- ☐ Hennigs, N. (3)
- ☐ Wiedmann, K.P. (3)
- ☐ Belk, R.W. (2)
- ☐ Amatulli, C. (2)

图 8-11 结果界面

（2）科研机构的学术档案。以中南财经政法大学科研成果的检索与评价为例。

①选择"归属机构检索"，检索词："Zhongnan University of Economics and Law"。机构检索界面和机构检索结果分别如图 8-12、图 8-13 所示。

文献检索 | 作者检索 | **归属机构检索** | 高级检索

"zhongnan university of economics and law" 🔍

🔍 按归属机构检索文献

图 8-12 机构检索界面

📋 ▾ 📑 显示文献 | 📝 提供反馈

☐ **Zhongnan University of Economics and Law** 650 Wuhan
1 Zhongnan University of Economics and Law

每页显示 20 ▾ 个检索结果

图 8-13 机构检索结果

②分别从年份、来源出版物、学科类别等方面分析搜索结果。

每年产出的论文数如图 8-14、图 8-15 所示。

年份 ▼	文献
2015	25
2014	79
2013	84
2012	96
2011	105
2010	82
2009	50
2008	46

图 8-14　年度产出论文数（一）

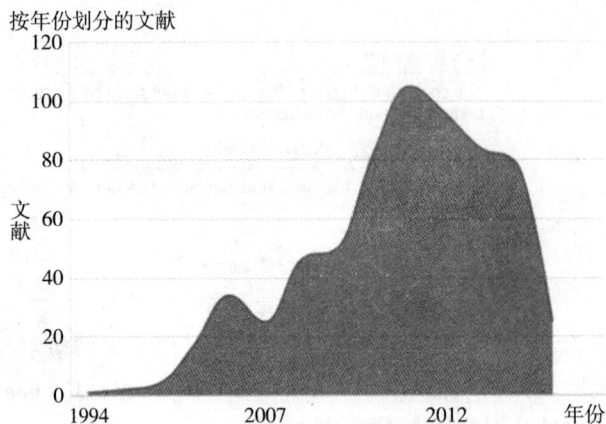

图 8-15　年度产出论文数（二）

按来源出版物精练的结果，可以看出主要发表论文的刊物，如图 8-16、图 8-17 所示。

来源出版物	文献 ▼
☑ Lecture Notes in Computer S...	19
☑ Foreign Literature Studies	14
☑ Advanced Materials Research	12
☑ Applied Mechanics and Mater...	10
☑ Journal of Applied Mathematics	7
◯ Advances in Intelligent and S...	7
◯ Lecture Notes in Electrical En...	7
◯ Communications in Computer...	6
◯ Huazhong Keji Daxue Xueba...	6
◯ Frontiers of Law in China	5

图 8-16　按来源出版物搜索结果（一）

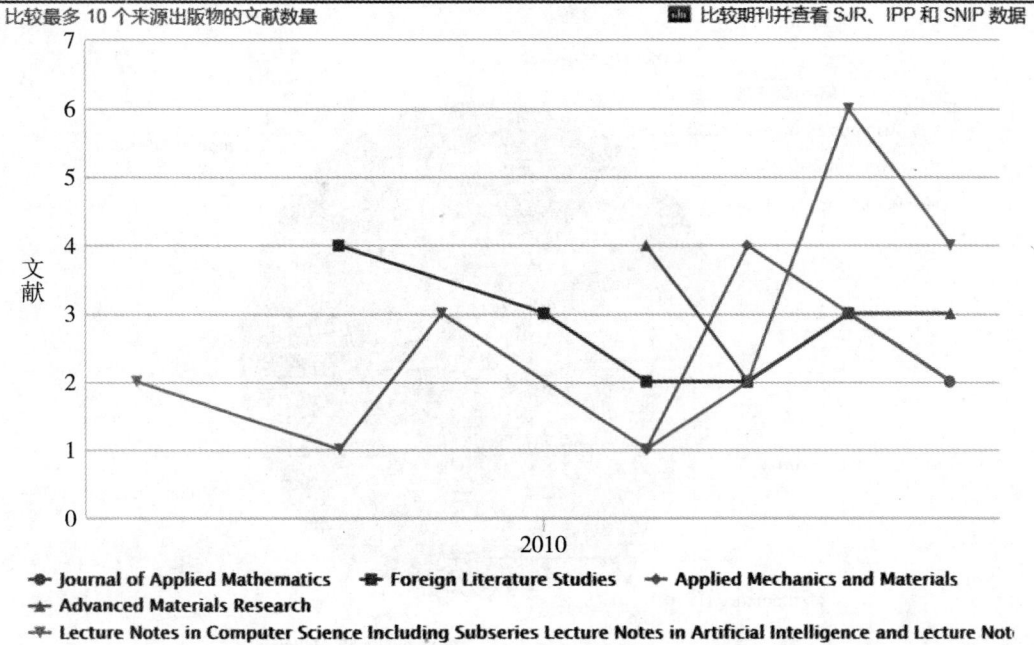

比较最多 10 个来源出版物的文献数量　　　　　比较期刊并查看 SJR、IPP 和 SNIP 数据

- Journal of Applied Mathematics　■ Foreign Literature Studies　◆ Applied Mechanics and Materials
- Advanced Materials Research
- Lecture Notes in Computer Science Including Subseries Lecture Notes in Artificial Intelligence and Lecture Not

图 8-17　按来源出版物搜索结果（二）

按学科类别精练文献，显示研究成果最多的前十项学科排名，如图 8-18、图 8-19 所示。

学科类别	文献 ▼
Computer Science	262
Engineering	165
Business, Management and Acc...	133
Mathematics	111
Economics, Econometrics and Fi...	92
Social Sciences	84
Decision Sciences	46
Environmental Science	26
Arts and Humanities	21
Earth and Planetary Sciences	20

图 8-18　按学科类别搜索结果（一）

三、Web of Science 和 Scopus 的比较

从收录范围来看，Web of Science 收录的是各学科的核心期刊，注重精选，注重质量。Scopus 则更注重数量，兼收并蓄，除了收录 Web of Science 的来源期刊外，还收录了更多未被 Web of Science 收录的期刊，尤其是欧州和亚州等其他国家和地区的期刊，此外还包括大量的网络信息。

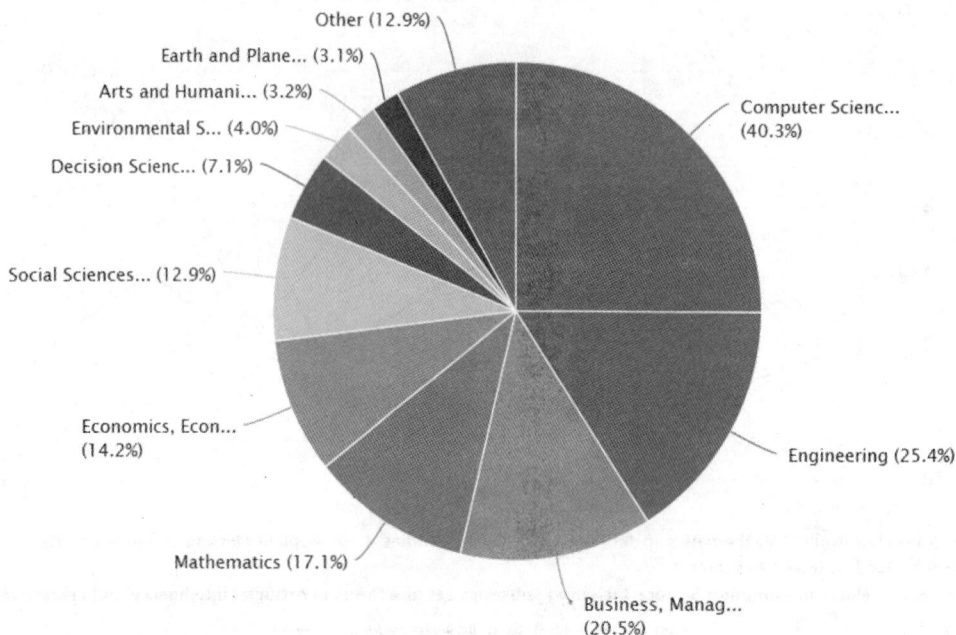

图8-19 按学科类别搜索结果（二）

　　从时间范围来看，Web of Science引证文献的数据跨越了几个世纪，通过一篇有代表性的论文就可以了解某一个学科、理论、观点、技术方法等的起源、发展和现状，非常适合于引文的回溯检索。Web of Science提供的引文检索途径可方便地检索出某一作者，或是出版物的被引用数据，由此可定量评价其学术影响力。而Scopus数据库最新被引文献的数量远远多于Web of Science，特别是收录了来源于中国的期刊，对于分析和评价国内的论文、著作和研究机构的学术水平极其有利。

　　两大索引数据库可以说是各有优势，研究人员可根据自己的需要选择使用。

第三节　中文参考数据库

　　国内核心期刊的评选体系有影响的有以下几种：北京大学图书馆"中文核心期刊要目总览"、南京大学"中文社会科学引文索引（CSSCI）"、中国科学技术信息研究所"中国科技论文统计源期刊"（又称"中国科技核心期刊"）、中国社会科学院文献信息中心"中国人文社会科学核心期刊"、中国科学院文献情报中心"中国科学引文数据库（CSCD）核心库来源期刊"等。其中，南京大学"中文社会科学引文索引（CSSCI）"，近年来已被公认为中文人文社会科学领域里重要的学术文献检索和学术评价工具。中国科学引文数据库（CSCD）被公认为科技文献检索与评价的工具。CSCD也包含一部分与经济管理有关的文献，如金融工程、计量经济学等，因此也是可以作为经济文献的参考数据库进行检索的。CSCD已作为来源数据库被纳入Web of Science的检索平台，可以在WOS上统一检索，因此不再另作介绍。这里仅以CSSCI为例介绍中文的参考工具书。

一、CSSCI简介

Chinese Social Sciences Citation Index（CSSCI），即中文社会科学引文索引，是南京大学中国社会科学研究评价中心研制开发的我国人文社会科学文献引文统计、信息查询与评价的工具。CSSCI以中文社会科学期刊登载的文献为数据源，按照定量与定性相结合的原则从全国3 500多种社科期刊中精选了学术性强、期刊质量高、编辑规范的部分期刊，经由全国著名哲学社会科学专家组成的CSSCI专家指导委员会评审，最终确定为CSSCI来源期刊。这种定量与定性相结合的选刊原则，确保了CSSCI的科学性、权威性。

二、CSSCI检索平台资源

CSSCI的检索平台包括人文社会科学各学科门类的来源期刊、扩展版来源期刊和来源集刊三部分。

（1）CSSCI收录来源期刊（2014—2015）533种。入选的来源期刊必须是具有CN号、主要刊载学术论文和评论等一次文献、按出版周期准时出版并符合期刊编辑出版规范、所刊载的学术论文应列有参考文献或文献注释的中文人文社会科学学术性期刊。来源期刊总量控制在全国人文社会科学学术性期刊总数的20%。每年的来源期刊都会依据期刊"他引影响因子"和"总被引频次"两项指标的不同权重进行调整，因此每年会略有不同。

（2）CSSCI收录扩展版来源期刊（2014—2015）189种。为了与国际引文数据库接轨、提高CSSCI学科覆盖率、适应哲学社会科学研究的需要，特确定了CSSCI扩展版来源期刊。扩展版来源期刊遴选的标准仍坚持来源期刊的标准，同时兼顾地区和学科的平衡。扩展版来源期刊由四部分组成：落选的原来源期刊、他引影响因子与总被引频次的加权值接近来源期刊的期刊、集刊中最近已获得CN号的期刊以及考虑地区、学科合理布局的期刊。扩展版收录期刊的数量为CSSCI来源期刊的30%左右。

（3）CSSCI收录来源集刊（2014—2015）145种。CSSCI收录的来源集刊主要是我国大陆地区出版的人文社会科学领域的学术集刊：具有正式书号并能按预定的出版频率（至少为一年）按时出版的连续出版物，并已连续出版5年（2009年及以前创刊）以上；主要刊载人文社会科学学术论文及学术评论等原创性学术文献，所刊载的学术论文应列有符合学术规范的参考文献或注释，编辑出版符合相关规范。集刊的遴选标准也是坚持质量优先，动态管理；定量（引文量、总被引频次、影响因子等文献计量指标）评价与定性（同行评议）评价相结合的评审办法。

CSSCI的来源期刊或来源文献，不仅包括中国（大陆、香港、澳门、台湾）而且包括欧美等各国出版的中文人文社会科学学术期刊。

三、CSSCI的功能

首先，CSSCI是人文社会科学领域重要的信息检索工具，它能多途径、多角度、全方位地检索学术信息（主要是从来源文献和被引文献两个方面进行）。

其次，CSSCI具有统计分析及评价功能，对来源文献、机构发文、引文情况、期刊被引情况、作者发文量等进行各种统计和排名。这些统计对促进学科的发展、推动各机构的学术活动、重新排名核心期刊、了解各学科核心学者群等都具有重要作用。通过统计分析的量化指标，可以对作者、科研机构的科研水平进行评价，对期刊在各自学科领域里的地位进行重新界定。

四、检索方式

CSSCI从来源文献和被引文献两个检索入口向用户提供信息。CSSCI检索入口如图8-20所示。

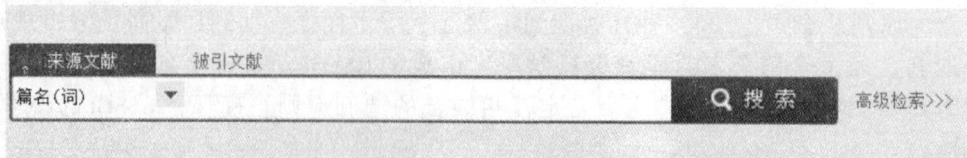

图8-20 CSSCI检索入口

来源文献入口主要检索被CSSCI收录的文献。检索途径有论文作者、篇名（词）、作者所在地区、机构、期刊名称、关键词、文献分类号、学科类别、学位类别、基金项目以及年代、卷期等10余项；提供来源文献的参考文献。

被引文献入口主要检索文献被引证的次数。检索途径有被引文献作者、篇名或书名、期刊名称、出版社、年代、被引文献细节等，主要提供被引文献详细的引证信息。

大多数检索项本身都可以实现逻辑式检索，各检索项之间也提供"与"关系的组配检索，检索点多，使用方便。

CSSCI所收录的论文和被引情况可作为社会科学研究重要的评价指标。CSSCI提供多种评价、统计信息：机构、地区、个人某年内在国内重要学术期刊上的发文情况以及各种统计排序，个人论文、著作的被引情况和统计排序（各种排序均可分学科进行），从而为以论文、论著为主要产出形式的研究活动提供重要的计量评价指标，由此可定量评价社会科学研究机构、高校、地区、学者个人的科研能力、学术成果、学术影响。

五、检索示例

（1）通过CSSCI检索有关政府采购绩效方面的论文。检索界面和检索结果页面以及一篇论文的详细信息分别如图8-21、图8-22、图8-23所示。

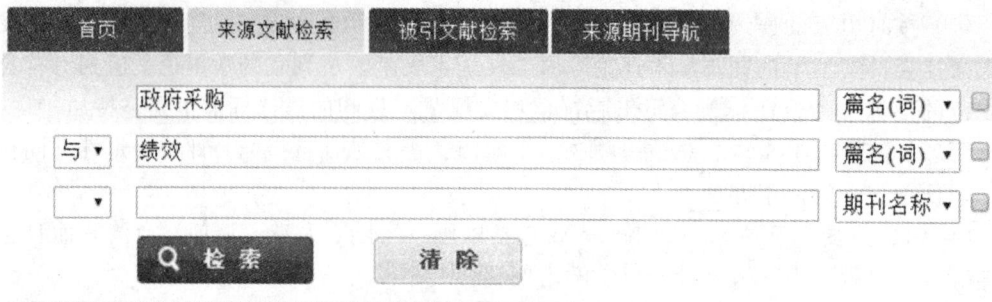

图8-21 检索界面

由此获得每篇论文的参考文献信息，从中揭示科研论文的研究脉络。

（2）学者的评价：检索学者林毅夫的学术成果被收录的篇次、林毅夫的学术成果被引证的篇次。检索来源文献结果如图8-24所示。

| 首页 | 来源文献检索 | 来源文献检索结果 | 被引文献检索 | 来源期刊导航 |

检索条件：篇名(词)= 政府采购篇名(词)**=** 绩效 **年=** 1998 - 2014，**显示数：**8，**结果数：**8，**运行耗时：**0.213秒

二次检索

[　　　　　　　　]

[所有字段 ▼] [检索]

精炼检索

▶**类型**
论文(8)

▶**学科**
管理学(1)
经济学(7)

▶**期刊**
财政研究(2)
管理评论(1)
改革(1)
财经问题研究(1)

显示方式：☰ 列表　▦ 视图

序号	来源作者	来源篇名
☐ 1	高志勇	政府采购项目绩效评价的绩效理念、分析逻辑与评价准则
☐ 2	肖艾林	高校政府采购绩效评估的指标体系优化——以北京A高校的实践为例
☐ 3	王宏	供应商关系品质对政府采购绩效影响研究
☐ 4	阮征 /吴灿 /许健 /阮飞	政府采购宏观绩效的投入产出测度
☐ 5	张晓艳 /戚悦	产业结构、高新技术绩效与政府采购的关联度
☐ 6	苏新龙 /魏勤文	政府采购财务管理:预算编制、执行与绩效
☐ 7	骆建文 /彭鸿广	解析与构建政府采购自主创新产品的绩效评价指标
☐ 8	张晓红 /包丽萍	政府采购制度改革绩效分析及对策研究

图 8-22　检索结果页面

| 首页 | 来源文献检索 | 来源文献详细页 | 被引文献检索 | 来源期刊导航 |

篇　名	政府采购项目绩效评价的绩效理念、分析逻辑与评价准则 📄
英文篇名	Performance Idea, Logical Analysis and Evaluation Criteria
作者及机构	1.高志勇.河北省财政厅.
文献类型	论文
学科类别	经济学
中图类号	F812
基金项目	
来源期刊	**财政研究**
年代卷期	2014年第10期：49-53
关键词	政府采购/绩效评价/理念/评价准则
参考文献	1.国际金融组织贷款项目绩效评价管理办法 2.国际金融组织贷款项目绩效评价操作指南 3.段国旭.公共资源配置学论纲.北京:中国财政经济出版社,2006 4.朱衍强.公共项目绩效评价.北京:中国经济出版社,2009 5.潘彬.政府采购绩效评价模式创新研究:湘潭大学出版社,2008

图 8-23　一篇论文的详细信息

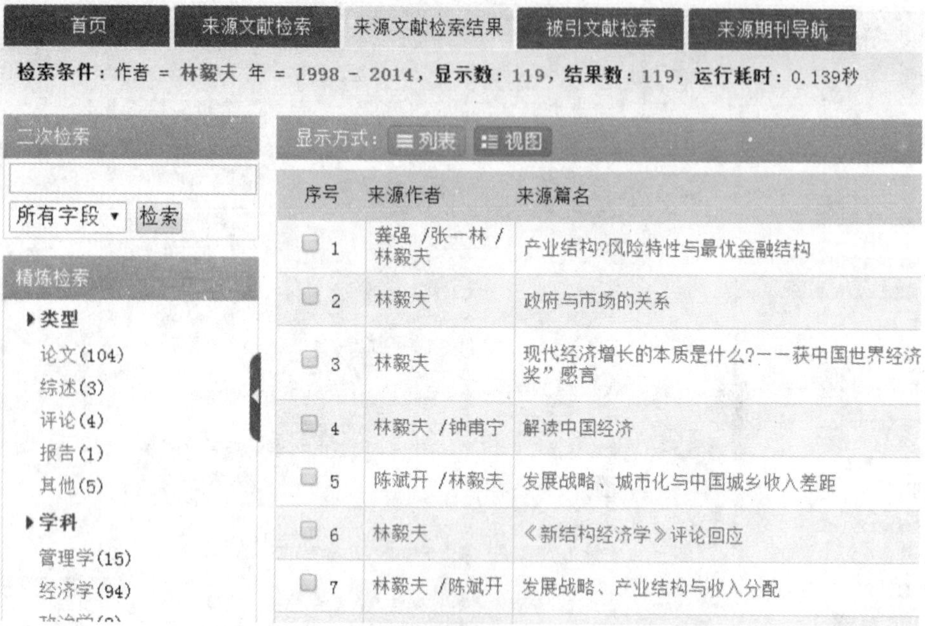

图 8-24　检索来源文献结果

林毅夫在 1998—2014 年间，共有 119 篇高质量论文被 CSSCI 收录。检索被引文献结果如图 8-25 所示。

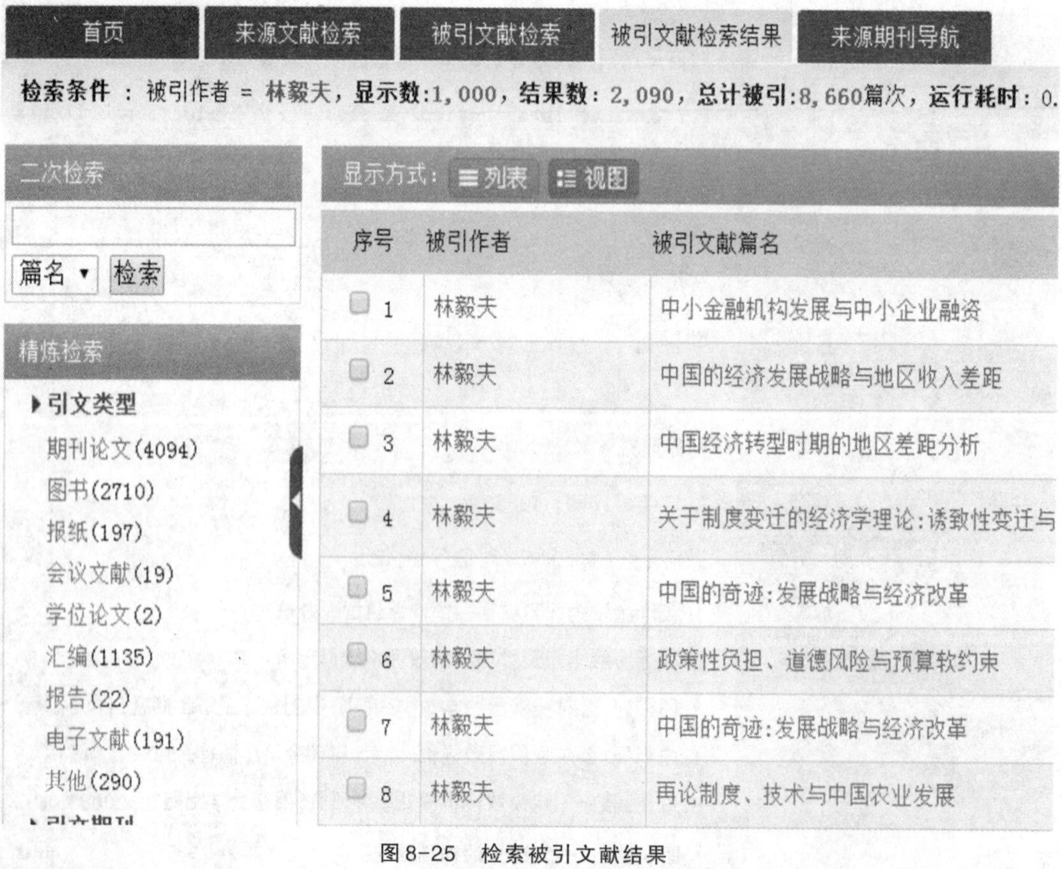

图 8-25　检索被引文献结果

　　林毅夫的科研成果在1998—2014年间总计被他人引证8 660次，由此也可看出林毅夫在经济学领域中极高的学术成就和声誉。

　　（3）学术机构的评价：检索中南财经政法大学在CSSCI中发表的论文。

　　1998—2014年间，中南财经政法大学共在CSSCI上发文8 729篇。其中论文8 260篇、综述128篇、评论232篇、传记资料3篇、报告74篇、其他32篇。学科分布：经济学4 187篇、法学1 722篇、政治学269篇、中国文学93篇等。图8-26为检索结果页面。

图8-26　检索机构结果显示

　　有经验的学者在阅读一篇新的论文时，往往最先关注的就是该文的参考文献及引文注释，因为它能告诉读者，作者研究的起点和可能达到的研究深度与高度，继而可以大致判定该文对学术进展是否具有贡献。CSSCI的价值在于不仅能提供某一篇文献，而且能集中提供某一类文献的研究进展情况，因此，它无疑是信息时代研究者不可或缺的重要检索工具和评价工具。

参考文献

[1]曹鸿清.经济文献信息研究[M].香港：香港文汇出版社有限公司，2004.

[2]花芳.文献检索与利用[M].北京：清华大学出版社，2009.

[3]杜永莉，刘畅.Scopus数据库的检索与利用[J].现代情报，2007（2）：83-84，96.

[4]邱均平，叶晓峰，熊尊妍.国外索引工具的发展趋势——以Scopus为例[J].中国索引，2008（1）：2-14.

[5]杜永莉，陈建青.Web of Science和Scopus引文检索功能的分析评价[J].中华医学图书情报杂志，2007（6）：51-52.

思考题

1.参考数据库的特点是什么？

2.请通过WOS检索一位经济学者的论文被收录的篇次以及被引证的篇次。

3.请通过WOS检索你所在的学校2014年发表的论文被收录的情况，提供高级检索式和检索结果。

第四编 图书馆利用篇

第九章 图书馆

✻本章提要

　　本章介绍了图书馆的产生和发展，同时，对现代图书馆的类型、资源与服务、图书馆联盟情况进行了详细介绍。通过本章的学习，能够使读者更好地了解和掌握利用图书馆应具备的素养。

第一节 图书馆的产生和发展

一、图书馆的产生

　　有了图书自然就产生了如何来搜集、整理、保存和利用这些图书的问题，这就随之产生了图书馆这样的组织机构。什么是图书馆？这个问题似乎非常简单，不少人认为："图书馆就是借书的地方。"这话不能算错，因为提供图书借阅是图书馆工作的一个重要方面，但这种回答不是对图书馆下的科学定义。要想准确、科学地回答"什么是图书馆"这个问题，必须要了解图书馆的产生。"图书馆"的英文为"Library"，含义为藏书之所，来源于拉丁文的"Liber"（图书）一词。据考古发现证实，世界上最早的图书馆名为"亚述巴尼拔图书馆"，位于现今的伊拉克，距今 4 000 多年，比古埃及的亚历山大图书馆还要早400 年，主要收藏的是泥版书，包括哲学、数学、语言学、医学、文学以及占星学等各类著作，几乎囊括了当时的全部知识。我国古代图书馆先后有府、宫、阁、观、院、斋、楼等称谓，一般又称之为"藏书楼"。19 世纪末，"图书馆"一词才传入我国。

　　由于图书馆及其发展环境的不同，认识问题的角度也不同，因而，不同时期的人们对图书馆的表述也不尽相同。我们在这里列举一些比较有代表性的观点。印度图书馆学家阮冈纳赞在 1931 年撰写的《图书馆学五定律》中认为，作为一种机构的图书馆就是一个生长着的有机体，图书馆正是由藏书、读者和馆员三个生长着的有机部分构成的结合体。美国图书馆学家巴特勒提出："图书馆是将人类记忆的东西移植于现在人们的意识之中的一个社会装置。"在这个表述中，他回答了两个问题：一是图书馆是一个社会装置；二是图书馆的功能是移植人类的记忆。稍后，美国图书馆学家谢拉认为：图书馆是这样的一个社会机关，它用书面记录的形式积累知识，并通过馆员将知识传递给团体和个人，进行书面交流。因此，图书馆是社会中文化交流体系的一个重要机关。与谢拉同时期的德国图书馆专家卡尔施泰特则认为，图书是客观精神的容器，图书馆是把客观精神传递给个人的场所。吴慰慈等提出："图书馆是搜集、整理、保管和利用书刊资料，为一定社会的政治、经济服务的文化教育机构。"

二、图书馆的发展

从图书馆的发展过程来看，大致经历了古代、近代和现代三个阶段。古代图书馆的主要特征是以藏书为主。近代图书馆的主要标志是公共图书馆的出现，特点是藏用兼顾、以用为主。第二次世界大战结束后，现代科学技术迅猛发展，特别是计算机和网络等信息技术的出现并在图书馆得到应用，使得图书馆发生了深刻变化。

（一）古代图书馆

在我国，自秦始皇统一中国后，一直到鸦片战争前的藏书机构，均属于古代图书馆；在国外，17世纪中期英国产业革命以前的图书馆统称为古代图书馆。无论国内还是国外，古代图书馆的主要特征是以藏书为主，仅供少数人使用。中国古代藏书大致包含四种：官府藏书、私家藏书、书院藏书、寺观藏书。

（二）近代图书馆

17世纪后期至第二次世界大战结束这一时期的图书馆为近代图书馆。近代图书馆的主要标志是公共图书馆（Public Library）的出现，特点是藏用兼顾、以用为主。

1571年，意大利的佛罗伦萨创立了欧洲第一所公共图书馆——美第奇图书馆，此后西方社会的图书馆得到了迅速的发展，比如1657年建立的丹麦皇家图书馆，1661年建立的德国柏林皇家图书馆，1753年建立的英国伦敦不列颠博物院图书馆，1800年建立的美国华盛顿国会图书馆。

1850年，英国颁布了建立公共图书馆的法令，并于1952年在曼彻斯特建立了第一所真正意义上的公共图书馆。18世纪末的法国大革命，推动了西方各国图书馆的蓬勃发展，到第二次世界大战前夕，西方各国图书馆都已经相当发达了。1840年鸦片战争后，西方向社会开放图书馆的浪潮传到中国，1902年古越藏书楼建立，1903年成立了武昌文华公书林，1904年湖北省和湖南省图书馆相继成立，1912年国家图书馆的前身——京师图书馆也正式对外开放。此后，全国各省先后设立了公共图书馆，到1936年，各类图书馆已达5 000余所。近代图书馆的特点是从私有化转向社会化，由封闭收藏转向社会开放，并逐渐形成了采访、分类、编目、典藏、流通、咨询等一整套科学的工作方法。

（三）现代图书馆

第二次世界大战结束至今的图书馆属于现代图书馆，也是第三代图书馆。第二次世界大战结束后，科学技术迅猛发展，现代化的技术设备得到广泛应用，特别是计算机的出现并在图书馆得到应用，使得图书馆的面貌发生了深刻的变化。世界各国的图书馆逐步实现现代化。同时，出现了数字图书馆这一发展形态，人们又称数字图书馆为电子图书馆（Electronic Library）、虚拟图书馆（Virtual Library）、无围墙图书馆（No Wall Library）。关于"数字图书馆"一词，是从英文Digital Library翻译过来的，一般是指利用当今先进的数字化技术，通过诸如Internet国际互联网等计算机网络，使人数众多且又处在不同地理位置的用户能够方便地利用大量的、分散在不同贮存处的电子物品的全部内容。这些电子物品包括网络的文本、地图、图表、声频、视频、商品目录，以及科学、企业、政府的数据库，还包括超媒体和多媒体等。我们可以预见数字图书馆与互联网络、信息高速公路联结为一体，将成为世界信息资源最丰富、用户最多、利用最方便、最开放、最大的公共图书馆。

第二节　图书馆的资源与服务

图书馆的"馆藏"资源由印刷型的纸质馆藏和数字化的馆藏两个部分组成。其中，印刷型馆藏主要包括图书、期刊、学位论文、会议论文、各类型研究报告、标准规范等。数字化馆藏包括电子图书、电子期刊和网络数据库等。目前，数字资源馆藏在图书馆馆藏体系中的比重越来越高，已经成为图书馆拓展服务范围和提高服务能力的重要手段。图书馆的服务类型主要包括以下几种：

一、书刊借阅

服务方式是将一般图书、期刊、报纸、工具书存放在不同书库，需要到存放地阅览。同时，办理了借阅证的会员才可以将书刊外借，并且有数量和时间的限制。服务特点是可以利用图书馆联机公共目录，先检索到索书号，然后就可以直接找到所需书刊的具体位置。

二、电子资源利用

目前主要的电子资源是指期刊全文、电子图书和各类型摘要索引数据库，电子资源具有信息量大、检索方便、更新快等优点。同时，电子资源因为版权的限制，一般只能够在一定的IP范围内使用或者注册付费用户才能使用。

三、咨询服务

在使用图书馆资源与服务过程中遇到问题时可以利用咨询服务。咨询服务的方式主要有在线实时咨询、电话咨询、邮件咨询和咨询台咨询。

有关图书馆的资源与服务等详细内容参见第十章。

第三节　图书馆的类型

图书馆是搜集、整理、保存信息资源，并为公众提供信息资源服务的公益性机构。根据不同的标准，图书馆就会分属不同的类型。图书馆的类型根据其性质、功能、服务对象、收藏范围等可以划分为多种类型。如按收藏的文献载体类型可划分为普通图书馆、音像图书馆、缩微图书馆、实物图书馆等；按收藏的范围和文种可划分为综合性图书馆、专业性图书馆、中文图书馆、外文图书馆等；按其开放性可划分为公共图书馆、单位图书馆、私人图书馆；按其功能可划分为流动性图书馆、保存性图书馆等。在国际上，由于各国对图书馆类型的划分标准不一致，这就给图书馆事业的统计和图书馆界的交流造成很大的困难，因而划分图书馆类型的标准很有统一的必要。在联合国教科文组织（UNESCO）的支持下，国际标准化组织（ISO）和国际图书馆协会联合会（IFLA）进行了一系列工作，并于1974年由国际标准化组织颁布了"ISO2789-1974（E）国际图书馆统计标准"。在这个标准中，把图书馆区分为国家图书馆、高等院校图书馆、其他主要的非专门图书馆、学校图书馆、专门图书馆和公共图书馆六大类型，并对每个类型的图书馆都做了概念性的规定。

一、国家图书馆

国家图书馆（National Library）是由国家创办的、面向全国的图书馆。国家图书馆负责搜集和保存本国出版物，担负国家总书库职能。国家图书馆是一个国家图书事业的推动者，是面向全国的中心图书馆，既是全国的藏书中心、馆际互借中心、国际书刊交换中心，也是全国的书目和图书馆学研究的中心。国家图书馆一般除收藏本国出版物外，还收藏大量外文出版物（包括有关本国的外文书刊），并负责编制国家书目和联合目录。国家图书馆担负着保存人类文明和本国文化遗产的重任，对各类型文献的搜集、保存是国家图书馆最重要的职责。因此，国家图书馆具有法定的接受本国正式出版物呈缴本的职能，如中国国家图书馆、美国的国会图书馆、英国的大不列颠图书馆、法国国家图书馆等。国家图书馆代表了一个国家图书馆事业的发展水平。

二、高等院校图书馆

高等院校图书馆（简称高校图书馆）主要是指服务于大学和其他第三级教学单位的学生和教师的图书馆。注意应作如下区别：①大学的主要或中心图书馆或者同一馆长领导下的分布于不同地方的一组图书馆；②附属于大学的研究所或学院系，不受大学的主要或中心图书馆领导和管理的图书馆；③附设于高等院校但不是其一部分的图书馆。高校图书馆主要为教师、学生和科研人员及其他相关人员提供服务，学术性很强，它既是学校的文献信息中心，同时也是为学校教学和科研服务的学术性机构。因此，高校图书馆在文献资源建设、学术研究、用户教育及读者服务等方面都享有很高的地位。

在高等院校中，图书馆是不可或缺的一部分，通常被誉为"大学的中心"、"大学的心脏"。随着科学的发展，现代高等学校中的各类教学和科研活动一刻也离不开图书馆。所以，师资、图书馆和实验室被称为高校的三大支柱。图书馆的发展对学校的教学和科研水平起着很大的制约作用，一所高校如果没有高质量的图书馆作为支撑，就很难有大批高质量的人才和成果的出现。由于高校图书馆拥有丰富的学术性文献资源，因而在发挥信息职能和教育职能方面具有相当大的优势，如北京大学图书馆、清华大学图书馆等。

高校图书馆担负的主要职责是通过提供文献信息资源和服务，保证所属大学完成其教学和科研以及服务社会的任务。高校图书馆的具体工作有：

（一）有选择地搜集各种类型的文献资源，为学校的教学和科研提供文献信息保障

大学图书馆的资源建设大多以学校的专业设置、教学计划、科研计划、师资培养计划为依据，一方面根据自己的藏书建设方针对所能获得的文献资料进行选择，另一方面也按照教师或其他读者的需求和建议进行选择。馆藏结构以专业书刊为主，包括专著、教学参考书、期刊、学术会议文集、参考工具书、学位论文、技术标准等。

（二）对文献资料进行科学的加工和整理

对到馆的文献资料进行分类，确定索书号；对文献资料进行编目，组织馆藏目录；建立基于网络的机读目录，提供更多的检索途径；对网络学术资源进行整理，建立学科导航和链接，便于读者检索和利用。

（三）为教师和学生提供信息服务

大学图书馆读者的文献信息需求多来自学习、教学和科研活动以及个人兴趣。本科生的需求主要来自他们的课业学习，研究生和教师的需求主要来自教学和科研。所以，大学图书馆对本科生突出流通阅览等基础服务，对研究生和教师突出文献信息推荐与获取服务，同时，还开展定题检索、科技查新等学科化服务。

（四）开展信息素质教育，提高师生信息素养

大学图书馆都开展各种形式的读者培训教育活动，包括校内正式课程、专题讲座和网络在线培训。许多大学还把利用图书馆的正规教育课程列入必修课程目录，图书馆为学生开设了"文献检索与利用"课程并给予 1～2 个学分，使学生的信息素养有了明显的提高。

三、公共图书馆

公共图书馆主要是指那些免费或只收少量费用为一个团体或区域的公众服务的图书馆，一般由政府税收来支持。它们可以为一般群众服务，或为专门类别的用户，例如儿童、军人、医院患者、囚犯、工人或雇员等服务。注意应作如下区分：①真正的公共图书馆，即那些全部或大部分受市政当局（市图书馆或区域图书馆）资助的图书馆；②由私人资助的图书馆。与专业图书馆不同，公共图书馆的服务对象可以针对从儿童到成人，即所有的普通公民。公共图书馆提供非专业的图书（包括通俗读物、期刊和参考书籍）、公共信息、互联网的链接及图书馆教育。这类图书馆也会搜集与当地地方特色有关的书籍和资讯，并提供社区活动的场所，如首都图书馆、各区县图书馆等。公共图书馆的资源与服务跟当地的经济发展水平密切相关。

四、专门（行业）图书馆

专门图书馆也称专业图书馆、科研图书馆或学术图书馆，是指专门搜集、整理、保存并能迅速提供某一专业或学科的文献信息的服务性学术机构，一般由国家有关部门（研究机构）、行业协会、高等院校等以某个学科领域为主建立，其主要任务是紧密结合本系统、本单位的业务活动，广泛搜集和保存科技文献资料，开展各种文献信息服务。专门（行业）图书馆最具有代表性的是国家部委下属的各个图书馆。它们主要针对部委下属企业与科研单位而设立，其馆藏具有很强的针对性。随着国家部委的不断改革与合并，其图书馆的性质、名称和服务也在不断变化。这类图书馆包括机械工业信息研究院图书馆、冶金工业信息标准研究院图书馆、中国化工信息中心图书馆、中国农业科学院图书馆、中国医学科学院图书馆等。2000 年 6 月 12 日，该类图书馆共同组建了一个虚拟的科技文献信息服务机构，即国家科技图书文献中心，又名国家科技数字图书馆（NSTL）。其特色是国内外标准规范等比较丰富。

专业图书馆的特点是：

（1）附属于特定机构。

（2）服务对象主要是相关的专业人员，主要任务是为母体机构服务。藏书的学科专业性强，一般按所属单位的科研、生产任务建立文献收藏体系。收藏重点是能够支持本单位科学研究的专著、学术会议录、学术期刊和参考工具书。

（3）专业图书馆的规模大小差异很大。

在上述各类型图书馆中，通常认为公共图书馆、专业图书馆、高等院校图书馆是我国整个图书馆事业的三大支柱。因为这三大系统图书馆的馆藏文献较为丰富、技术力量较强，并承担着文献资源中心、服务中心、协调中心和研究中心的重要任务。

第四节　图书馆联盟

一、图书馆联盟的内涵及类型

图书馆联盟的雏形可以追溯到 100 多年前，曾于 20 世纪 70 年代一度兴旺，并于 20 世纪 90 年代进入发展高峰。从近年来国内外的研究看，Jalnes J. Kopp 于 1998 年在《信息技术于图书馆》杂志上发表了名为"图书馆联盟于信息技术：过去、现在和将来"的论文。该论文首先在术语上对"图书馆联盟"一词进行考证，追溯了图书馆联盟的历史溯源及其发展，概述了 20 世纪 60 年代至 90 年代图书馆联盟的状况，并展望了图书馆联盟的未来。1997 年美国联邦通信委员会对图书馆联盟已有明确的定义：图书馆可以是任何一个地方、州、地区或州际的图书馆合作组织，能系统和有效地协调学校图书馆、公共图书馆、大学图书馆、专业图书馆和信息中心的资源，以提高这些图书馆的服务质量。任何一个从事符合以上条款规定的图书馆合作组织都可被视为图书馆联盟。

国内一般认为图书馆联盟（Library Consortia）是指为了实现资源共享、利益互惠而组织起来的，以若干图书馆为主体，联合相关的信息资源系统，根据共同认可的协议和合同，按照统一的技术标准和工作程序，通过一定的信息传递结构，执行一项或多项合作功能的联合体。之所以称为图书馆联盟，是因为它与以往各级各类图书馆学会、协会、高校图工委以及 CALIS 等传统松散的图书馆协作协调机构不同，体现出更高的立意和追求，更为明晰的地位与责任、权利与义务关系。图书馆联盟可能有具体的组织实体，也可能没有实际的组织机构。由于其合作的主要内容都是在网络环境下进行的，因此有人称之为数字图书馆、虚拟图书馆，或虚拟信息服务体系等，还有人称之为资源共享联盟。

图书馆联盟是图书馆自动化网络的发展，强调的是网络环境下的资源共享，突破传统图书馆网的范畴，把图书馆视为信息信道系统中的重要一环，将图书馆与其他信息处理部门连接起来，共同完成对信息的处理与服务工作。一些著名的图书馆自动化网络如 OCLC、RLIN、WLN、ISM（原 UTLAS）已发展成图书馆联盟。同时，一些新的图书馆联盟声名卓著，如 GALILEO（Georgia Library Learning Online，佐治亚州图书馆联机教育系统）、CDL（California Digital Library，加州数字化图书馆）、VIVA（Virtual Library of Virginia，弗吉尼亚虚拟图书馆）、俄亥俄州的 OhioLink 等。

图书馆联盟的类型可以从不同的角度划分，按地理范围分，可分为地区性的、全国性的、国际性的图书馆联盟，如 GALILEO、OhioLink、VIVA、NERL（North East Research Libraries，东北地区研究图书馆联合体）等都是美国著名的州图书馆联盟，OCLC（Online Computer Library Center，图书馆联机计算机中心）则是著名的国际性图书馆联盟。也可根据参与图书馆的性质分为综合性的图书馆联盟和专门性的图书馆联盟。如 CDL 由包括大学图书馆、公共图书馆在内的四种类型的图书馆组成，而 NERL 是由 18 个美国东北部公私立研究图书馆组成的，CIC VEL（Committee on Institutional Cooperation Virtual Electronic Library，美国协作机构委员会虚拟电子图书馆计划）是校际联盟的图书馆联盟。还可根据图书馆的协作方式分为松散联盟和紧密联盟。如 NERL 就是一个松散联盟。松散联盟快速、机动，富有弹性，无需专职人员协调，但也存在一些缺点，如缺乏共同的要求、统一的领导、稳固的资金保障，服务项目少等。而紧密联盟刚好与之相反。

二、图书馆联盟的功能

（1）联合编目。成员馆利用网络进行联机编目，共享编目成果，并通过建立规范文档进行规范控制。以减少书刊编目工作中的重复劳动，提高编目工作效率和书目数据质量，实现书目资源的共享。

（2）联合目录。联合目录是图书馆联盟的基础。联合目录分为两种形式:集中式联合目录及分布式联合目录。集中式的联合目录采用中心书目数据库，所有的记录都通过共同的软件处理，具有较强的一致性，能对书目数据进行管理与监控，具有高品质的数据质量。如 OCLC、RLIN、CALIS 等采用该方式。分布式的联合目录通过利用 Z39.50，沟通不同图书馆系统之间的书目数据。由于没有一个统一集中的联合书目数据库，而可以通过网络采用统一界面实现对各成员馆的书目数据的查询，所以被称为虚拟联合目录。Z39.50 是一种信息检索协议，该协议通过一定的数据结构与交换规则，能使两个互联的基于不同平台的异构信息系统之间相互检索，并获取检索结果。如 CICVEL、GALILEO 等比较晚近的图书馆联盟，都使用了 Z39.50 建立虚拟联合目录。总的来说，集中式联合目录有较好的功能与效能，而虚拟联合目录灵活性强，两者应该是互补而非互相竞争的系统。

（3）公共检索。用户可以从图书馆联盟的任何一个成员馆所设终端出发，在网上检索联合目录，查找某一文献网内是否入藏，藏于何馆，并通过联机检索各种类型的文献数据库，得到详尽的文献线索乃至电子版全文。

（4）馆际互借与文献传递。通过联合目录，借助一定的协议，实现整合了检索过程的多种媒体的文献传递和馆际互借，提高其效率与精度。如 OhioLink 各馆使用相同的系统，并在中心设有联合目录数据库。用户可以进行查寻并实施馆际互借。CICVEL 则通过 Z39.50 实现各成员馆不同的自动化系统间的多数据库跨库检索，并在相同的界面上提供面向用户级的馆际互借和文献传递，实现资源与服务有机结合。

（5）协调采购。借助联合目录，了解各成员馆的馆藏情况及特色，根据各成员馆的实际需要进行资源分工和布局，协调采购政策，达到文献信息资源的合理分布与经费的合理使用。

（6）电子资源建设。联合建设特色数据库，根据情况采取设置镜像站点、远程获取或购买光盘等形式引进各种电子资源，形成高品质的电子资源体系。

（7）资源合作贮存。包括建立图书馆联合贮存实体文献系统来减轻成员馆的书库压力，以及对电子文献的使用及永久保存进行研究与协商。

（8）参考资源服务协作。

（9）计算机软硬件资源共享。

（10）在职人员培训与业务辅导。共享员工及用户的教育计划，分享教育训练计划与教材；利用网络开设专题讨论组、参考咨询区等，加强员工之间的业务联系与交流。

（11）合作进行图书馆学、信息技术应用等相关问题的研究。

以上功能是在图书馆自动化网络功能的基础上发展而来的。最能代表网络化资源共享特色的功能有虚拟联合目录、电子文献快递服务、电子资源建设、联机检索等。

三、图书馆联盟的特点

相对于图书馆自动化网络，图书馆联盟的特点主要体现在以下几个方面的拓展:

（1）融合多媒体资源和网络资源的多样化资源形式。

（2）资源的无缝链接和关联使用。资源和服务是分散的、开放的，但通过整合实现统一的管理机制，提供统一的用户界面，被形象地称为一个图书馆、众多的门。

（3）自动化服务协作，如标准馆际互借软件的开发、联合编目、系统操作和维护方面的协作等。

（4）通过联盟增强购买力，通过共享节约经费。集体购买可以达到分摊费用、共同使用的目的；联合购买除了享受团体优惠价外，还可进一步开展联合议价、联合谈判。如VIVA（Virtual Library of Virginia）所有的电子资源都放在共享的站点上，发展及分享电子资源；实体馆藏则通过 Ariel 系统进行馆际互借，推动实体馆藏的分享。CDL实施 Ejournal 计划，以根据需要集成电子期刊取代电子期刊库整体购买，通过竞标获得最佳价位等方法联合采购、定制电子期刊，每年可省400万～800万美元。

（5）以联盟的名义共同筹集资金，拓展服务。图书馆联盟以其整体优势体现出无可替代的地位，从而能获取所属机构提供的专项资金，或取得基金会及其他外部资金的赞助。如拥有73个成员馆的 OhioLink 连续7年获得该州的资助，每年经费700万美元。CDL则通过州图书馆法来保障信息资源共享和财政上的支持。

（6）统一规划信息资源建设，共同建立数据库，合作发展馆藏，重点放在数字化资源的建设与保存。如CDL建立 escholarship，把全州2 000多个教授的信息联系起来，支持其成果的数字化出版，免费出版学术期刊并将其纳入图书馆资源体系中。

四、图书馆联盟介绍

在我国，一些图书馆联盟已经形成，发展也比较成功，如中国高等教育文献保障系统（CALIS）、中国高校人文社会科学文献中心（CASHL）、北京地区高校文献资源保障体系（BALIS）、上海市高校虚拟图书馆、上海地区文献资源共享协作网、江苏高等教育文献保障体系等。下面选取国内两个比较典型的联盟来进行介绍。

（一）中国高等教育文献保障系统

中国高等教育文献保障系统（China Academic Library & Information System，CALIS）（见图9-1），是经国务院批准的我国高等教育"211工程""九五"、"十五"总体规划中三个公共服务体系之一。CALIS的宗旨是，在教育部的领导下，把国家的投资、现代图书馆理念、先进的技术手段、高校丰富的文献资源和人力资源整合起来，建设以中国高等教育数字图书馆为核心的教育文献联合保障体系，实现信息资源共建、共知、共享，以发挥最大的社会效益和经济效益，为中国的高等教育服务。

CALIS管理中心设在北京大学，负责CALIS专题项目的实施和管理，下设文理、工程、农学、医学四个全国文献信息服务中心，以及覆盖全国的七个地区文献信息服务中心和一个东北地区国防文献信息服务中心，主要起到文献信息保障基地的作用。从"十五"期间开始，CALIS的服务从面向"211高校"到面向所有高校。CALIS欢迎高校图书馆及其他社会信息服务结构加入CALIS，参与CALIS的建设，同时享受CALIS提供的服务。加入CALIS的成员馆需遵守CALIS的各项规章制度，同时履行成员馆的责任和义务。目前CALIS已经有1 800多家成员馆。从1998年开始建设以来，CALIS管理中心引进和共建了一系列国内外文献数据库，包括大量的二次文献库和全文数据库；采用独立开发与引用消化相结合的道路，主持开发了联机合作编目系统、文献传递与馆际互借系统、统一检索平台、资源注册与调度系统，形成了较为完整的CALIS文献信息服务网络。

图9-1 CALIS网站首页界面

CALIS的主要建设目标是为全国1 800多家高校成员馆提供标准化、低成本、可扩展的数字图书馆统一服务和集成平台，这些馆通过彼此互联，构成全国高校数字图书馆三级共建和共享服务以及多馆服务协作的联合体系，共同为高校师生提供全方位的文献服务、咨询服务、电子商务和个性化服务。

目前，CALIS包括七大服务系统：①合作编目与书目配送——编目；②协调采购与资源建设——采访；③公共检索与资源导航——门户；④文献传递与原文获取——借阅；⑤查收查引与专题咨询——咨询；⑥软件共享与技术支持——系统；⑦业务培训与资格认证——人力。提供的资源与服务包括：①E读；②外文期刊服务（CCC）；③联合目录服务；④馆际互借服务（E得）；⑤参考咨询服务（E问）。

（二）中国高校人文社会科学文献中心

中国高校人文社会科学文献中心（China Academic Social Sciences and Humanities Library，CASHL）是在教育部的统一领导下，本着"共建、共知、共享"的原则、"整体建设、分布服务"的方针，为高校哲学社会科学教学和研究建设的文献保障服务体系，是教育部高校哲学社会科学"繁荣计划"的重要组成部分，也是唯一的全国性的人文社会科学文献收藏和服务中心，其最终目标是成为"国家哲学社会科学资源平台"。

CASHL的建设宗旨是组织若干所具有学科优势、文献资源优势和服务条件优势的高等学校图书馆，有计划、有系统地引进和收藏国外人文社会科学文献资源，采用集中式门户平台和分布式服务结合的方式，借助现代化的网络服务体系，为全国高校、哲学社会科学研究机构和工作者提供综合性文献信息服务。

CASHL于2004年3月15日正式启动并开始提供服务。目前已收藏有近2万种国外人文社会科学领域的核心期刊和重要期刊，1956种电子期刊以及35万种电子图书；112万种外文图书，以及"高校人文社科外文期刊目次库"和"高校人文社科外文图书联合目录"等数据库，提供数据库检索和浏览、书刊馆际互借与原文传递、相关咨询服务等。任何一所高校，只要与CASHL签订协议，即可享受服务和相关补贴。

CASHL目前已拥有700家成员单位，包括高校图书馆和其他人文社会科学研究机构。个人用户8万多个，机构（团体）用户逾3 000家。CASHL提供文献传递服务80多万笔。CASHL的资源和服务体系由两个全国中心、五个区域中心和十个学科中心构成，其职责是收藏资源、提供服务。

CASHL提供的服务主要有：①资源检索；②图书借阅；③原文传递；④全文下载；⑤代查代检；⑥参考咨询；⑦CASHL大型特藏；⑧学科特色资源以及个性化服务。

CASHL的服务平台——"开世览文"（见图9-2）可为用户提供的服务内容有：高校人文社科外文期刊目次数据库查询、高校人文社科外文图书联合目录查询、高校人文社科核心期刊总览、国外人文社科重点期刊订购推荐、文献传递服务、专家咨询服务以及CASHL馆际互借服务等。

1. 高校人文社科外文期刊目次数据库查询

收录了CASHL全国中心（北京大学和复旦大学）2 300多种人文社会科学外文期刊，可提供目次的分类浏览和检索查询，以及基于目次的文献原文传递服务。其中带有"核心"标识的期刊为核心期刊。

2. 高校人文社科外文图书联合目录查询

提供北京大学、复旦大学、武汉大学、南京大学、吉林大学、中山大学及四川大学等7所高校图书馆的人文社科外文图书的联合目录查询。可按照书名进行检索，或按照书名首字母进行排序浏览，还可以按照学科分类进行浏览。

3. 高校人文社科核心期刊总览

包含两大序列：

（1）由北京大学图书馆主持编纂的《国外人文社会科学核心期刊总览》；

（2）被SSCI和A&HCI收录的核心期刊。带有"馆藏"标识的可提供文献传递服务，带有"推荐"标识的可以推荐订购。

4. 国外人文社科重点期刊订购推荐

提供9 000多种国外人文社科重点期刊的目录供用户推荐订购，用户的推荐意见将作为CASHL订购期刊的重要依据。

5. 文献传递服务

注册用户可在目次浏览或检索的基础上请求原文，如不知文献来源，也可以直接提交原文传递请求。通常情况下，用户发送文献传递请求后，可在1~3个工作日得到所需原文。

6. 专家咨询服务

由具有专业素质的咨询专家为用户提供信息咨询、课题查询服务。

图9-2 "开世览文"平台界面

7. CASHL馆际互借服务

注册用户可在高校人文社科外文图书联合目录浏览或检索的基础上请求CASHL馆际互借服务。

参考文献

[1] 吴慰慈，董焱.图书馆学概论[M].北京：北京图书馆出版社，2002.

[2] 中国大百科全书总编辑委员会.图书馆学百科全书[M].北京：中国大百科全书出版社，1993.

[3] 吴建中.21世纪图书馆新论[M].上海：上海科学技术文献出版社，1998.

[4] 詹福瑞.中国图书馆年鉴：2013[M].北京：国家图书馆出版社，2013.

[5] 金耀，刘小华.图书馆利用与文献检索教程[M].北京：科学出版社，2013.

[6] 郭依群.应用图书馆学教程[M].3版.北京：清华大学出版社，2012.

[7] 高等教育数字图书馆，http://www.calis.edu.cn.

[8] 中国高校人文社会科学文献中心，http://www.cashl.edu.cn.

思考题

1.简述图书馆的主要发展阶段。

2.图书馆常用的资源和服务类型有哪些?

3.通过图书馆联盟可以获得哪些资源和服务? 举例说明。

4.国内外的典型图书馆联盟有哪几个?

第十章　图书馆利用

❈本章提要

通过本章的学习，了解图书馆利用过程中涉及的主要检索工具，重点掌握图书馆分类法和联机公共目录查询系统（OPAC）。同时，理解并学习互联网时代图书馆的主要服务功能：知识发现、开放获取、文献传递和特色馆藏的数字化利用。

第一节　检索工具

一、图书分类法

目前，图书的分类法有很多种，国内的分类法主要有《中国图书馆分类法》、《中国科学院图书馆图书分类法》以及《中国人民大学图书馆图书分类法》等。其中，《中国图书馆分类法》是现在国内使用最广泛的分类法体系。国际上的分类法主要有《杜威十进分类法》、《国际十进分类法》和《美国国会图书馆图书分类法》，并称为世界三大分类法，使用最广泛的则是《杜威十进分类法》。

（一）《中国图书馆分类法》

《中国图书馆分类法》（原名《中国图书馆图书分类法》，简称《中图法》），是新中国成立后由国家图书馆《中国图书馆分类法》编辑委员会编制的一部具有代表性的综合性分类法，被我国图书馆和情报单位普遍使用，是当今国内使用最广泛的分类法体系。

《中图法》于1971年发布试用版，初版于1975年，先后经过了第二版（1980年）、第三版（1990年）、第四版（1999年）的修订，最新版为2010年出版的第五版。

《中图法》标记符号采用汉语拼音字母与阿拉伯数字相结合的混合制号码。用一个字母标志一个大类，以字母的顺序反映大类的序列。在字母后用数字表示大类下类目的划分。《中图法》共5大部类，22个基本大类，是由数万条类目组成的一个完善的分类体系。五大部类序列为：马列主义、毛泽东思想，哲学，社会科学，自然科学，综合性图书，按照从总到分、从一般到具体的原则编制，组成了社会科学和自然科学的完整体系。其中，经济类图书是社会科学中的一大类，用F类表示，类目简表分为11个大类目（见图10-1）。

第五版《中图法》修订幅度较大，新增1 631个类目，停用或直接删除约2 500个类目，修改类目5 200多个。此次修订确定"A马克思主义、列宁主义、毛泽东思想、邓小平理论"为特别处理的大类，"F经济"、"TP自动化技术、计算机技术"、"U交通运输"为重点修订大类，"D政治、法律"、"G文化、科学、教育、体育"、"TS轻工业、手工业、生活服务业"等和政治、经济、文化、生活、计算机技术相关类为局部调整大类。

```
                    ┌─ A 马克思主义、列宁主义、        ┌─ F0 经济学
                    │    毛泽东思想、邓小平理论       │   F1 世界各国经济概况、
                    │  B 哲学、宗教                    │     经济史、经济地理
                    │  C 社会科学总论                  │   F2 经济管理
                    │  D 政治、法律                    │   F3 农业经济
                    │  E 军事                          │   F4 工业经济
  社会科学 ─────────┤  F 经济 ─────────────────────────┤   F49 信息产业经济
                    │  G 文化、科学、教育、体育       │   F5 交通运输经济
                    │  H 语言、文字                    │   F59 旅游经济
                    │  I 文学                          │   F6 邮电通信经济
                    │  J 艺术                          │   F7 贸易经济
                    └─ K 历史、地理                    └─ F8 财政、金融

                    ┌─ N 自然科学总论
                    │  O 数理科学和化学
                    │  P 天文学、地球科学
                    │  Q 生物科学
                    │  R 医药、卫生
  自然科学 ─────────┤  S 农业科学
                    │  T 工业技术
                    │  U 交通运输
                    │  V 航空、航天
                    │  X 环境科学、安全科学
                    └─ Z 综合性图书
```

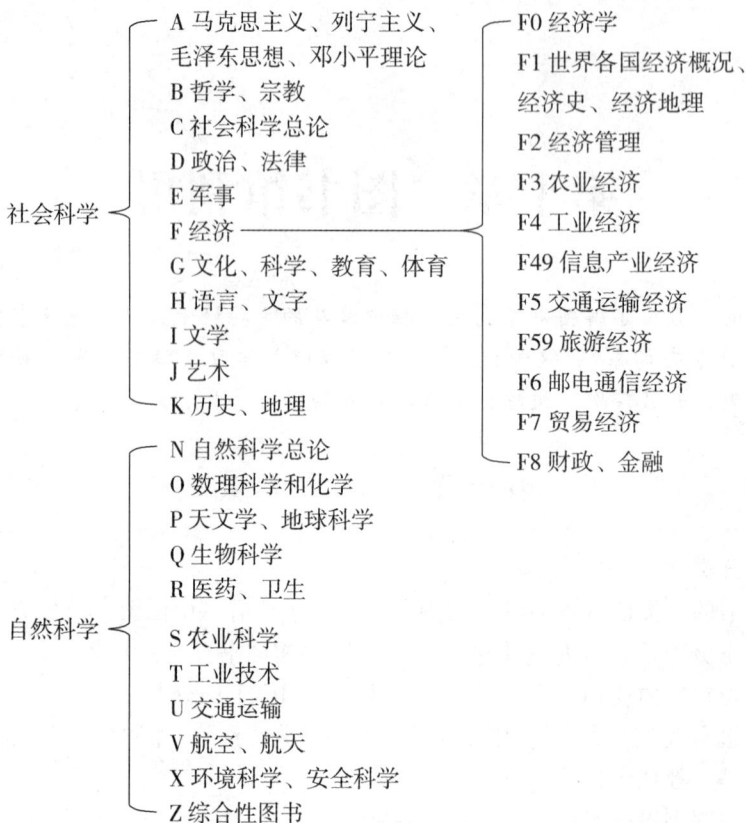

图 10-1　《中图法》类目简表

F 类是增删改类目数最多的，新增类目 230 多个，修改类名、增补注释、明确使用方法等修改约 500 个类目，对无文献保障或过时或重复或主题不明确的类目删除停用约 140 个。

按照《中图法》去检索所需要的图书，这种方法被称为分类法检索，比如想要查找信息经济中有关信息服务方面的图书，读者就可以通过分类法，直接找到 F 类中的具体一项"F49 信息产业经济"类目下面的"F490.5 信息服务与市场"这一项，然后按照索书号去馆藏目录检索系统中查找有哪些书，然后再到书架上去找具体的书。

（二）《杜威十进分类法》

《杜威十进分类法》（Dewey Decimal Classification，DDC，简称《杜威法》），是由美国图书馆专家麦尔威·杜威（Melvil Dewey）发明的，于 1876 年出版。书名原为《图书馆图书编目排架用分类法及主题索引》，后经十多次修订再版，于 1951 年出的第 15 版正式定名为《杜威十进分类法》。最新版为 2011 年出版的第 23 版，1996 年后印刷版和电子版同时出版发行。网络版 WebDewey2.0 是不断更新的《杜威十进分类法》的完整版的在线版本，于 2000 年发布。

此分类法对世界图书馆分类学有相当大的影响，被翻译成西班牙文、中文、法文、日文等 30 多种语言出版。《杜威法》被世界上 135 个国家的 20 多万个图书馆使用，在美国，几乎所有公共图书馆和学校图书馆都采用这种分类法。

《杜威法》采用传统的学科分类，分为 10 个大类，涵盖了所有科学知识体系（见表

10-1）。以三位数字代表分类码，10 大类下又细分为 100 个中分类和 1 000 个小分类。除了三位数分类外，一般会有两位数字的附加码，以代表不同的地区、时间、材料或其他特性的论述，分类码与附加码之间则以小数点"."隔开。例如，330 表经济学 + .9 表地区别论述 + .04 表欧洲 = 330.94 表欧洲经济学。

表 10-1　　　　　　　　　　　《杜威十进分类法》基本类号和类目

类号	类目	中文对照
000	Computers, Information & General Reference	计算机科学、信息、总论
100	Philosophy & Psychology	哲学、心理学
200	Religion	宗教
300	Social Science	社会科学
400	Language	语言
500	Sciences	自然科学
600	Technology	应用科学
700	Arts & Recreation	艺术、娱乐
800	Literature	文学
900	History & Geography	历史、地理

二、联机公共目录查询系统 （OPAC）

OPAC 是 Online Public Access Catalogue 的缩写，在图书馆学上被称作"联机公共目录查询系统"。OPAC 于 20 世纪 70 年代初发端于美国大学和公共图书馆，是传统读者目录查询的自动化，是一种通过网络查询馆藏信息资源的联机检索系统。读者可以不受地点的限制利用万维网实现图书、期刊的检索、借阅等传统服务以及网上预约、续借、推荐图书等个性化服务。

OPAC 可以用于检索单个图书馆的馆藏，也可以用于检索多个图书馆的馆藏即联合目录查询系统，如国内的全国期刊联合目录和图书联合目录数据库、美国 OCLC 的世界书目查询数据库 WorldCat。

（一）全国期刊联合目录数据库

全国期刊联合目录数据库由中国科学院文献情报中心于 1983 年创建，现在已经发展成为一个多学科的大型数据库，包括全国西文期刊联合目录数据库、全国日文期刊联合目录数据库、全国俄文期刊联合目录数据库、全国中文期刊联合目录数据库 4 个子库。全国期刊联合目录数据库有 400 余家成员馆。截止到 2008 年年底，全国期刊联合目录数据库共收录西文印本期刊 5.4 万种，馆藏 26.8 万条；收录日文印本期刊 7 千余种，馆藏 2.5 万条；收录俄文印本期刊 6 500 余种，馆藏 1.8 万条；收录中文印本期刊 1.9 万种，馆藏 8.3 万条。

（二）图书联合目录数据库

图书联合目录数据库是由中国科学院文献情报中心牵头创建的，于 2002 年正式启动，2004 年 5 月全面开通提供服务。参加单位包括中国科学院资源环境信息中心、中国科学院上海生命科学信息中心、中国科学院成都文献情报中心、中国科学院武汉文献情报中心以及中国科学院各研究所文献情报单位。

图书联合目录数据库自2004年提供服务以来，在支持中国科学院文献资源共建共享方面发挥着重要作用。2007年，中国科学院图书联合目录数据库开发了图书目次服务功能，在书目数据中嵌入目次、书评信息。目次功能可以让读者了解被检索图书的目次信息并准确定位到具体篇章，将所需要的章节内容带入原文传递系统就可以申请文献传递。

图书联合目录数据库包括西文图书联合目录数据库和中文图书联合目录数据库2个子库。截止到2008年年底，共收录西文印本图书38.3万种，馆藏50万条；收录中文印本图书47.5万种，馆藏77.8万条；收录西文电子图书9 500种；收录中文电子图书近9万种。

（三）OCLC的世界书目数据库——WorldCat

OCLC（Online Computer Library Center）即联机计算机图书馆中心，总部设在美国的俄亥俄州，是世界上最大的提供文献信息服务的非营利性组织机构之一，以推动更多的人检索世界上的信息、实现资源共享并减少使用信息的费用为主要目的的。WorldCat是OCLC公司的在线编目联合目录，是世界范围图书馆和其他资料的联合编目库，同时也是世界最大的联机书目数据库。

WorldCat即联机联合目录数据库，是世界上最大的书目记录数据库，包含OCLC近2万家成员馆编目的所有记录，可以为图书馆提供数以百万计的书目记录。从1971年建库到目前为止，共收录有480多种语言总计达18亿条的馆藏记录、2.8亿多条独一无二的书目记录，每个记录中还带有馆藏信息，基本上反映了从公元前1000多年至今世界范围内的图书馆所拥有的图书和其他资料，代表了4 000多年来人类知识的结晶。主题范畴非常广泛，包括图书、手稿、地图、网址与网络资源、乐谱、计算机程序、电影与幻灯、录音录像带、报纸、期刊、文章、章节以及文件等等。该数据库信息平均每10秒更新一次，因此，用户可以从该系统中检索到世界上最新的文献资料和信息。

掌握了OPAC的正确使用方法，将会减少书目检索的时间，提高检索的查全率和查准率。

目前，国内图书馆的OPAC使用的管理系统不尽相同，主要有汇文图书馆管理系统（Libsys）、丹诚图书馆管理系统（DataTrans）、ILAS、金盘、ALEPH500等。这些系统的主要功能基本都包括了书目检索、我的图书馆、新书通报、读者荐购和信息发布等读者常用功能。

下面以ALEPH500系统为例介绍OPAC的主要功能及使用方法。

1. 书目检索

在书目检索首页（见图10-2）可以直接输入关键词进行检索，如果仅查找某一类或某一时段的文献资料，就可以用右侧的"更多选项"对所查的图书信息进行范围限制，如语言、开始年份、结束年份、资料类型等设定检索限制，如果想要查找具体某个资料室的文献，则可用所在的馆藏位置进行限制检索。在右侧的"高级检索"中，读者可以选择多字段检索、多库检索、高级检索、通用命令语言检索等不同的检索方式。

在检索首页，空白检索框中直接输入检索词如关键词"福利经济学"，选择中文文献库进行检索，出现49条检索结果，按出版年代降序排列（见图10-3）。右侧则显示与"福利经济学"相关的主题词，以及按出版年份、语种、馆藏、分类、作者、关键词、格式（专著还是期刊）等归类显示本书的具体册数。如果想更精确查找，还可以按其他检索字

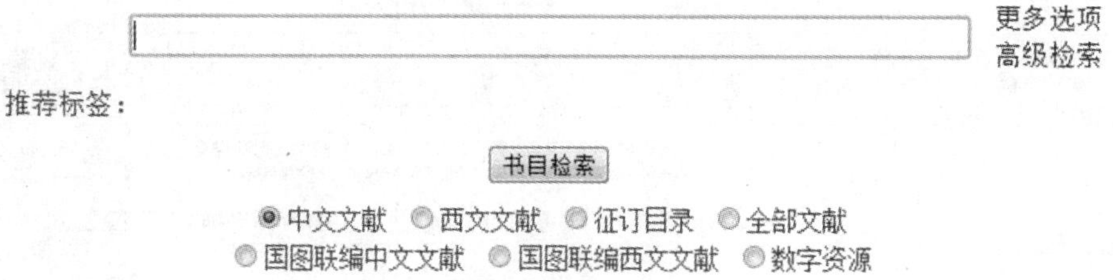

图 10-2　书目检索首页

段进行二次检索。如想要找本馆藏作者是庇古的《福利经济学》，则可以按作者字段输入"庇古"，然后点击"二次检索"，则出现49条结果中《福利经济学》的作者是庇古的藏书，共5条记录。

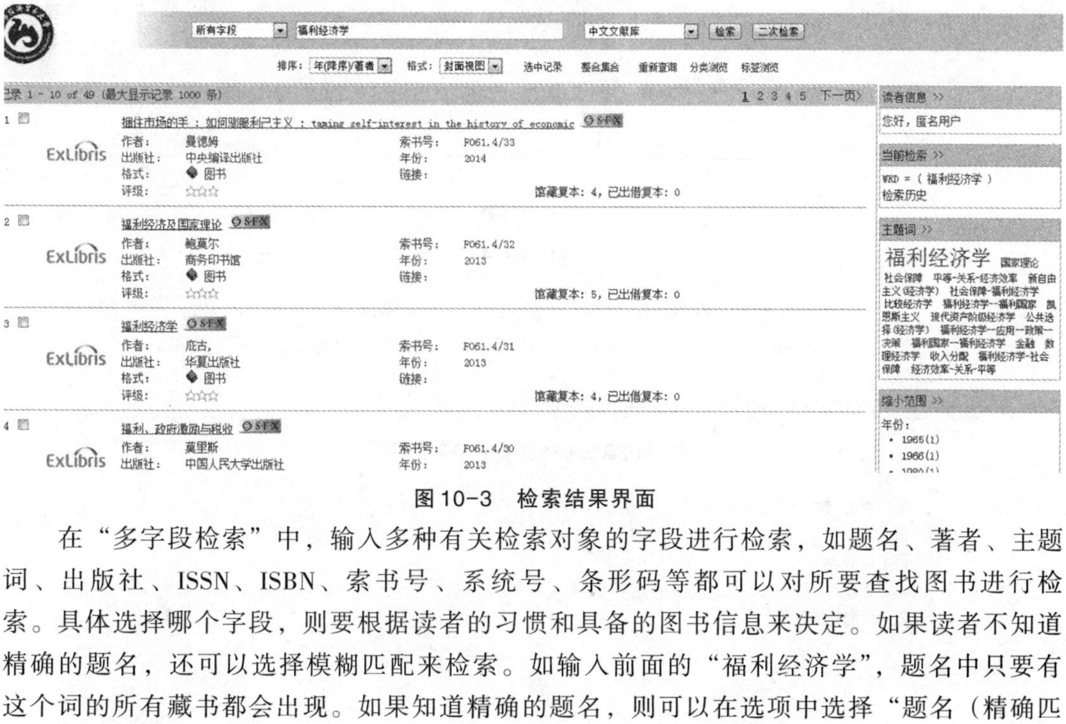

图 10-3　检索结果界面

在"多字段检索"中，输入多种有关检索对象的字段进行检索，如题名、著者、主题词、出版社、ISSN、ISBN、索书号、系统号、条形码等都可以对所要查找图书进行检索。具体选择哪个字段，则要根据读者的习惯和具备的图书信息来决定。如果读者不知道精确的题名，还可以选择模糊匹配来检索。如输入前面的"福利经济学"，题名中只要有这个词的所有藏书都会出现。如果知道精确的题名，则可以在选项中选择"题名（精确匹配）"，这时检索结果只出现了10条题名为"福利经济学"的藏书。

在检索结果界面，点击书名，可以查看到相应的书名信息，在右侧可以看见馆藏复本量和已出借复本，点击则可以查看详细的馆藏位置、应还日期、架位等信息（见图10-4）。

2. 我的图书馆

"我的图书馆"登录界面如图10-5所示，读者证号一般为学生证号和工作证号，初始密码为各图书馆自行设定，读者登录后可以修改。

输入读者证号和密码后，点击"登录"进入"我的图书馆"，可以看到相关信息（见图10-6），如："我的基本信息"是读者的姓名、所在单位、联系电话、证件的有效期限等个人信息；点击"我的流通"则可以查阅读者本人的外借情况、借阅历史、预约请求、预定请求、是否有过期欠款等事项；点击"检索首页"可以回到检索的最初界面。

中文文献库 ~ 馆藏

| 福利经济及国家理论 / （美）鲍莫尔著 |
| 北京：商务印书馆，2013 |

点击链接（"请求"或者"复印"）为单册建立一个预约请求或复印请求。
点击带下划线的应还日期，查看借阅此单册的读者的详细信息。

选择年份 全部 ▼ 选择卷 全部 ▼ 选择分馆 全部 ▼ □隐藏已外借的单册 确定

描述	单册状态	应还日期	分馆	架位	请求数	录码
详细	中文图书外借本	在架上	经济学图书借阅室	F061.4/32		1679352
详细	中文图书外借本	在架上	经济学图书借阅室	F061.4/32		1679353
详细	中文图书外借本	在架上	经济学图书借阅室	F061.4/32		1679354
详细	中文图书外借本	在架上	经济学图书借阅室	F061.4/32		1679355
详细	中文图书外借本	在架上	保存本图书阅览室	F061.4/32		1679351

图 10-4　馆藏信息界面

请确认身份：

读者证号： _____

密　　码： _____

登录　　匿名

English Version
© Ex Libris China 2010

图 10-5　"我的图书馆"登录界面

消息　过失　个人需求文件　定题服务需求文件　更改口令　更新地址

我的基本信息　我的流通　我的荐购　我的标签　我的电子书架　检索首页

点击可查看更多信息，续借，删除，等等

外借	1
借阅历史列表	204
预约请求	0
预定请求	0
现金事务	0.00
当前过期外借欠款	4.80

限制

更新地址

图 10-6　"我的图书馆"相关信息查看界面

点击外借册数，可以打开外借详细信息页面，在这里读者可以办理网上续借、预约等手续。

3.读者荐购

点击检索首页最上面的"读者荐购"，进入到信息填写页面（见图10-7），读者可以将向图书馆推荐购买的图书的主要信息如题名（即书名或刊名）、语种、作者、出版社、出版年、ISBN/ISSN等填入相应位置。

4.热门信息

点击检索首页最上面的"热门信息"，可以进入"热门信息"界面（见图10-8），在这个界面可以看到"新书通报"、"借阅排行"、"十大热评"和"馆员推荐"四个相关栏目信息。

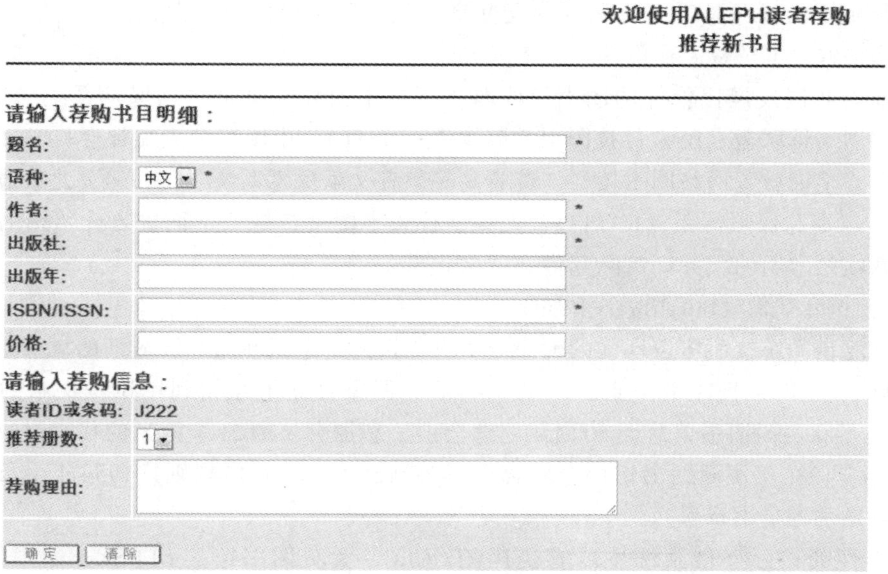

欢迎使用ALEPH读者荐购
推荐新书目

请输入荐购书目明细：

题名：　　　　　　　　　　　　　　＊
语种：　中文　＊
作者：　　　　　　　　　　　　　　＊
出版社：　　　　　　　　　　　　　＊
出版年：
ISBN/ISSN：　　　　　　　　　　　＊
价格：

请输入荐购信息：

读者ID或条码：J222
推荐册数：　1
荐购理由：

确定　清除

图10-7　"读者荐购"界面

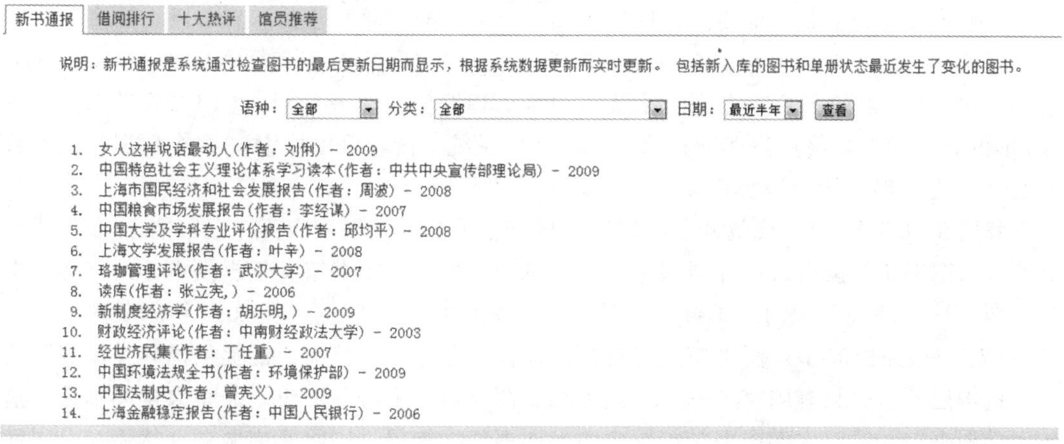

新书通报　借阅排行　十大热评　馆员推荐

说明：新书通报是系统通过检查图书的最后更新日期而显示，根据系统数据更新而实时更新。包括新入库的图书和单期状态最近发生了变化的图书。

语种：全部　分类：全部　日期：最近半年　查看

1. 女人这样说话最动人(作者：刘俐) - 2009
2. 中国特色社会主义理论体系学习读本(作者：中共中央宣传部理论局) - 2009
3. 上海市国民经济和社会发展报告(作者：周波) - 2008
4. 中国粮食市场发展报告(作者：李经谋) - 2007
5. 中国大学及学科专业评价报告(作者：邱均平) - 2008
6. 上海文学发展报告(作者：叶辛) - 2008
7. 珞珈管理评论(作者：武汉大学) - 2007
8. 读库(作者：张立宪，) - 2006
9. 新制度经济学(作者：胡乐明，) - 2009
10. 财政经济评论(作者：中南财经政法大学) - 2003
11. 经世济民集(作者：丁任重) - 2007
12. 中国环境法规全书(作者：环境保护部) - 2009
13. 中国法制史(作者：曾宪义) - 2009
14. 上海金融稳定报告(作者：中国人民银行) - 2006

图10-8　"热门信息"界面

第二节　图书馆服务

一、馆际互借/原文传递

馆际互借/原文传递（Interlibrary Loan/Document Delivery，ILL/DD）是不同图书馆之间利用对方馆藏来满足本馆读者需要的一种活动。这种活动可以弥补本馆馆藏不足、实现图书馆之间资源共享的目的，一方面能节约采购资金，另一方面能省去用户个人往来图书馆之间借阅的时间，最重要的是能让资源得到充分的利用和共享，为个人和机构的研究提供更全面、更快捷的文献支撑。

早在19世纪末20世纪初，图书馆之间的合作就已经形成，当时的合作主要集中在建立联合目录、开展基于印本的馆际互借和文献传递等项目上。随着计算机技术和信息经济的发展，文献资源的共建共享成为了可能，图书馆联盟也就相应地快速发展了起来。图书馆联盟最主要的任务是实现资源的共建共享,包括联合编目和检索、馆际互借、文献传递、协作采购、电子资源建设等。

目前,我国发展比较好的图书馆联盟主要有中国高等教育文献保障系统(CALIS)、中国数字图书馆联盟、国家科技图书文献中心(NSTL)、中国高校人文社会科学文献中心(CASHL)、上海教育网络图书馆、江苏省高等教育文献保障系统(JALIS)、北京地区高校图书馆文献资源保障体系(BALIS)、天津高校数字图书馆等。下面主要介绍图书馆联盟开展的两项最常用的服务:馆际互借和原文传递。

(一) 馆际互借(Interlibrary Loan)

馆际互借系统按照覆盖地区的大小分为世界性的、全国性的和区域性的。

国际互借出现于19世纪末,当时一些欧洲国家订立了互相利用馆藏文献的双边协议。1926年在美国图书馆协会50周年纪念会上,参加会议的21个国家的代表讨论了国际互借制度。1936年国际图书馆协会联合会正式制定了国际互借规则,1954年又重新制定了《国际图书馆借书章程》。

世界性的馆际互借系统主要有美国的OCLC、大英图书馆的BLDSC、德国的SUBI-TO、加拿大科技信息所的CISTI等。这些国际性的文献传递提供者对促进国际间的馆际互借和文献传递起到了非常重要的作用,对图书馆之间的资源共建共享有着巨大的意义。其中,著名的OCLC创立于1967年,到目前为止,全球有171个国家和地区的72036所图书馆都在使用OCLC的服务来查询、采集、出借、保存资料以及编目。OCLC的联机检索系统FirstSearch面向最终用户,通过这个交互式的系统,读者可以检索80多个数据库,涵盖了13个主题范畴,用户满足率高达95%。

我国在20世纪50年代就开展了国际上的互借业务,发展到今天,已经有60多年的历史。国家图书馆是国内最早开展国际业务的机构,据国家图书馆文献提供中心冯京桉在文章《刍议信息环境下国内外国际互借服务发展》中提供的信息,在2011年国家图书馆已经与67个国家的500多家图书馆进行过国际互借业务往来。目前,能提供国际互借服务的国内机构还不多,只有国家图书馆、国家科学图书馆、上海图书馆、北京大学图书馆、清华大学图书馆、武汉大学图书馆等国内大型图书馆才能提供国际互借服务。然而,全国性或区域性的馆际互借服务已经遍布全国,成为众多图书馆的服务中最基本的一项。

(二) 原文传递(Document Delivery)

原文传递是随着信息技术在图书馆中的应用,在传统的馆际互借服务基础上发展起来的一种非返还型文献提供服务。由传统的邮寄、传真形式发展为今天的电子邮件、联机下载等传递形式。

在信息时代,文献资源以一个非常快的速度在增长,海量信息充斥着人类生活,大数据的信息无处不在。而资金的有限、用户搜索技能的不足,使得由专业人员提供检索然后传递原文成为了历史的必然选择。文献传递就是在这样的背景下应运而生的,文献传递系统也在全球范围内发展起来,为资源的共建共享提供了快捷、便利的渠道,使得用户获得原始资料变得更加方便,为用户的科学研究提供了及时的文献保障。

目前,我国影响较大、发展较好的开展馆际互借和文献传递的全国性系统主要有:

1. 中国高等教育文献保障系统(China Academic Library & Information System,CALIS)

全国性的文献传递联盟首推中国高等教育文献保障系统(CALIS)。目前,CALIS的成员馆已达1 000多个，几乎覆盖了全国的所有高等院校、职业技术学院、公共图书馆和军事院校的图书馆。在全国范围内，实现了馆藏资源的共建共享。CALIS的资源发现体系（见图10-9）目前可以提供的资源有1 400多万册中外文图书，12万种外文期刊，2万种中文期刊，500万左右的学位及会议论文等。CALIS的文献传递（获取）体系可以提供这些资源的原文传递服务，真正实现"一个账号，全国获取"的愿望。

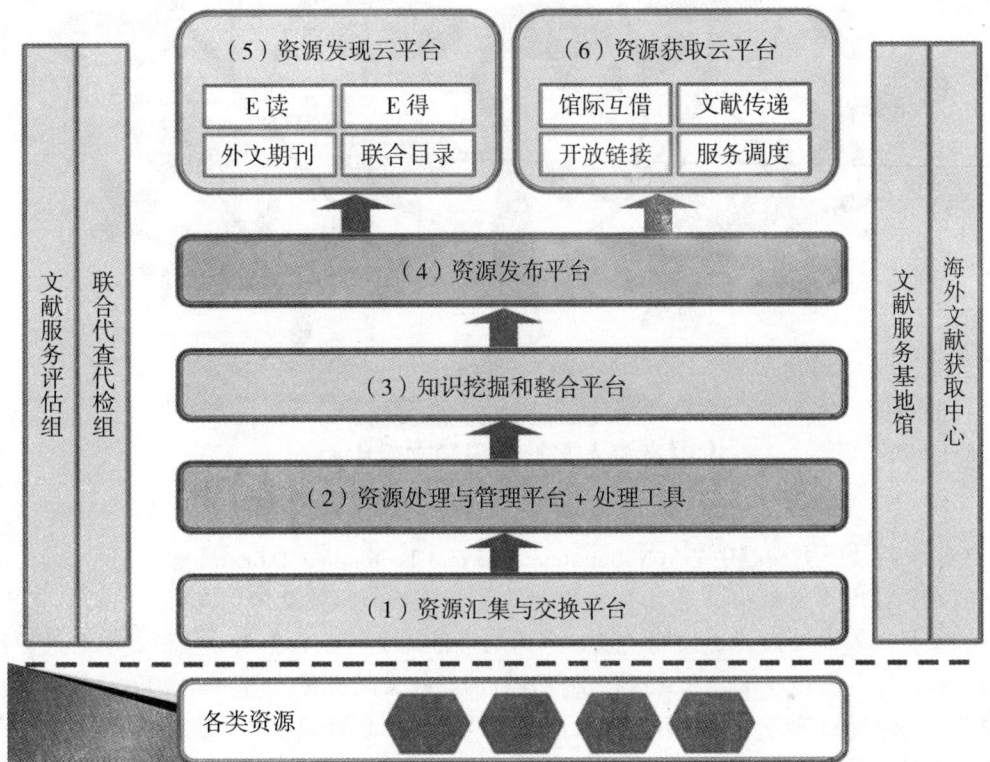

图10-9　CALIS资源整合与云服务体系的构成

2.中国高校人文社会科学文献中心（China Academic Social Sciences and Humanities Library，CASHL）

目前，专门针对人文社会科学文献做传递服务的联盟在全国只有一个，即中国高校人文社会科学文献中心（CASHL）。CASHL是全国性的唯一的人文社会科学文献收藏和服务中心，其最终目标是成为"国家哲学社会科学资源平台"。

CASHL可以提供馆际互借、原文传递、书刊目次查询、学科服务等多项服务（见图10-10），为全国的高校、哲学社会科学工作者和研究者提供了一个方便的人文社会科学文献信息服务平台。

CASHL收录的资源有五大类：外文期刊有2万多种，几乎涵盖了所有的核心期刊；图书收藏有146万种；电子资源包括4个数据库的电子图书，分别来自于EEBO、ECCO、原EAI和MyiLibrary，还有4个外文数据库的电子期刊，分别是JSTOR、PAO、PsycARTICLES和Gale LRC；面向全国开放的二次文献库包括高校人文社科外文期刊目次数据库、高校人文社科外文图书联合目录、CASHL大型特藏目录；还有76种大型特藏文献。

图10-10 CASHL服务体系的构成

3.国家科技图书文献中心（National Science and Technology Library，NSTL）

国家科技图书文献中心是2000年组建的一个虚拟的科技文献信息服务机构。宗旨是根据国家科技发展的需要，按照"统一采购、规范加工、联合上网、资源共享"的原则，采集、收藏和开发理、工、农、医各学科领域的科技文献资源，面向全国开展科技文献信息服务。其发展目标是建设成为国内权威的科技文献信息资源收藏和服务中心、现代信息技术应用的示范区、同世界各国著名科技图书馆交流的窗口。

NSTL成员单位有9家，包括中国科学院文献情报中心、中国科学技术信息研究所、机械工业信息研究院、冶金工业信息标准研究院、中国化工信息中心、中国农业科学院农业信息研究所、中国医学科学院医学信息研究所、中国标准化研究院标准馆和中国计量科学研究院文献馆。

中心收录包括期刊论文、学位论文、会议论文、科技报告、标准规程、专利等多种形式的文献（见图10-11），可以提供这些文献的代查代借服务。中心的网络服务平台已经发展成国内最大的公益性的科技文献信息服务平台，为全国范围内的科技文献共建共享提供了保障。

4.读秀学术搜索

读秀学术搜索是由海量全文数据及资料基本信息组成的数据库，主要为用户提供中文图书的书目检索、包库全文阅读、文献传递等服务，整合了本馆馆藏图书、期刊、报纸、学位论文等多类型的文献，并可以提供一站式检索。

例如，输入关键词"产业经济学"，检索可以得到1 127条中文图书信息（见图10-12），网页左侧是图书导航，可以按类型、年代、学科、作者等的分布显示结果，右侧则显示与"产业经济学"相关的人物、期刊、报纸、学位论文、会议论文等方面的信息。

图 10-11　NSTL 主页界面

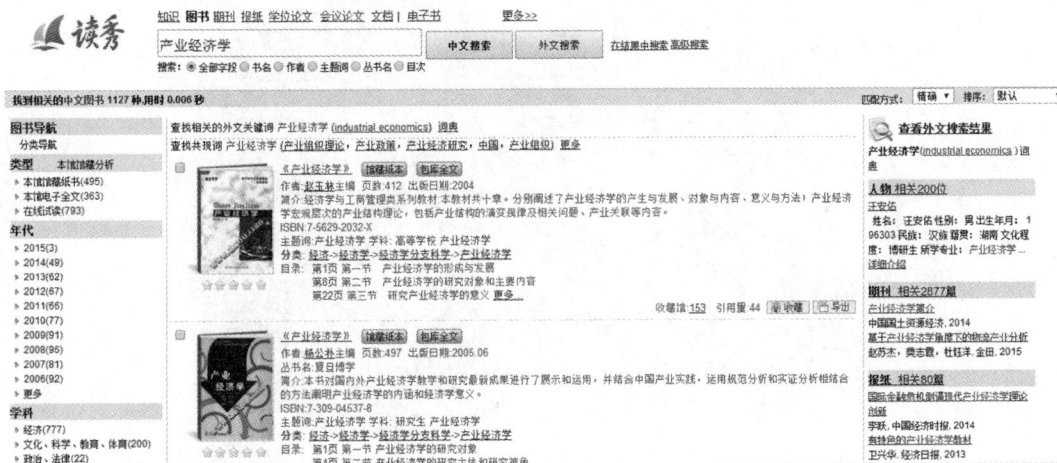

图 10-12　读秀学术搜索检索界面

5. 百链

由北京世纪超星公司于2011年推出的百链云图书馆文献传递系统为读者的一站式检索和原文获取提供了方便、快捷的渠道。如果你所在的图书馆购买了这个系统，则通过网址 http://www.blyun.com 可以直接进入系统进行检索（见图10-13），也可以通过读秀学术搜索平台点击"外文文献"进入百链。

输入所要查找的文献信息，就可以一站式检索到本馆及外馆馆藏纸本和电子文献，读者可以选择"试读"，也可以选择"邮箱接收全文"，系统将在2～48小时内将全文的PDF格式返回读者邮箱，文献满足率高达90%以上。百链以提供外文期刊文献为主，覆盖图书、报纸、学位论文、会议论文、专利、标准、视频等多种类型资源。

百链为读者"找到"和"得到"文献提供了一个很好的一站式检索平台，收录有数亿

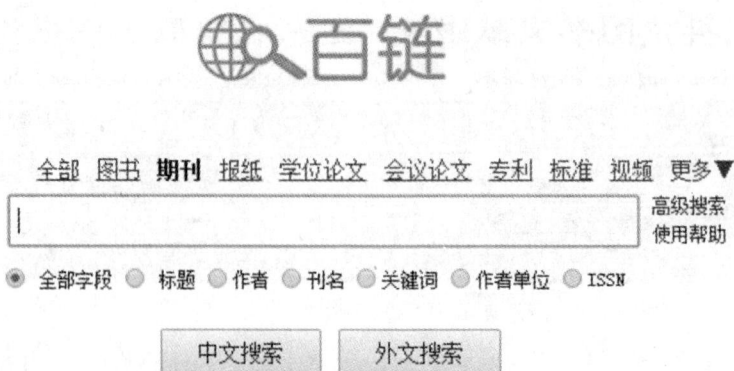

图10-13 百链检索首页

条的元数据，可以链接到700多家图书馆，280多个数据库。百链在全国范围内联合了几乎全部的区域性图书馆，如北京财经类院校资源共享平台、南京高校数字图书馆、山东省高校区域图书馆、辽宁高校文献资源共享平台、四川高校文献保障体系、贵州高校区域图书馆、海南省区域数字图书馆等，并且与多个全国性的文献保障系统都有合作，如CALIS、NSTL、CASHL等，可以实现资源共享，为读者提供了方便、快捷、高效、免费的文献传递服务，在整合中外文文献的基础上真正实现了云服务（见图10-14）。

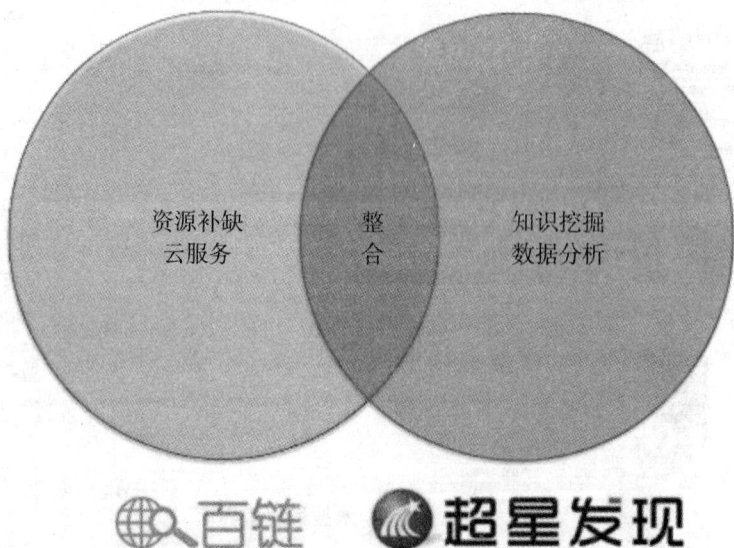

图10-14 百链和超星发现的整合

目前，这些全国性的文献传递系统发展已经比较成熟，用户只要进入相应的系统注册账号，就可以申请所需文献的传递。一般情况下，系统都向成员单位的用户提供免费服务。在非商业用途的基础上，用户可以快速获取并自由使用所得文献。

另外，除了全国性的文献传递系统，上海教育网络图书馆、江苏省高等教育文献保障系统（JALIS）、北京地区高校图书馆文献资源保障体系（BALIS）、天津高校数字图书馆等这些区域性的联盟也都为区域间的馆际互借和原文传递提供了资源和技术上的保障。区域性联盟在有关资金的资助下对用户提供免费的、便捷的服务，对区域内的资源共享起着非常重要的作用。

二、开放获取服务

开放获取（Open Access，OA）运动开始于 20 世纪 90 年代末，是国际学术界、出版界、信息传播界和图书情报界为推动科研成果利用网络自由传播而发起的运动，主要有三大分支，即开放存取期刊、学科知识库和机构知识库。在三大分支中，机构知识库是发展最快的。本书主要介绍机构知识库。

SPARC 高级顾问、机构库权威专家 Raym Crow 认为，机构知识库（Institutional Repositories，IR）是学术机构为捕捉和保存机构的智力成果产出而建立的数字资源仓库。它有两个战略性使命：一是通过激励创新商业出版结构，提供一种改革学术交流的中心系统；二是长期保存机构的研究成果，并借此体现机构的知名度、学术声望和社会价值。

全球机构库统计网站开放获取知识库名录（The Directory of Open Access Repositories，DOAR），提供对机构库的国家/地区分布、类型分布、内容分布以及使用软件情况进行详细的组合统计分析，并可以各种图表方式予以展示。截至 2015 年 3 月 19 日，注册的机构知识库已经达到了 3 924 个。其中，美国 723 家，英国 249 家，德国 213 家，日本 181 家，而中国的机构库登记了 89 家。

（一）国外主要机构知识库

1.DSpace 联盟

DSpace 联盟是由使用 DSpace 技术系统建立机构知识库的研究机构和大学图书馆组成的共同体。DSpace 软件是学术、非营利和商业的机构构建开放的数字资源库的首选软件。它是免费、易于安装、"即开即用"的开源性软件，而且可以定制化去满足任何组织的需求。DSpace 软件可以接受多种形式的电子材料，包括文本文档（论文及预印稿、会议论文、研究报告等）、视频文件、音频文件、数据集（包括统计数据、地理信息数据等）和图像等。

DSpace 联盟项目是由美国麻省理工学院、英国剑桥大学与 Andrew W.Mellon 共同支持建设的。项目从 2003 年开始在 8 所大学小规模范围运用 DSpace 软件并建立相应的机构知识库，后来在全球范围内推广。现在，全球有 1 000 多个机构加入到 DSpace 联盟中，其中美国有 257 个机构知识库，印度有 153 个，日本有 100 个，而中国目前只有 19 个机构加入。

2.arXiv

目前，国际上最有影响的大学机构知识库是 Cornell 大学的 arXiv（见图 10-15），截止到 2015 年 3 月 19 日，共上传 1 022 378 篇论文可以被开放获取，包括物理、数学、计算机科学、生物学、金融学和统计学六个学科的电子预印本论文（e-prints）。提交这些论文必须首先得到已经在机构库上发过一定论文的同行的发文许可，如果作者是来自著名的学术机构也可以得到系统的自动认可。

（二）国内主要机构知识库

在 21 世纪初，机构知识库被引进中国，厦门大学图书馆、香港科技大学图书馆等是构建机构知识库的先行者。由初期的少数几个机构库到今天在 DOAR 上注册的 89 家，机构知识库在中国已经有了较快的发展。但由于文化和体制不同于西方国家，我国的机构知识库最终异化为"典藏库"，成为了机构公开本部门科研人员已发表成果的地方，而有的则办成了展示本机构优势学科或独有典藏的特色数据库，其中的大多数机构库随着时间的流逝，由于各种原因而变成了"睡眠库"。

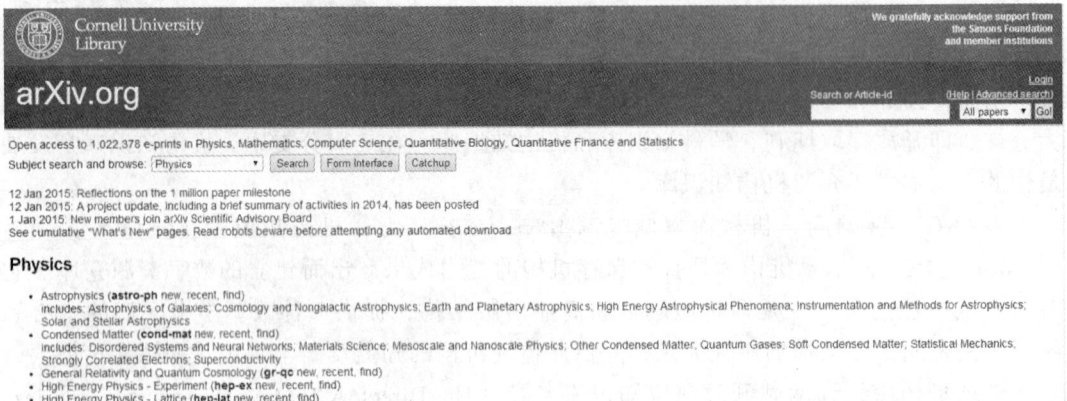

图 10-15　arXiV 网站主页界面

　　针对这种情况，我国的机构知识库迫切需要转型，由原来的"成果典藏库"变为"知识服务平台"。张晓林认为，机构知识库是机构管理科研成果、传播学术知识、支持全社会创新的重要机制，日益成为知识基础设施的重要部分，成为支持数字科研和数字教育的重要工具。支持非文本信息存储、支持教育科研活动、支持机构战略性知识管理是我国机构知识库未来发展的趋势。

　　我国现在朝着这个方向发展较好的机构知识库主要有中国科学院机构知识库、清华大学机构知识库、厦门大学机构知识库、北京大学机构知识库、香港机构知识库等。

　　1.中国科学院机构知识库

　　中国科学院机构知识库也称为中国科学院机构知识库网格（CAS-IR Grid）（见图10-16），以发展机构知识能力和知识管理能力为目标，快速实现对本机构知识资产的搜集、长期保存、合理传播利用，积极建设对知识内容进行捕获、转化、传播、利用和审计的能力，逐步建设包括知识内容分析、关系分析和能力审计在内的知识服务能力，开展综合知识管理。

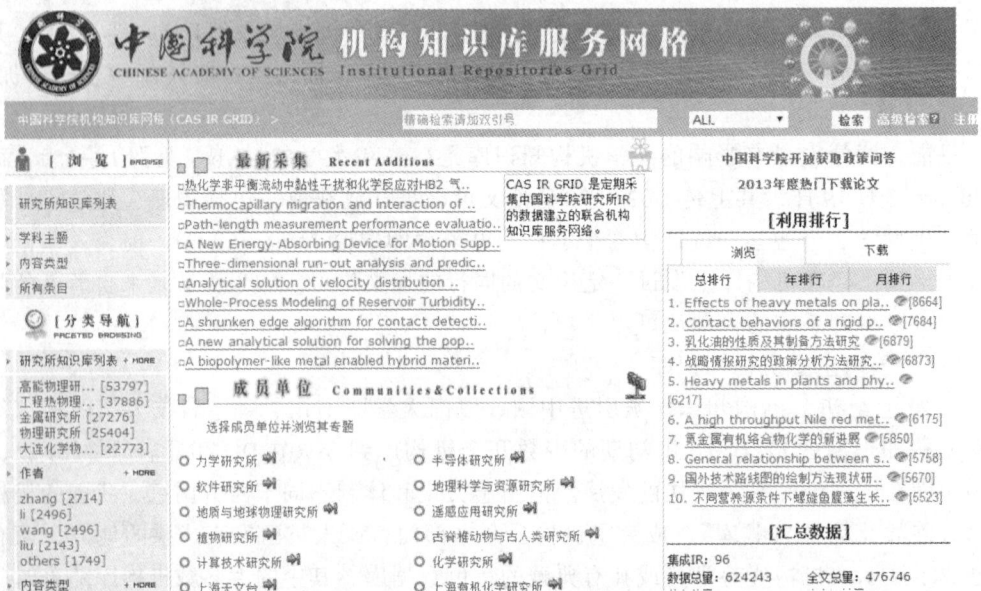

图 10-16　中国科学院机构知识库网站主页界面

目前，中国科学院机构知识库网格共集成100多个机构知识库的数据，总量达到60多万条。其中，全文总量47多万条，比例高达76%。内容类型包括以期刊论文、学位论文、会议论文、专利为主的多种形式。中国科学院机构知识库提供全院科研成果一站式检索和知识发现服务，成为国内规模最大的机构知识库群和最有影响力的机构知识库网格。

2.清华大学机构知识库（TsinghuaIR）

清华大学机构知识库（见图10-17）搜集了清华大学全校师生自2005年以来在国内外主要学术刊物上发表的学术成果，包括期刊论文和会议论文，共计约11万条记录。在提供学术成果网上检索和开放获取的同时，展示了清华大学的学术生产力。

图10-17　清华大学机构知识库网站主页界面

在清华大学机构知识库搜集的学术成果被收录和发表在SCIE/SSCI/AHCI、INSPEC、EI、NTIS、IEEE/IET、中国知网等的资源数据库中，其中大约70%的记录可以浏览全文（限校内IP范围）。

3.厦门大学学术典藏库（Xiamen University Institutional Repository，XMUIR）

厦门大学学术典藏库（见图10-18）主要是用来长期存储和展示厦门大学师生具有较高学术价值的学术著作、期刊论文、工作文稿、会议论文、科研数据资料，以及重要学术活动的演示文稿等的学术信息交流平台。

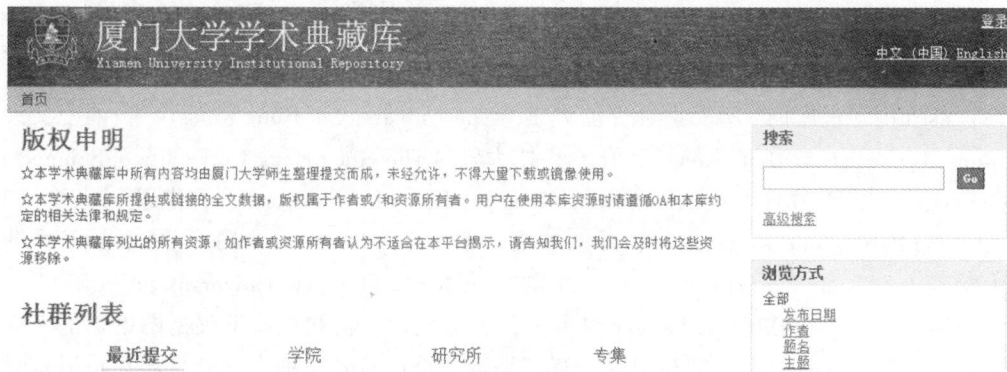

图10-18　厦门大学学术典藏库网站主页界面

4.北京大学机构知识库

北京大学机构知识库（见图10-19）作为支撑北京大学学术研究的基础设施，搜集并保存北京大学教师和科研人员的学术与智力成果；为北京大学教师、科研人员和学生的学术研究与学术交流提供系列服务，包括存档、管理、发布、检索和开放共享。

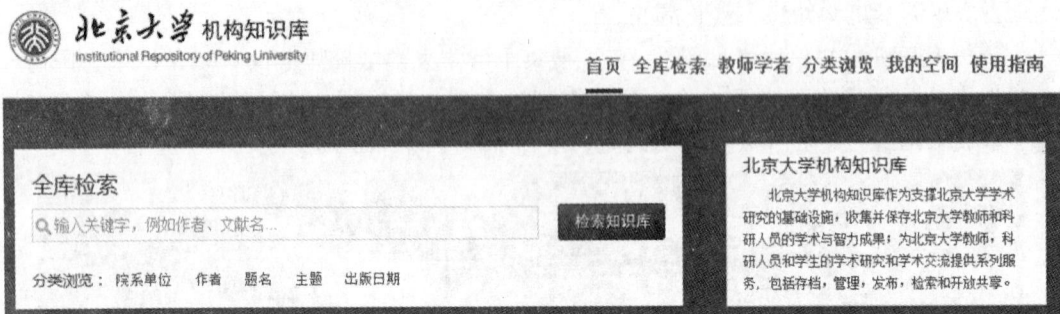

图10-19　北京大学机构知识库主页界面

北京大学机构知识库可以提供全库检索、分类浏览、教师学者等服务，共收录27 756条元数据、15 776篇全文文献。

5.香港机构知识库（HKIR）

香港机构知识库（见图10-20）集成了香港8所政府资助大学的元数据资源，提供该大学部分或全部资源的开放获取。目前，香港机构知识库覆盖了超过29万篇文献的学术研究成果，包括期刊论文（已经出版的和预印本）、会议论文、图书、学术报告、专利、视频等。系统由香港科技大学图书馆开发和维护。

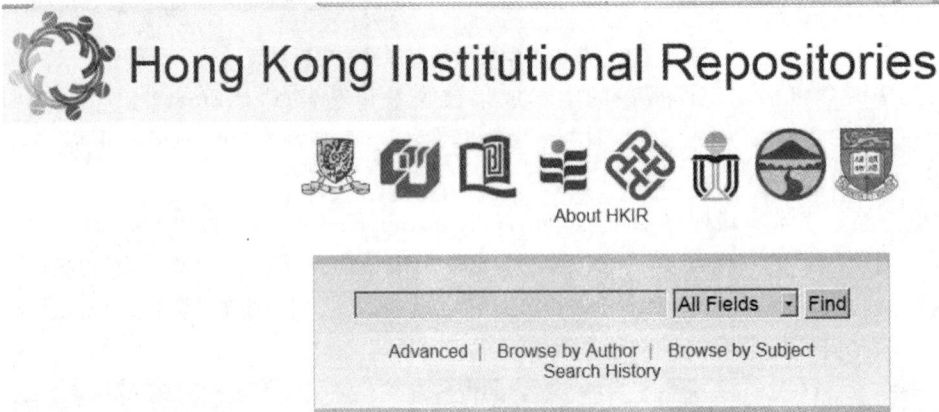

图10-20　香港机构知识库网站主页界面

香港机构知识库的8所大学是香港大学（The University of Hong Kong）、香港中文大学（Chinese Univeristy of Hong Kong）、香港科技大学（The Hong Kong University of Science and Technology）、香港教育学院（The Hong Kong Institute of Education）、香港理工大学（The Hong Kong Polytechnic University）、香港城市大学（City University of Hong Kong）、香港浸会大学（Hong Kong Baptist University）、香港岭南大学（Lingnan University）。

香港大学图书馆 David T. Palmer 曾指出，香港大学机构知识库不仅是图书馆的一套系统，而且已经成为整个大学的知识资产管理平台，可以有效帮助大学管理层在科研信息上的管理。

三、特色馆藏的数字化利用

国外大学图书馆对特色馆藏并没有一个统一的定义和规划，大多数图书馆主要是停留在古籍、善本的特色化上，并且对其进行了数字化的管理。馆内的某些资源超过 100~150 年，这些资源大部分作为古籍善本。此外，还有些国外大学图书馆会将某些报纸作为特色馆藏，如康奈尔大学图书馆将南亚的四种报纸作为特色馆藏。还有将名人的手稿作为特色馆藏的，比如哥伦比亚大学图书馆的手稿图书馆拥有艾森豪威尔的手稿。

国内大学图书馆特色馆藏的起源与发展是一个循序渐进的过程，开始于公共图书馆的特色图书馆。特色图书馆是 20 世纪 80 年代公共图书馆改革的产物。如 1986 年北京东城区图书馆成立的"北京美术服装研究会"和上海黄浦区图书馆在海轮上创建的"海上图书馆"。而大学图书馆则根据自己的特点和优势资源建立了特色馆藏。

目前，国内大学图书馆的特色馆藏建设主要分为两部分：（1）文本特色馆藏或馆藏特色建设，主要是博硕士论文、校友文库等以本校师生的科研成果为搜集对象建立的特色馆藏。还有些大学图书馆建立了本校的重点学科数据库。如西南财经大学图书馆建立的会计、金融、企业管理、统计、政治经济学等学科特色数据库。（2）特色数据库的建设。特色数据库的建设主要以地区特色为主，比如四川大学图书馆的巴蜀研究资料、暨南大学图书馆的华侨华人文献库、中山大学图书馆的孙中山数字图书馆等等。

这里主要介绍国内财经类大学图书馆的特色馆藏，如对外经济贸易大学图书馆的"海关文献数据库"、西南财经大学图书馆的"西部经济文献特色库"、浙江财经大学图书馆的"浙商数据库"、山西财经大学图书馆的"晋商数据库"和哈尔滨商业大学图书馆的反映抗日时期的货币图片库等等。

（一）对外经济贸易大学图书馆特色馆藏

海关文献数据库是基于对外经济贸易大学图书馆海关文献阅览厅的藏书建设的数据库，藏书主要源于中华民国海关图书馆的百年馆藏（部分藏书图片见图 10-21、图 10-22 和图 10-23）。库藏由两部分组成：一部分收藏清末和民国期间中外版本有关中国对外贸易和海关主题的专业典藏 1 万余册；另一部分是清代出版的古籍共 6 390 函。库藏中不乏极具收藏价值的珍本，甚至有些版本在海内外已成孤本。目前，大部分海关文献已经入藏特制钢木框架樟木衬板书柜中。

海关文献数据库划分为"海关外文书目库"和"海关书目数据库"（即中文库），读者可以通过题名、分类等多种途径检索到海关文献阅览厅中的所有藏书书目信息和典藏位置。海关文献特色馆藏已成为本校教师和校内外科研人员研究中国海关史和对外贸易史极为重要的文献资源。

（二）西南财经大学图书馆特色馆藏

1.西南财经大学货币证券虚拟博物馆

西南财经大学货币证券虚拟博物馆是数字博物馆的组成部分，是用计算机虚拟现实技术，结合西南财经大学货币博物馆和校园网的实际情况，开发的一个能够实现自主浏览四维实景的计算机虚拟博物馆系统。其依托本校货币博物馆的现有藏品建立，读者足不出户就可以通过网络参观博物馆。西南财经大学货币证券虚拟博物馆内含藏品近 6 万件，涵盖了中国历代货币、证券、票据、保险凭据、供应票证及其他与经济活动相关的信用凭据。

图 10-21　对外经济贸易大学图书馆海关文献阅览厅藏书掠影（一）

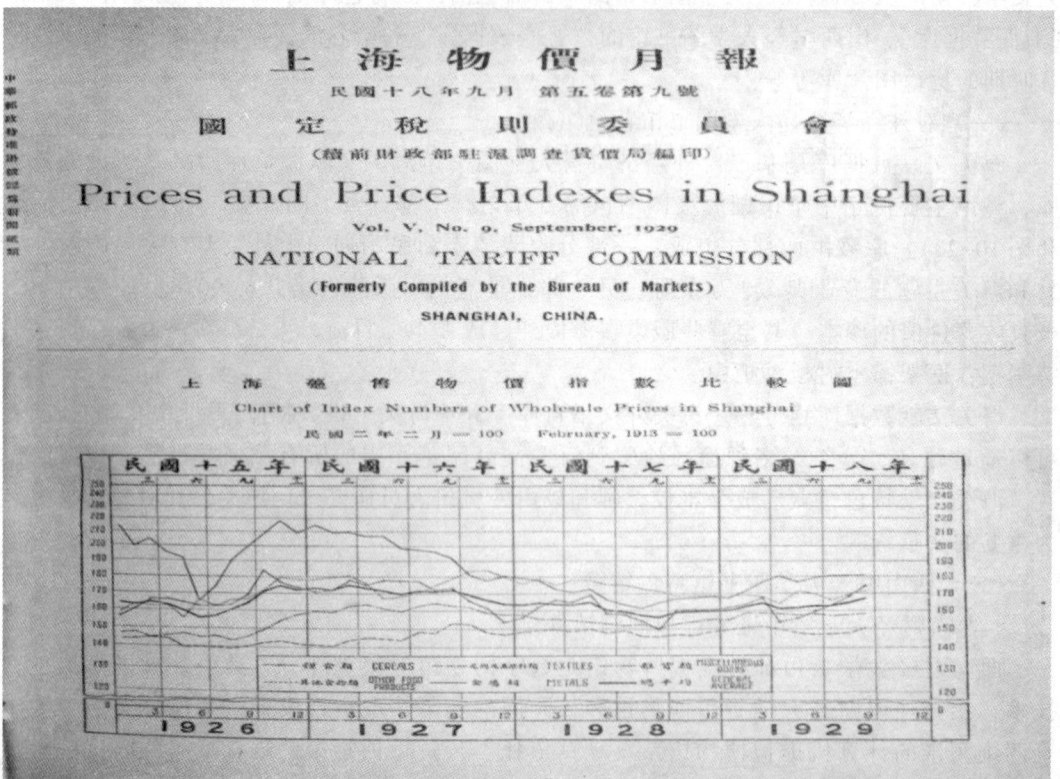

图 10-22　对外经济贸易大学图书馆海关文献阅览厅藏书掠影（二）

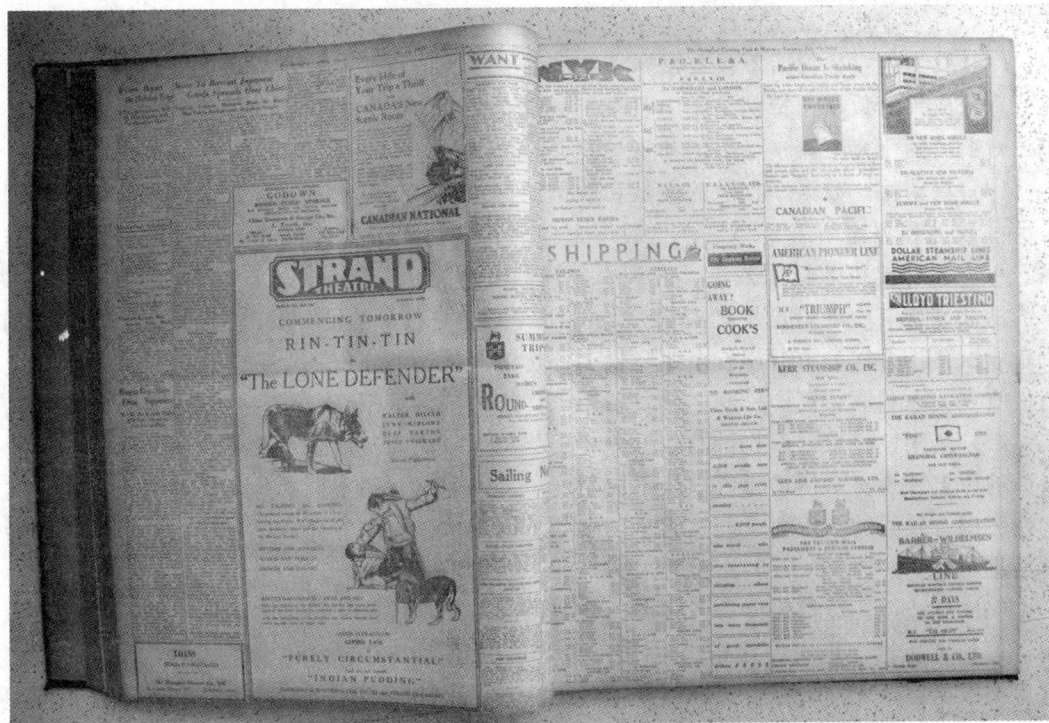

图 10-23 对外经济贸易大学图书馆海关文献阅览厅藏书掠影（三）

2. 西部经济文献特色库

该数据库是一个专门供专业人员研究中国西部地区经济社会发展问题的特色文献信息数据库。该数据库以提供专业文献信息资源功能为主，兼具网站特征。西部经济文献特色库包含"四大模块"：西部概况模块、西部文献模块、专家学者模块、研究成果模块。

（三）浙江财经大学图书馆特色馆藏

1. 浙商数据库

"浙商数据库"是通过全面搜集、深入加工、细化整理浙商的文献信息资源，为深入研究浙商、提炼浙商内涵、升华浙商精神提供文献信息支持的特色资源库。该数据库主要包括浙商人物、浙商企业、浙商历史、浙商数据、浙商文化、浙商研究等内容。数据类型包括全文数据和题录数据。

"浙商数据库"数据具有以下几个特点：

（1）独特性：浙商数据库是一个专门以浙商和浙企为研究对象的数据库。数据库主题突出、特色鲜明，对浙商、浙企的相关文献进行系统的搜集、整理、加工，是国内唯一以浙商为主题的特色数据库。它的建设有利于整合浙商信息资源，开展对浙商的研究，推动浙商文化建设，服务浙江地区经济。

（2）系统性：在数据库建设中，项目组按照"浙商"和"浙企"两条主线进行布局，系统搜集、整理历史和现代资料，全面系统地反映浙商风貌及历史与现实。如浙商人物中有生于 1832 年的胡雪岩，也有 21 世纪网络经济的"宠儿"马云；浙商企业中有创办于 1649 年的"方回春堂"等老字号，也有"娃哈哈"、"阿里巴巴"等新兴企业。对浙商数据，分行业、分产业地整理加工，回溯了近年浙江企业的评比资料，如 2004 年以来的浙江省综合百强企业名录、连续四年的浙江省优秀企业家名录等。

（3）学术性：数据库不仅有展示浙商、浙企风貌的事实性数据，也有对浙商、浙企研究的理论成果等数据，特别是集中收录了一批有关浙商研究的代表性成果和重要的学术著作，对浙商的研究更具参考价值和指导意义。

（4）权威性：数据库收录的文献和数据，都是来自公开出版文献和合法的渠道，特别是一些数据和评比结果，都是来自政府部门、行业协会等管理部门，统计数据真实、准确、可靠，评比排名结果公正、客观、严谨，发布渠道公开、可信、权威。如2004年以来的浙江省国有企业资产统计资料是从浙江省国资委获取的；"浙江省百强企业与优秀创业企业家"排行榜是由浙江省企业联合会评选的。通过浙江省企业联合会，还获得了企业销售收入、净利润、资产总额、研发费用等详细的统计数据。

（5）实用性：数据库收录的数据分历史与现代、浙商与浙企、文献与图片等，反映了浙商的历史和现实。使用者可以从不同角度、不同侧面，用不同的检索方法进行检索，这就使数据有较强的实用性，能够满足读者的不同需求，从多方面、多种形式为读者提供浙商信息。

（6）规范性：数据建设参考《中国数字图书馆标准规范建设》中发表的技术报告《数字资源加工标准规范与操作指南》，结合ZADL资源共享规范，利用统一的技术平台，严格遵循数据著录标准、标引标准及规范控制标准，用比较成熟的软件和通用标准建设标准化、规范化的数据库，保证了数据录入、标引的规范性，有利于ZADL资源的整合开发与共享共用。

2.诺贝尔经济学奖文献信息数据库

"诺贝尔经济学奖文献信息数据库"是经浙江省教育厅省高校特色数据库立项建设，并受省财政专项资助，由浙江财经大学图书馆建设的特色数据库。该数据库搜集了诺贝尔经济学奖获奖成果及相关延伸研究成果，为高校师生及经济学理论研究者提供全面系统的诺贝尔经济学奖的文献信息资源，为高校经济学教学及科研提供文献基础。

"诺贝尔经济学奖文献信息数据库"包括"诺贝尔经济学奖信息"、"获奖者信息"、"获奖成果"、"获奖成果研究"、"视频资源"等子库。

（四）山西财经大学图书馆特色馆藏

1.山西票号与晋商信息资源管理系统

山西票号与晋商信息资源管理系统（见图10-24）利用计算机技术、网络技术和手段，将有关山西票号与晋商的纸质资源、电子资源、声像资源及拓片资源等进行组织、整合和开发，建成一个开放的管理系统，形成以山西票号与晋商文献信息资源为特色的知识资源体系。

它分为图书著作库、学术论文库、史料库、学者及机构库、音像视频库、专家论坛库、遗址及图片库等七个子库，现已搜集并数字化处理晋商图书349种，民国经济史学图书2 733种；晋商专题论文1 227篇，经济史学论文827篇；山西地方志及文史资料4 522种；音像资料208种；遗址及实物1 138件。记录数合计达11 132条，可以对外供用户使用，它为山西省乃至国内以金融学、经济学和管理学为主体的高等学校和研究机构及国内外经济理论研究和工作者提供专项信息资源支持服务，是晋商文献资源的集散中心，被专家学者称为国内外唯一的晋商信息资源数据库。

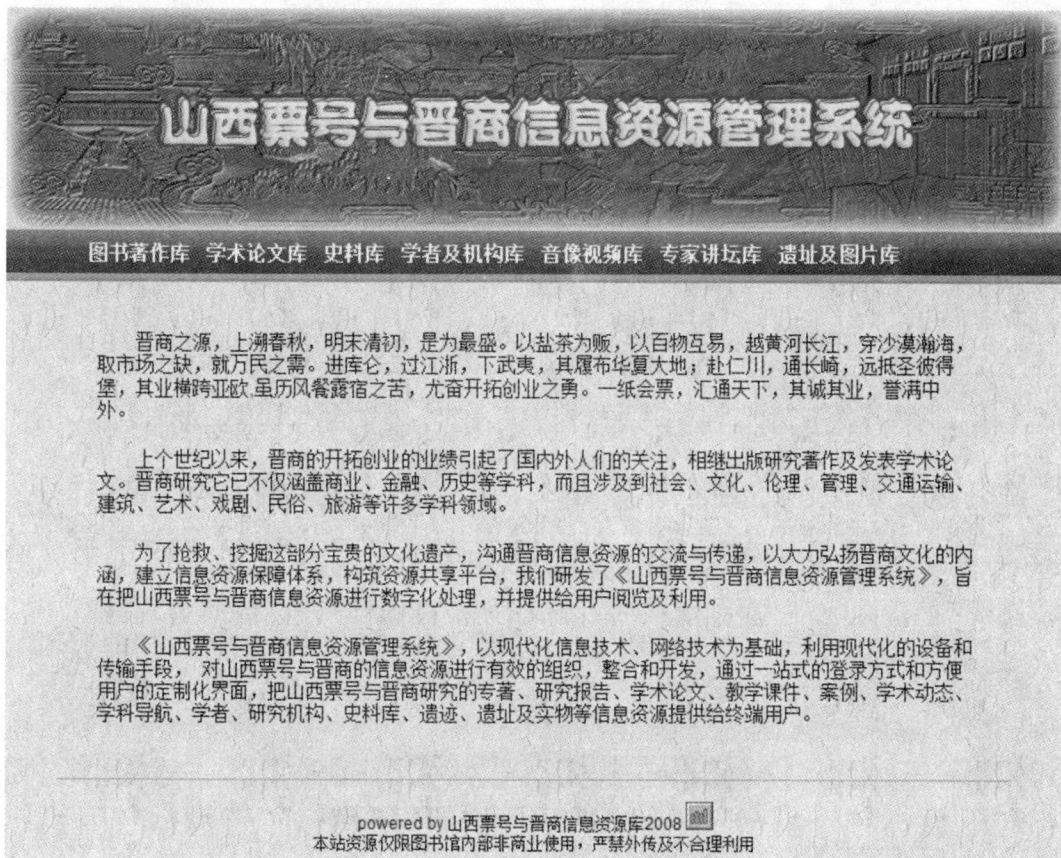

图 10-24　山西票号与晋商信息资源管理系统

2.山西旅游资源与休闲经济数据库

该系统（见图 10-25）分为图书数据子库、论文数据子库、旅游文化子库和视频资料子库等四个子库，记录数达 91 743 条，已在平台网站上发布，2008 年试用，2009 年在平台网站上正式开通使用。该数据库为山西文化强省建设及山西旅游经济发展提供强有力的、丰富的文献资源。

3.山西财经地方特色资源系统

山西财经地方特色资源系统主要针对山西省经济发展的热点、重点行业的运行情况、发展趋势、政策导向、行业统计数据进行动态跟踪、情报搜集与研究分析，力求全方位、多视角、深层次地记录山西省经济运行态势，帮助用户全面及时地把握目前行业市场变化以及热点问题。它包括《山西发展规划数据库》、《山西区域经济与产业经济资源数据库》、《山西统计数据库》等数据库资源。为了能使用户更好地了解国内全面情况，该系统还设有《国家与其他省市发展规划》参考资源。2007 年该系统开通，已为山西省广大经济研究人员所熟知，利用率也很高，具有了一定的影响力。尤其是 2010 年全省各市、地、县"十二五"规划制定后，该系统点击率迅速升高，有效地发挥了特色资源为山西经济预测与决策服务的参考咨询功能。

图10-25　山西旅游资源与休闲经济数据库

（五）哈尔滨商业大学图书馆特色馆藏

1.诺贝尔经济学奖获奖者文库

此库（见图10-26）搜集了从诺贝尔经济学奖1969年第一次颁奖至2014年每年度的诺贝尔经济学奖得主的基本信息、研究领域、馆藏著作和相关电子书链接。

三、保罗·萨缪尔森（1970年）

保罗·萨缪尔森（Paul A. Samuelson）（1915-2009），1935年毕业于芝加哥大学，随后获得哈佛大学的硕士学位和博士学位，并一直在麻省理工学院任经济学教授。他发展了数理和动态经济理论，将经济科学提高到新的水平，是当代凯恩斯主义的集大成者，经济学的最后一个通才。他是当今世界经济学界的巨匠之一，他所研究的内容十分广泛，涉及经济学的各个领域，是世界上罕见的多能学者。萨缪尔森首次将数学分析方法引入经济学，帮助经济困境中上台的肯尼迪政府制定了著名的"肯尼迪减税方案"，并且萨缪尔森的经典著作《经济学》以四十多种语言在全球销售超过四百亿，是全世界最畅销的教科书，影响了整整一代人。他于1970年获得诺贝尔经济学奖，成为第一个获得诺贝尔经济学奖的美国人，并于1947年成为约翰·贝茨·克拉克奖的首位获得者。

研究领域：一般均衡理论、局部均衡理论　　　馆藏著作　　　相关电子书

四、西蒙·库兹涅茨（1971年）

西蒙·库兹涅茨，俄裔美国著名经济学家，1901年4月30日生于乌克兰哈尔科夫，1985年7月8日卒于美国马萨诸塞州坎布里奇（又译作剑桥，哈佛大学所在地），他在经济周期研究中所提出的期20年的经济周期，被西方经济学界称为"库兹涅茨周期"。他在国民收入核算研究中提出了国民收入及其组成部分的定义和计算方法，被经济学家们誉为"美国的G.N.P.之父"。他对经济增长的分析，被西方经济学界认为揭示了各发达国家一个多世纪的经济增长过程，并提出了许多深刻的见解。据说，西蒙·库兹涅茨的研究成果被引用的次数，在西方经济学界的经济学家和统计学家中无人能与之相比。正因为如此，在1971年诺贝尔经济学奖的评选过程中，瑞典皇家科学院从100多个提名所选出的10个候选人中，最后确定了西蒙·库兹涅茨。

研究领域：经济增长、经济史　　　馆藏著作　　　相关电子书

五、约翰·希克斯（1972年）

约翰·理查·希克斯（John Richard Hicks，1904年4月8日 - 1989年5月20日），英国经济学家，1904年出生于英格兰沃里克，1943年当选英国科学院院士，1964年被封为爵士。在微观经济学、宏观经济学、经济学方法论，及经济史学方面卓有成就。1972年他与肯尼斯·约瑟夫·阿罗一起获得诺贝尔经济学奖。他被著作是20世纪最重要和影响最大的经济学家之一。他在经济学方面最有名的贡献是IS-LM模型，这个模型概括了凯恩斯主义对于宏观经济学的认识。另一个著名的贡献是他关于微观经济学中的消费者理论。诺贝尔委员会说，他获奖的原因是他"对经济平衡理论和福利理论的先驱贡献"。

研究领域：一般均衡理论、福利经济理论　　　馆藏著作　　　相关电子书

图10-26　诺贝尔经济学奖获奖者文库

2.抗日时期的流通货币和人民币图片库

根据哈尔滨商业大学张新知教授历时十余年时间撰写的《半个世纪的金融侵略与掠夺——日本在我国发行的货币研究》一书以及张教授的搜集和研究成果，整理建设了反映抗日战争时期金融货币史的多个特色数据库，包括东北革命和抗日根据地货币图片库、帝国主义列强银行在我国发行流通的货币、日本侵华掠夺的金融物证、外国货币侵华与掠夺史论、人民币特种票券图片库和人民币纸币鉴赏图片库。这些特色馆藏揭露了日本帝国主义对我国金融侵略与掠夺的罪行，是集资料性、学术性、知识性、鉴赏性于一体的重要史料，反映了中国近代货币金融史的重要研究成果。

参考文献

[1] 国家图书馆《中国图书馆分类法》编辑委员会.中国图书馆分类法[M].5版.北京:国家图书馆出版社，2010：4.

[2] 彭克宏，马国泉，陈有进.社会科学大词典[M].北京:中国国际广播出版社，1989：727.

[3] 高雯雯，田秀芳，丘东江.简述杜威十进分类法的历史、现状和发展[J].图书馆工作与研究，2013（6）:70-73.

[4] OCLC.Organize your materials with the world's most widely used library classification system[EB/OL].[2015-03-16].http://www.oclc.org/dewey.en.html.

[5] 佚名.杜威十进制图书分类法[EB/OL].[2015-05-10].http://baike.sogou.com/v54895520.htm.

[6] 中国科学院文献情报中心.全国期刊联合目录数据库[EB/OL]. [2015-03-10].http://union.csdl.ac.cn/1.jsp.

[7] 中国科学院文献情报中心.图书联合目录数据库[EB/OL].[2015-03-10].http://union.csdl.ac.cn/2.jsp.

[8]南京图书馆.南京图书馆利用OCLC代查代检、文献传递及馆际互借服务说明[EB/OL].[2015-03-10]. http://www. jslib.org.cn/pub/njlib/njlib_wszy/jslib_oclc/201205/t20120531_112336.htm.

[9] CALIS.CALIS介绍[EB/OL]. [2015-03-16].http://project.calis.edu.cn/calisnew/.

[10]《数据库百科全书》编委会.数据库百科全书[M].上海：上海交通大学出版社，2009：850-851.

[11] CROW R. The case for institutional repositories: a SPARC position paper[EB/OL].[2015-05-10]. http://works.bepress.com/ir_research/7/.

[12] University of Southampton.Registry of open access repositories[EB/OL]. [2015-03-19].http://roar.eprints.org/.

[13] http://arxiv.org/.

[14] 张晓林.机构知识库的发展趋势与挑战[J].现代图书情报技术，2014，2（1）:7.

[15] 中国科学院.关于中国科学院机构知识库（中国科学院机构知识库网格（CAS IR GRID）） [EB/OL]. [2015-03-20].http://www.irgrid.ac.cn/guiter?id=1.

[16] 清华大学图书馆.关于清华大学机构知识库[EB/OL]. （2014-03-28）[2015-03-

20]. http://ir.lib.tsinghua.edu.cn/ir/about.html.

[17] DSpace.厦门大学学术典藏库[EB/OL].[2015-03-21].http://dspace.xmu.edu.cn/dspace2/.

[18] 北京大学图书馆.北京大学机构知识库.[2015-03-21].http://ir.pku.edu.cn/.

[19] HKIR.About HKIR.[2015-03-20].http://hkir.ust.hk/hkir/.

[20]教育部高等学校图书情报工作指导委员会.2014中国机构知识库学术研讨会综述报导[EB/OL].[2015-03-21].http://www.scal.edu.cn/zxdt/201411240129.

[21] 杜杏叶,李亚峰,李贺,等.我国图书馆联盟管理与运行机制现状调查研究[J].图书情报工作,2014（9）:37.

[22] 冯京桉.刍议信息环境下国内外国际互借服务发展[J].新世纪图书馆,2011（3）:31.

[23] CASHL.关于我们[EB/OL].[2015-03-16].http://www.cashl.edu.cn/portal/html/article19.html.

[24] 闫丽庆.国内外大学图书馆特色馆藏建设概况及比较[J].新世纪图书馆,2011（1）:26-28.

思考题

1.按照《中图法》,如果需要查找有关"贸易经济"方面的图书,应该去哪一类目中去找?

2.查找作者"李悦"的"产业经济学"来练习二次检索。

3.查找当前OpenDOAR收录的加拿大的机构知识库数量。

4.利用本章中介绍的文献传递的其中一个系统去申请传递一份自己需要的电子文献。

第五编　检索实践篇

第十一章　文献检索与案例

❋本章提要

本章介绍了检索经济信息资源常用的几个中外文全文数据库的检索途径与方法，包括中国知网（CNKI）、万方数据知识服务平台、维普中文科技期刊数据库、EBSCOhost、ProQuest、ScienceDirect、Springerlink等，并通过案例介绍检索中外经济类文献的具体过程。

第一节　检索方法

本书第五章、第六章分别介绍了中国知网、EBSCOhost、Elsevier、Emerald电子期刊等多个中外全文数据库及电子期刊数据库，如何有效检索和获取这些数据库中的文献，我们不仅需要了解这些数据库收录的文献类型、学科范围等，更重要的是了解各个数据库的检索途径和检索方法。

一、中文全文数据库

（一）中国知网全文数据库

登录中国知网主页，可以通过检索、导航、知网节三种途径获取自己所需要的文献。

1.检索

在中国知网的检索平台上，用户可以进入某一单独的数据库进行检索，也可选择多个数据库同时进行检索，也就是跨库检索。单库检索满足用户的特定需求，得到的结果文献类型单一明确，查准率高。跨库统一检索可以一次检索完成期刊、会议、学位论文等各种文献资源，适于检索某一主题的各种文献类型的成果检索，免去逐一选择数据库、逐一输入检索式、逐一检索的麻烦，检索便捷、效率高。平台单库检索和跨库检索都设置有简单检索、标准检索、高级检索和专业检索等检索界面，用户可以根据自身的检索条件、检索要求和检索技术水平选择。

（1）简单检索：跨库检索和单库检索

跨库简单检索：用户根据需要选择要查找的文献类型，在检索框中直接输入检索词进行检索，"文献检索"默认检索期刊、博硕士、会议、报纸。检索其他类型的文献可以通过"跨库选择"勾选需要检索的文献类型（见图11-1）。

得到检索结果后，可以通过分组浏览选择来源数据库、发表年度、作者、机构、基金等查看检索结果。如选择"发表年度"分组（见图11-2），可选择只浏览某一年度的检索结果。

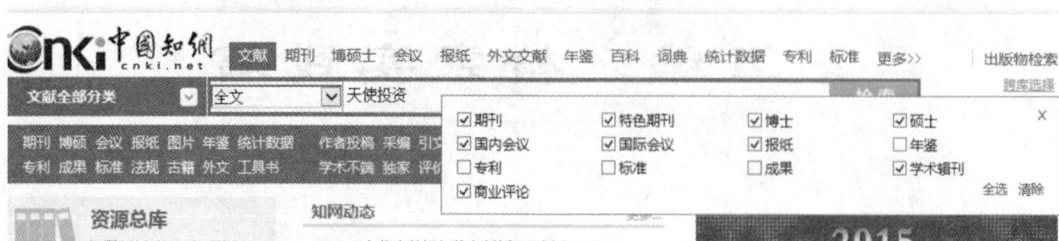

图 11-1　中国知网简单检索界面

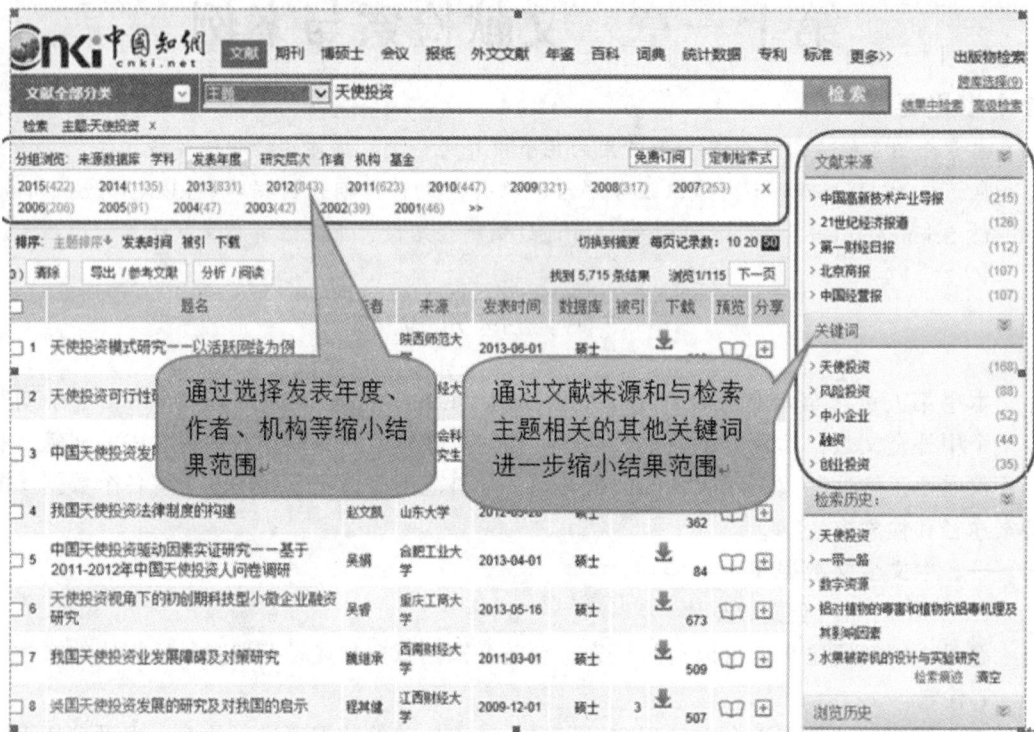

图 11-2　中国知网简单检索结果

结果页面右侧通过选择不同的文献来源或关键词来进一步缩小检索结果。

单库简单检索：用户可以根据需要直接进入某一文献类型的数据库进行检索，如期刊、会议、博硕等。单库检索应注意检索字段的选择，对于期刊文献的检索与跨库检索相比有更多的字段选择，主题字段表示在篇名、关键词和摘要中检索；另外还要注意选择"模糊"和"精确"，检索时往往会忽略，系统默认是精确检索，当我们不是要找某一特定文献时应选择模糊检索；通过"⊞ ⊟"增减检索框来增减检索条件；还可以通过限定出版时间和期刊类别缩小检索范围，提高查准率（见图 11-3）。

（2）高级检索：跨库高级检索和单库高级检索

跨库高级检索：当简单检索不能满足查找需要时，可以选择高级检索，限制更多的检索条件，提高查准率。

此外还可以进行作者发文检索、科研基金检索、句子检索和文献来源检索。"作者发文检索"可以检索某一作者发表的所有文章；"科研基金检索"可以检索由某一基金支持发表的所有文章；"句子检索"是输入检索词之后，检索结果得到的是含有检索词的完整

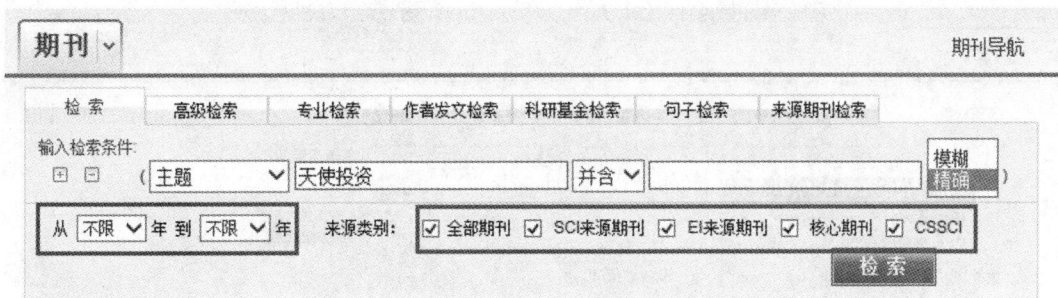

图11-3 中国知网单库（期刊库）检索界面

句子，适用于事实检索；"文献来源检索"可以检索某种期刊发表的所有文章（见图11-4）。

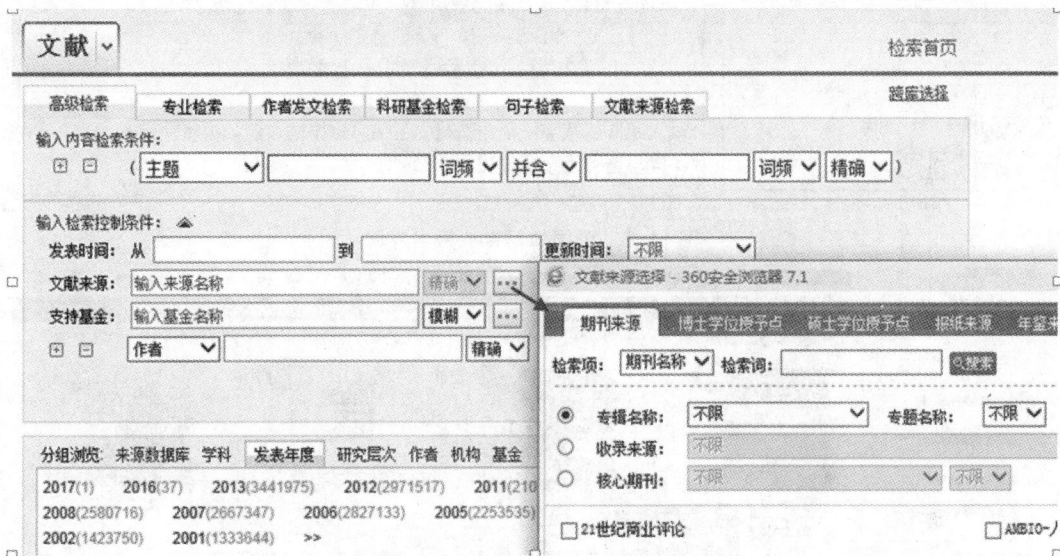

图11-4 中国知网高级检索界面

（3）专业检索

专业检索是在检索文本框中直接输入检索表达式，得到更加准确的结果。该检索方式适合于对检索非常熟悉的用户（见图11-5）。

2.导航

中国知网提供按出版物、内容分类、基金、单位等多种查找文献的途径，适应读者传统的阅览习惯，即使不具备检索知识，也可以找到目标文献。跨库平台界面和各个单库检索界面都提供导航入口。

期刊导航是比较常用的一种导航，提供按学科、期刊名称首字母顺序、出版地、核心期刊等多种途径检索期刊，每种期刊都集中了该刊出版的所有卷期的文章（见图11-6）。

3.知网节

知网节可以认为是一种文献聚类的展示，提供了完整的知识链条，满足系统阅读的需求。

它是以一篇文献作为其节点文献，通过参考文献、相似文献等汇成关于节点文献的知识脉络。知网节提供了从一篇文章、一个知识点链接到更多的相关文献的途径，起到了扩

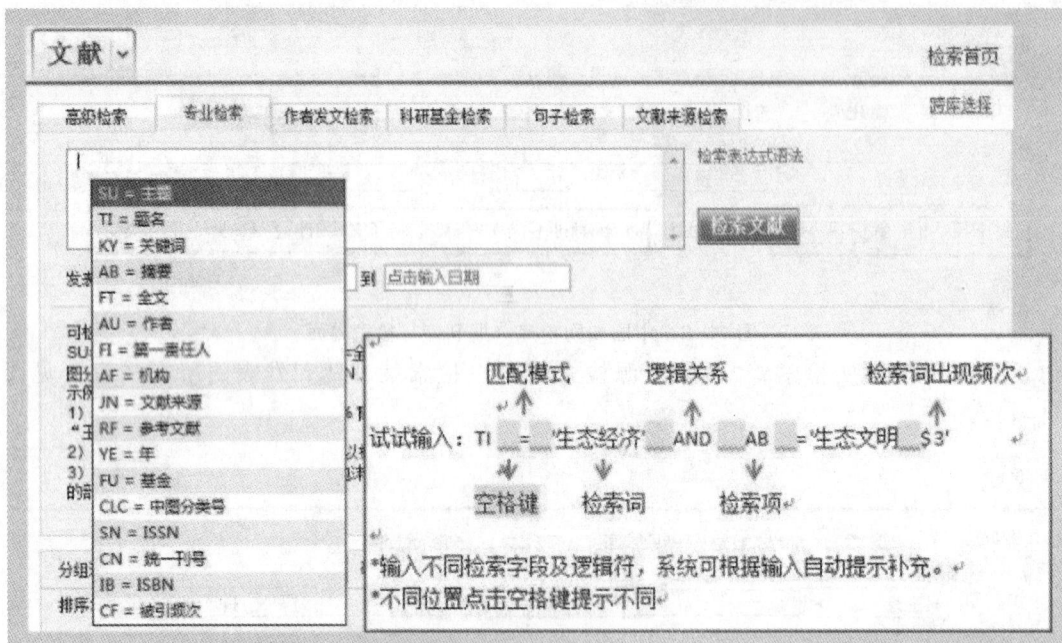

图 11-5　中国知网专业检索界面

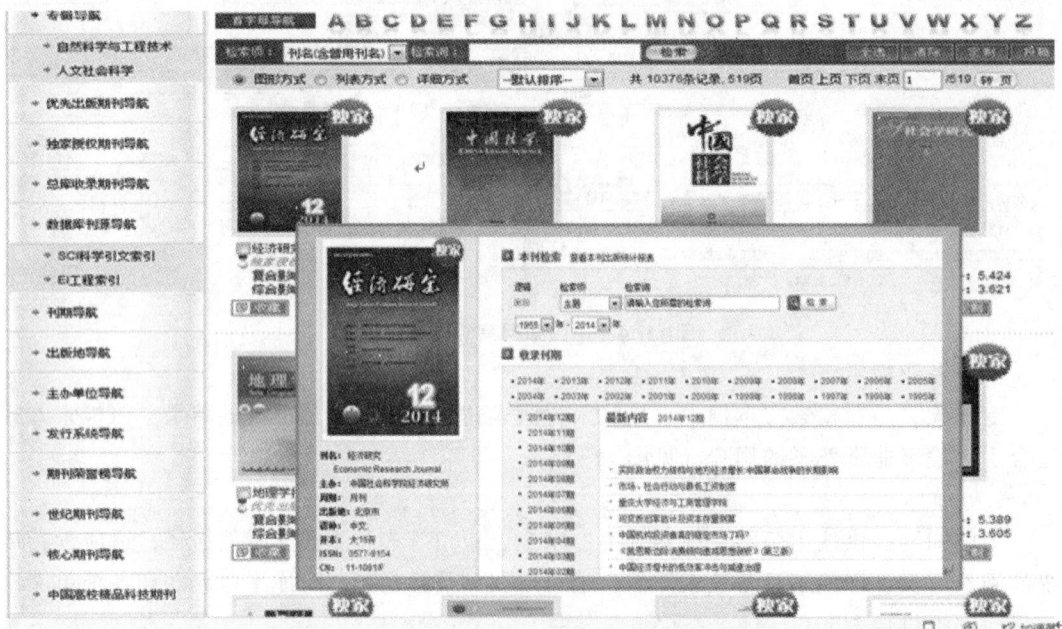

图 11-6　中国知网期刊导航

展相关文献线索的作用，并达到知识扩展的目的，有助于新知识的学习和发现（见图 11-7）。

（二）万方数据知识服务平台

1.检索

与中国知网相似，万方数据知识服务平台简单检索和高级检索方式中同样包含跨库检索和单库检索。

图 11-7　中国知网知网节

（1）简单检索

输入检索词后如果选择"学术论文"进行检索，系统会默认在期刊、会议和学位论文中跨库检索。如果单独选择期刊、学者或标准、专利，则是分别进入相应的单库进行检索。用户可以根据检索需要切换到不同类型子库进行检索。简单检索不需要选择检索字段（见图11-8）。

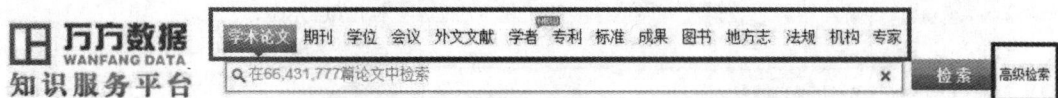

图 11-8　万方数据知识服务平台简单检索

以检索"房地产泡沫"相关学术论文为例，检索结果界面如图11-9所示。

页面左侧将全部检索结果按学科、论文类型、年份、刊物进行了分类，用户可以分类浏览，缩小检索结果。

页面最上方可以在检索结果中进行二次检索，也可以选择"仅全文"，表示仅显示提供全文的记录。可以根据个人需求选择不同的排序方式来显示检索结果。

（2）高级检索

在万方数据知识服务平台首页统一检索框右侧，可以选择"高级检索"（见图11-10）。

在高级检索中，可以通过选择文献类型来限定检索范围；通过选择检索字段、布尔逻辑运算符进行组配检索；还可以通过选择时间段来限定检索结果的时间范围。万方数据同时提供"推荐检索词"功能（见图11-11）。

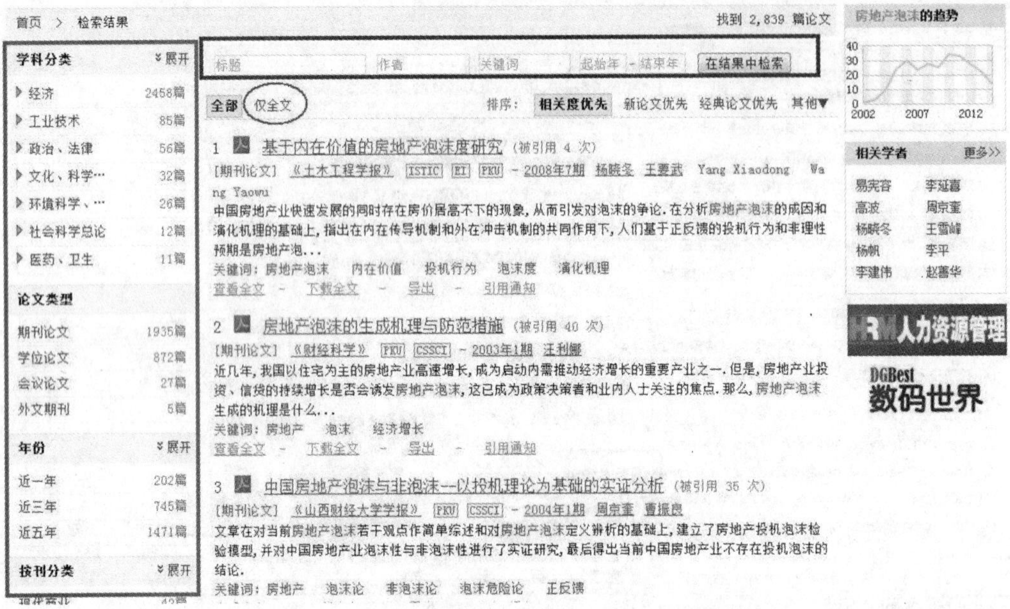

图11-9　万方数据知识服务平台简单检索结果

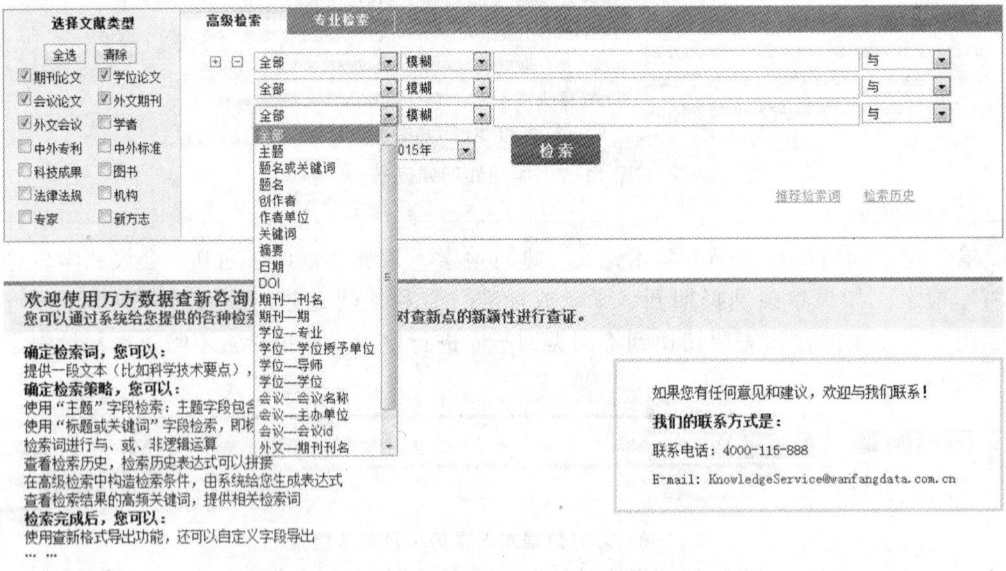

图11-10　万方数据知识服务平台高级检索界面

2.导航

万方数据知识服务平台在各个子库中提供了不同的导航，包括期刊、会议、学位授予单位等。例如，在统一检索框上方点击期刊，则进入期刊检索页面（见图11-12）。

进入期刊检索页面可以在检索框中检索期刊，也可以通过学科分类、地区分类以及期刊首字母查找期刊。

3.知识脉络功能

在检索结果界面，除可以了解该文献的题录信息、参考文献、引证文献、相似文献，以及浏览或下载全文之外，还可以利用知识脉络功能，通过关键词进一步扩展该领域的相关知识（见图11-13）。

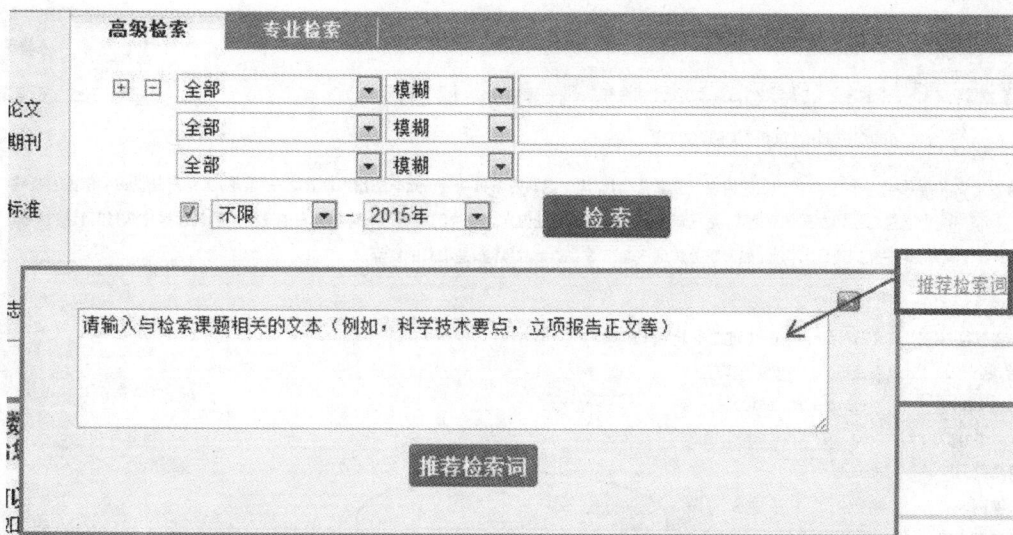

图 11-11　万方数据知识服务平台"推荐检索词"界面

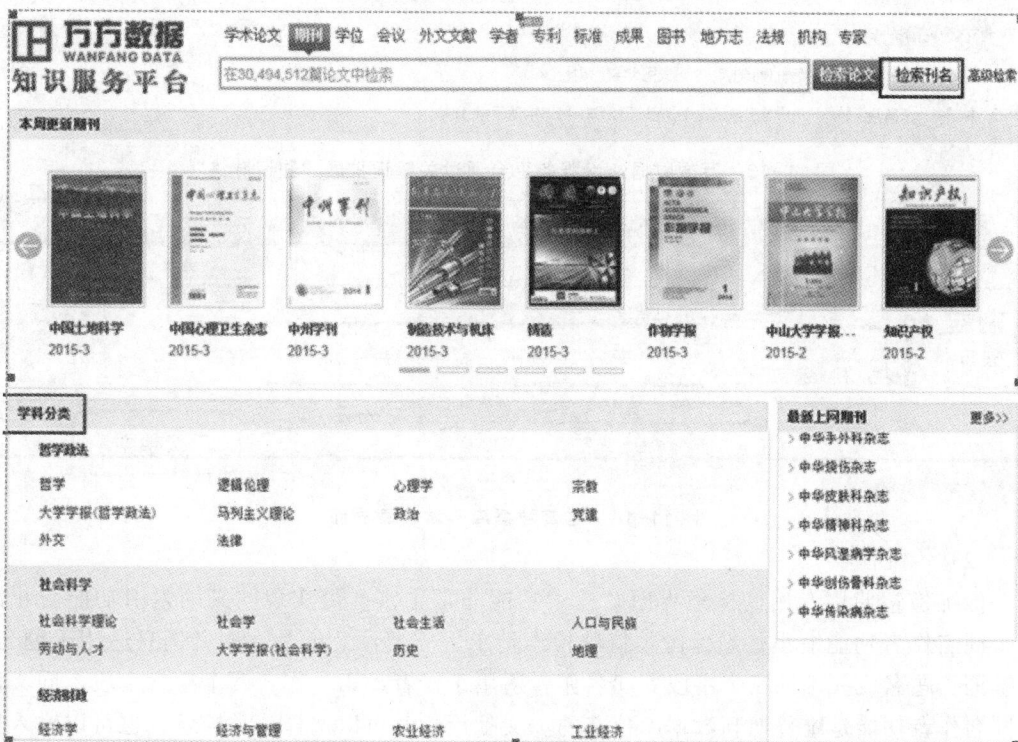

图 11-12　万方数据知识服务平台期刊导航界面

通过关键词扩展知识脉络，可以了解该关键词命中的文献数量、相关热词、经典文献、研究前沿文献、相关学者。

（三）维普中文期刊资源整合服务平台

1.检索

（1）基本检索

检索方式与中国知网、万方数据知识服务平台相似（见图 11-14）。

房地产泡沫的生成机理与防范措施　　　　　　　　　　　　　　　　　👍推荐

🔲查看全文　🔲下载全文　➕导出　➕添加到引用通知　🔲分享到 |　　　　　　　　下载PDF阅读器

doi: 10.3969/j.issn.1000-8306.2003.01.020

摘要：　近几年,我国以住宅为主的房地产业高速增长,成为启动内需推动经济增长的重要产业之一. 但是,房地产业投资、信贷的持续增长是否会诱发房地产泡沫,这已成为政策决策者和业内人士关注的焦点. 那么,房地产泡沫生成的机理是什么?如何评价中国房地产业的现状与问题,如何防范房地产泡沫诱发的金融风险,是本文的要点.

作者：　　　👤 汪利娜

作者单位：　中国社会科学院经济研究所,北京,100836

刊 名：　　财经科学　PKU CSSCI

Journal:　　FINANCE & ECONOMICS

年,卷(期)：　2003, (1)

分类号：　　F293.3

关键词：　　房地产 🔲　　泡沫 🔲　　经济增长 🔲
　　　　　　　　　　　　　　　　　经济增长的知识脉络

机标分类号：　F12 F11

在线出版日期：　2004年4月2日

参考文献(4条)

🔲 徐滇庆. 泡沫经济与金融危机[M].北京:中国人民大学出版社,2000.

🔲 林毅夫. 东南亚金融危机值得推敲斟酌的几点经验教训[N].经济学消息报,1998.

图11-13　万方数据知识服务平台通过关键词扩展"知识脉络"

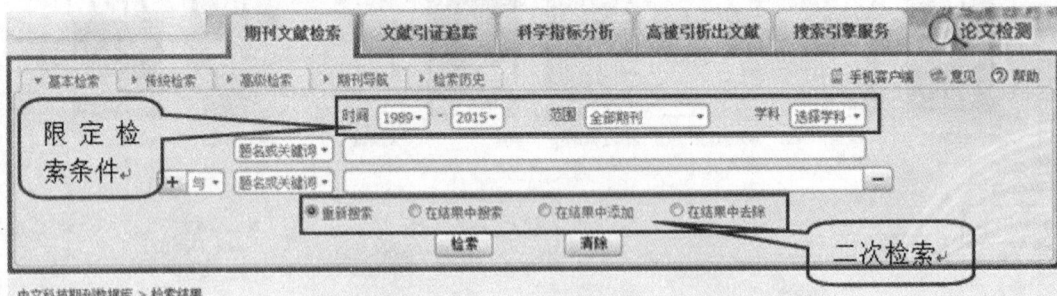

限定检索条件

二次检索

中文科技期刊数据库 > 检索结果

图11-14　维普数据库基本检索界面

（2）传统检索

传统检索使用专用的检索界面,检索功能非常丰富,可实现同义词索引功能防止漏检、同名作者功能缩小检索范围等特殊检索请求。需要注意的是,同义词只适用于题名、关键词、题名或关键词三个字段。同名作者适用于作者、第一作者两个检索字段。同义词和同名作者功能是维普期刊数据库独有的。文献检索时可以选择分类导航,也可以输入检索词检索（见图11-15）。

（3）高级检索

在高级检索中,通过选择检索字段、布尔逻辑运算符进行组配检索。可以通过时间限定、期刊范围、学科限定等功能来限定检索范围（见图11-16）。

时间限定：数据收录年限从1989年至今。

期刊范围：包括全部期刊、核心期刊、EI来源期刊、SCI来源期刊、CAS来源期刊、CSCD来源期刊、CSSCI来源期刊。

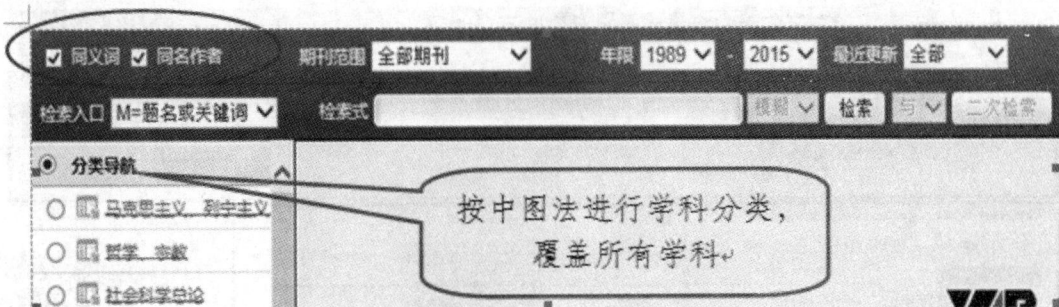

图 11-15　维普数据库传统检索界面

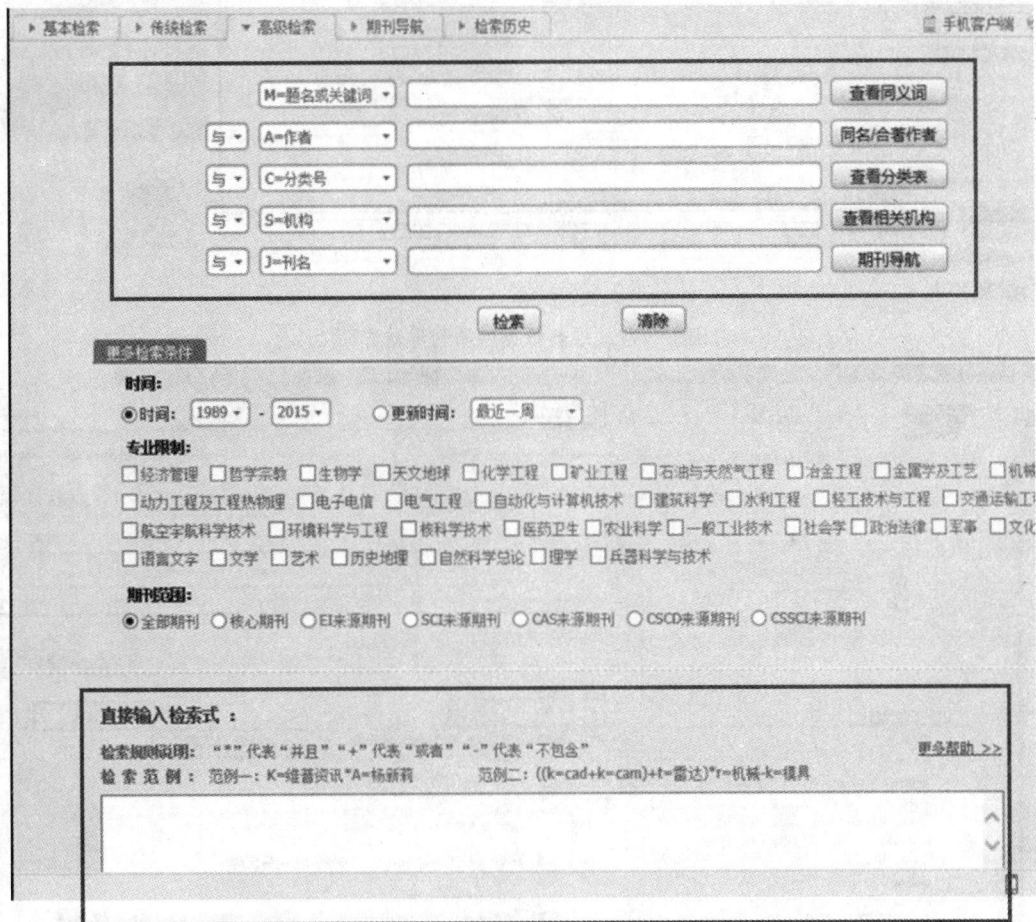

图 11-16　维普数据库高级检索界面

维普的高级检索中也支持直接输入检索式进行检索，相当于专业检索。

2.期刊导航

维普中文期刊导航提供期刊学科分类导航、核心期刊导航、地区分布导航等（见图 11-17）。

3.检索结果处理

以检索近两年内经管领域"电子商务与物流"相关学术论文为例，检索界面如图 11-18所示。

图 11-17　维普数据库期刊导航界面

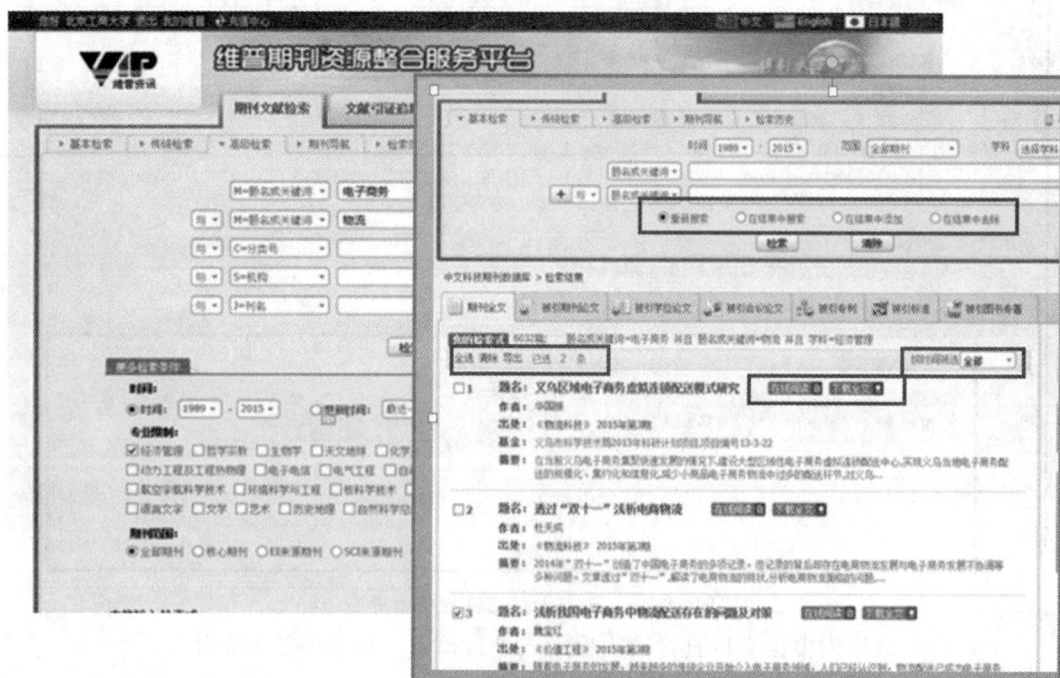

图 11-18　维普数据库检索结果界面

在检索结果页面可以进行二次检索和检索结果筛选。

页面正中是对相关文献的引文分析，可以自由切换折线图和柱形图以及保存图片。

页面下方是检索结果的文献列表，可以在线阅读和下载全文，可以选择所需的文献，查看该文献的参考文献、引证文献和引用追踪。

检索结果的显示方式有文摘列表、标题列表、详细列表三种。排序方式有相关度排序、被引量排序、时效性排序三种。

二、西文全文数据库

（一）常用西文文献数据库检索平台

1.EBSCOhost检索平台

（1）基本检索和高级检索

EBSCOhost检索平台的页面提供了汉化的检索界面，更加便于中国用户的使用。该平台的检索主要有"基本检索"和"高级检索"两种检索方式（见图11-19），都可以跨库检索，都有相同的检索选项（见图11-20）。

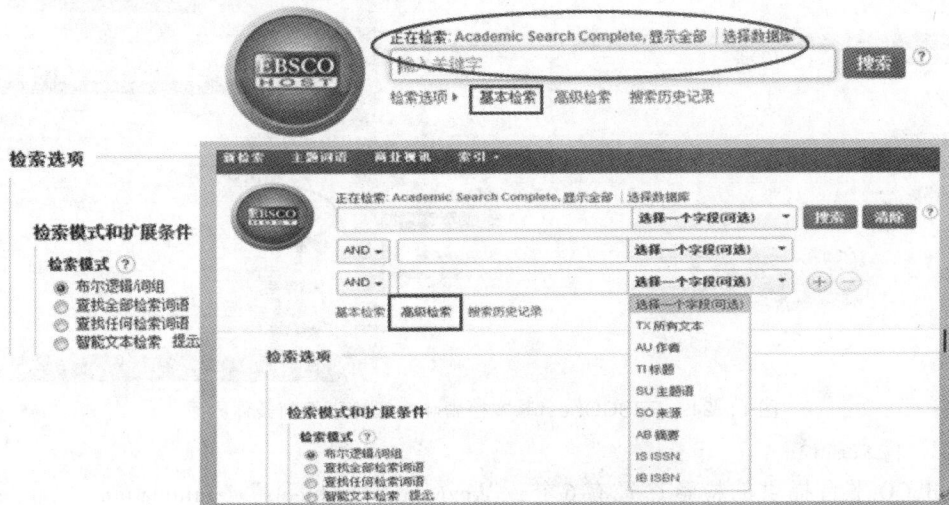

图11-19　EBSCOhost 基本检索和高级检索界面

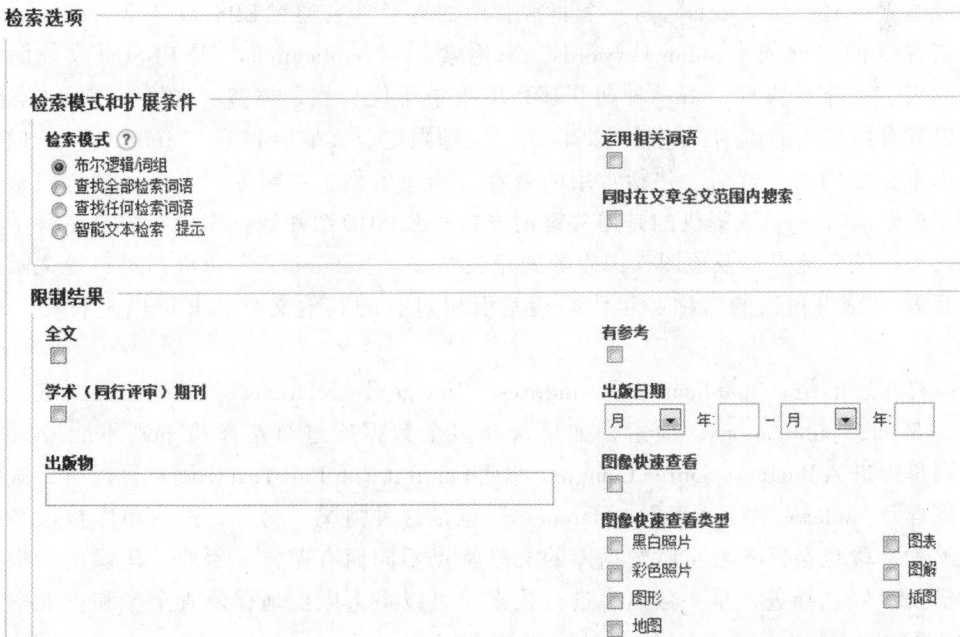

图11-20　EBSCOhost 检索选项界面

不同点在于"高级检索"是采用下拉菜单的方式将字段标识和逻辑组配算符列出来，更直观、更方便，同时增加了"文献类型"和"封面报导"两个限制选项（见图11-21）。

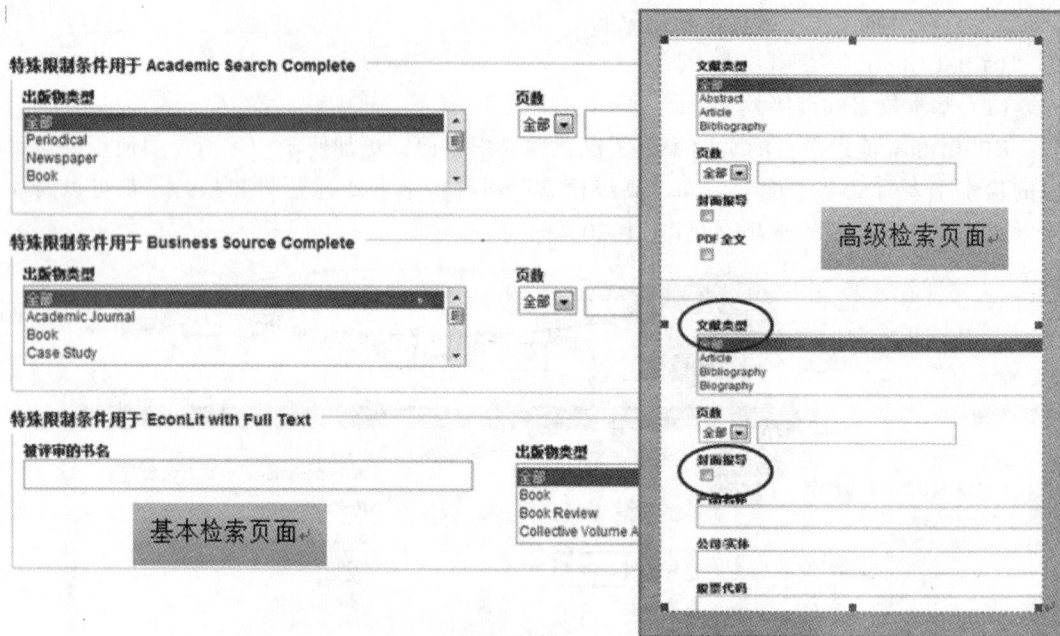

图11-21　EBSCOhost基本检索和高级检索限制条件界面

（2）检索途径

EBSCO平台提供的检索途径有6个："keyword""subjects""publications""indexes""images""references"。"keyword"指的是题名、文摘、全文等当中的任意词汇，是默认的主要检索途径。"subjects"是一个非常有用的途径，它通过EBSCO自建的subject词表和著者提供的关键词"author keywords"来检索。"publications"是EBSCO收录期刊的目录列表，按字顺排列，每一种期刊都列出收录年代、收录类型（文摘/全文），点击之后可以查看更详细的说明，包括卷期目次、主题限定、文摘内容等。"indexes"是EBSCO数据库中自建的一些索引，包括常用的著者、期刊名称、主题等，可以通过它们来浏览或辅助检索。"images"提供的是用关键词来检索EBSCO图片数据库中有关自然科学、人物、历史、某个地点以及地图、国旗等的相关图片。"references"可以通过一篇文献的著者、标题、发表刊物的名称、年代来检索引用过它的其他文献，并可以进行相互交叉链接。

需要注意的是，"publications""indexes""images""references"的检索需要进入各个单库，例如"publications"检索，如果选择多个数据库进行跨库检索则不能检索出版物，而单独进入Business Source Complete库或EconLit with Full Text库则可以进行出版物检索。同样，"indexes""images""references"也是这种情况。另外，进入单库检索系统提供的检索字段也会因各自文献数据库的文献特点不同而有差异。因此，建议用户根据自己的需要最好选择进入单一数据库进行检索，可以最大限度地保障查全率和查准率（见图11-22）。

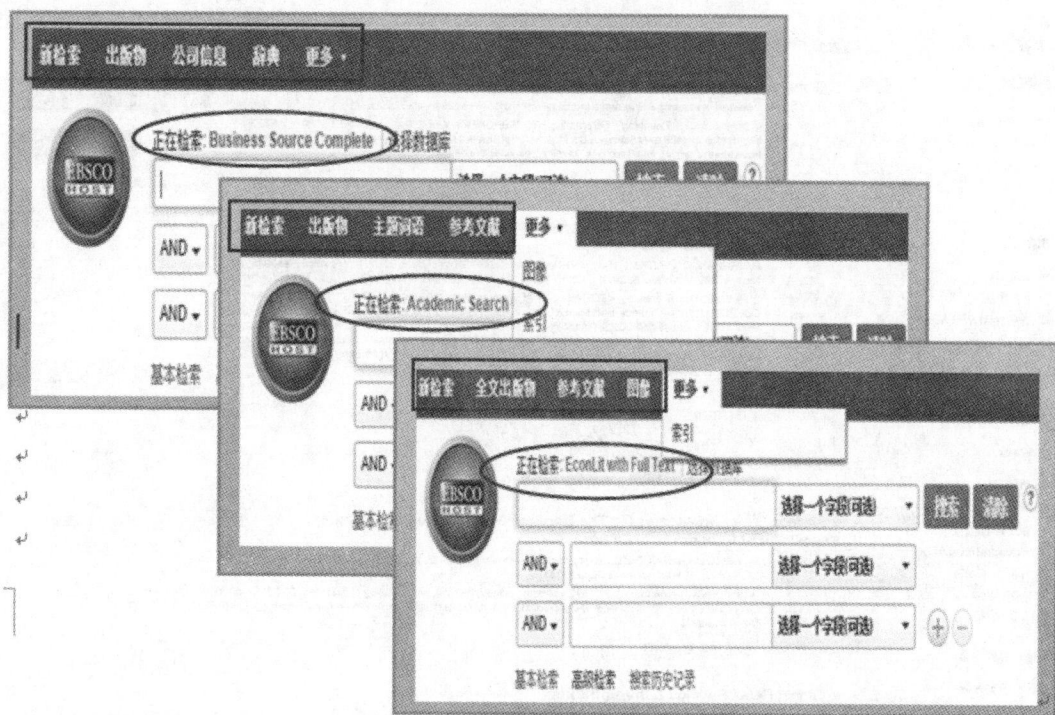

图 11-22　EBSCOhost 各单库检索界面

（3）EBSCO 数据库检索技巧

进入数据库后，在检索页面的最上方，系统提供其他检索途径，点击检索窗口主工具栏的相关按钮，即可进行辅助检索。①规范化主题检索（Subject Search）：利用系统提供的规范化主题词检索，可供选择的主题有 All（所有的主题）、People（人物）、Products & Books（产品与图书）、Companies（公司企业）、Subjects（主题），这种方法检索效率高，相关性大。②出版物名称检索（Publication Search）：使用出版物名称检索和浏览。检索结果显示：刊名、国际统一刊号、更新频率、价格、出版者、学科、主题、收录文摘或全文的起始时间等。③公司名录检索（Company Directory）：在检索框中输入公司名称等。检索结果显示某一公司的基本情况，具体内容是：公司名称、地址、所在省市、电话、传真、业务范围、雇员人数、销售额、D-U-N-S 行业号码等。④图片检索（Image Collections）：可利用页面下面的选项：人物图片（Photos of People）、自然科学图片（Natural Science Photos）、某一地点的图片（Photos of Places）、历史图片（Historical Photos）、地图（Maps）或国旗（Flags）。如果不作选择，则默认在全部图片库中检索。检索词之间可进行布尔逻辑组配。

（4）检索结果浏览与下载

以基本检索"Investment Banking"为例，检索结果如图 11-23 所示。页面中间检索结果排序可以选择：相关性、最早日期、最近日期、来源。在"页面选项"中可以自由设置检索结果的显示格式、每页显示数目、页面布局等内容。页面左侧可以通过选择各种限制检索条件精确检索结果。点击每条检索结果右上角的放大镜图标，可以查看每篇文献的文摘信息，以及添加至个人文件夹、浏览或下载全文（见图 11-24）。

图 11-23 EBSCOhost 检索结果

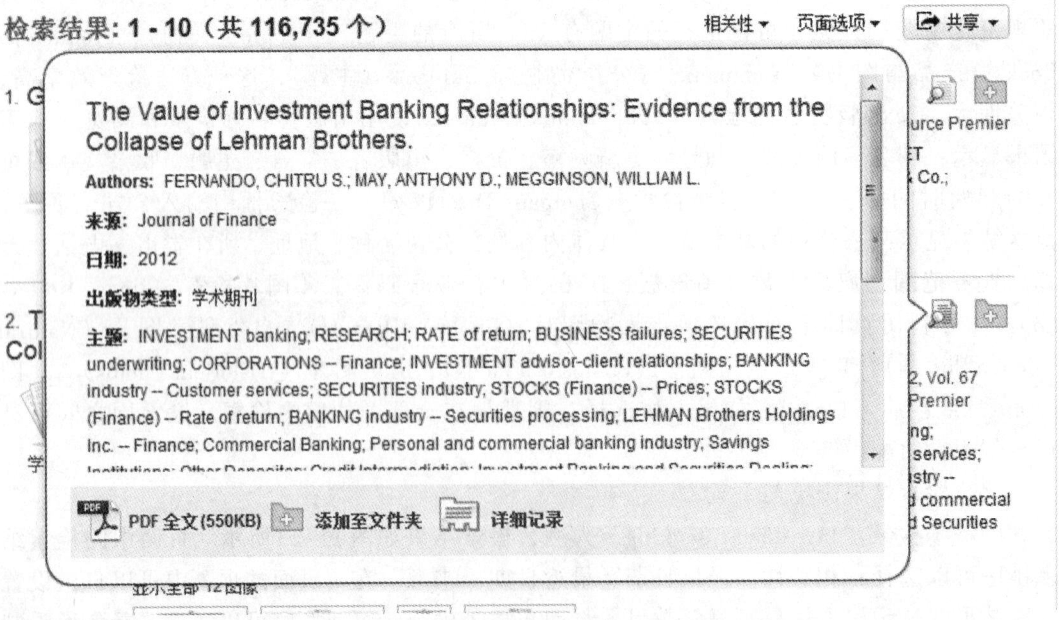

图 11-24 EBSCOhost 检索结果的浏览、收藏与下载界面

2.ProQuest 平台

ProQuest 提供跨库检索、单库检索两种检索方式，检索途径包括基本检索、高级检

索、词库、出版物浏览等。

（1）基本检索

只要在检索框中直接输入检索词、词组或检索表达式，即可进行检索。默认在所有数据库中检索（见图11-25）。

图 11-25 ProQuest 基本检索

（2）高级检索

高级检索可以选择若干个检索条件通过布尔逻辑算符自由组配，在"检索选项"中可以选择全文文献、同行评审、学术期刊来缩小检索范围。另外还提供文献类型、出版物类型、出版日期、文档类型、语言等选项精确检索结果（见图11-26）。

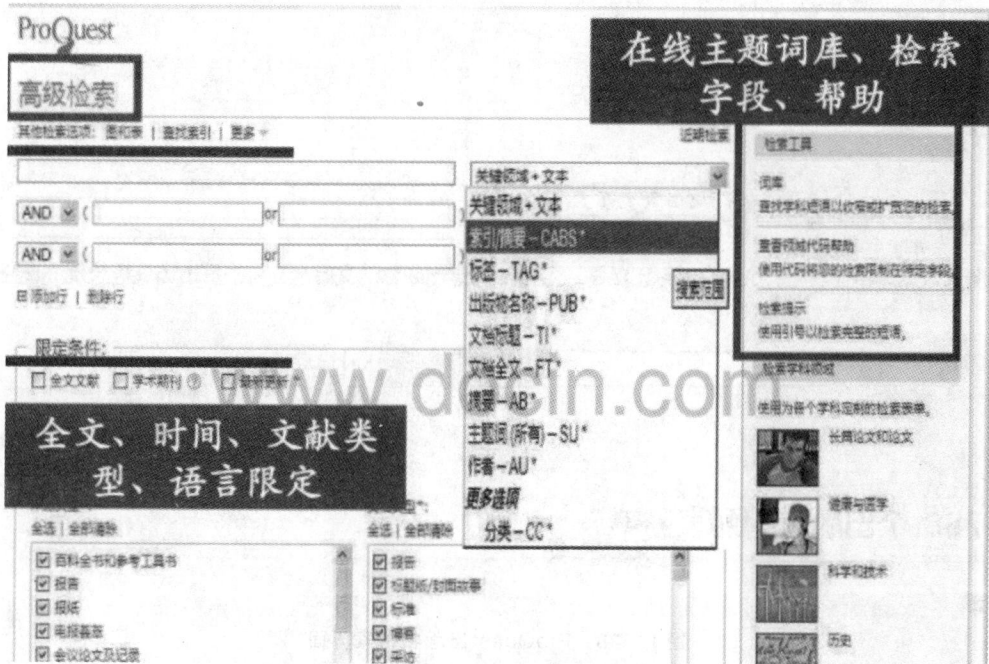

图 11-26 ProQuest 高级检索

（3）词库

输入检索词，可以在词库中获得匹配项，或者浏览相关检索词，从而获取更准确的检索词，提高检索效率（见图11-27）。

（4）出版物浏览

在出版物浏览中，可以浏览系统中所有的全文期刊，选定出版物后可进行如下操作：浏览出版物各卷期、在选定出版物中检索、浏览选定出版物信息（见图11-28）。

ProQuest thesaurus (subjects)

检索词：　[   ]　查找

　　　　　 ◉ 包含单词　　◯ 开头为

浏览检索词：　All 0-9 A B C D E F G H I J K L M N O P Q R S T U V W X Y Z

使用词库：

▪ 输入一个检索词在词库中查找匹配项，或浏览检索词。

▪ 选择要添回至检索表格中的检索词。

▪ 检索词前面的 [+] 符号说明存在更窄的检索词。

图 11-27　ProQuest 词库界面

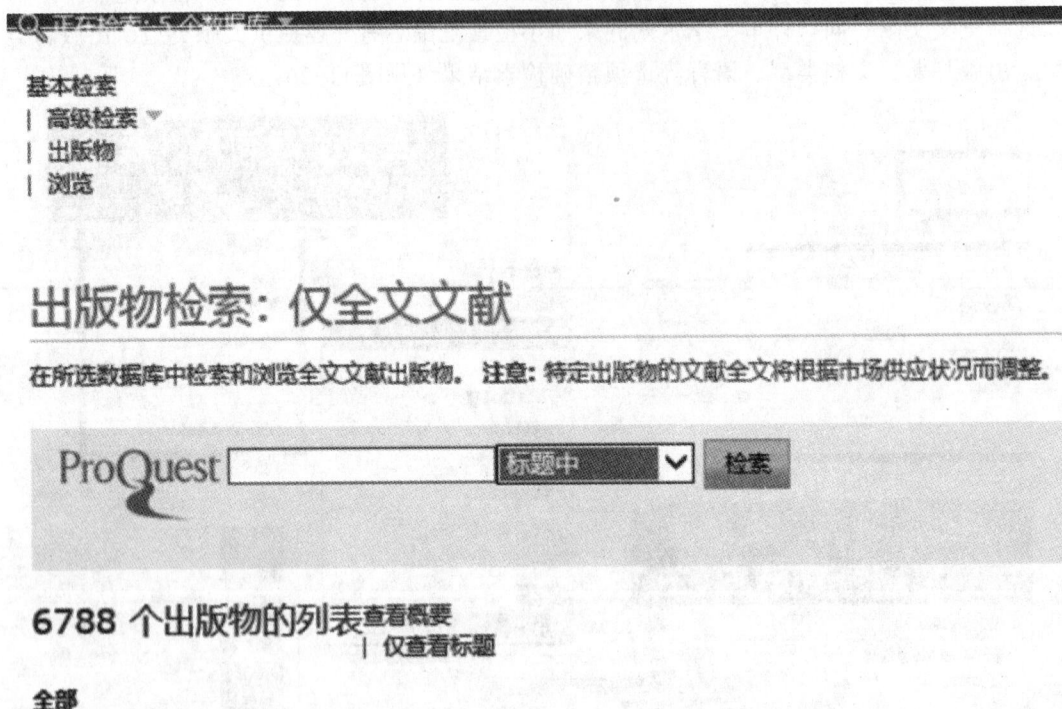

基本检索
| 高级检索 ▾
| 出版物
| 浏览

出版物检索：仅全文文献

在所选数据库中检索和浏览全文文献出版物。**注意：** 特定出版物的文献全文将根据市场供应状况而调整。

ProQuest　[   ]　标题中 ▾　检索

6788 个出版物的列表查看概要
　　　　　　　　　　　| 仅查看标题

全部

图 11-28　ProQuest 出版物检索界面

（5）检索结果处理

可以在结果页中浏览命中记录的简明或详细题录，可以预览文档和查看全文。可按相关性或出版物日期改变检索结果的排序方式；可以修改检索策略，或者利用页面右侧的检索选项精确检索结果；可对每条记录做标记，标记过的记录可以打印或下载、发送电子邮件、导入书目管理软件等（见图 11-29）。

（二）常用经济类全文数据库检索

常用的经济类西文学术期刊全文数据库比较多，主要有 Elsevier、Emerald、JSTOR、

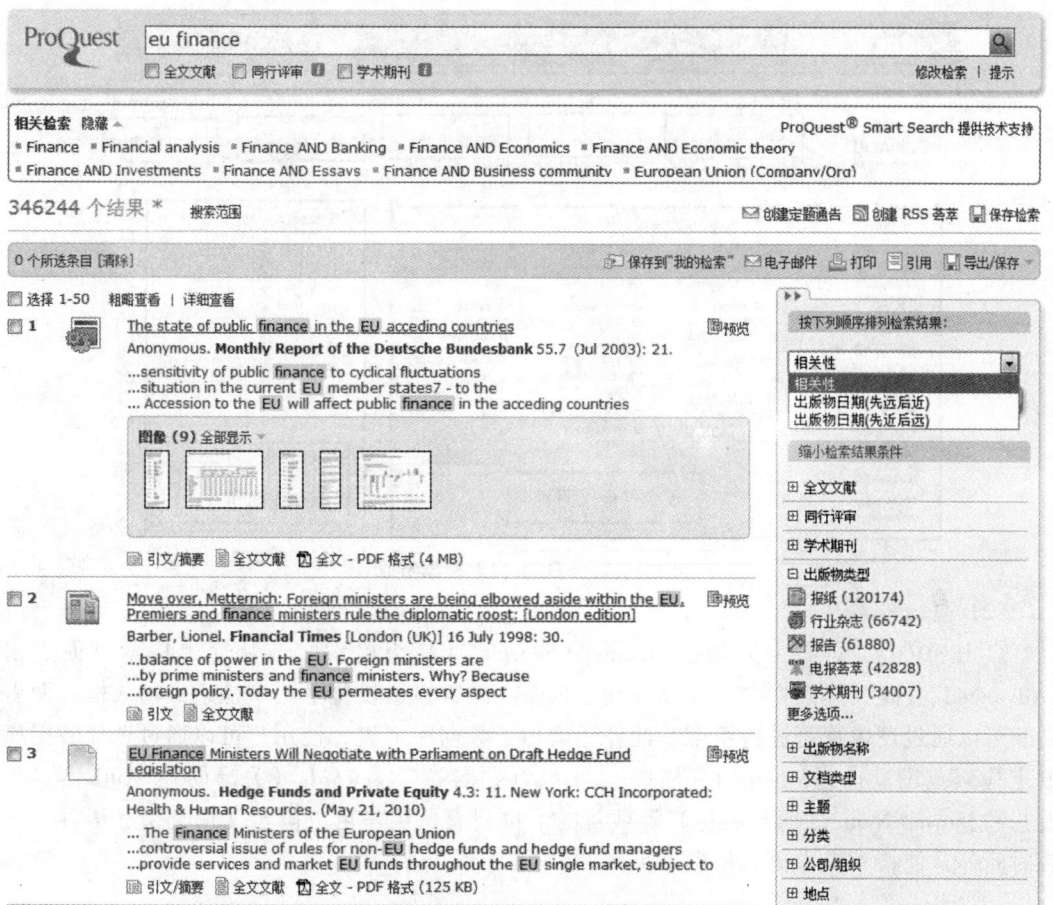

图 11-29　ProQuest 检索结果

SAGE、Springer、Wiley 等，它们都是国际权威的文献数据库，提供的数据库在界面分布、文献内容、数据库功能等方面各有特色，但在文献检索途径、检索方式方面基本是一致的，通常都是基本检索、高级检索、浏览。

1. Elsevier 数据库

Elsevier 出版集团旗下 ScienceDirect Online（SDOL）全文数据库提供了浏览和检索两种功能，检索包括快速检索（Quick Search）、简单检索（Simple Search）、扩展检索（Expanded Search）、专家检索（Expert Search）。

（1）快速检索

快速检索可以提供的检索字段主要包括所有字段（All Fields）、作者名（Author Name）、期刊名（Journal or Book Title）、卷（Volume）、期（Issue）、页（Page）（见图 11-30）。

在快速检索框下面提供了按学科查找期刊和按照期刊名称首字母查找期刊的途径。点击期刊名称可以进入该期刊的内容页面。点击卷/期或者文章下面相应的链接，就可以看到文章的全文内容。页面的右侧绿色方框表示可以获取全文、灰色方框表示不能获取全文，但能阅读摘要，绿红相间方框表示包括开放获取的文献。

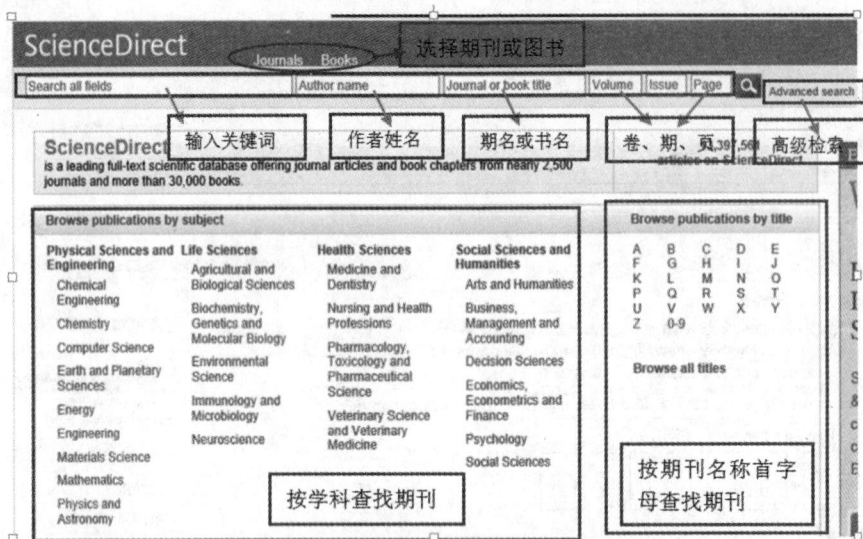

图 11-30　SDOL 快速检索界面

（2）高级检索

点击 SDOL 主页右上方的"Advanced Search"（高级检索）或从简单检索页面点击"Advanced"（高级检索）进入高级检索主页面。高级检索设置了两个检索式输入框，两者之间可以通过逻辑算符进行组配。此外还增加了数据库列表，使用户可以通过选择数据库限定检索范围；通过 Abstract（摘要）、Title（题名）、Keywords（关键词）、Authors（作者）和 Journal Name（期刊名称）等项目的下拉列表，用户可以限定文章类型、语种、出版时间等，使检索操作更为精确（见图 11-31）。

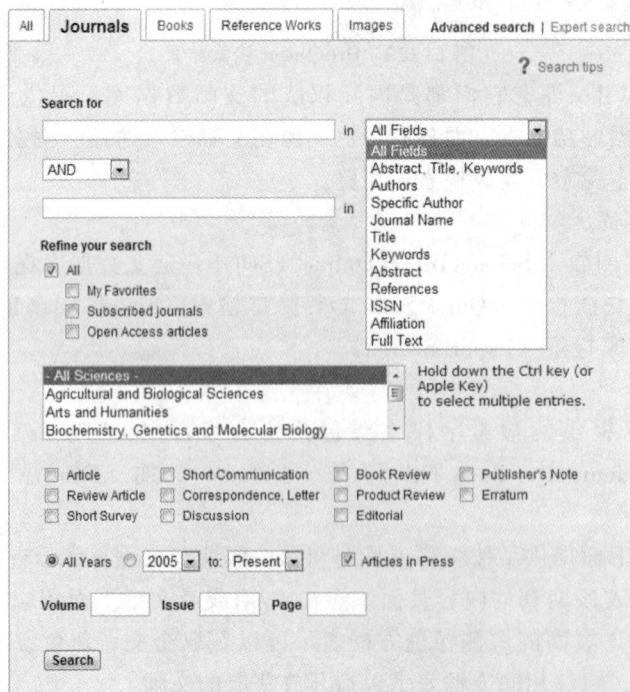

图 11-31　SDOL 高级检索界面

（3）专家检索

在高级检索旁边设置了"Expert Search"（专家检索），直接点击可以进入专家检索主页面。专家检索页面的检索式输入框空间更大，支持较为复杂的布尔逻辑算式。其他限制项与高级检索页面相同（见图11-32）。

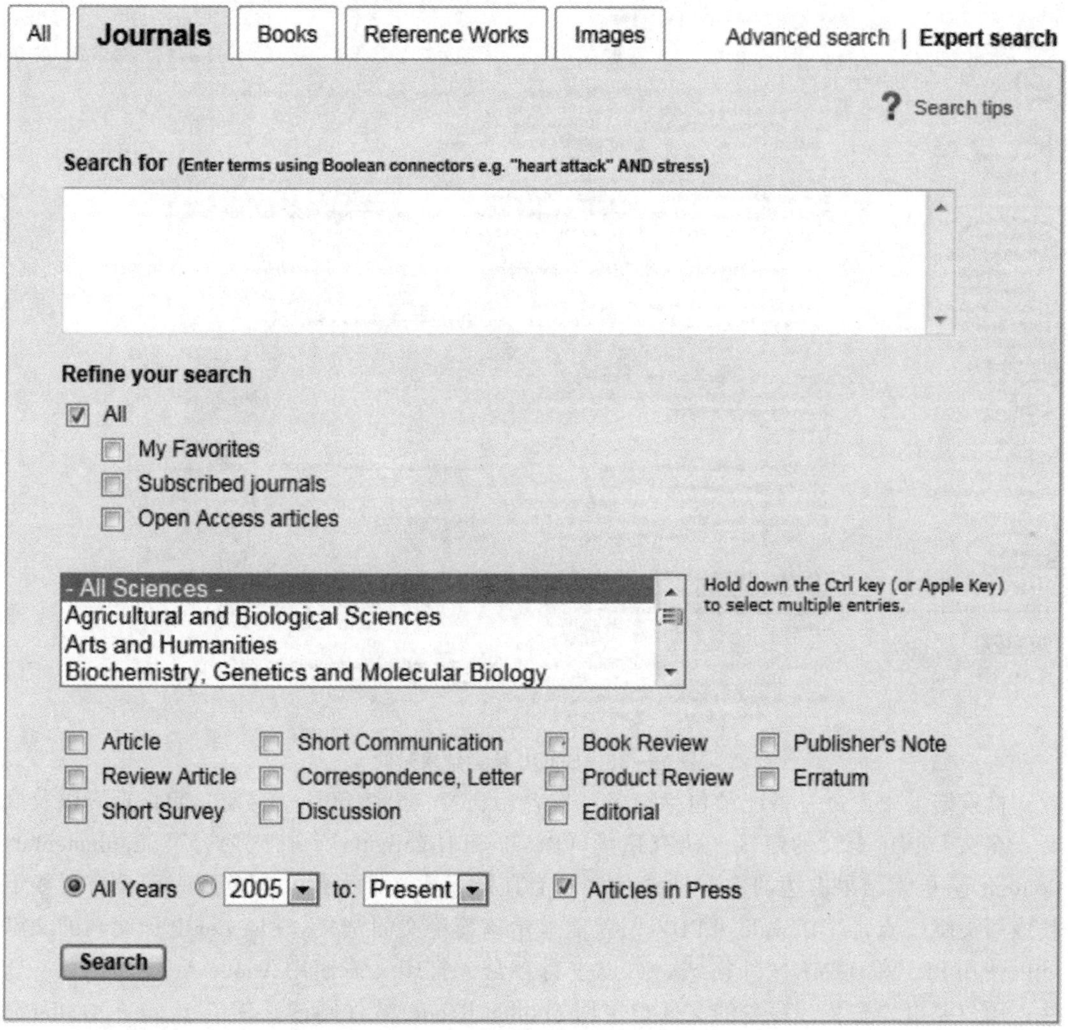

图11-32 SDOL专家检索界面

在专家检索中，需要强调的是，支持布尔逻辑算符 AND（与）、OR（或）、NOT（非），系统默认各检索词之间的逻辑算符为"AND"；截词符：*，表示检索与输入词起始部分相一致的词；位置算符：""，用""标注的检索式表示完全匹配的检索；ADJ，类似词组检索，表示两词前后顺序固定；NEAR，或 NEAR（n），表示两词间可插入少于或等于n个单词，且前后顺序任意，系统默认值为10；作者姓名的输入方法为：姓，名，例：Smith M；论文类型（Article Type）的限定中，"Article"表示只显示论文，"Contents"表示只显示期刊题名，"Miscellaneous"表示只显示其他题材的论文。

（4）检索结果

SDOL的检索结果可以显示、标记、下载和打印。可以按年度（Year）、出版物名称

（Publications Title）、主题（Topic）、内容类型（Content Type）进行过滤（Refine Filters）。同时可以对文章按时间（Date）和相关性（Relevance）进行排序（见图11-33）。

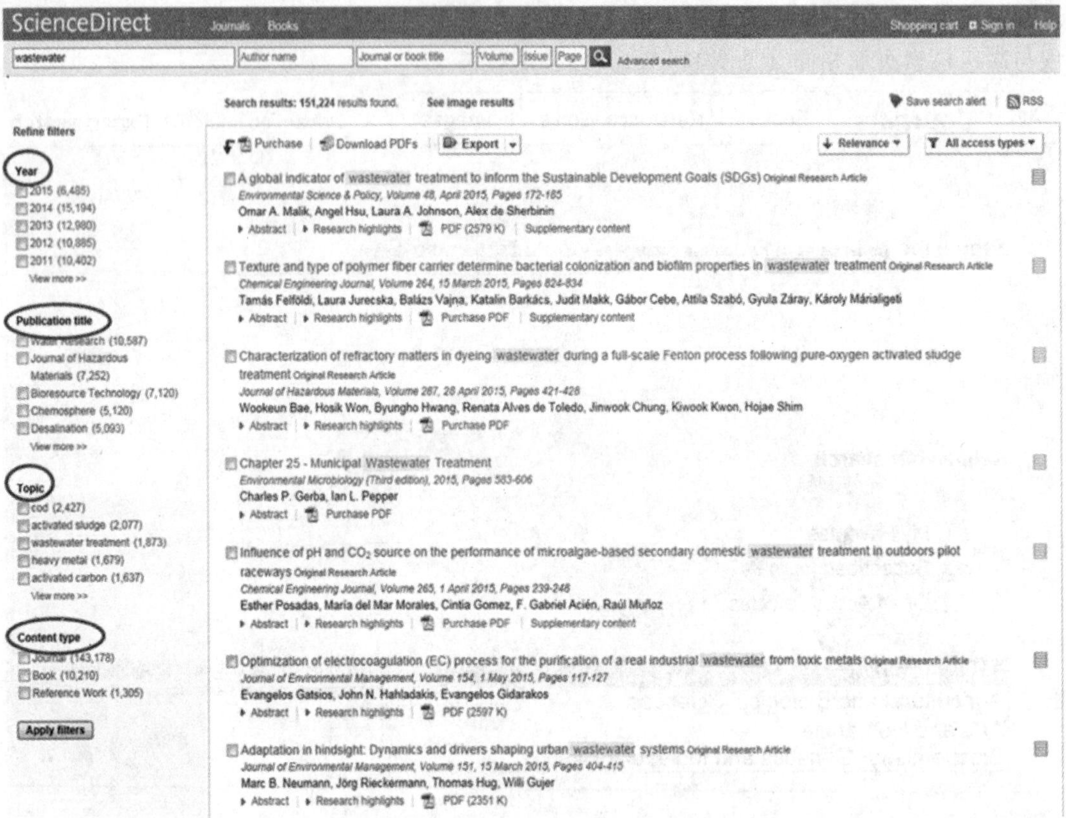

图11-33　SDOL 检索结果过滤

检索结果中，每一条记录包括篇名、作者、刊名、出版年月、卷期、起止页码以及摘要、全文和PDF全文的链接、研究精华（Research Highlights）、补充内容（Supplementary Content）。检索结果右边的小方框绿色表示能直接下载该篇文献，灰色则表示没有授权下载该篇文献。点击"Download PDFs"就能显示该篇论文的全文。Elsevier电子期刊的文献可以使用PDF和HTML文件格式，可以进行存盘、打印。需使用Adobe Acrobat Reader软件，用户要事先安装。存盘的文件也需用Acrobat Reader软件阅读。单击Acrobat Reader命令菜单上的打印机图标，可直接打印该文章。

对所选文献进行导出（Export）时，可以采用Endnote、References Manager、ProCite等文献管理工具进行管理（见图11-34）。

点击补充内容则可以按照文章研究精华（Research Highlights）、摘要、关键词、图表等项目进行显示。用户可以根据需要进行选择。在补充内容界面还有推荐文献（Recommended Articles）、引用文章（Citing Articles）等。

2. Emerald数据库

（1）简单检索

在Emerald数据库首页可以进行期刊和图书（Journal & Books）、案例集（Case Studies）以及作者服务（Author Services）检索（见图11-35）。

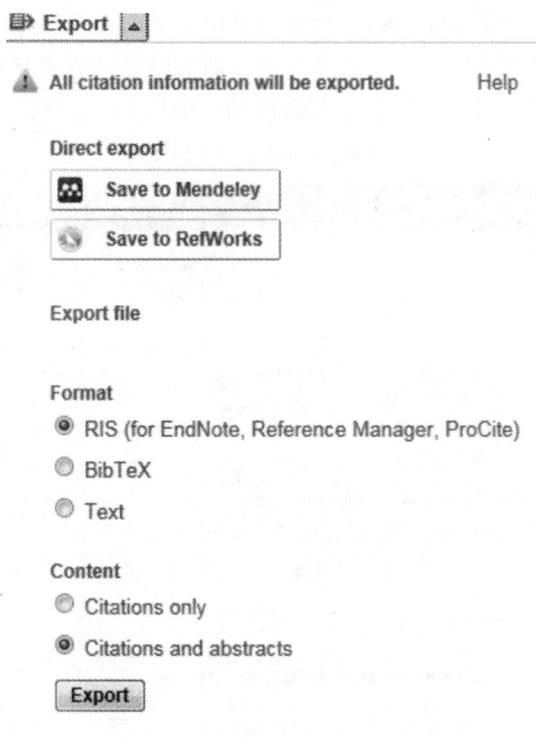

图 11-34　SDOL 检索结果导出界面

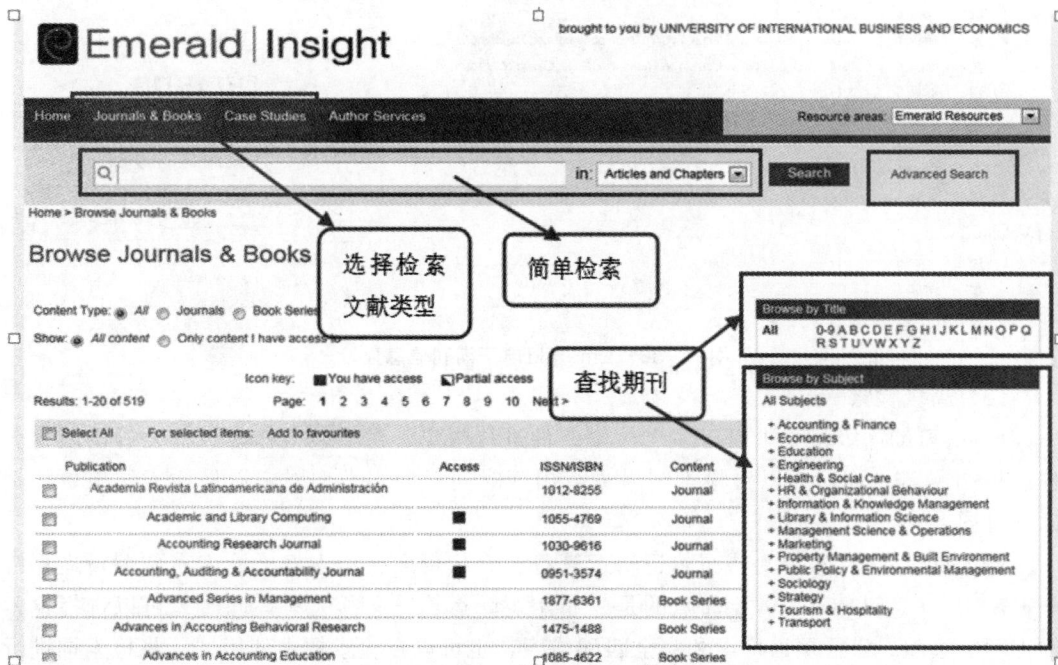

图 11-35　Emerald 数据库首页

（2）浏览

在首页，对电子期刊进行检索可以在"Content Type"中勾选"Journals"进行限制，系统将按字母排序显示所有的期刊名称和 ISSN 号，或通过选择页面右侧提供的期刊首字母顺序、期刊学科分类查找具体期刊。检索结果中如果出现全绿色的方框，表示这本期刊的内容可以获取，出现白绿相间的方框表示该本期刊内容只能部分获取。点击某一本期刊进行浏览，可以获得期刊相关的信息以及是回溯（Backfile）、即将正式出版的文章的网络版（Earlycite），还是只提供摘要（Abstract only）（见图11-36）。

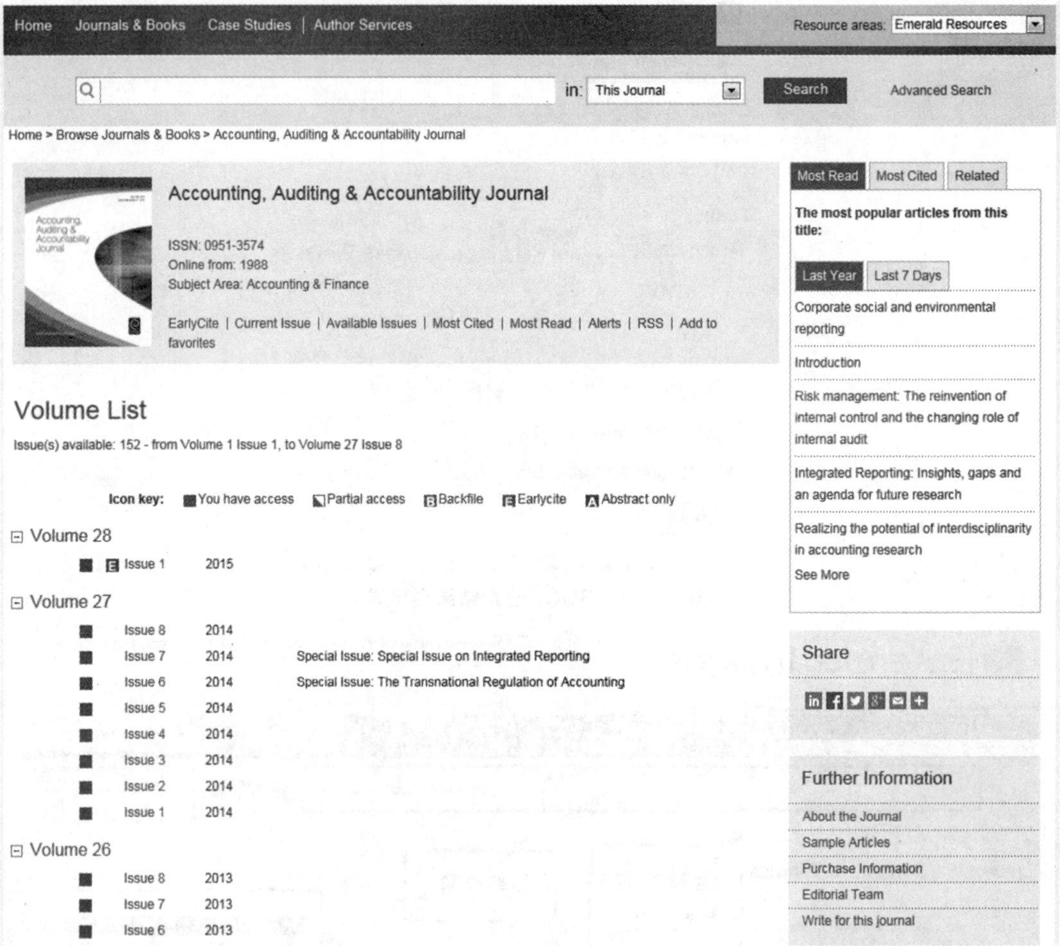

图11-36　Emerald电子期刊信息显示

（3）高级检索

Emerald的高级检索可以对多个检索条件进行限定，主要包括作者、摘要、出版物名称、ISSN号等。同时可以对检索结果进行出版时间、内容类型限定以使检索结果更加精确（见图11-37）。

Emerald高级检索中支持布尔逻辑运算符，直接可以在检索框中输入布尔逻辑运算符——AND、OR和NOT。需要注意的是，布尔逻辑运算符必须大写。同时，可以选择检索框下面的选项，进行短语检索和完全匹配检索，也可以在检索框中使用""将检索词进行锁定。如果完全匹配（Exact Match）检索，则只返回与检索词完全相同的检索结果。例如，检索marketing，并选择journal title字段和完全匹配，则检索结果只返回期刊名称为marketing的期刊，而不是包括期刊名称为The European Journal of Marketing或Marketing Intelligence and Planning等（刊名包含marketing）的期刊。

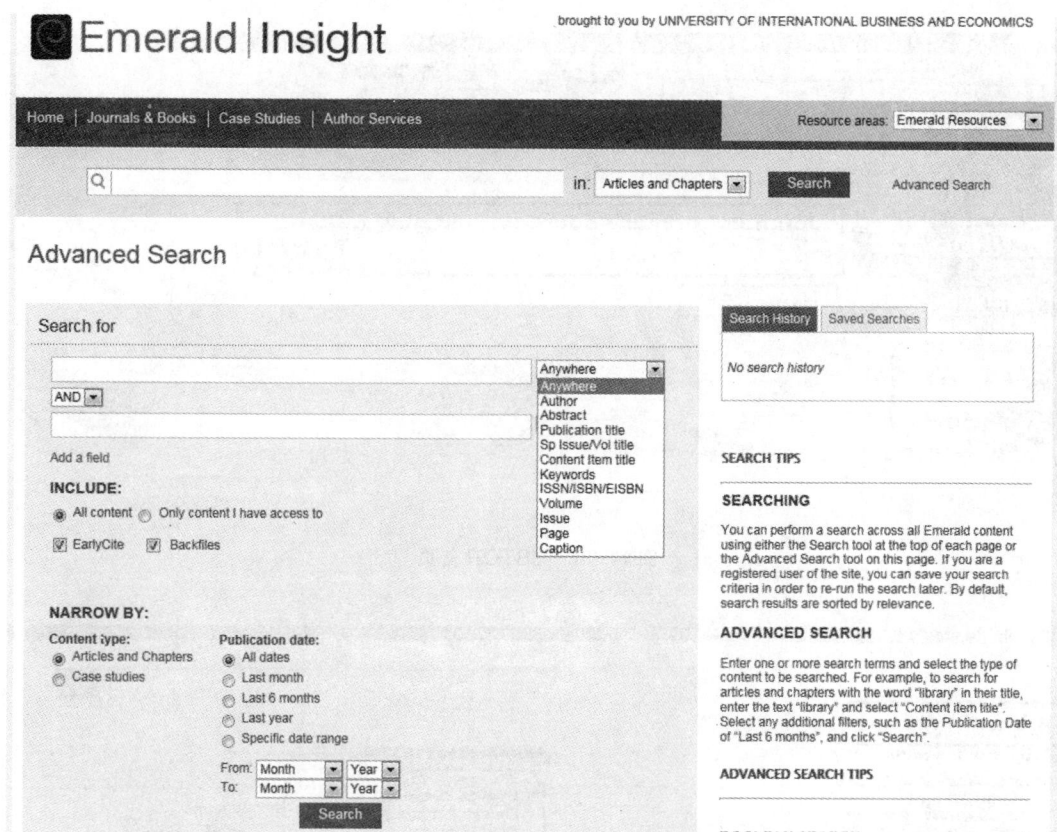

图 11-37　Emerald 数据库高级检索界面

（4）检索结果显示

Emerald 的期刊论文可以提供 HTML、PDF 格式。其中，HTML 格式速度快、可直接链接，而选择 PDF 格式，则是为了保存、排版格式与纸本一致。

3. JSTOR 过刊全文数据库

JSTOR 提供基本检索（Basic Search）、高级检索（Advance Search）以及特定文献检索（Citation Locator）三种检索方式，用户可以根据已知线索和个人偏好选择使用。

（1）基本检索

在 JSTOR 首页检索框中直接输入检索词，系统会在 Journal、Primary Sources、Book 不同文献类型中进行检索，得到的结果通过精炼进一步缩小范围。还可以点击"SEARCH"、"BROWSE"或 Advanced Search 进行高级检索或期刊浏览（见图 11-38）。

（2）JSTOR 的浏览功能

点击 BROWSE 进行浏览，可以按照主题（by Subject）、题名（by Title）、出版者（by Publisher）三种方式浏览各期刊的篇目信息并获取全文（见图 11-39、图 11-40 和图 11-41）。

用户可以点击任意一个出版者，将会出现出版社相关的信息，包括出版社简介、出版社联络信息以及出版社收录在 JSTOR 里的出版物、全文收录范围、链接到现刊收录范围等（见图 11-42）。

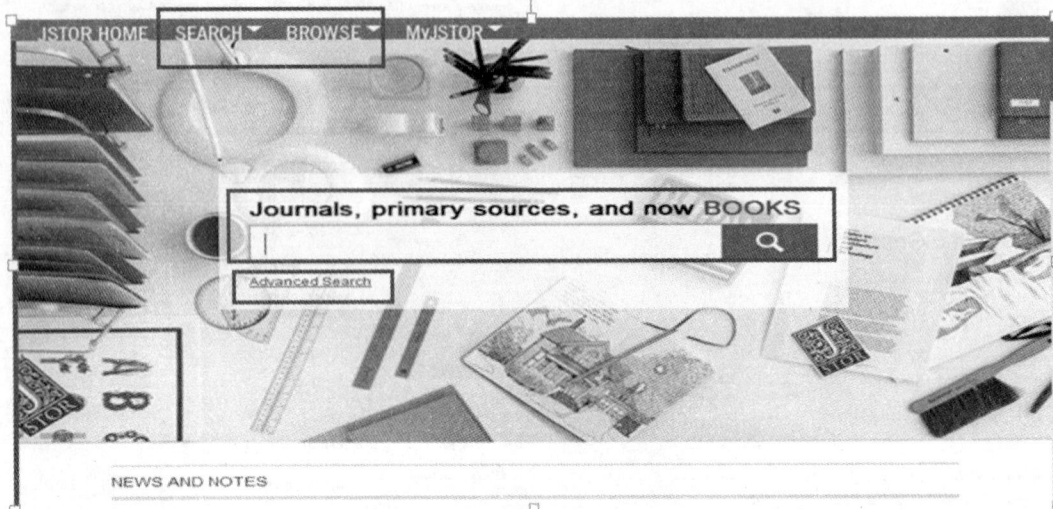

图11-38　JSTOR首页

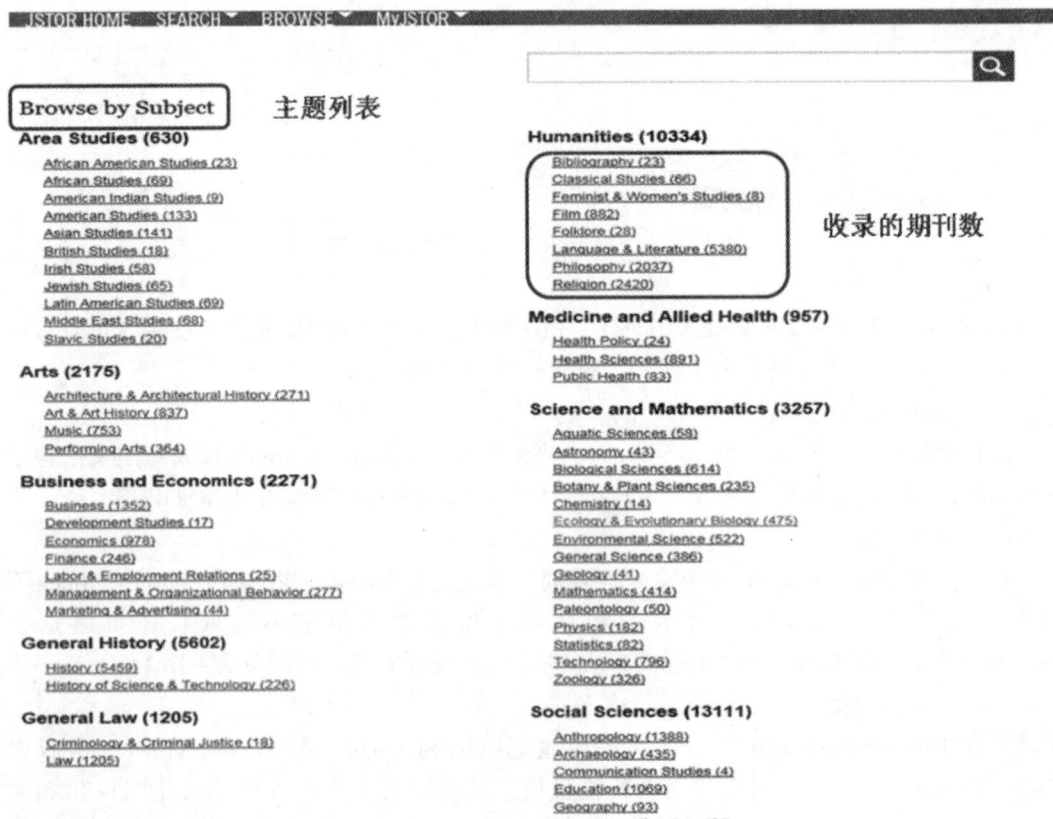

图11-39　JSTOR按主题浏览的结果显示

（3）高级检索和特定文献检索

①高级检索

在高级检索（Advanced Search）中，主要提供包括作者、摘要等多个字段检索，也可

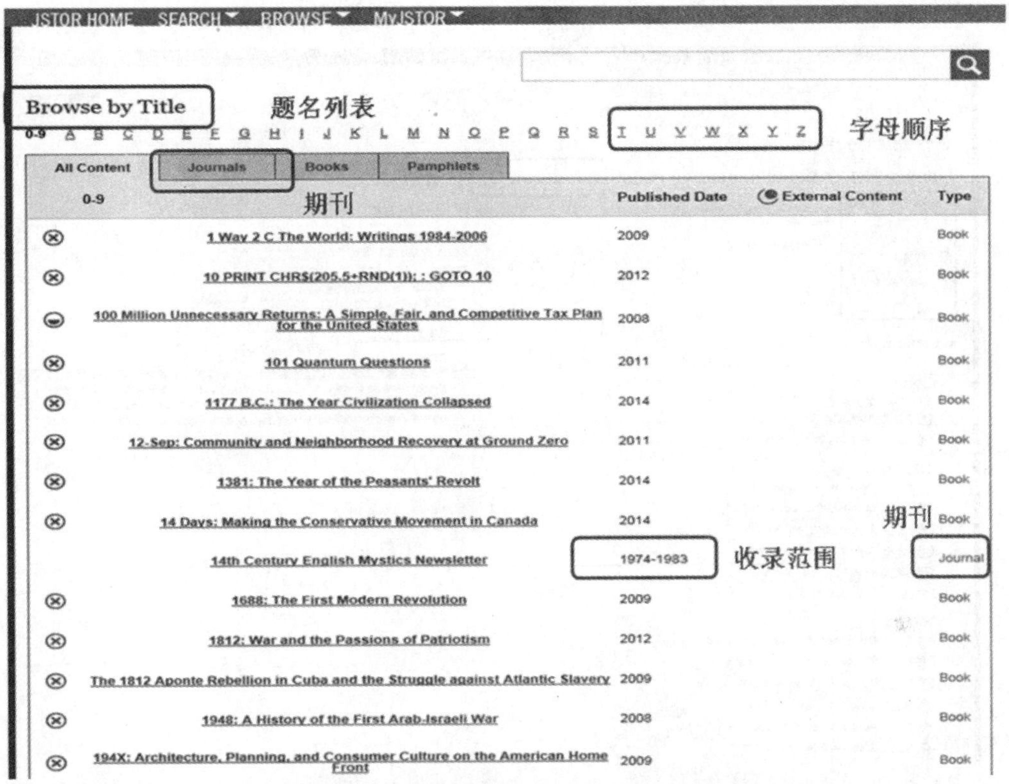

图 11-40　JSTOR 按题名浏览的结果显示

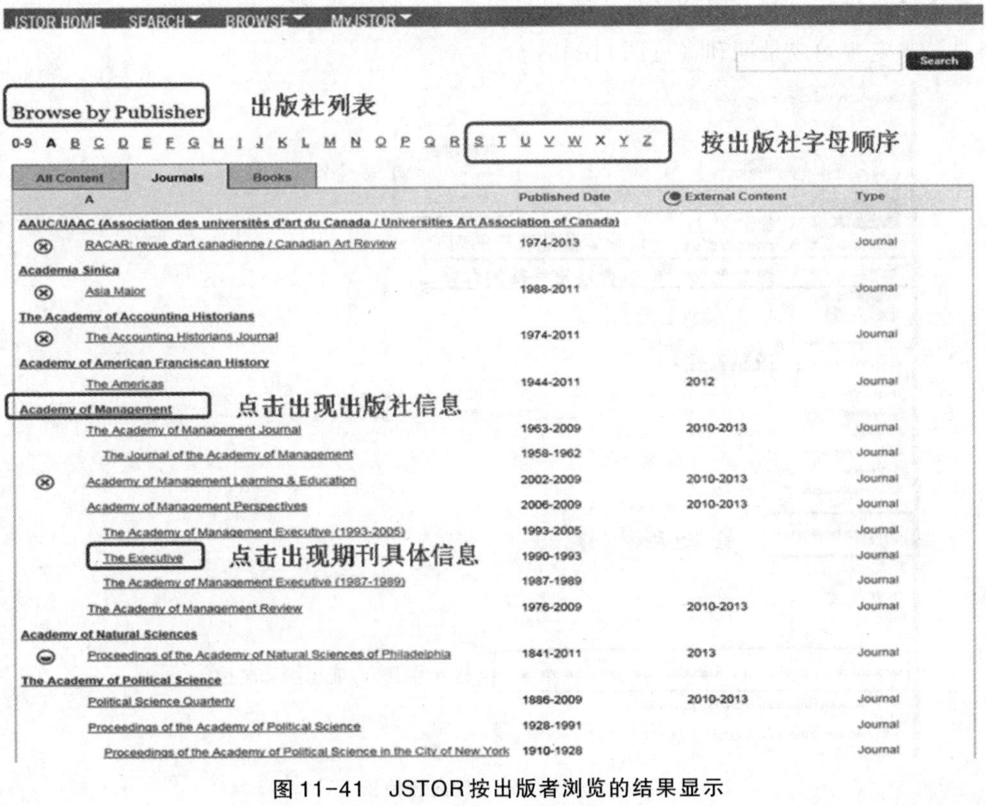

图 11-41　JSTOR 按出版者浏览的结果显示

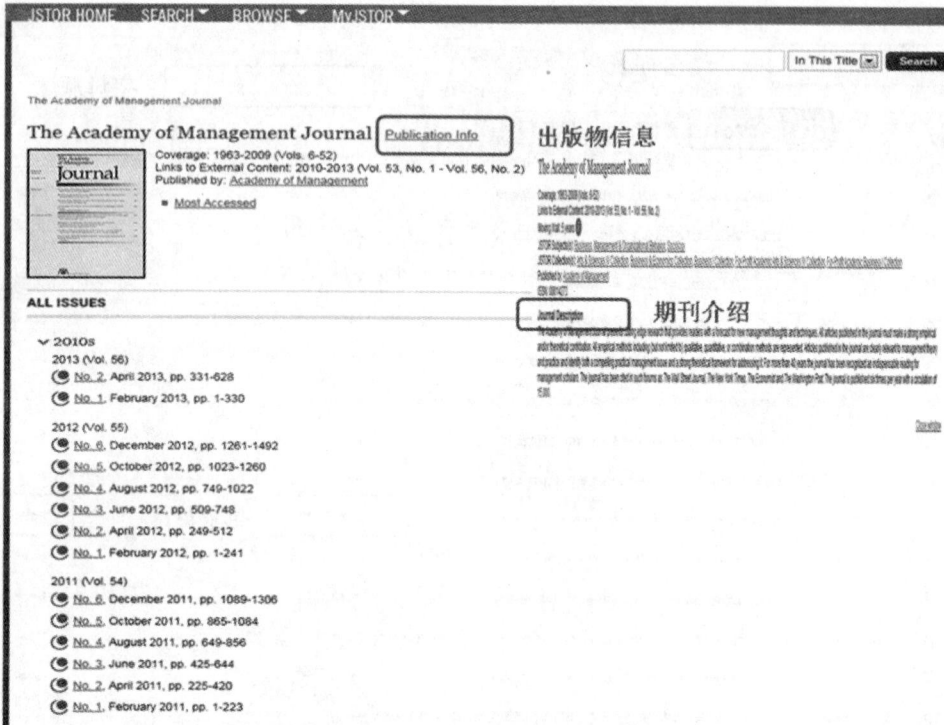

图11-42　JSTOR出版者信息显示

以对检索结果进行限制，限制条件主要包括语种的选择、文献类型的选择，还可以根据检索条件，限定主题或是期刊（见图11-43）。

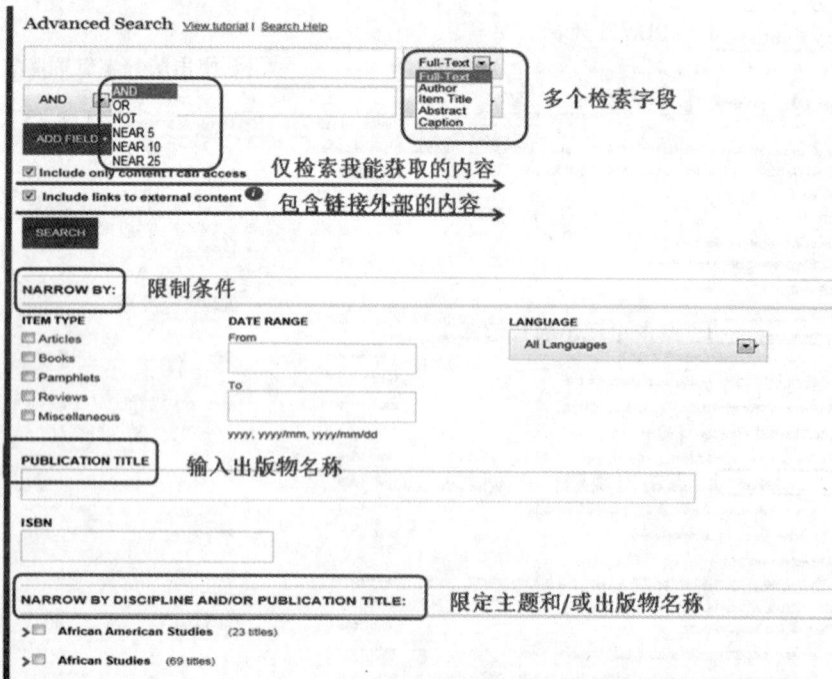

图11-43　JSTOR高级检索

②特定文献检索

特定文献检索（Citation Locator）主要就是将已知的文章信息直接输入就可以进行检索。这些信息包括文章题名、作者名称、ISSN 号以及期刊具体的卷、期、起止页码等详细的内容（见图 11-44）。

将已知的文章信息输入

Citation Locator | View Tutorial | Search Help

Enter as much information about the item as possible.

Item Title: 题名

Author: 作者

Select one or more titles: 选择要查询的期刊
To make multiple selections, hold the control or command key.

All Titles
14th Century English Mystics Newsletter
19th-Century Music
291
4S Review
A.A.V. Newsletter
A.I.H.P. Notes
AA Files

ISSN/E-ISSN:

Example: 1359–0987 or 13590987

出版信息

Volume:	Issue:	Start Page:	Month/Season:	Day:	Year:
			Month/Season:	–	(yyyy)

Search

图 11-44　JSTOR 特定文献检索

（4）检索结果显示

每一条检索记录都会包含题名、作者、期刊信息，还提供保存（Save）、电子邮件（E-mail）、导出题录信息（Export）、追溯（Track）等服务。用户可以根据需要，选择在线阅读（Read Online）或是 PDF 下载（Download PDF）。如果对检索的结果不满意，还可以进行二次检索（Search within Results）或是对检索结果进行修正（Modify Search）（见图 11-45）。

若一篇期刊论文中含有图片，在"Images in this item that match your search terms"页面中，浏览到相应的页面，就可以看到保留原有色彩的高清质量图片。

如果标志是 ◖，说明 JSTOR 现在并未对此文章进行存档，JSTOR 只提供该篇文献的摘要、参考文献、作者信息等，但是可以在外部网站获取（Article on External Site）（见图 11-46）。

（5）结果的保存与下载

①检索结果保存

选中所需文献，点击 MyJSTOR 中的"Save Citations"将所需文献的记录进行保存，进入 MyJSTOR 中，再选中所需文献，点击"Export Article Citation"图标，即可将所需文献的

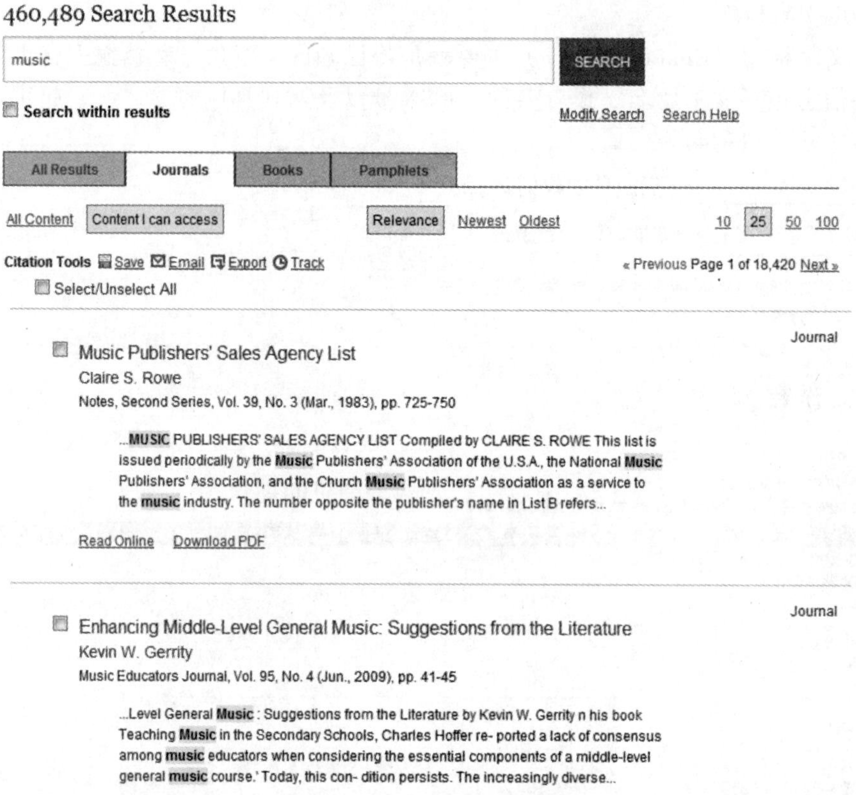

460,489 Search Results

| music | SEARCH |

☐ **Search within results**   Modify Search   Search Help

| All Results | **Journals** | Books | Pamphlets |

All Content   Content I can access   Relevance   Newest   Oldest   10 **25** 50 100

Citation Tools ⊟Save ☑Email ⏏Export ◔Track   « Previous Page 1 of 18,420 Next »
☐ Select/Unselect All

Journal

☐ Music Publishers' Sales Agency List
Claire S. Rowe
Notes, Second Series, Vol. 39, No. 3 (Mar., 1983), pp. 725-750

...**MUSIC** PUBLISHERS' SALES AGENCY LIST Compiled by CLAIRE S. ROWE This list is
issued periodically by the **Music** Publishers' Association of the U.S.A., the National **Music**
Publishers' Association, and the Church **Music** Publishers' Association as a service to
the **music** industry. The number opposite the publisher's name in List B refers...

Read Online   Download PDF

Journal

☐ Enhancing Middle-Level General Music: Suggestions from the Literature
Kevin W. Gerrity
Music Educators Journal, Vol. 95, No. 4 (Jun., 2009), pp. 41-45

...Level General **Music** : Suggestions from the Literature by Kevin W. Gerrity n his book
Teaching **Music** in the Secondary Schools, Charles Hoffer re- ported a lack of consensus
among **music** educators when considering the essential components of a middle-level
general **music** course.' Today, this con- dition persists. The increasingly diverse...

图 11-45 JSTOR检索结果显示

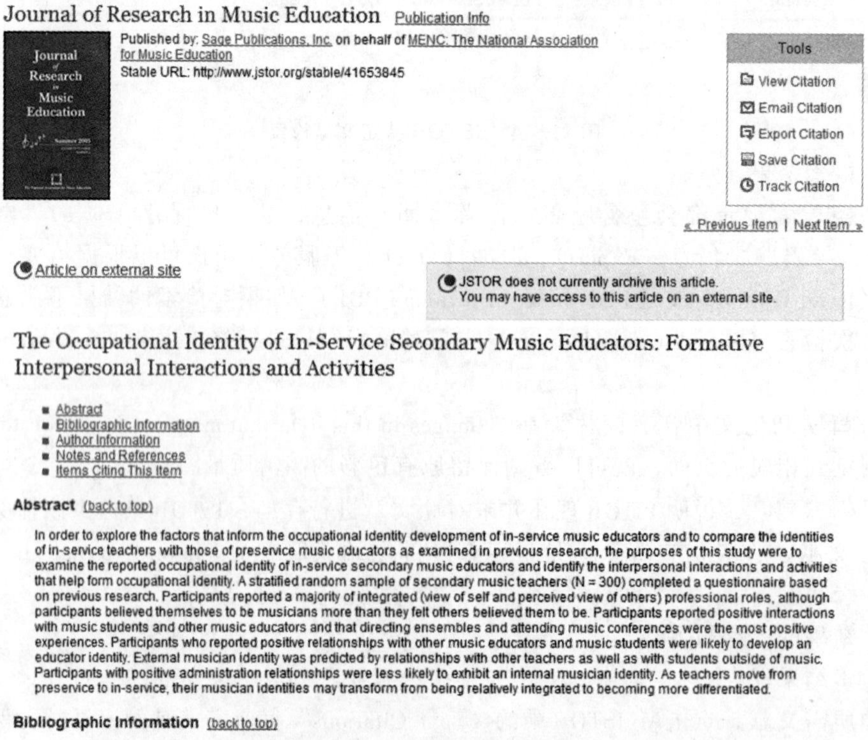

Journal of Research in Music Education Publication Info

Published by: Sage Publications, Inc. on behalf of MENC: The National Association
for Music Education
Stable URL: http://www.jstor.org/stable/41653845

| **Tools** |
| ▢ View Citation |
| ☑ Email Citation |
| ⏏ Export Citation |
| ▦ Save Citation |
| ◔ Track Citation |

« Previous Item | Next Item »

◉ Article on external site

ⓘ JSTOR does not currently archive this article.
You may have access to this article on an external site.

**The Occupational Identity of In-Service Secondary Music Educators: Formative
Interpersonal Interactions and Activities**

- Abstract
- Bibliographic Information
- Author Information
- Notes and References
- Items Citing This Item

Abstract (back to top)

In order to explore the factors that inform the occupational identity development of in-service music educators and to compare the identities
of in-service teachers with those of preservice music educators as examined in previous research, the purposes of this study were to
examine the reported occupational identity of in-service secondary music educators and identify the interpersonal interactions and activities
that help form occupational identity. A stratified random sample of secondary music teachers (N = 300) completed a questionnaire based
on previous research. Participants reported a majority of integrated (view of self and perceived view of others) professional roles, although
participants believed themselves to be musicians more than they felt others believed them to be. Participants reported positive interactions
with music students and other music educators and that directing ensembles and attending music conferences were the most positive
experiences. Participants who reported positive relationships with other music educators and music students were likely to develop an
educator identity. External musician identity was predicted by relationships with other teachers as well as with students outside of music.
Participants with positive administration relationships were less likely to exhibit an internal musician identity. As teachers move from
preservice to in-service, their musician identities may transform from being relatively integrated to becoming more differentiated.

Bibliographic Information (back to top)

图 11-46 JSTOR外部获取文献标志

题录信息批量导出或是保存。每篇文章记录后或文章详细页的右上角有"Export this Citation"链接，点击此链接，可直接导出或是保存单篇文章的题录信息。

②检索结果下载

查看结果页面时，可以选择按文章（Article），也可以按照文献缩略图（Thumbnails）查看文献页面的数量，或是参考文献（References）。点击PDF链接下载全文时，遵守JSTOR数据库的使用条款，合理使用数据库中的全文资源，就可以下载全文（见图11-47）。

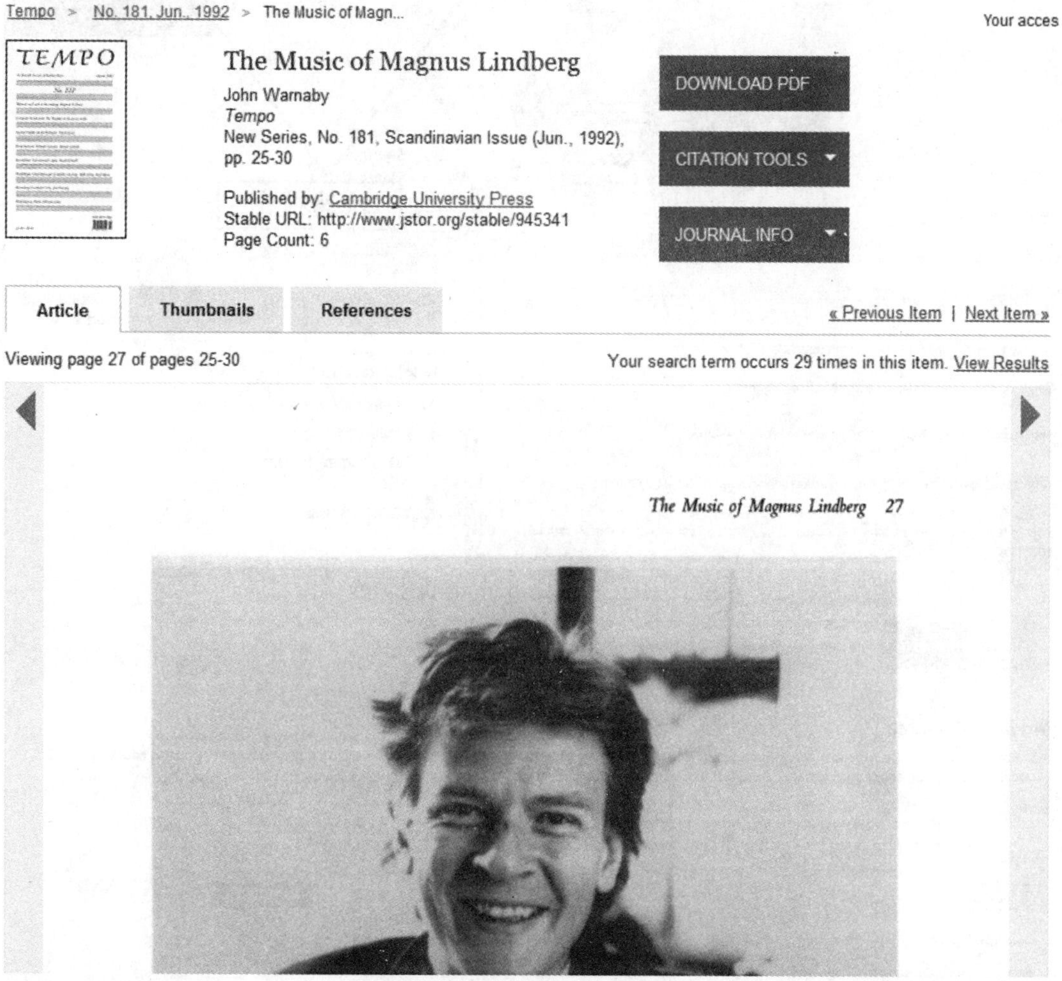

图11-47　JSTOR下载界面

4. SAGE Journals 数据库

（1）快速检索

可以在右上角的"Search all journals"和空白框中进行快速检索（见图11-48）。

（2）高级检索

在高级检索中，可以按照布尔逻辑进行多字段检索。同时，可以在"Data Range"中设置时间段，也可以在"Format Results"中对需要显示的结果条数进行限定（见图11-49）。

图 11-48　SAGE Journals快速检索

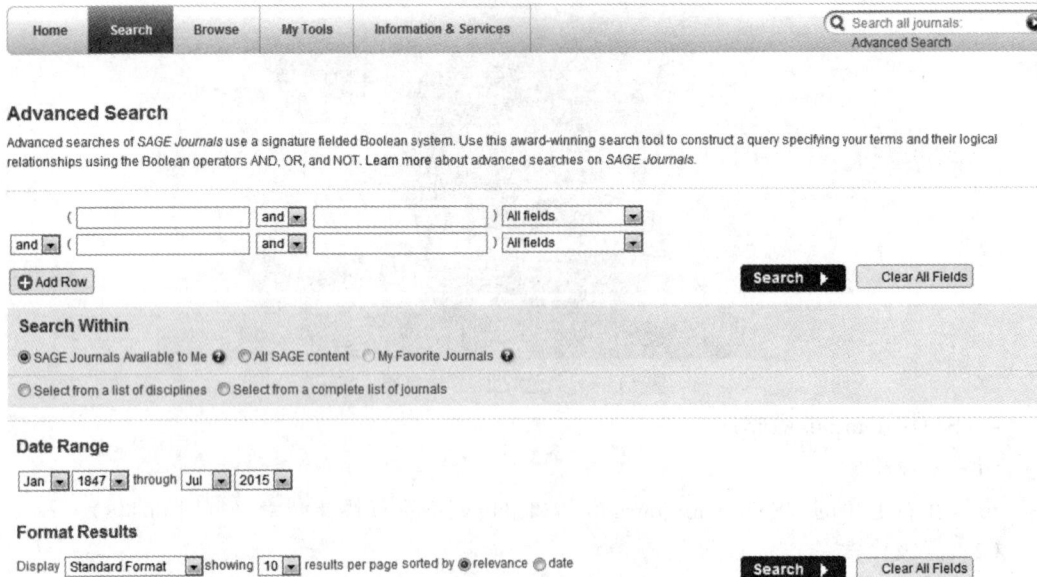

图 11-49　SAGE Journals高级检索

（3）浏览

在检索平台上，可以按照题名（Title）或学科（Discipline）进行浏览。无论是按题名还是按学科进行浏览，都可以对浏览范围进行设定（Browse within）。设定的范围主要包括三个方面：最喜爱的期刊（My Favorite Journals）、用户可获得的期刊（SAGE Journals Available to Me）、所有SAGE内容（All SAGE Content）（见图11-50）。

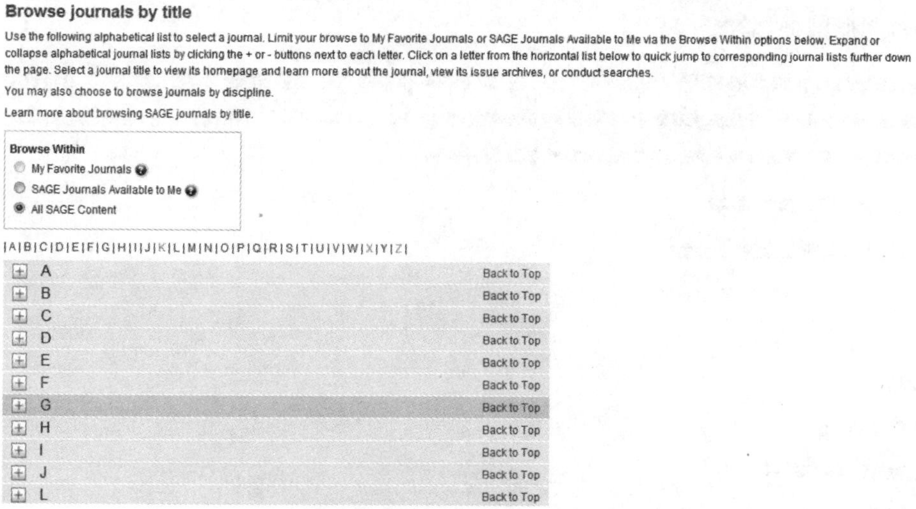

图 11-50　SAGE Journals 按"title"浏览功能

点击任意一本期刊，在SAGE上的显示会有关于该期刊的简介（More about this journal）、影响因子（Impact Factor）及排名（Ranking），该期刊被阅览次数最多（Most Read）的文献以及被引用次数最多（Most Cited）的文献，按期刊的期、卷浏览文献（Current Issue、All Issues），优先于纸质出版的最新在线文献（Online First），还有关于该期刊的信息推送（RSS）及最新信息提醒（Email Alerts）（见图11-51）。

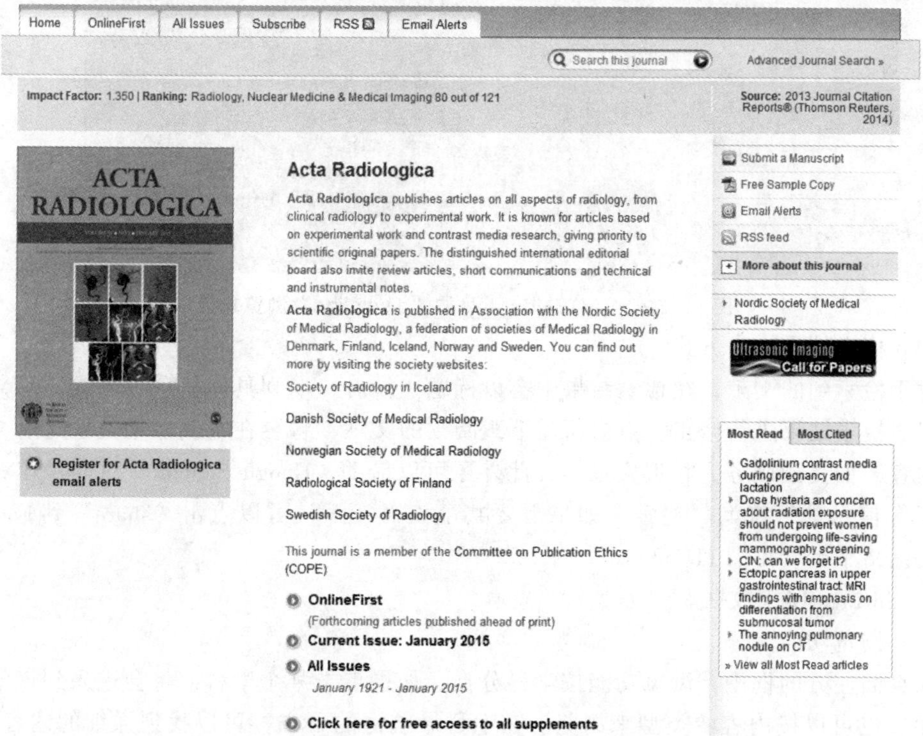

图 11-51　SAGE Journals 按"title"浏览的期刊信息

按学科浏览，将显示所有与本学科相关的期刊，点击某种选中的期刊，显示的期刊信息与按题名浏览的功能一致（见图11-52）。

Browse journals by discipline

Browse journals by these four primary topics and their corresponding disciplines. Limit your browse to My Favorite Journals or SAGE Journals Available to Me via the Browse Within options below. Expand or collapse primary topic areas to view additional disciplines and corresponding journals within each group by clicking the + or - buttons. Select a journal title to view its homepage and learn more about the journal, view its issue archives, or conduct searches.

You may also choose to browse journals by title.

Learn more about browsing SAGE journals by discipline.

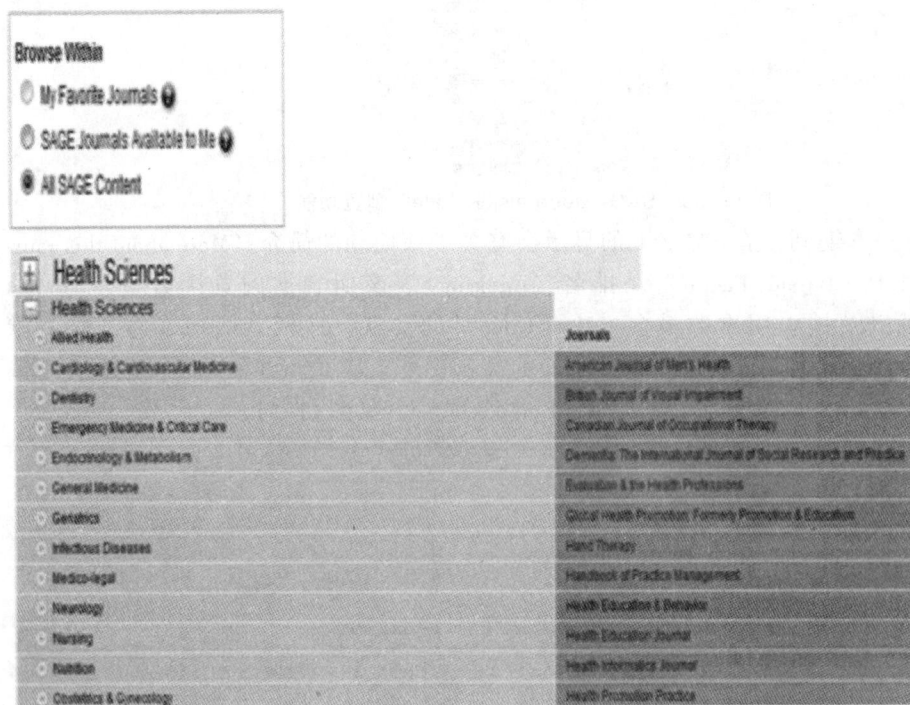

Browse Within

○ My Favorite Journals
○ SAGE Journals Available to Me
● All SAGE Content

⊞ Health Sciences	
⊟ Health Sciences	
○ Allied Health	**Journals**
○ Cardiology & Cardiovascular Medicine	American Journal of Men's Health
○ Dentistry	British Journal of Visual Impairment
○ Emergency Medicine & Critical Care	Canadian Journal of Occupational Therapy
○ Endocrinology & Metabolism	Dementia: The International Journal of Social Research and Practice
○ General Medicine	Evaluation & the Health Professions
○ Geriatrics	Global Health Promotion: Formerly Promotion & Education
○ Infectious Diseases	Hand Therapy
○ Medico-legal	Handbook of Practice Management
○ Neurology	Health Education & Behavior
○ Nursing	Health Education Journal
○ Nutrition	Health Informatics Journal
○ Obstetrics & Gynecology	Health Promotion Practice

图11-52　SAGE Journals 按"discipline"浏览功能

（4）检索结果输出方式

对于检索到的文献，在检索结果中会以标题、作者、期刊具体信息等形式显示，同时还可以对检索结果进行修正。点击所需下载阅读的文献，将会在右侧出现关于此篇文献的服务内容，如提醒服务、相近文献等，此外还可以借助"Google Scholar"对同一作者的不同文章等信息进行查询、检索。如果需要共享该篇文献，可以点击"share"到Facebook等社交网络平台（见图11-53）。

5. SpringerLink 数据库

（1）浏览功能

在页面左方的框中，浏览功能按学科分类，如果点击某个学科，将会进入到该学科的新页面。也可以按内容的类型来浏览。在学科导航框的下方，可以找到详细的内容类型：（期刊）文章、参考文献、（图书）章节、实验室指南等（见图11-54）。

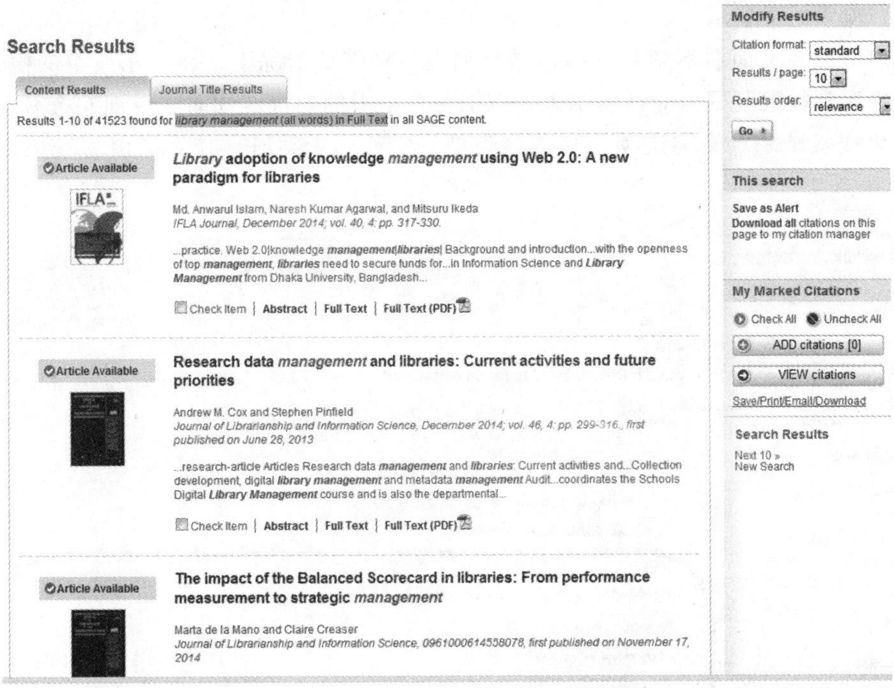

图11-53　SAGE Journal检索结果输出

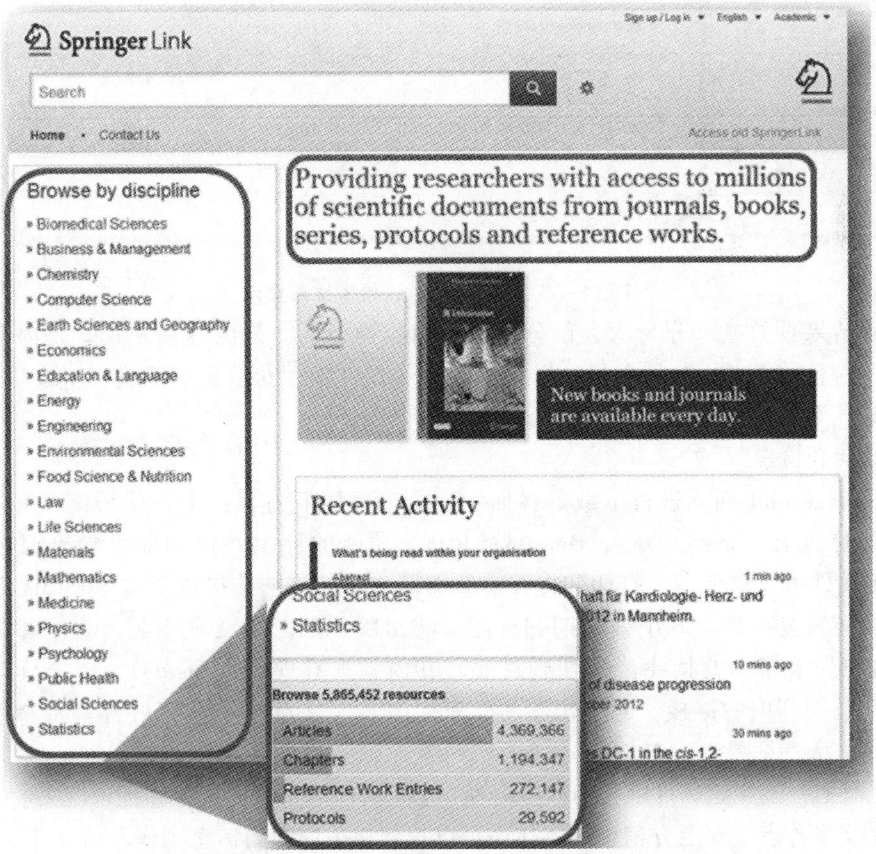

图11-54　SpringerLink浏览功能

（2）检索结果显示

用户可以在页面右下角找到检索结果列表。在默认情况下，将显示所有的检索结果。如果只想看到权限范围内的搜索结果，取消黄色框上的勾选。同时在页面左方有聚类选项帮助优化搜索结果。聚类选项包括内容类型、学科、子学科、作者、语言等项目（见图11-55）。

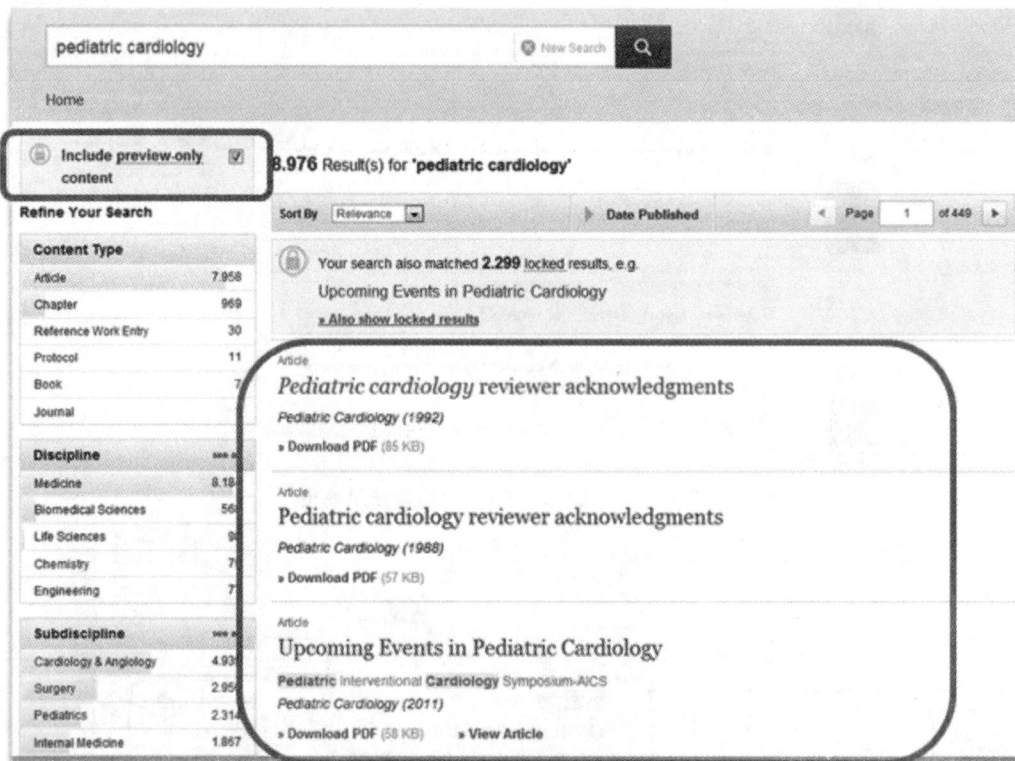

图 11-55　SpringerLink 检索结果显示

检索结果页面显示分为六大部分：①是内容类型；②是内容标题；③是内容描述；④是所列内容的作者；⑤是在何处以何种产品形式出版；⑥是全文下载 PDF 或是以 HTML 格式浏览（见图 11-56）。

（3）期刊检索

对 SpringerLink 期刊进行下载的界面中，会出现如下内容：①下载 PDF。在左上方比较显著的位置有"下载 PDF"（Download PDF）功能的标识，该功能重复出现在标题下面。PDF 文件可以被保存、打印和标注。②浏览文章，该链接提供了文章 HTML 形式的页面，该功能重复出现在⑧中。③期刊标题。④出版年限。⑤文章标题。⑥作者。⑦下载 PDF。⑧浏览文章。⑨摘要。⑩期刊封面。⑪内容查看（Look Inside），链接只有预览功能。⑫在此期刊内的链接。⑬导出参考文献。⑭相关文章。⑮补充材料。⑯参考文献。⑰有关此文章（见图 11-57）。

点击任意一篇文献，可以看到如下内容：①是突出的文章标题；②是该篇文章的基本信息；③是文章作者。在上方稍小的字体中可以找到相关的期刊信息。作者信息在标题下方。此文章所有作者都有个别链接，链接到该作者的所有作品搜索结果页面上（见图 11-58）。

Article ①

DOE Bioenergy Center Special Issue: The Great Lakes Bioenergy Research Center (GLBRC) ②

This issue of **BioEnergy Research**...is the second of three special issues to feature work from the US Department of Energy **Bioenergy** Centers. This special issue is focused on **research** supported by the Great ③ Lakes

④ Michael D. Casler in *BioEnergy Research (2010)* ⑤

» **Download PDF** (60 KB) » **View Article** ⑥

Article

The DOE BioEnergy Science Center—a U.S. Department of Energy Bioenergy Research Center

The **BioEnergy** Science Center, a nationally and internationally peer ... as a U.S. Department of Energy **Bioenergy Research** Center. This Oak Ridge National Laboratory-led ... for its significant contributions in th... Russ Miller, Martin Keller in *In Vitro Cellular & Developmental Biology - Plant (2009)*

» **Download PDF** (308 KB) » **View Article**

Article

The US Department of Energy Great Lakes Bioenergy Research Center: Midwestern Biomass as a Resource for Renewable Fuels

The Great Lakes **Bioenergy Research** Center is one of three **Bioenergy Research** Centers establish by the US Department of ... of liquid fuels derived from biomass. The **research** is focused on converting plant biomass...
Steven Slater, Kenneth Keegstra, Timothy J. Donohue in *BioEnergy Research (2010)*

» **Download PDF** (87 KB) » **View Article**

图 11-56　SpringerLink检索结果页面

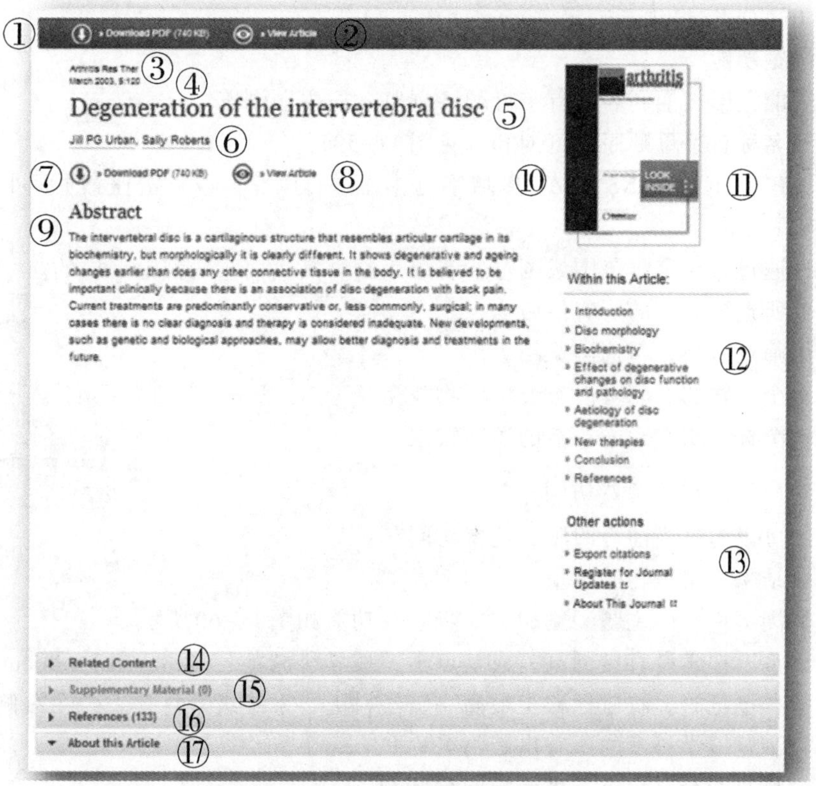

① » Download PDF (740 KB)　 » View Article ②

Arthritis Res The ③ ④
March 2003, 5:120

Degeneration of the intervertebral disc ⑤

Jill PG Urban, Sally Roberts ⑥

⑦ » Download PDF (740 KB)　 » View Article ⑧　　⑩　　⑪

Abstract

⑨ The intervertebral disc is a cartilaginous structure that resembles articular cartilage in its biochemistry, but morphologically it is clearly different. It shows degenerative and ageing changes earlier than does any other connective tissue in the body. It is believed to be important clinically because there is an association of disc degeneration with back pain. Current treatments are predominantly conservative or, less commonly, surgical; in many cases there is no clear diagnosis and therapy is considered inadequate. New developments, such as genetic and biological approaches, may allow better diagnosis and treatments in the future.

Within this Article:

» Introduction
» Disc morphology
» Biochemistry
» Effect of degenerative changes on disc function and pathology
» Aetiology of disc degeneration
» New therapies
» Conclusion
» References
⑫

Other actions

» Export citations
» Register for Journal Updates
» About This Journal
⑬

» Related Content ⑭
» Supplementary Material (0) ⑮
» References (133) ⑯
» About this Article ⑰

图 11-57　SpringerLink期刊下载界面

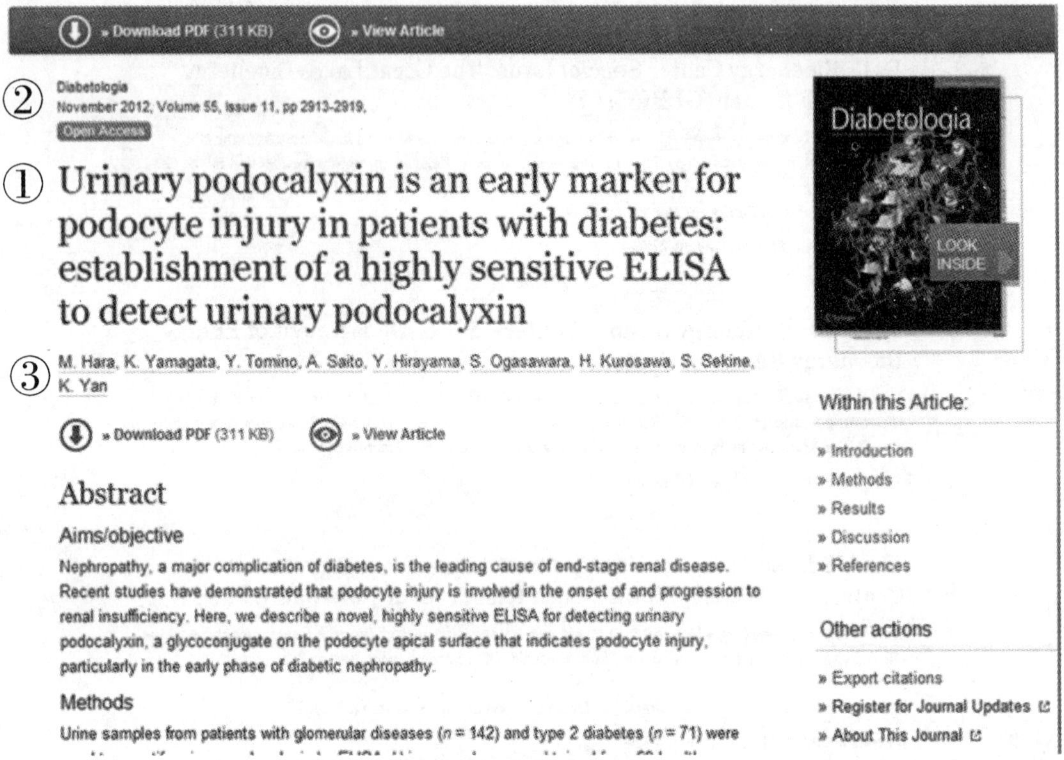

图11-58 SpringerLink期刊信息显示界面

6. Wiley Online Library

（1）浏览功能

浏览功能包括按期刊名称首字母顺序浏览、按主题浏览。

按期刊名称首字母顺序浏览期刊（见图11-59）：

①从"PUBLICATIONS A-Z"区域字母排序进行浏览，或点击任意页面上的出版物标签进行浏览。

②无论通过特定字母范围或浏览所有出版物，其页面布局都是一样的。

③浏览所选列表下的所有出版物。

④使用筛选选项，精选浏览结果。

⑤在每个主题的右侧可以查看出版物类型。

⑥挂锁图标标明文章或章节的访问权限：

🔓FREE表示所有用户均免费访问；

🔓表示可以通过当前订阅服务免费访问。

⑦浏览结果中出版物的数量。

按主题浏览期刊。主题浏览的主要步骤及功能如图11-60所示。

①在首页上按学科直接浏览，或是点击"按学科浏览"（Browse by Subject）进入。

②按学科浏览时，将鼠标移至最高一级学科上，下一级学科列表会在右侧显示；点击一个学科，浏览该学科下的所有出版物名称。

③该学科页面会显示重点推荐的四种刊物。

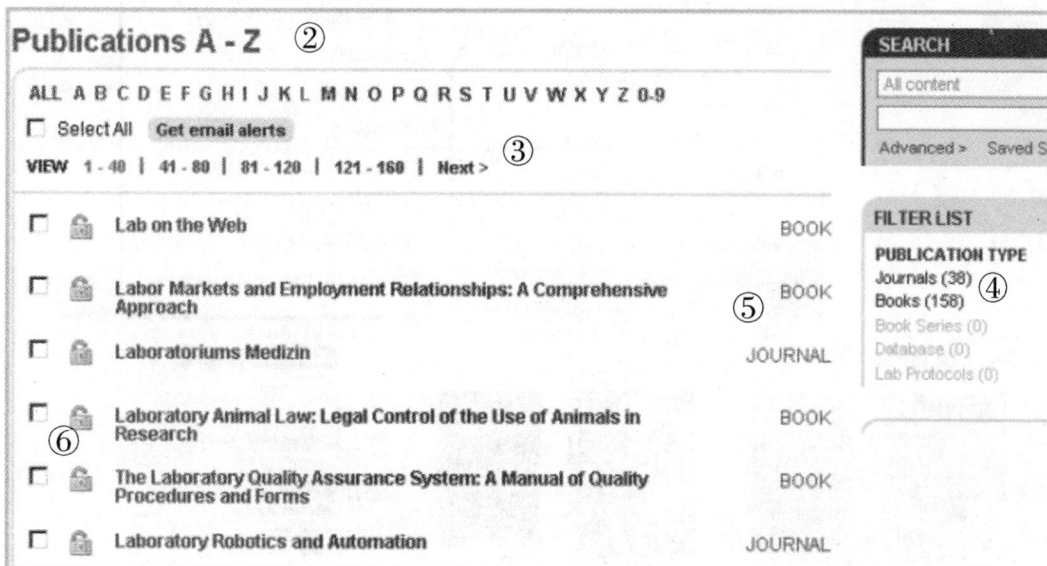

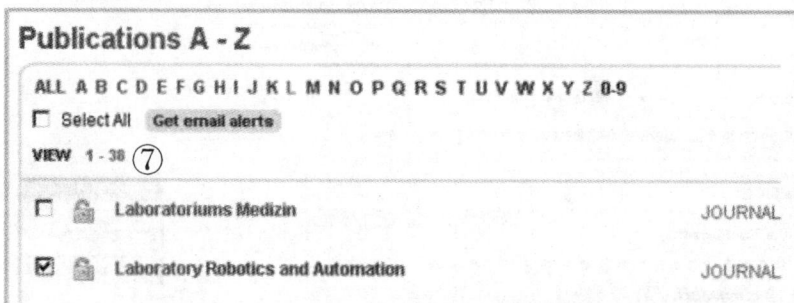

图 11-59 Wiley 按期刊名称首字母顺序浏览

④浏览该学科的所有期刊。

⑤按主题浏览。

⑥浏览该学科的所有期刊时，可以筛选检索结果。

⑦选择一种或多种期刊设置电子邮件提醒功能。

⑧访问图标标明是否拥有全文浏览权限。

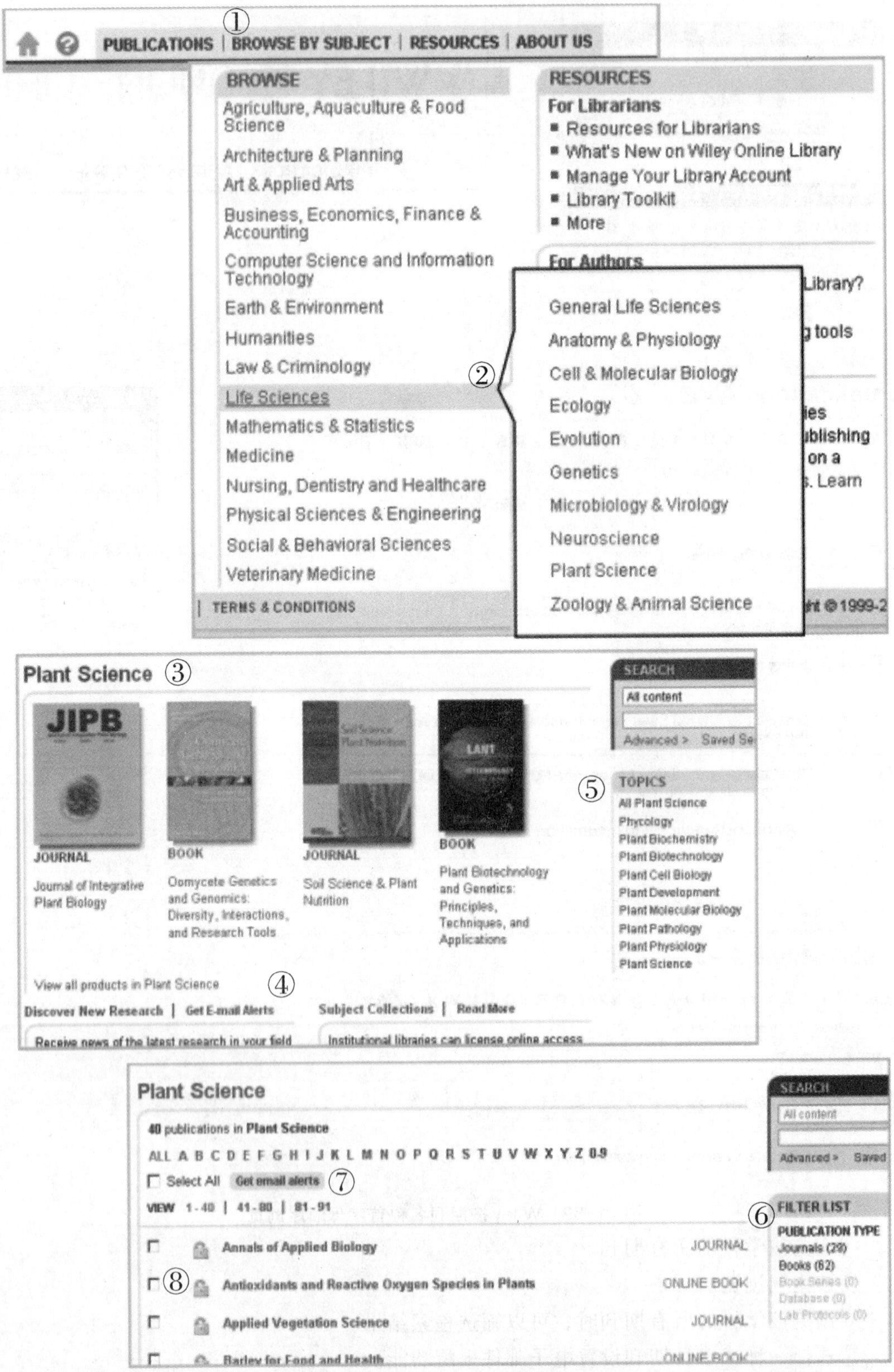

图 11-60 Wiley 按主题浏览

（2）检索结果浏览

　　文章页面提供了一致性的链接和信息，只要轻松点击各标签即可进入各种不同内容的页面。摘要及支持信息（Supporting Information）为免费提供，其他内容则仅供订阅单位使用，若尚未订阅，亦可经由"文章选择"（Article Select）或"单篇购买"（Pay-Per-View）购买特定文章的使用权。界面显示内容如图11-61所示。

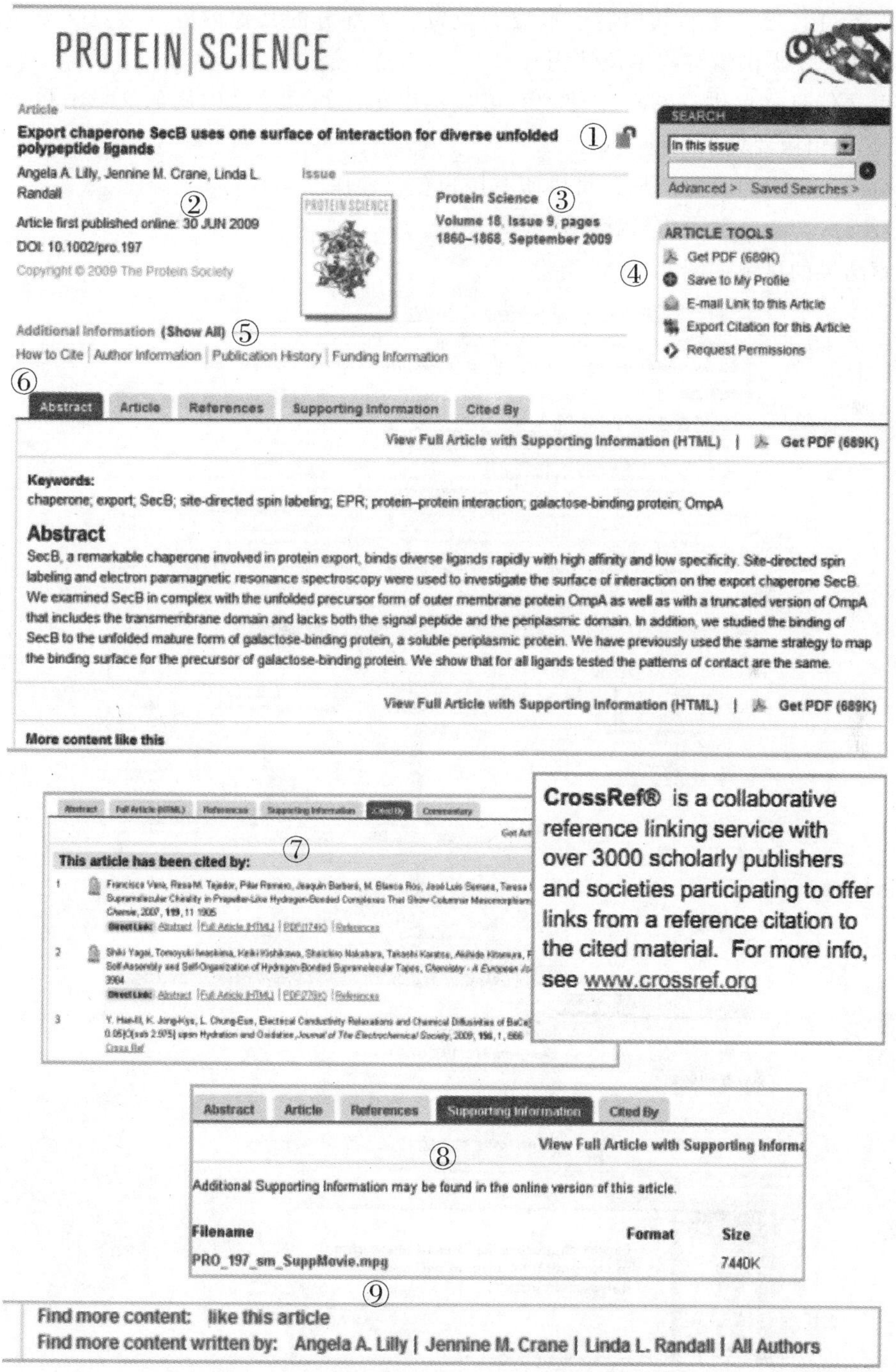

图 11-61　Wiley期刊检索结果

①访问图标标明是否具有全文使用权。

②文章标题、作者、出版日期和 DOI。

③卷号/期号链接至出版物目录。

④文章工具。

⑤其他信息可能包括如何引用、出版历史和经费来源。

⑥标签可轻松链接期刊内容。摘要为免费，大部分的其他内容（参见文章全文 Article Full Text）仅提供给订购单位使用。

⑦引文信息（仅供订阅单位使用）可显示出正在阅览且已引用的文章清单，包含由 Wiley 及其他出版商处引用的文章。

⑧由作者提供的支持信息，可供所有用户免费使用。

⑨页面底部为相关内容链接。

检索结果的显示如图 11-62 所示。

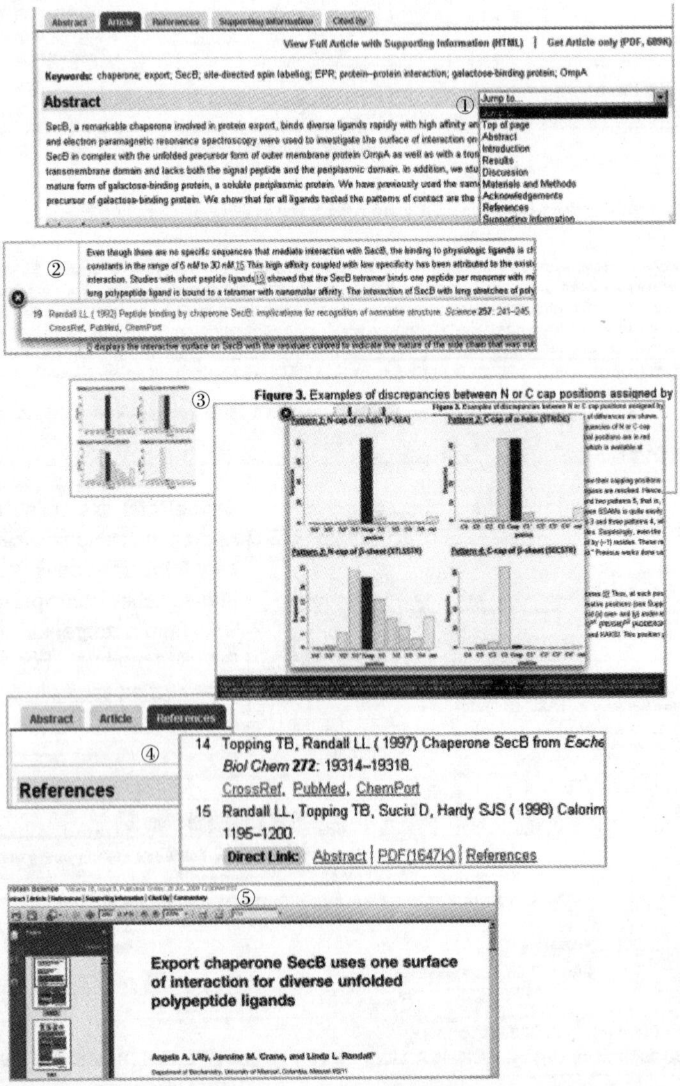

图 11-62　Wiley 检索结果界面

①以 HTML 呈现的全文，具有方便的"跳至某页面"导览功能。

②弹出文内参考数据细节，附带的链接可直接链接至参考文献的来源（若有相关内容）。

③点击图像，可放大画面，便于查看。

④参考文献区，包含内部或外部参考文献来源的链接——包括被 ChemPort、Chemical Abstract Service（CAS）、PubMed/Medline、ISI Web of Science 纳入索引的其他数据源。

⑤许多文章还提供 PDF 格式的全文。此类文章可保存及打印，且包含进入文章所在期刊的其他区域的各项方便链接。

第二节 检索案例

中国知网、维普和万方数据三大全文数据库系统已经发展成为全方位组织、处理、发布多种载体文献资源的整合平台，不仅提供全学科的期刊论文，还提供学位论文、会议论文、报纸、年鉴、工具书等多种类型的文献全文。EBSCOhost 检索系统中的 ASC、BSC、EFT 三个全文数据库以及 ProQuest 检索系统中的 ABI/INFORM Global 都是国际上著名的收录比较全面的商业、经济文献数据库，是经管方向研究人员查阅相关文献的重要来源。常用西文学术期刊全文数据库主要有 Elsevier、Emerald、JSTOR、SAGE、Springer、Wiley 等，它们在检索和利用等方面存在一定的共性。本书对数据库和检索方法已经有相关介绍，在此不再赘述，本节通过案例介绍检索中外经济类文献的具体过程。

一、案例一

检索 2004—2014 年发表的关于"内部控制"以及"风险管理"方面的中文文献。

（一）分析课题

1.分析研究课题，明确信息需求

本案例需要对"内部控制"以及"风险管理"方面的国内各类文献进行调研，文献类型包括期刊论文、学位论文、会议论文等。

2.选择检索工具

本案例需要的文献量比较大，文献类型也比较多，需要使用综合性的文献检索工具。中文方面目前国内中国知网收录的文献类型涵盖期刊、会议、学位论文、年鉴、工具书等，还有科研信息的统计分析功能，因此可以选择中国知网为检索工具，如果检索结果不能满足需求或不能下载全文时可以用维普、万方数据库作为补充。

3.确定检索途径

将"内部控制"以及"风险管理"作为检索词，选择"篇名"字段作为检索入口。

第一步：登录。通过学校图书馆主页或者数据库主页登录。

第二步：选择高级检索。在第一个输入框中输入"内部控制"，选择检索字段"标题"；然后在第二个输入框中输入"风险管理"，选择检索字段"标题"，选择逻辑运算符"并且"。

第三步：检索条件的限定。出版日期设定为 2004 年 1 月至 2014 年 12 月，其他条件保持默认；单击"搜索"按钮开始检索。

（二）文献检索

1.中文期刊文献

以中国知网数据库为例进行详细说明，最终检索到822篇文献，如图11-63所示。

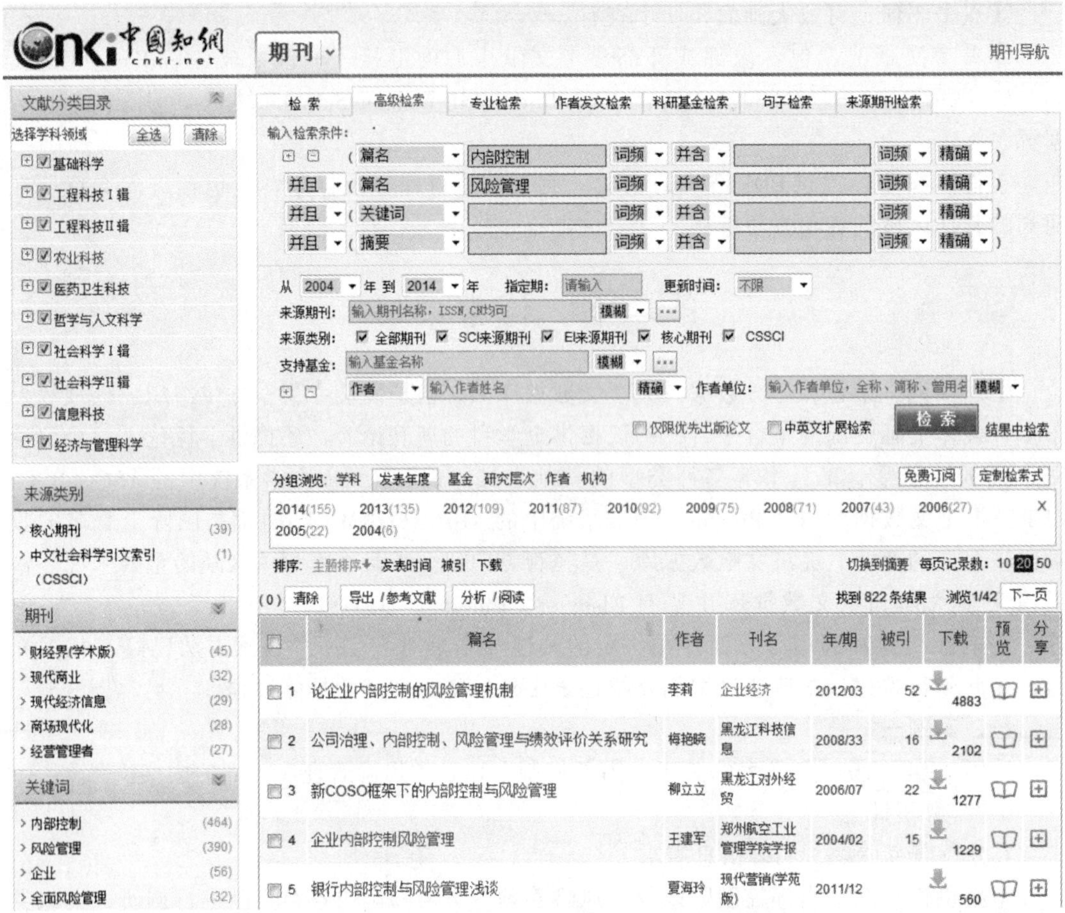

图11-63 中国知网数据库期刊文献检索结果举例

浏览和阅读全文：在检索结果页面，可以看到文章的作者、出版物及其卷期这些信息，并且可以直接下载和预览文章。在检索结果页面，可以选择检索结果输出方式，选择按主题、发表时间、被引等排序，通过按被引频次排序可以找到高质量的论文。此外，也可以按学科、发表年度、基金等分组进行浏览。

点击文章标题，则进入文章详情页面，可浏览文章的作者、来源期刊、关键词、摘要等信息（见图11-64）。

全文下载：在检索结果页面（见图11-63）和文章详情页面（见图11-64），点击其中的 PDF 标识（或者 CAJ 标识——知网独有的格式），即可下载文章的 PDF 格式（CAJ 格式）全文。

检索结果的分析：首先在检索结果页面（见图11-63）所需的文章标题前的复选框内点勾，然后点击"分析/阅读"，即可对选中文献、参考文献和引证文献进行分析。图11-65为按被引频次排序，选取前20篇文献进行分析结果，其中包括文献共引分析、关键词分析、读者推荐分析、H指数分析、文献分布（包括来源、出版年、机构、基金分布）。

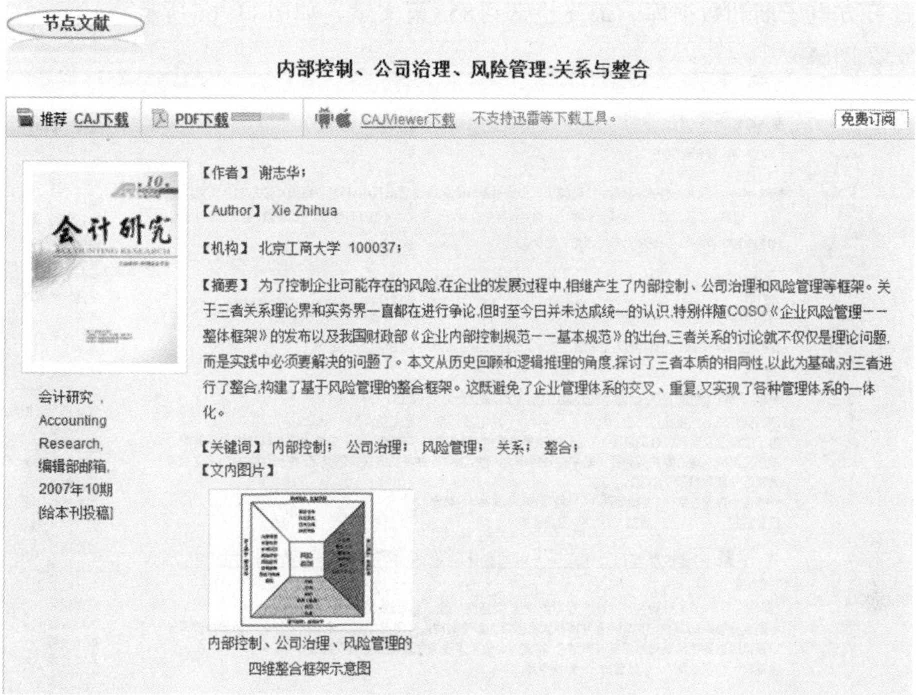
节点文献

内部控制、公司治理、风险管理:关系与整合

推荐 CAJ下载　PDF下载　CAJViewer下载　不支持迅雷等下载工具。　免费订阅

【作者】谢志华；

【Author】Xie Zhihua

【机构】北京工商大学 100037；

【摘要】为了控制企业可能存在的风险,在企业的发展过程中,相继产生了内部控制、公司治理和风险管理等框架。关于三者关系理论界和实务界一直都在进行争论,但时至今日并未达成统一的认识,特别伴随COSO《企业风险管理——整体框架》的发布以及我国财政部《企业内部控制规范——基本规范》的出台,三者关系的讨论就不仅仅是理论问题,而是实践中必须要解决的问题了。本文从历史回顾和逻辑推理的角度,探讨了三者本质的相同性,以此为基础,对三者进行了整合,构建了基于风险管理的整合框架。这既避免了企业管理体系的交叉、重复,又实现了各种管理体系的一体化。

【关键词】内部控制；公司治理；风险管理；关系；整合；

【文内图片】

内部控制、公司治理、风险管理的四维整合框架示意图

会计研究，Accounting Research，编辑部邮箱，2007年10期 [给本刊投稿]

图 11-64　中国知网数据库文章详情界面举例

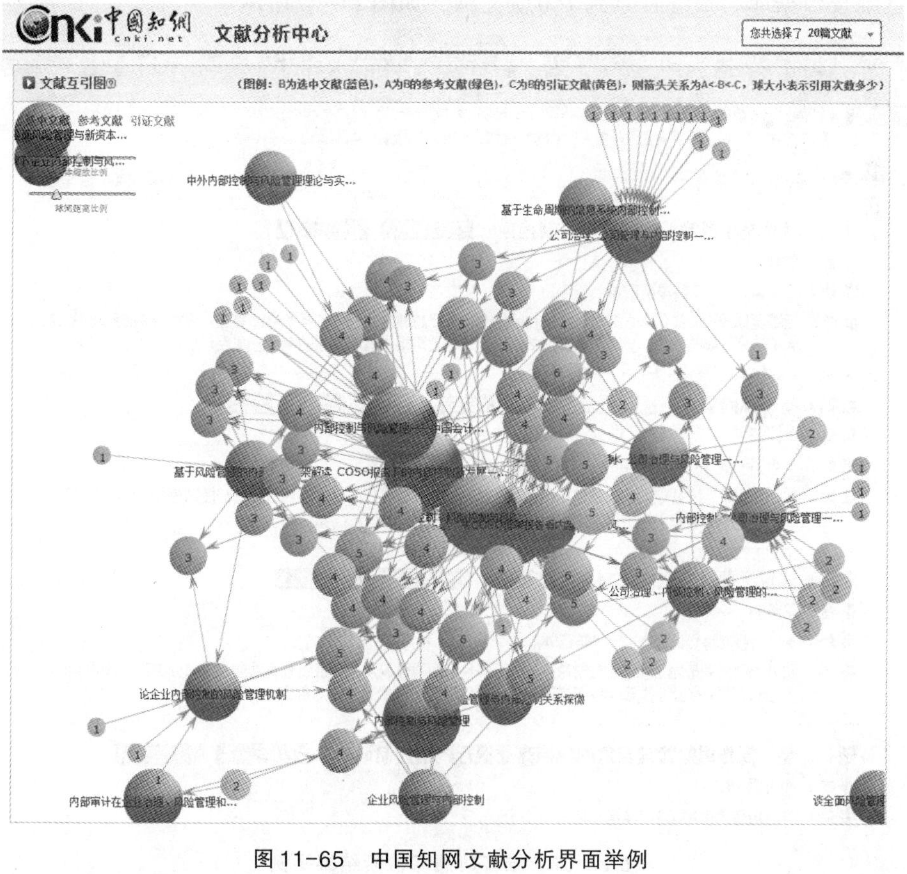

图 11-65　中国知网文献分析界面举例

通过万方电子期刊数据库，最终检索到853篇文献，如图11-66所示。

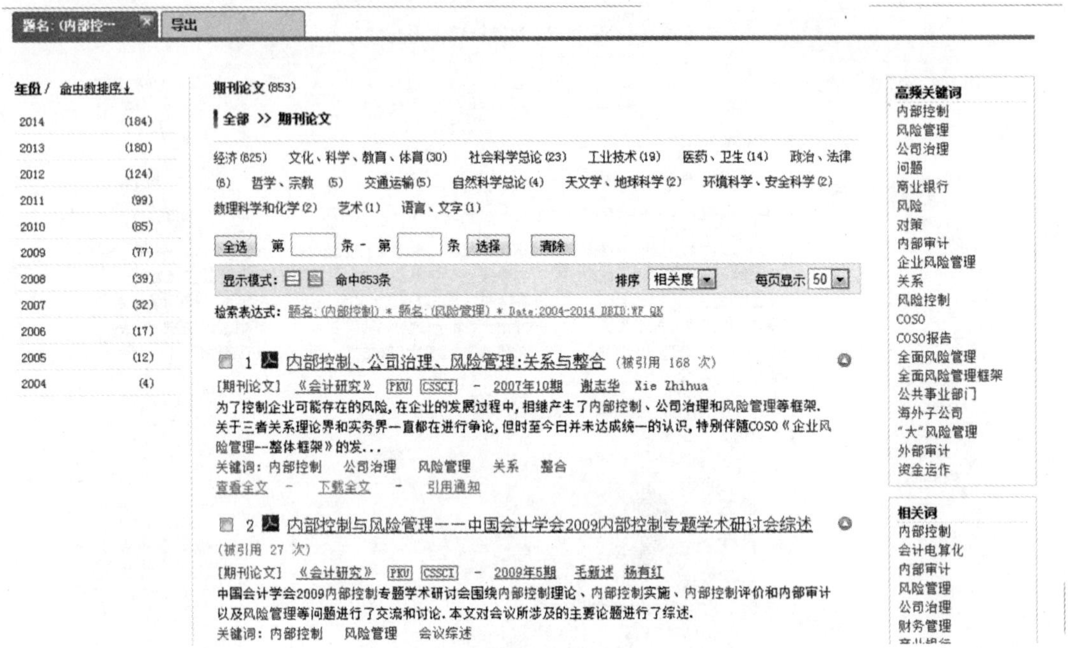

图11-66 万方电子期刊数据库检索结果举例

通过维普数据库，最终检索到760篇文献，如图11-67所示。

图11-67 维普数据库检索结果举例

2.中文学位论文

案例中，利用中国知网——博硕士学位论文库，最终检索到110篇中文学位论文，如图11-68所示。检索与使用方法与期刊检索相似，也可以分别检索中国优秀硕士学位论文全文数据库和中国博士学位论文全文数据库。

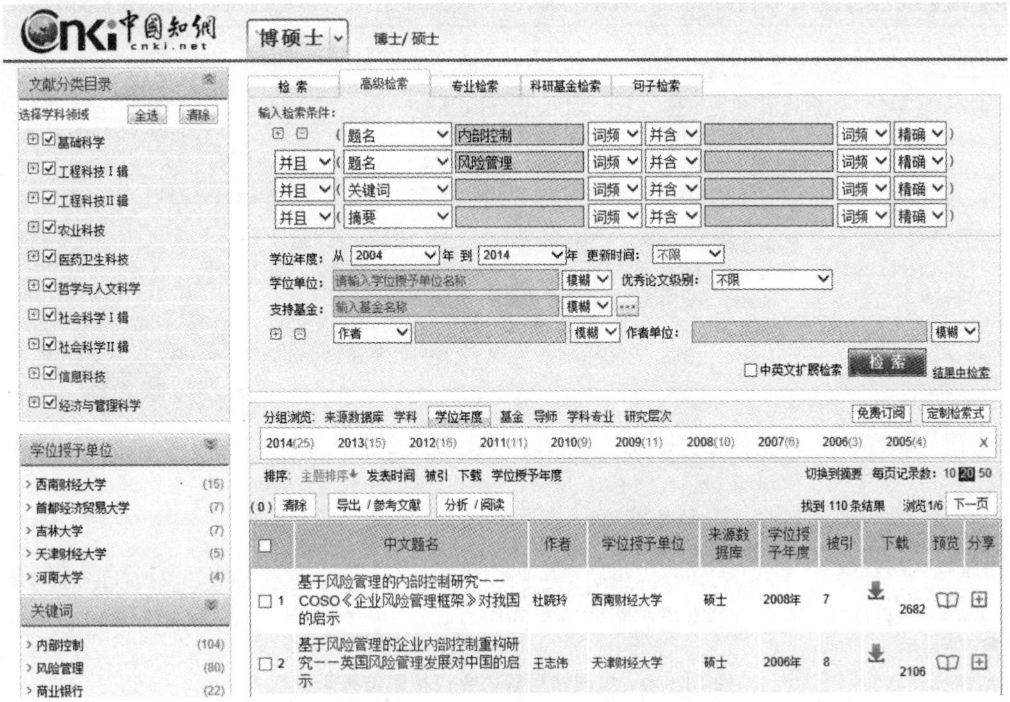

图11-68 中国知网学位论文检索结果举例

利用万方学位论文库，最终检索到120篇中文学位论文，如图11-69所示。

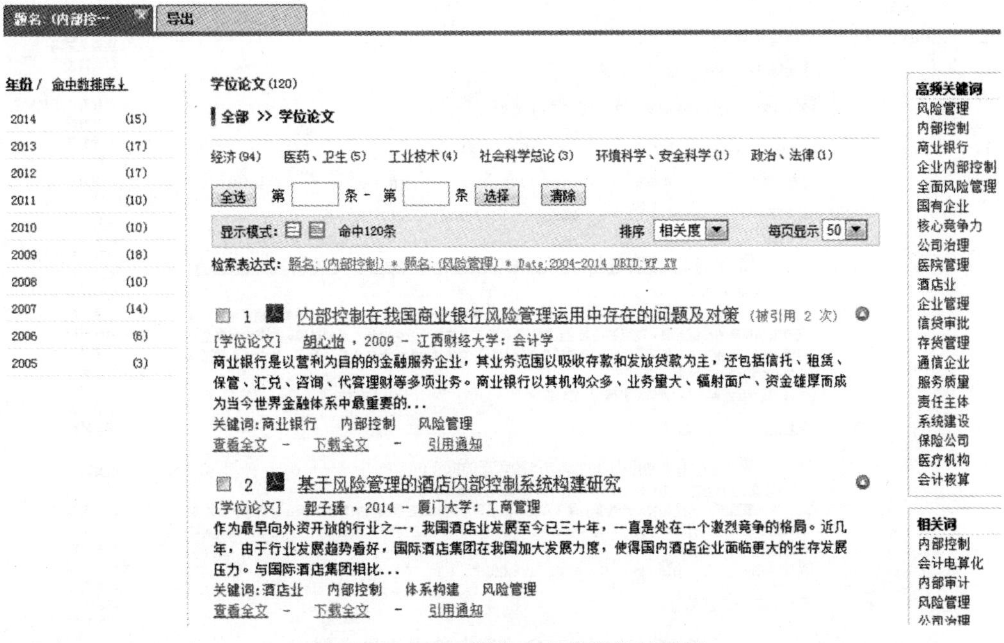

图11-69 万方学位论文检索结果举例

3.中文会议论文

利用中国知网——重要会议论文数据库，最终检索到32篇中文会议论文，如图11-70所示。中国知网——重要会议论文数据库还可以检索国际会议的文献内容。

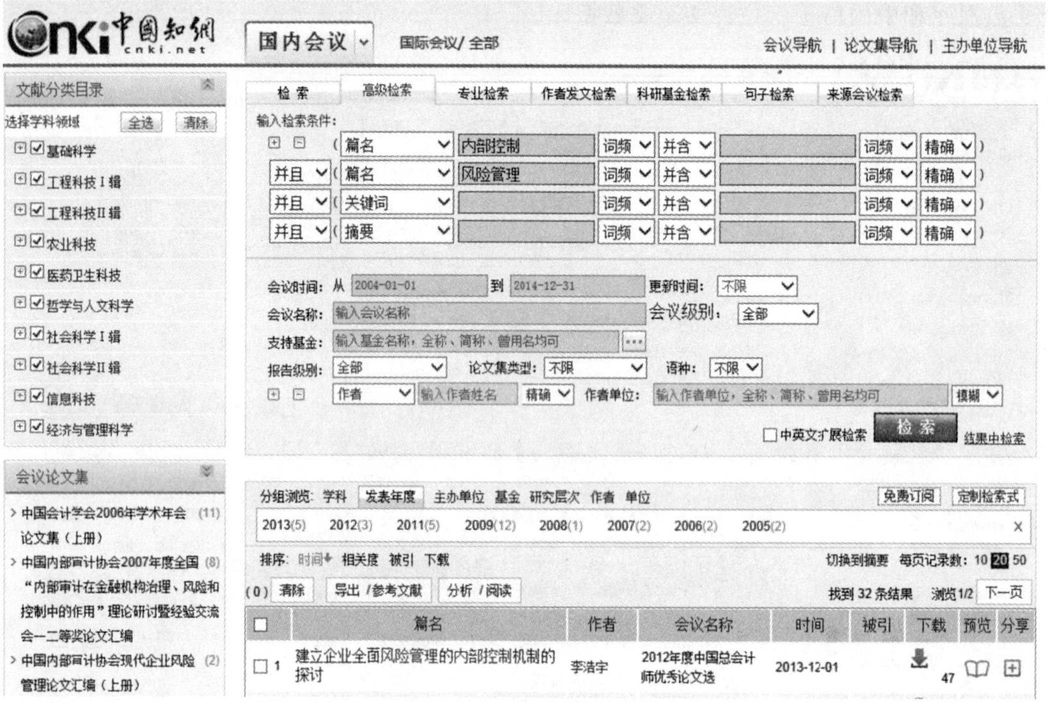

图11-70　中国知网国内会议检索结果举例

利用万方会议论文库，最终检索到29篇会议论文，如图11-71所示。

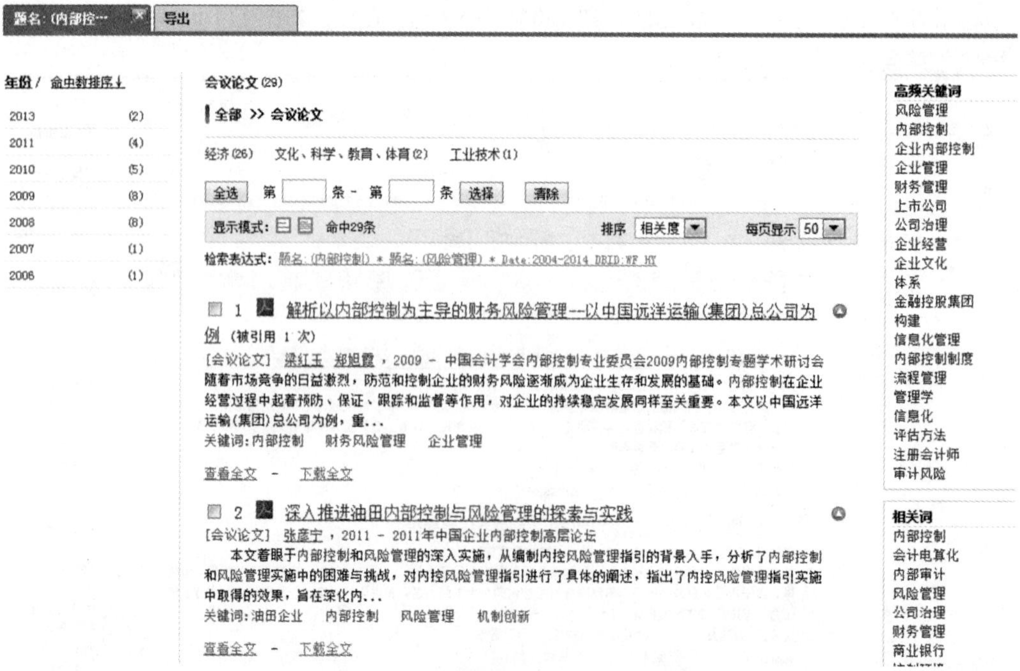

图11-71　万方会议论文检索结果举例

4.其他类型文献

在中国知网还可以通过报纸、年鉴、百科、词典、统计数据的检索，了解"内部控制"以及"风险管理"的相关概念、解释、历史资源以及相关数据等。中国知网通过与Elsevier、Springer、Emerald、Proquest等多个国际著名出版公司合作，可以得到相关外文文献信息。外文文献检索可以得到免费正版的题录信息，点击题名可以跳转原数据库下载全文。

二、案例二

检索2004—2014年发表的关于"hedge fund"（对冲基金）方面的，且发表在含有"finance"（金融）一词的期刊上的外文全文文献。

（一）分析课题

1.分析研究课题，明确信息需求

本案例需要对"hedge fund"（对冲基金）方面的外文文献进行调研，由于要求查找发表在含有"finance"（金融）一词的期刊文献，因此文献类型仅为期刊论文。

根据检索内容，检索词"hedge fund"是一个固定词组，所以加双引号做精确检索，此处为了直观方便，暂选择文章标题作为检索入口；检索词"finance"可以选择期刊名称作为检索入口。

2.选择检索工具

EBSCOhost检索系统中的ASC、BSC、EFT三个全文数据库以及ProQuest检索系统中的ABI/INFORM Global都是国际上著名的收录比较全面的商业、经济文献全文数据库。常用西文学术期刊全文数据库还有Elsevier、Emerald、JSTOR、SAGE、Springer、Wiley等。

3.确定检索途径

检索步骤：采用高级检索方法。

第一步：登录。通过学校图书馆主页或者数据库主页登录。

第二步：选择高级检索。在第一个输入框中输入"hedge fund"，选择检索字段"TI Title"（文章标题）；然后在第二个输入框中输入"finance"，选择检索字段"Publication Name or Journal Name"（期刊名称），选择逻辑运算符"AND"。

第三步：检索条件的限定。在检索区，勾选全文复选框，出版日期设定为2004年1月至2014年12月，其他条件保持默认；单击"搜索"按钮开始检索。

第四步：查看及下载。可以在线浏览全文，还可以选择保存、打印或以Email等形式发送引文信息、全文等。

（二）文献检索

1.EBSCOhost（ASC、BSC、EFT）全文数据库

进入EBSCOhost系统平台，勾选ACS、BSC、EFT三个数据库，进入高级检索界面（见图11-72）。

检索到相关的可以下载到全文的文章88篇（见图11-73）。

全文导出与下载:EBSCOhost系统中检索到的全文，只有在结果界面中打开PDF或HTML全文之后才能下载保存到自己的文件夹中，而不能直接下载保存文章（见图11-74）。

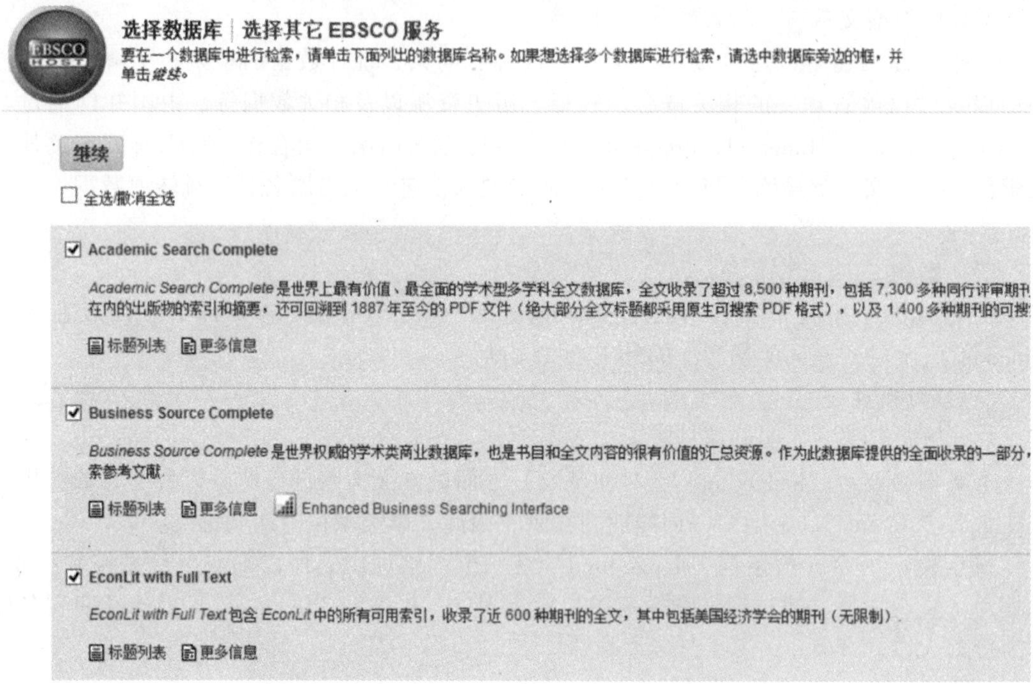

选择数据库｜选择其它 EBSCO 服务
要在一个数据库中进行检索，请单击下面列出的数据库名称。如果想选择多个数据库进行检索，请选中数据库旁边的框，并单击*继续*。

继续

☐ 全选/撤消全选

☑ Academic Search Complete

Academic Search Complete 是世界上最有价值、最全面的学术型多学科全文数据库，全文收录了超过 8,500 种期刊，包括 7,300 多种同行评审期刊在内的出版物的索引和摘要，还可回溯到 1887 年至今的 PDF 文件（绝大部分全文标题都采用原生可搜索 PDF 格式），以及 1,400 多种期刊的可搜

📖 标题列表 📖 更多信息

☑ Business Source Complete

Business Source Complete 是世界权威的学术类商业数据库，也是书目和全文内容的很有价值的汇总资源。作为此数据库提供的全面收录的一部分，索参考文献。

📖 标题列表 📖 更多信息 ▦ Enhanced Business Searching Interface

☑ EconLit with Full Text

EconLit with Full Text 包含 *EconLit* 中的所有可用索引，收录了近 600 种期刊的全文，其中包括美国经济学会的期刊（无限制）。

📖 标题列表 📖 更多信息

图 11-72　EBSCOhost 检索系统首页选择子库

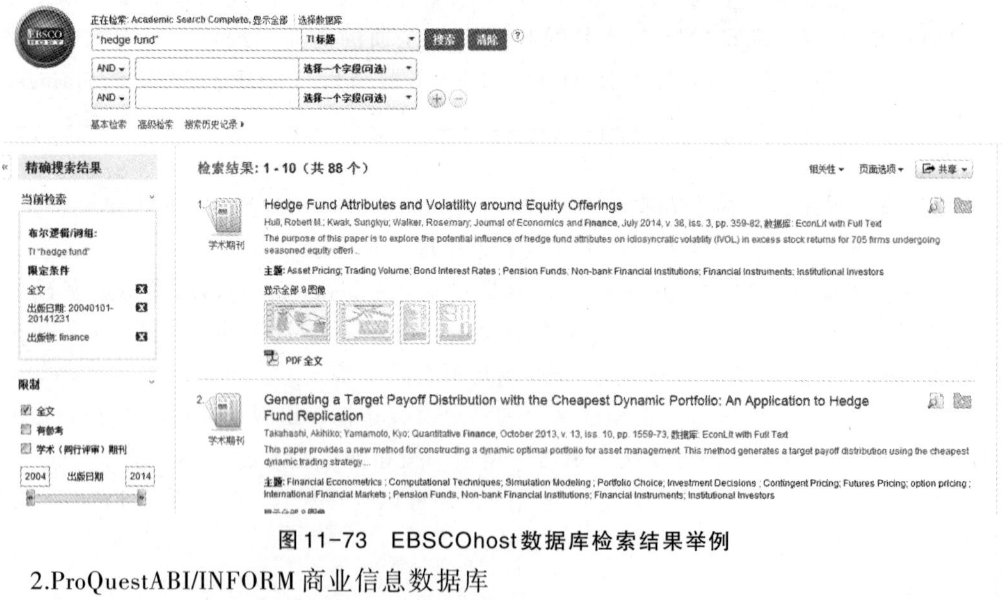

图 11-73　EBSCOhost 数据库检索结果举例

2.ProQuestABI/INFORM 商业信息数据库

ProQuestABI/INFORM 数据库按上述条件输入，检索到 367 个结果，在出版物类型上可以做进一步限制，检索结果显示学术期刊为 64 篇，如图 11-75 所示。

也可以在检索界面直接限制文献类型为学术期刊，结果同样为 64 篇，选择满意的结果直接下载全文即可，如图 11-76 所示。

3.常用西文学术期刊全文数据库

以 ScienceDirect Online（SDOL）全文数据库为例进行详细说明，最终检索到 45 篇文献，如图 11-77 所示。

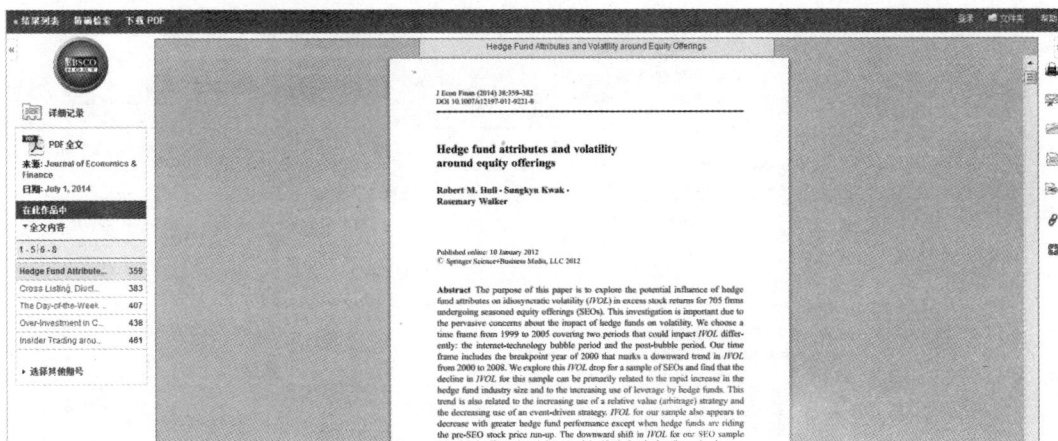

图 11-74 全文下载界面

图 11-75 ProQuest ABI/INFORM 数据库检索结果举例

　　限定和排序：在检索结果页面的左侧边栏提供对检索结果进一步限定的条件，可使结果更符合需求。可限定结果的出版年，也可以通过文章的主题、期刊名、内容类型等来限定。在检索结果的上方，提供了排序方法，可选择按照日期和相关性排序。

　　浏览和阅读全文：在检索结果页面，可以看到文章的作者、出版物及其卷期这些信息。点击文章标题，则进入文章详情页面，可浏览文章的作者、来源期刊、关键词、摘要等信息，尤为重要的是，可直接在该页面阅读文章的全文，如图11-78所示。

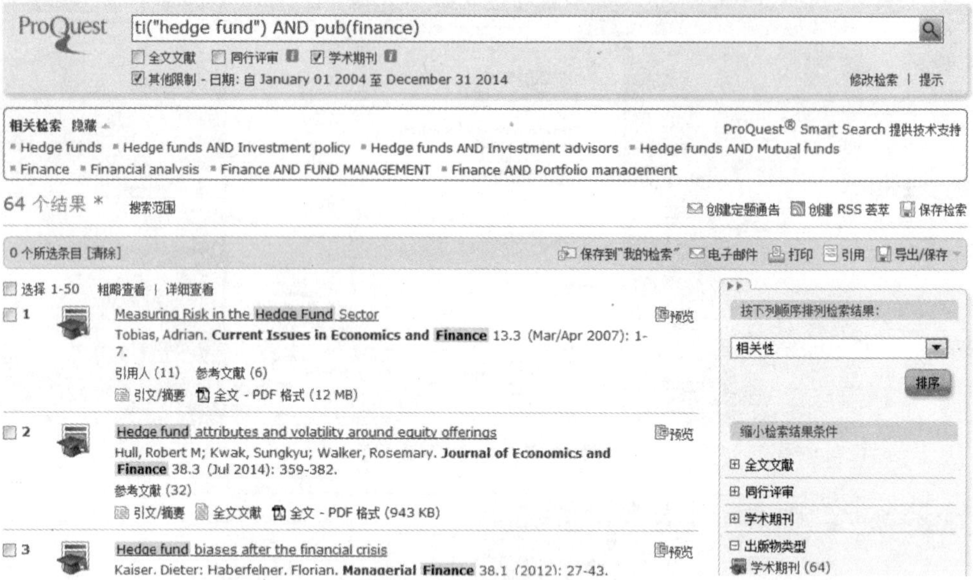

图 11-76 ProQuest ABI/INFORM 数据库检索结果举例（学术期刊）

全文下载和检索结果导出：

（1）全文下载：在检索结果页面（见图 11-77）和文章详情页面（见图 11-78），点击其中的 PDF 标识，即可下载文章的 PDF 格式全文。

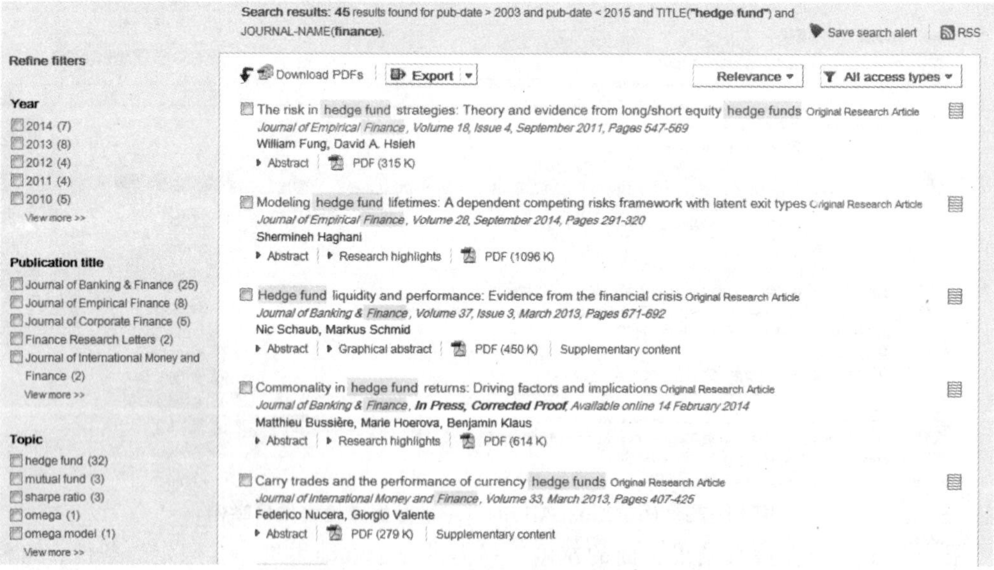

图 11-77 SDOL 数据库检索结果举例

（2）检索结果导出，可分为多篇文章的导出和单篇文章的导出两种。

多篇文章的导出：多篇文章的导出需要首先在检索结果页面所需的文章标题前的复选框内点勾，然后点击"Export"，在导出页面选择导出文件格式和内容（见图 11-79）。

单篇文章的导出：在文章详情页面（见图 11-78），直接点击文章标题上方的"Export RIS"即可导出 RIS 格式的文件，也可弹出下拉框，与多篇文章的导出一样，选择导出文件的格式和内容。

图 11-78　SDOL 数据库文章详情界面举例

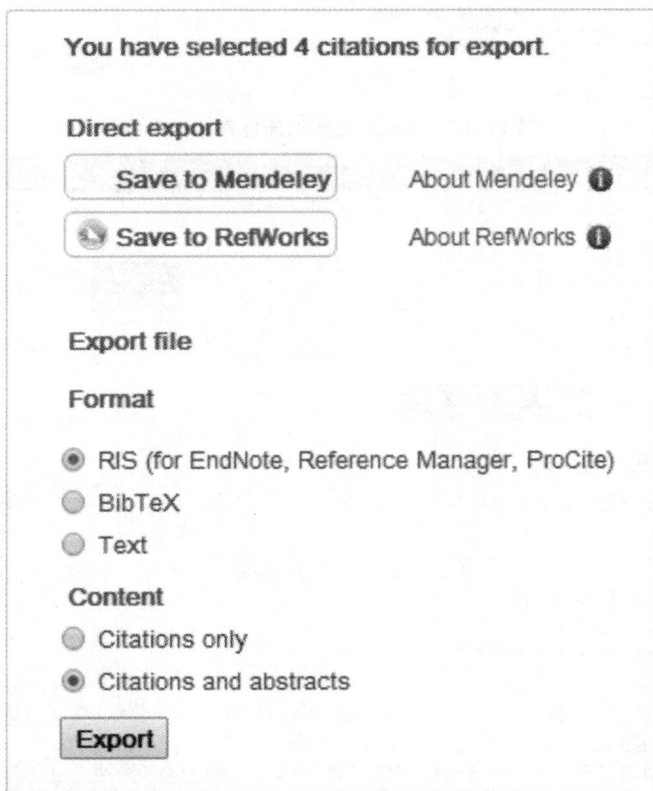

图 11-79　SDOL 数据库多篇文章导出界面举例

利用 Emerald 数据库，最终检索到 13 篇文献，如图 11-80 所示。

利用 JSTOR 数据库，最终检索到 15 篇文献，如图 11-81 所示。

利用 SAGE 数据库，以上述检索条件检索到 0 篇文献，于是放大检索范围，仅检索 2004—2014 年发表的关于 "hedge fund"（对冲基金）方面的外文全文期刊文献，最终检索到 5 篇文献，如图 11-82 所示。

图 11-80　Emerald 数据库检索结果举例

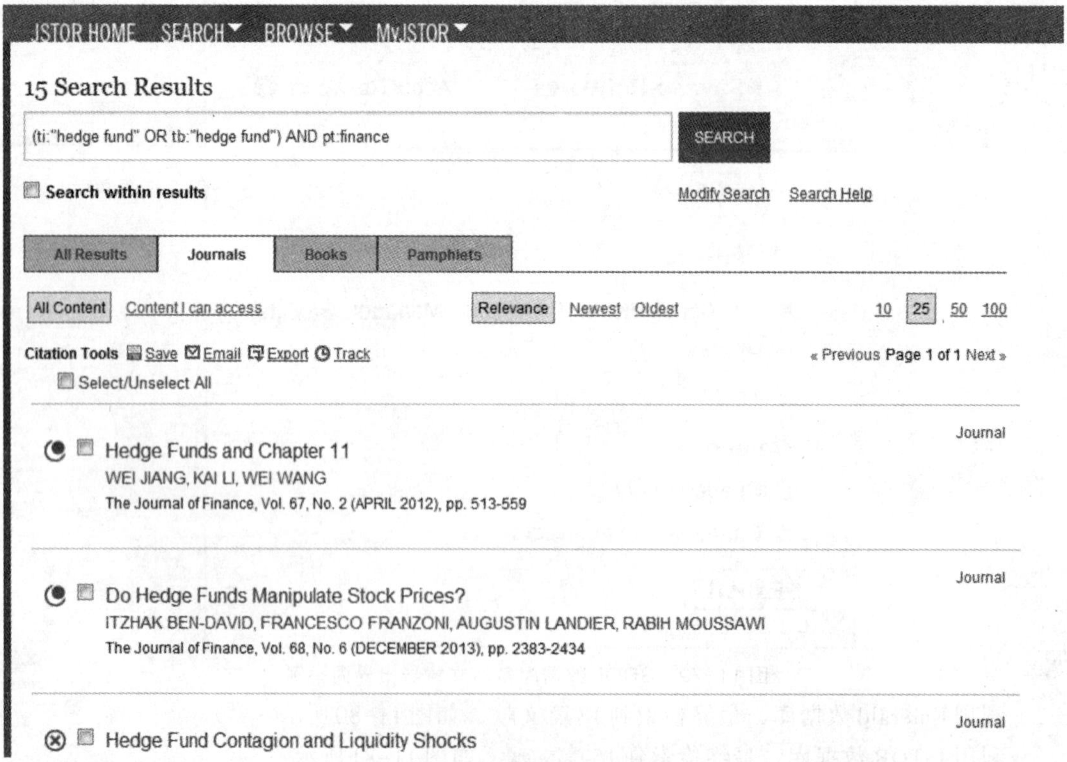

图 11-81　JSTOR 数据库检索结果举例

　　利用 SpringerLink 数据库，由于检索条件与其他数据库设置略有不同，首先检索 2004—2014 年发表的关于 "hedge fund"（对冲基金）方面的外文全文期刊文献。通过左侧

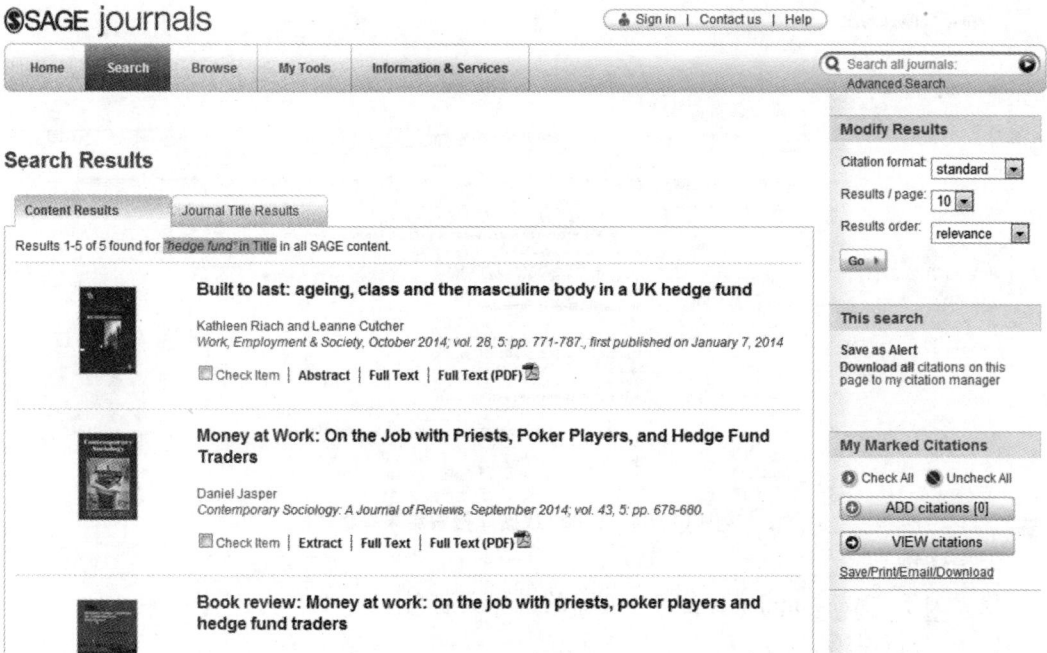

图11-82　SAGE数据库检索结果举例

边栏提供的对检索结果的进一步限定，限制内容类型（Content Type）为"Article"，检索到14篇文献，并通过出版（"Published In"）限制条件，最终检索到有6篇文献发表在含有"finance"一词的期刊上，如图11-83所示。

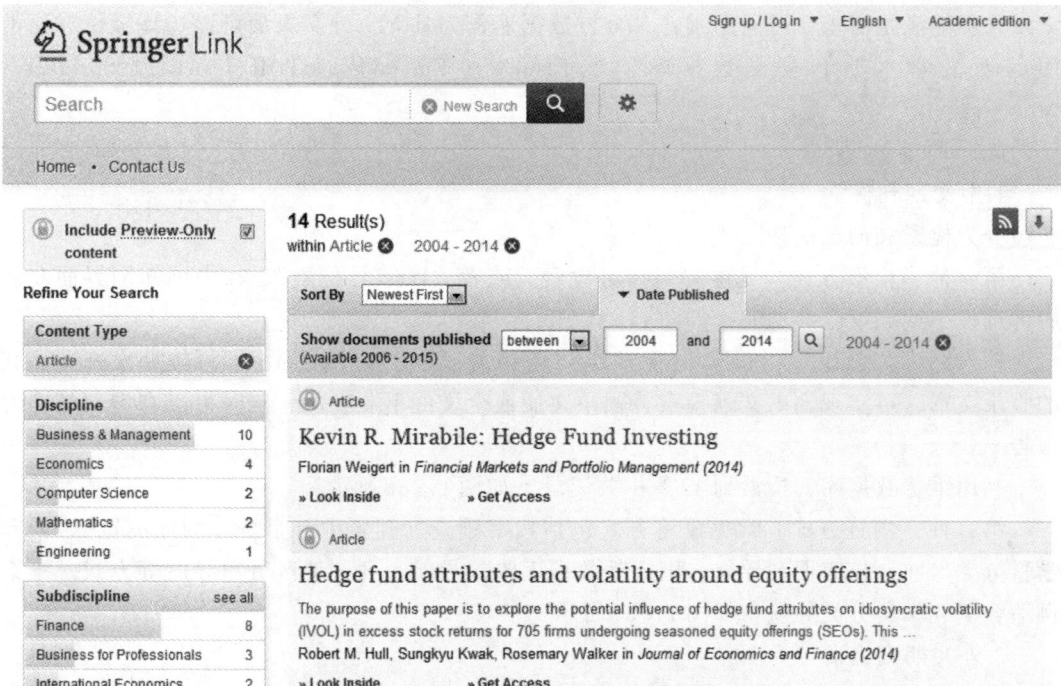

图11-83　SpringerLink数据库检索结果举例

利用Wiley数据库，最终检索到33篇文献，如图11-84所示。

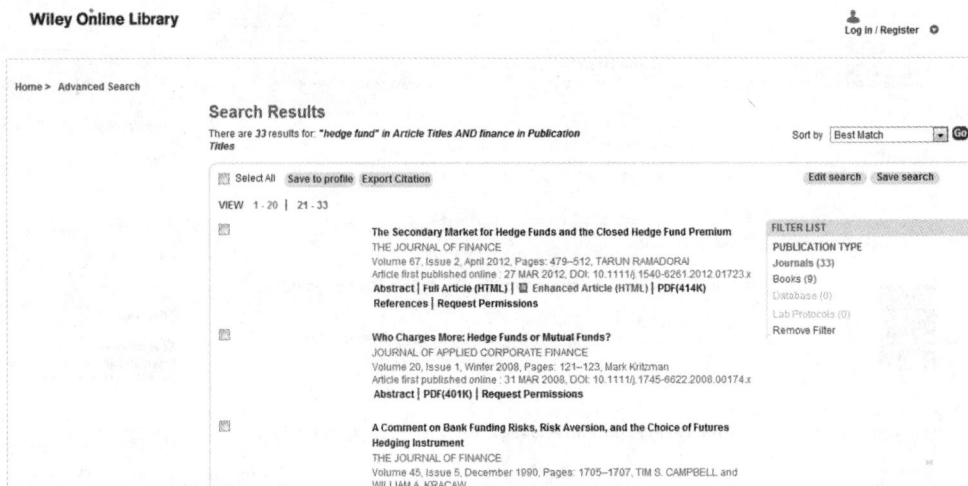

图 11-84　Wiley 数据库检索结果举例

三、案例三

检索关于"Accounting"（会计）方面的中外文期刊。

（一）分析课题

1.分析研究课题，明确信息需求

本案例检索关于"Accounting"（会计）方面的中外文期刊。

2.选择检索工具

本案例仅检索期刊，因此中文方面可以选择中国知网的期刊导航为检索工具，如果检索结果不能满足需求，可以用维普、万方数据库作为补充。外文方面可以选择经济方面常用的西文学术期刊全文数据库，如 Elsevier、Emerald、JSTOR、SAGE、Springer、Wiley 等。

（二）文献检索

1.中文期刊检索

分为检索和浏览两种方式。

第一种，检索方式。提供"期刊名检索"或者"ISSN 号检索"，在中国知网界面左侧中部选择"期刊大全"功能，如图 11-85 所示。

检索词为"会计"，中国知网检索到 35 条相关记录。点击期刊，即可按期次查看该刊的收录文章，可实现刊内文献检索、题录文摘或全文的下载功能，同时可以查看期刊评价报告。

利用维普数据库，检索到 47 条相关记录，如图 11-86 所示。

第二种，浏览方式。常见浏览方式包括按字顺查（刊名中首字拼音顺序浏览）、期刊学科分类导航、核心期刊导航、国内外数据库收录导航、期刊地区分布导航等方式。本案例适合期刊学科分类导航，如图 11-87 所示。

2.外文期刊检索

点击网页菜单栏处的 Browse，读者可按文献学科（By Subject）、题目（By Title）、学科主题（By Topic）等方式浏览期刊，一些数据库还可对浏览文献的文献类型、对每页显示文献的数量等进行限定。

图 11-85 中国知网"期刊大全"功能

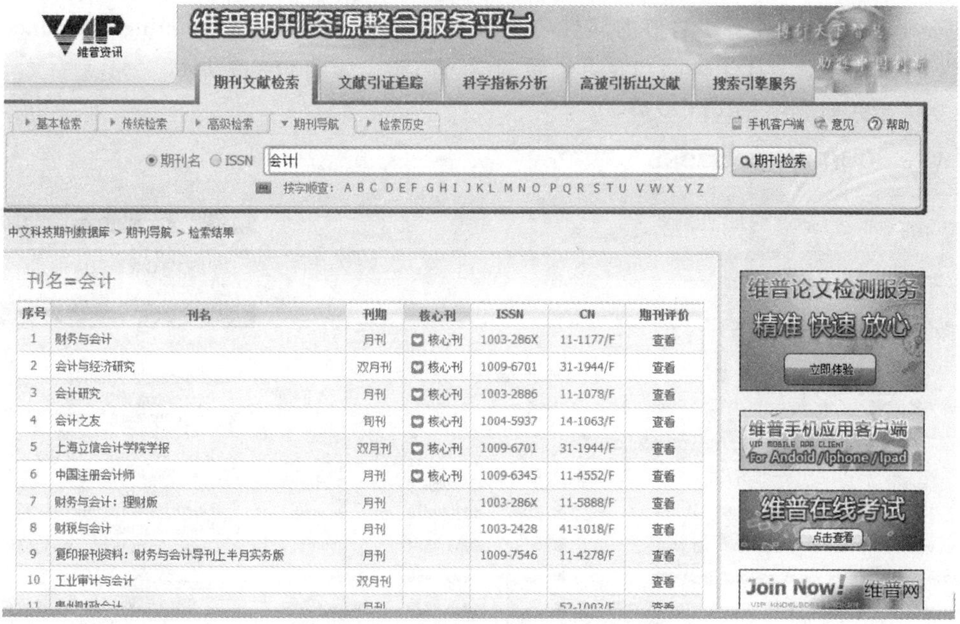

图 11-86 维普数据库的期刊浏览检索结果

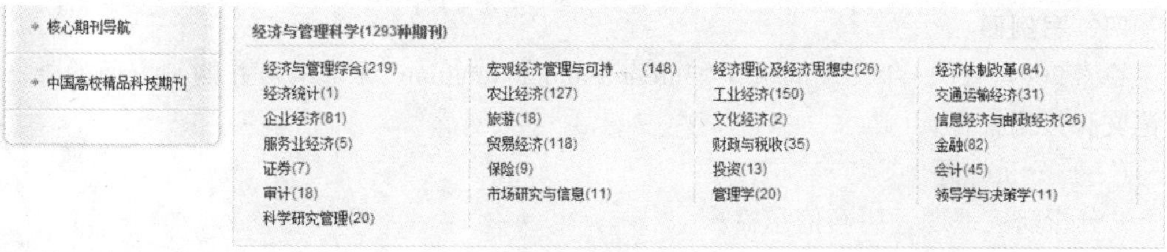

图 11-87 期刊浏览学科分类导航检索方式界面（中国知网）

以 ScienceDirect Online（SDOL）全文数据库为例，选择"Economics，Econometrics and Finance"学科中的期刊，该学科中的期刊仍按字母顺序排序，可选择期刊名称首字母来进一步筛选。也可选择更细分的学科来限定期刊，如图11-88所示。

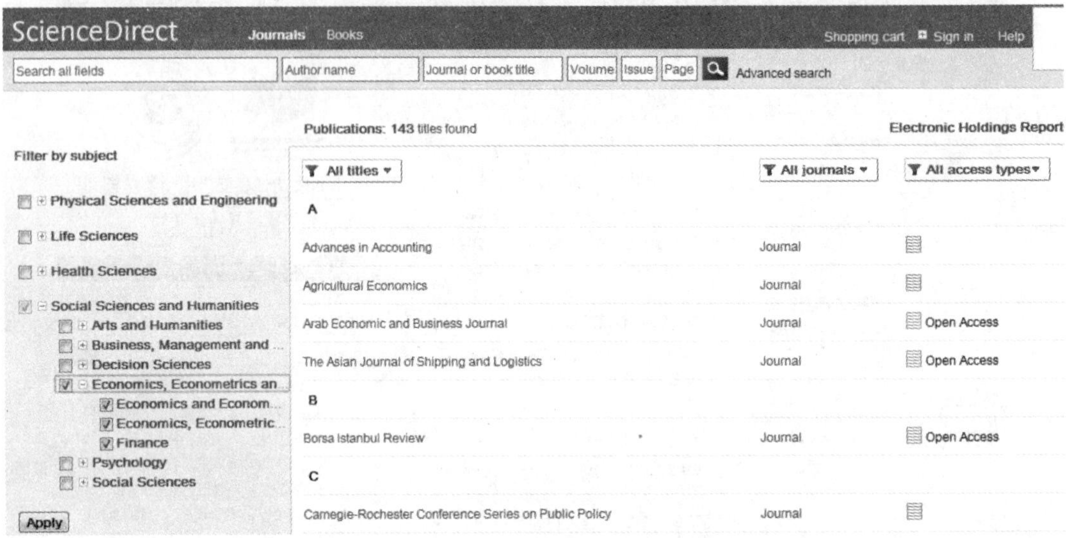

图11-88　SDOL数据库期刊浏览检索举例

Emerald数据库对期刊学科的属性有更细致的划分，选择"Accounting & Finance"学科可见界面右侧对会计学科期刊有更细致的学科归属，如图11-89所示。

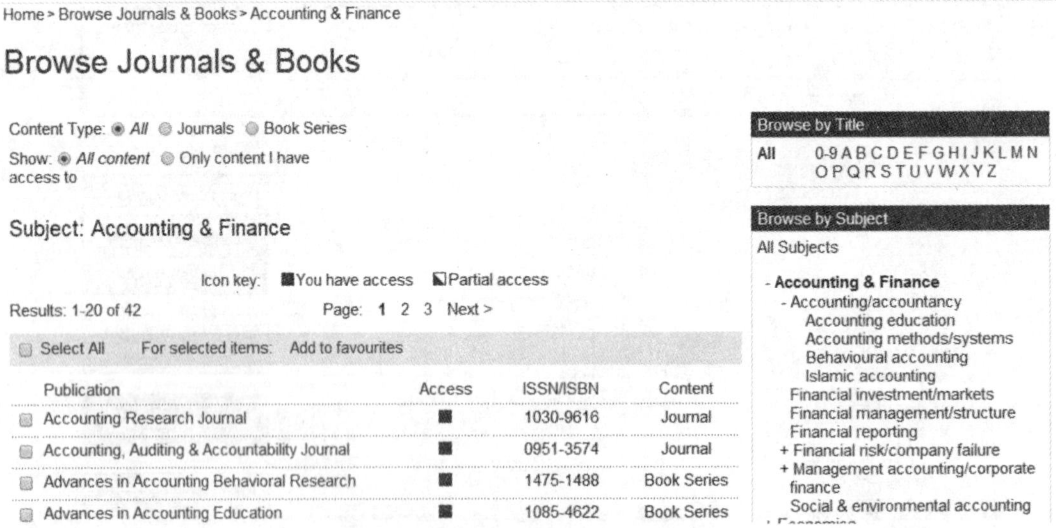

图11-89　Emerald数据库期刊浏览检索举例

四、案例四

检索2004—2014年发表的关于"merger and acquisition"（重组与并购）方面的外文学位论文和数据报告。

（一）分析课题

1.分析研究课题，明确信息需求

本案例需要对"merger and acquisition"（重组与并购）方面的外文学位论文和数据报

告进行调研，因此，文献类型为学位论文、研究报告、报告、数据。

根据检索内容，检索词"merger and acquisition"是一个固定词组，所以加双引号做精确检索，此处为了直观方便，暂选择文章标题作为检索入口。

2.选择检索工具

ProQuest检索系统中的ABI/INFORM Global是国际上著名的收录比较全面的商业、经济文献数据库，收录精选的博硕士论文以及丰富的研究报告和数据。

3.确定检索途径

检索步骤：采用高级检索方法。

第一步：登录。通过学校图书馆主页或者数据库主页登录。

第二步：选择高级检索。在第一个输入框中输入"merger and acquisition"，选择检索字段"TI Title"（文章标题）。

第三步：检索条件的限定。在检索区，勾选全文复选框，选择出版物类型。出版日期设定为2004—2014年，其他条件保持默认；单击"搜索"按钮开始检索。

第四步：查看及下载。可以在线浏览全文，还可以选择保存、打印或以E-mail等形式发送引文信息、全文等。

（二）文献检索

1.外文学位论文

选择ProQuest检索系统中的ABI/INFORM Global数据库，限制出版物类型为"学位论文"，最终检索到14篇符合要求的学位论文，如图11-90所示。

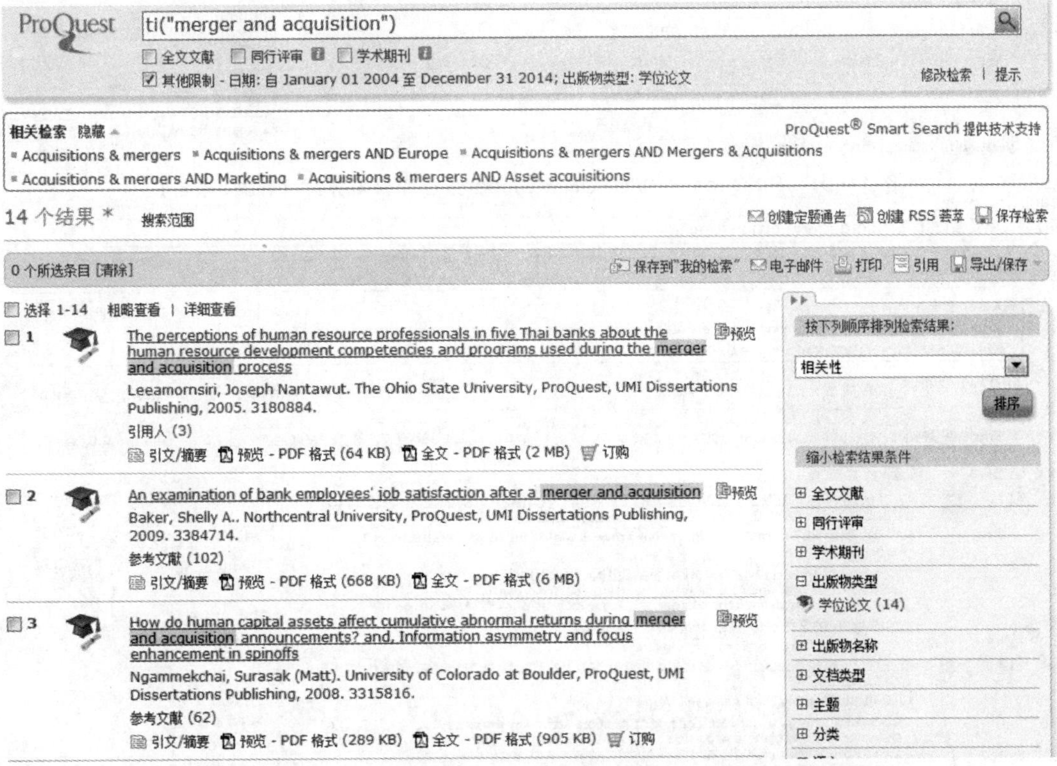

图11-90 ProQuest ABI/INFORM Global数据库检索结果举例（学位论文）

2.研究报告、报告、数据

依旧选择ProQuest检索系统中的ABI/INFORM Global数据库，在左上角高级检索菜单下选择"数据&报告"，如图11-91所示。检索到4 602个数据和报告，若想进一步精确检索结果，可以在图11-91中对数据和报告的类型进行限制，也可以在图11-92中对出版物类型、出版物名称、文档类型、主题等进行限制，最终得到精确的检索结果。

图 11-91　ProQuest ABI/INFORM Global 数据库检索界面（数据&报告）

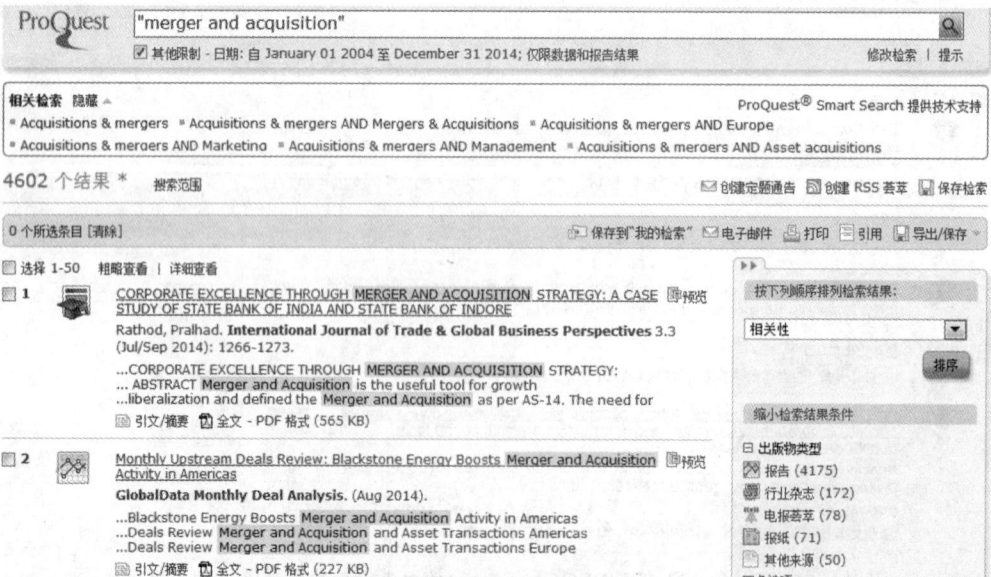

图 11-92　ProQuest ABI/INFORM Global 数据库检索结果举例（数据&报告）

五、案例五

检索关于苹果公司的公司信息、商业案例、市场调研报告、市场报告。

（一）分析课题

1.分析研究课题，明确信息需求

本案例需要检索苹果（Apple）公司的公司信息、商业案例、市场调研报告和市场报告。根据检索内容，检索词"Apple"是一个公司名字，所以选择公司/组织作为检索入口。

2.选择检索工具

EBSCOhost数据库中有许多丰富的公司信息。ProQuest检索系统中的 ABI/INFORM 数据库有丰富的公司信息、商业案例以及市场报告等资料。

（二）文献检索

1.公司信息检索

进入 EBSCOhost 系统平台，勾选 ACS、BSC、EFT 三个数据库，进入高级检索界面。在左上角选择公司信息，公司名称输入"Apple"，点击检索，如图11-93所示。

图 11-93 EBSCOhost数据库公司信息检索

可得到苹果公司的基本信息、财务信息、子公司信息、产品信息等公司相关详细信息。可以在线浏览全文，还可以在右侧工具栏选择保存、打印或以 E-mail 等形式发送引文信息、全文等，如图11-94所示。

2.商业案例检索

选择高级检索。进入 ProQuest 检索系统中的 ABI/INFORM 数据库，公司/组织输入"Apple"，文档类型选择商业案例、市场调研、市场报告，如图11-95所示。

得到 77 个结果，如图11-96所示。可以在线浏览全文，还可以选择下载、保存、打印或以 E-mail 等形式发送引文信息、全文等。

图 11-94　EBSCOhost 数据库公司信息检索结果举例

图 11-95　ProQuest ABI/INFORM 数据库商业案例检索界面

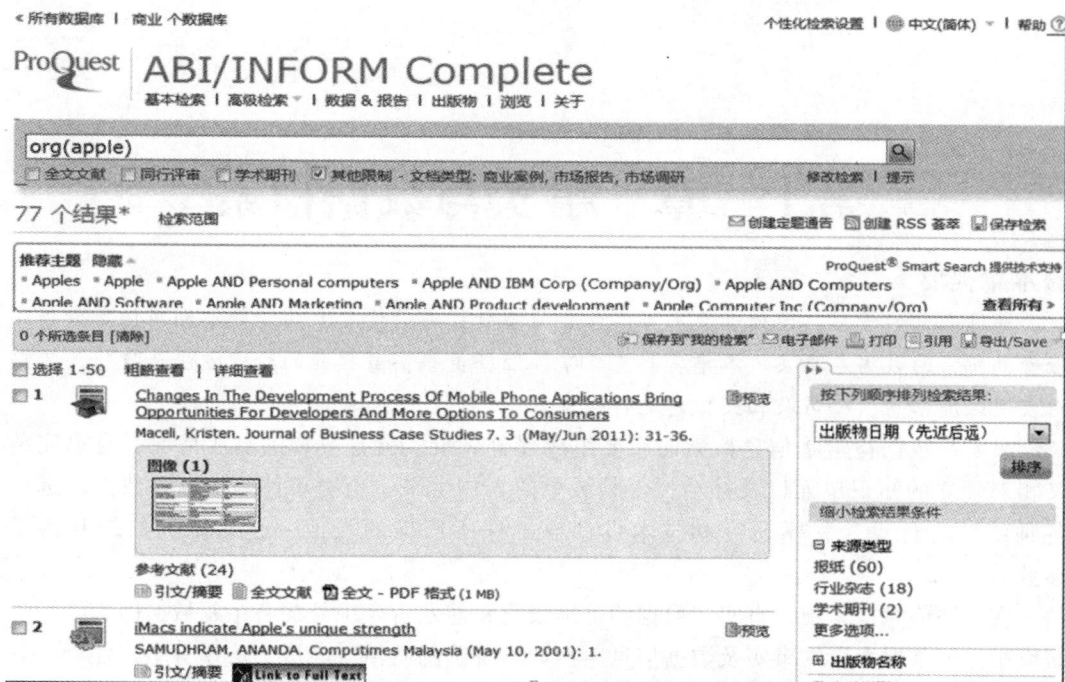

图 11-96　ProQuest ABI/INFORM 数据库商业案例检索结果界面

参考文献

[1]贾文静.中文期刊全文数据库检索功能比较研究[J].情报探索，2012（10）:70-72.

[2]陈秀丽.提高外文数据库检索技巧——以 EBSCO、ScienceDirect 数据库为例[J].河南图书馆学刊，2011（2）:97-99.

[3]张红燕.CNKI 和 SpringerLink 学术期刊全文数据库的比较分析——以经济管理文献检索为例[J].现代情报，2011（7）:153-155.

思考题

1. 请结合自己所学专业，列举财经类中外文数据库有哪些。

2. 试比较中国知网 CNKI、维普期刊资源整合服务平台、万方学术期刊数据库的检索途径与方法。

3. 请检索所学专业近两年核心期刊发表的学术论文并进行排序分析。

4. 请以"hedge fund（对冲基金）"为关键词，分别在 ScienceDirect Online 和 SpringerLink 两个数据库中进行检索，并比较检索结果的差异。

第十二章　事实与数据检索

✽ 本章提要

通过本章的学习，使读者熟悉事实和数值型数据库的检索方法，能够利用该类数据库检索到所需的数据或事实。本章需要重点掌握经济类事实数据库的检索方法及技巧，能够对宏观经济信息、公司及相关信息进行检索。

事实与数据检索是信息检索的重要组成部分。事实就是事物的真实情况，意思完整又相对独立的知识单元以及社会科学领域中的人物生平、历史事件等信息；数据是进行各种统计、计算、科学研究和技术设计等工作所依据的数值，包括统计数据和科学参数。

在经济信息检索中，事实与数据的范围很宽，涉及古今中外的各个领域，因为经济学研究中需要掌握大量的事实及数据信息。例如，各国的政治、经济、法律等事实性资料是经济学研究中必不可少的资料，经济学与管理学是介于社会科学与自然科学之间的交叉学科，在研究中也需要搜集各个方面大量的统计数据。

这类问题看似简单，实际上相当繁琐复杂，归纳起来，关键是要弄清问题的实质和灵活地利用各种检索工具，包括手工检索工具和各种网络检索工具。弄清所查问题的实质，包括其性质、学科范围等，是资料查找和解决问题的基础。

"工欲善其事，必先利其器"，选择好的检索工具是解决问题的另一个关键所在。检索工具的种类繁多，形式多样，各类检索工具检索方法、收录范围、检索功能各异，不同的检索工具研究侧重点不同，检索工具的质量高低对检索结果也有影响，在选择检索工具时，这些都是我们应该考虑的。

经济信息常用检索工具检索方法如下：

一、查找名词术语

在我们学习和研究过程中，经常会遇到各类名词术语，尤其是我们进行科学研究、撰写毕业论文过程中，对重要的概念必须有一个精准的解释。查考名词术语的参考工具书和数据库较多。参考工具书，如各类专科性词典、百科全书。数据库，如中国知网工具书、百度百科、维基百科等。在检索过程中需选择经典的、权威的参考工具书、数据库或网站。

二、查找人物资料

查找人物资料主要使用人名录、人名词典、百科全书、综合性词典、年鉴等工具书，也有一些专门的网站对人物资料进行归纳整理，一些高校、研究机构以及企事业单位的网站也对本机构的人物信息加以报道。

三、查找机构、企业资料

查找各种政府机构、学术协会、企业机构的一般信息可以利用机构名录、机构指南、各类机构的官方主页等。

在经济学研究中，尤其是一些实证研究，企业资料非常重要，企业的概况、经营产品与范围、企业经营活动中的各类数据报表是研究的基础。上市公司数据因为涉及信息公开，公司各类信息按照法律规范发布，这方面的资料比较容易获取。非上市公司尤其是中小企业信息披露不规范，这部分资料获取的难度较大，需要通过多种渠道搜集。

四、查找统计资料

统计资料是进行定量分析的必要资料。查找我国古代的统计资料，可利用政书、类书等工具书；查找现代的统计资料，可利用年鉴、各类统计数据库、政府网站、经济网站等。目前这类数据库比较多，并且对统计数据进行了整合与细化，使之具有深入挖掘功能，具体的如中国知网、国研网、中经网、国泰安、锐思数据等。

第一节　宏观经济信息检索

一、检索方法

（一）全球银行与金融机构分析库

Bankscope提供了全球32 000多家主要银行及世界重要金融机构与组织的经营与信用分析数据。Bankscope是当今全球银行业最具权威性的分析库，也是国际金融研究领域的学术论文中参考、引用频率最高的银行专业分析库。Bankscope中每一家银行的分析报告包含历年财务分层数据（Global Format, Raw Data, All Ratios）、各银行全球及本国排名、标普/穆迪/惠誉的银行个体评级（长短期、外汇、独立性、支持力、商业债券等评级）、国家主权与风险评级、各银行详细股东与分支机构、董监高管、评级报告、原始财务报表、新闻与并购记录等信息。

Bankscope提供20项筛选条件（如图12-1所示）。具体包括银行代码、经营描述、财务数据、财务比率、所属区域等。例如，按照国家进行筛选，详细步骤如图12-2至图12-9所示。

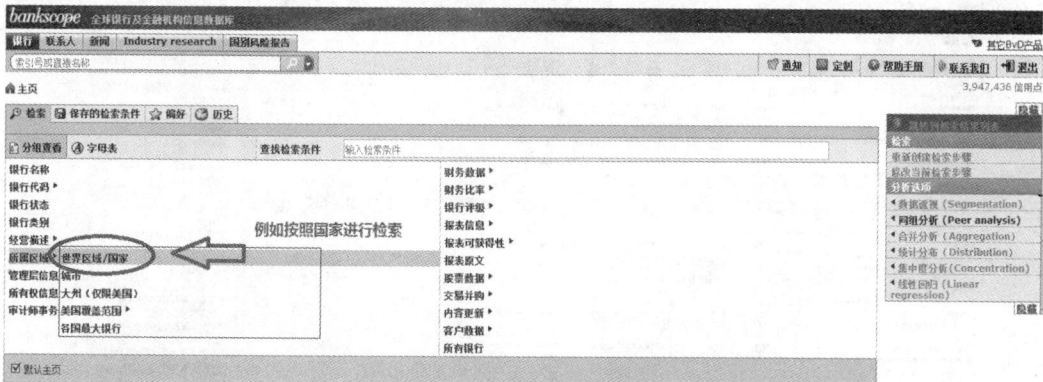

图12-1　Bankscope提供20项筛选条件

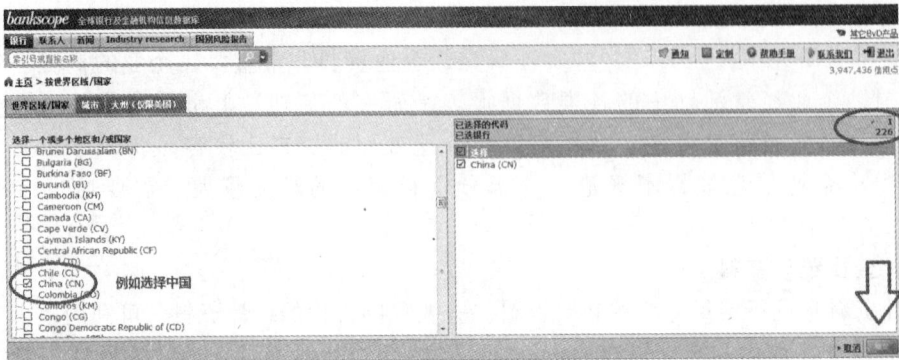

图 12-2　按照国家进行筛选

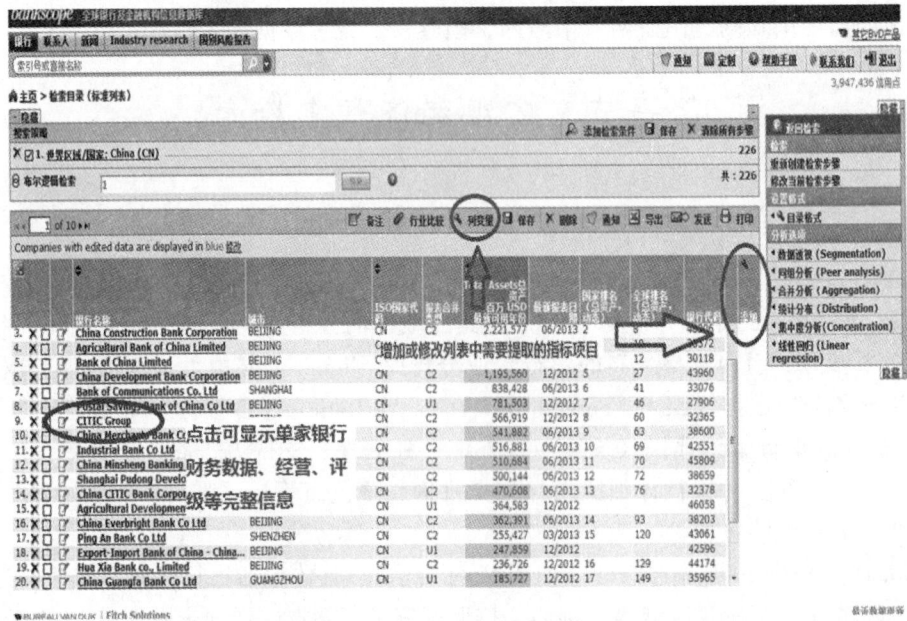

图 12-3　一组银行指标列表提取

图 12-4　单家银行详细数据信息

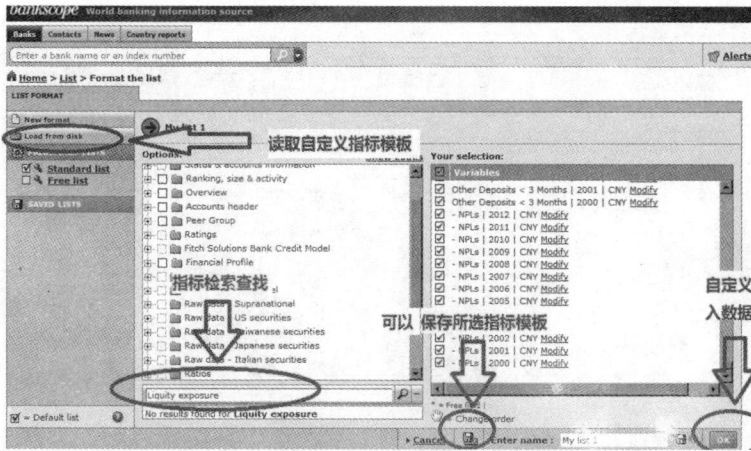

图 12-5 自定义指标模板

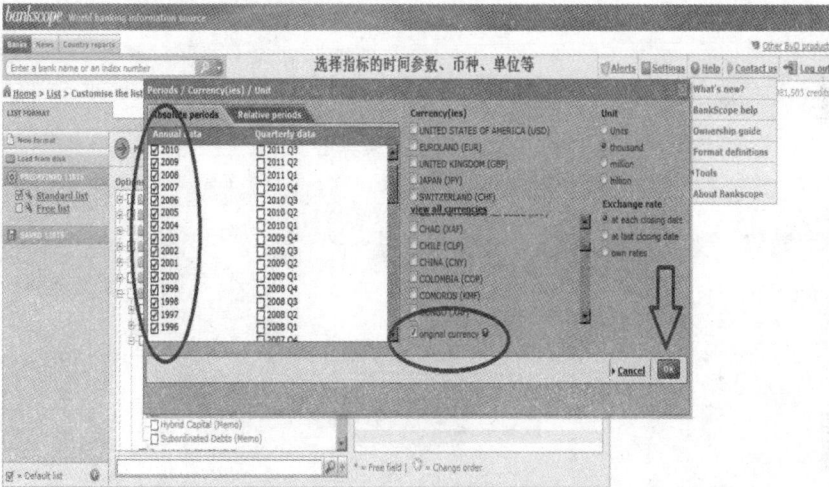

图 12-6 自定义指标模板参数

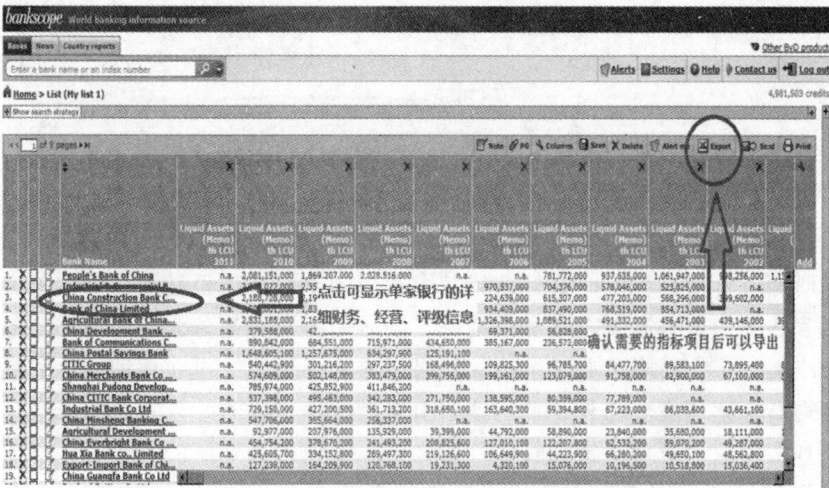

图 12-7 一组银行指标列表数据导出

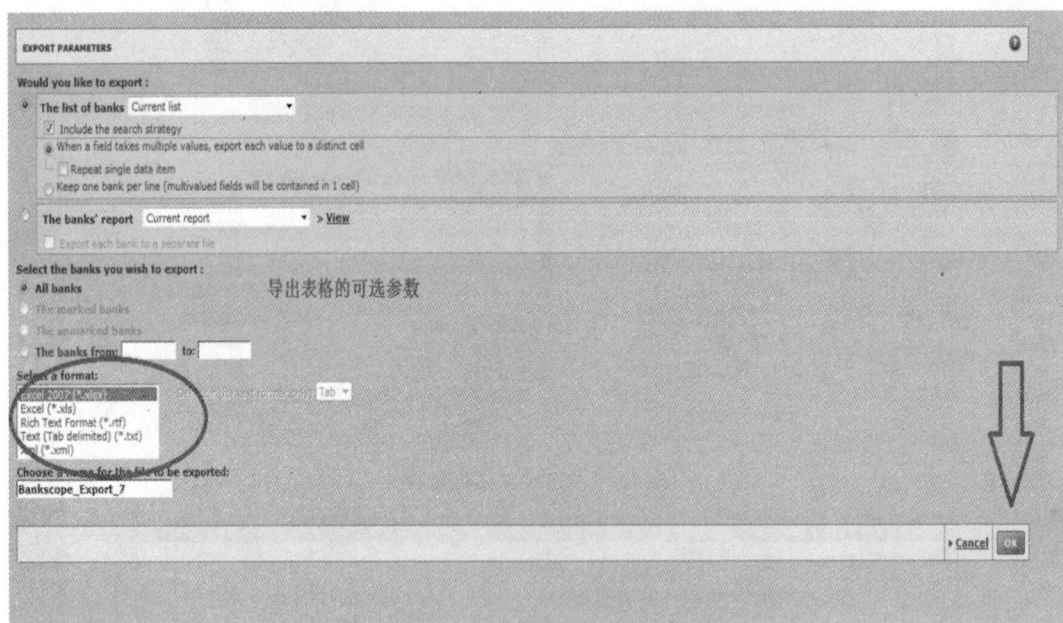

图12-8 数据表导出

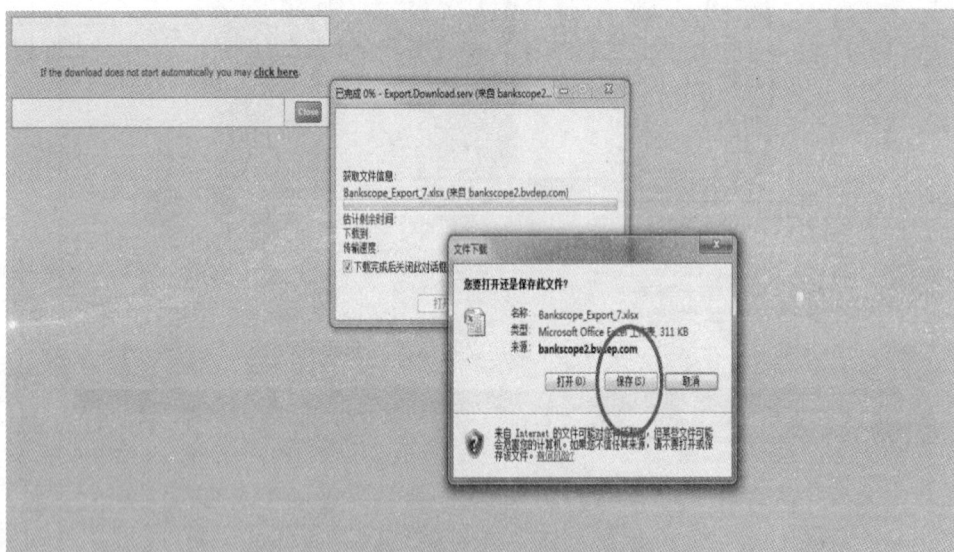

图12-9 数据导出保存

（二）国研网

利用国研网进行信息检索时最好选择其中适当的专题栏目，选取准确的关键词，构造恰当的检索表达式，以提高查全率和查准率。国研网将资源划分为若干大类，各类别下又划分为若干小类，层次清晰、归类准确。如果用户选择适当，可在保证查全和查准的前提下，大幅度提高检索速度。另外，使用搜索引擎进行信息检索，最重要的技巧是关键词的选择。用户查询时应注意使关键词具体、明确，不要使用太宽泛的词语。

用户可以直接利用网页上方的检索框进行简单检索，如图12-10所示，也可以点击"检索中心"进行更进一步的检索。

图12-10 国研网检索入口

在"检索中心"界面中提供了两种检索方式：快速检索和高级检索，如图12-11所示。

图12-11 检索中心界面

1.快速检索

进入快速检索界面，信息资源范围可选择"全部"、"教育版"、"综合版"、"党政版"、"企业版"、"金融版"、"世经版"、"电子商务数据库"等，检索字段可选择标题、作者、关键词或全文字段，可在检索框中输入检索词或检索式，点击"DRCNet搜索"提交检索。

例如，搜索标题中含有中国经济新常态的文献。其检索方法为：

①选择并确定检索词：中国；经济；新常态。

②构建检索式：中国＋经济＋新常态。

③采用快速检索方式，选择资源范围"综合版"，并选"标题"字段。

④在检索框中输入检索式"中国＋经济＋新常态"，提交检索。

⑤共查到138条记录，如图12-12所示。点击标题可阅读摘要信息，点击"阅读全文"可浏览原文。

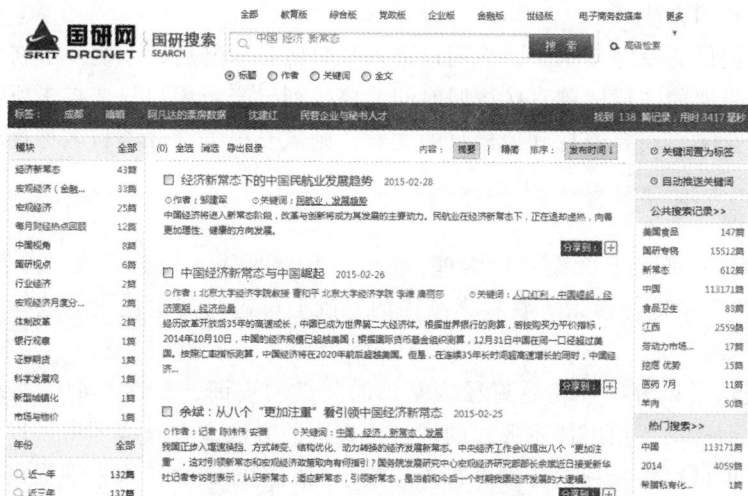

图12-12 快速检索结果界面

2.高级检索

点击快速检索框右面的"高级搜索",即进入高级检索的检索界面,如图12-13所示,可选择栏目(综合版、教育版、党政版、金融版、企业版、世经版等)、确定检索字段(标题、作者、关键词、全文)、显示条数、时间等,并可对多条检索途径进行逻辑组配,从而提高查全率和查准率。

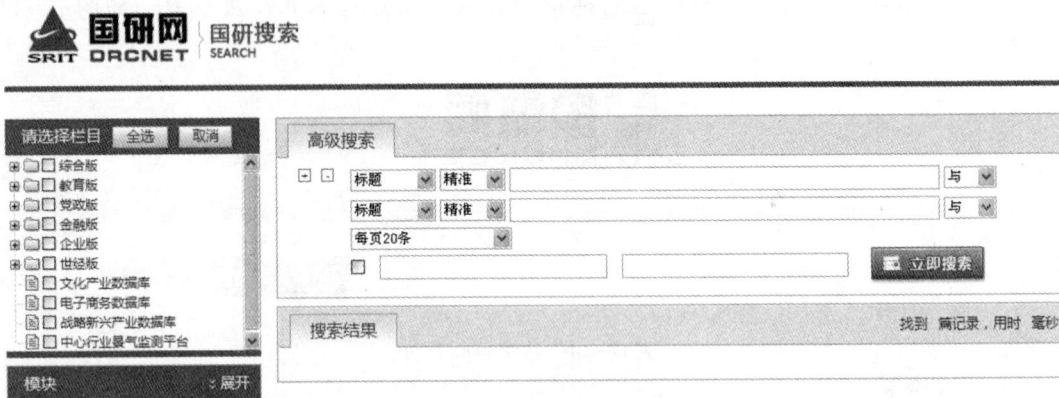

图12-13 高级检索界面

(三)中经网

针对宏观经济信息检索,中经网提供"宏观频道",其中包括"宏观提示"、"宏观分析"、"宏观统计"、"宏观指数"、"宏观快讯"、"宏观政策"、"主编点评"、"宏观周评"等专题。

由于中经网是一个经济门户网站,信息内容相对集中,所以利用方法比较简单,获取信息的方式主要有信息浏览和信息查询两种方式。

1.信息浏览

在中经网中,浏览信息的方法有直接浏览和分层浏览两种。直接浏览是指通过文章的标题直接链接浏览全文的方法;分层浏览是指依据信息所属的类别逐步缩小查看范围,最后找到所需文章的方法。

在中经网提供的专题文献中,当用户进入某个信息专题后,系统一般在该专题的主页面上将近一个星期的文章标题直接按照时间顺序排列出来,用户只要点击所需的标题就可以看到文章的全文,而要查找其他栏目的文章,则需要根据细分类目名称逐层选择,以找到所需的信息。

2.信息查询

在中经网主页的右上方设有检索框,如图12-14所示,可选择在"全部"、"动态"、"数表"、"报告"中进行检索。在检索结果的基础上可进行二次检索,选择"在结果中检索"或重新检索。

中经网提供了以分类和主题途径为基础的关键词查询、二次查询、高级查询三种方法。关键词查询提供了使用任意形式的词进行查询的方法。在查询框中可以直接输入一个词进行查询,也可以输入利用各种算符等连接组成的检索式。二次查询提供了在当前查询结果范围内,再给出查询条件进行查询的方法。经过多次二次查询,逐渐缩小文献范围,实现查询目标。高级查询提供了单个条件或多个条件复合查询的方法,用户在查询条件列

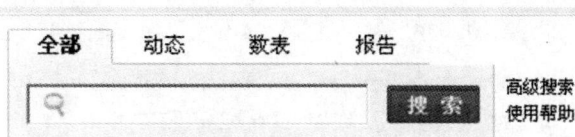

图 12-14　中经网检索入口

表框中（包括关键词、栏目、排序、发布时间）输入查询条件，如图12-15所示。

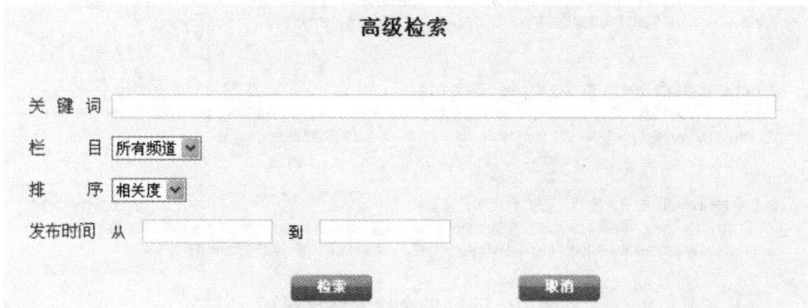

图 12-15　高级检索界面

例如，查找近期从宏观视角论述"金融危机"的相关文章，并在此基础上进一步查找有关"俄罗斯"的相关文章。其检索方法为：

①进入中经网主页，点击右上角检索框旁的"高级搜索"，进入检索界面。

②在检索框中输入关键词"金融危机"，栏目选择"宏观频道"，排序选择"日期"，点击"检索"。

③查看全文中含有"金融危机"的相关文章，浏览全文（如图12-16所示）。

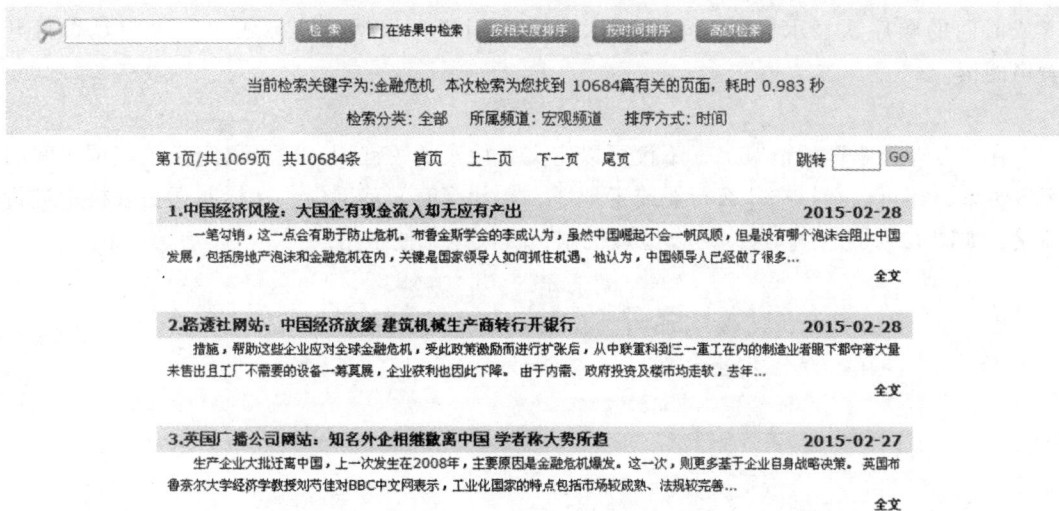

图 12-16　高级检索结果界面

④在图12-16"金融危机"的检索结果的界面上，选择"在结果中检索"，在检索框中输入"俄罗斯"，点击"检索"。

⑤查看全文中含有"金融危机"和"俄罗斯"的相关文章，浏览全文（如图12-17所示）。

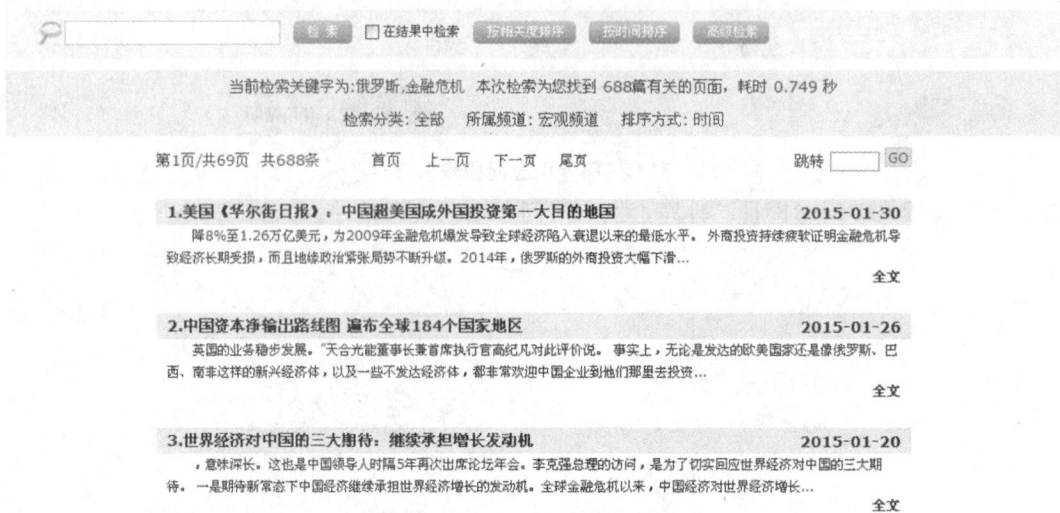

图 12-17 二次检索结果界面

（四）搜数网

搜数网主要搜集与统计和市场调查有关的数据，数据类型包括国家综合统计数据、行业统计数据、省市统计数据、省市行业统计数据。搜数网提供快速和专业两种检索方式。

1.快速检索

在"快速检索"的情况下，只要在检索框中输入关心的检索关键词组（例如：中国 人口 2013），系统就会按照词组间相互"与"（and）的关系实施检索，并按照相关度或时间的顺序，显示标题和表格要素内容。用户再根据具体标题内容决定是否打开表格阅读。

2.专业检索

在"专业检索"的情况下，不仅可以定义要检索的关键词，还可以定义关键词之间的逻辑关系，还可以选择在什么行业或者地区、在什么时间范围内、在标题还是表格中进行检索，如图 12-18 所示。这些复合检索机制，极大地方便了用户。

图 12-18 专业检索界面

例如，查找与国内就业工资相关的数据统计。其检索方法为：

①进入搜数网主页，点击页面上方的"专业检索"。

②在"行业分类"中选择"就业"，在"地区分类"中选择"中国"，在"输入字词"中输入"工资"，其他保持默认选项，点击"检索"。

③点击标题，查看或下载表格（见图12-19）。

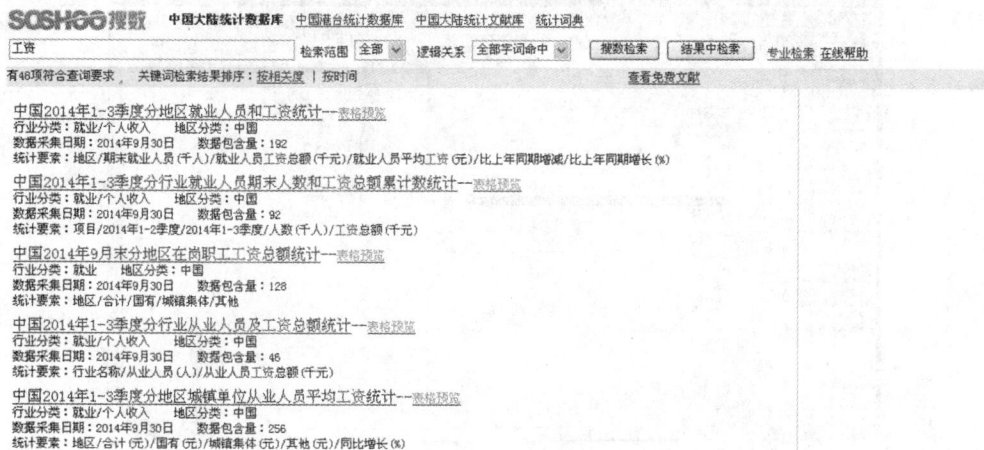

图12-19　专业检索结果界面

二、检索案例

（一）中国商业银行同业分析

题解：Bankscope数据库囊括世界主要银行的财务数据（30 000多家美国银行、9 700多家其他各国银行及200家中国银行与全球1 000多家大型证券公司）、股票信息、详细股东及银行附属机构信息，并附带各项高级财务分析软件。因此，可选择该数据库进行中国商业银行同业分析（见图12-20至图12-30）。第一步：首先，选择进入Bankscope数据库，选择检索中国的银行和金融机构，检索结果为140条。第二步：选择银行类型为商业银行，得到相关检索结果为97条。第三步：合并相同的单位，最终得到75条记录。第四步：对75家中国商业银行的列表按照总资产进行排序。最后，通过功能键，检索出系统默认的同业分析报告。

图12-20　Bankscope数据库首页

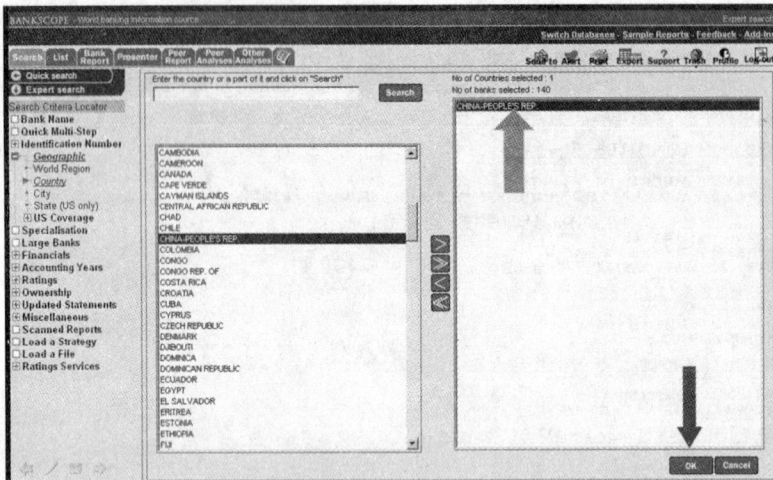

图 12-21　检索中国的银行和金融机构

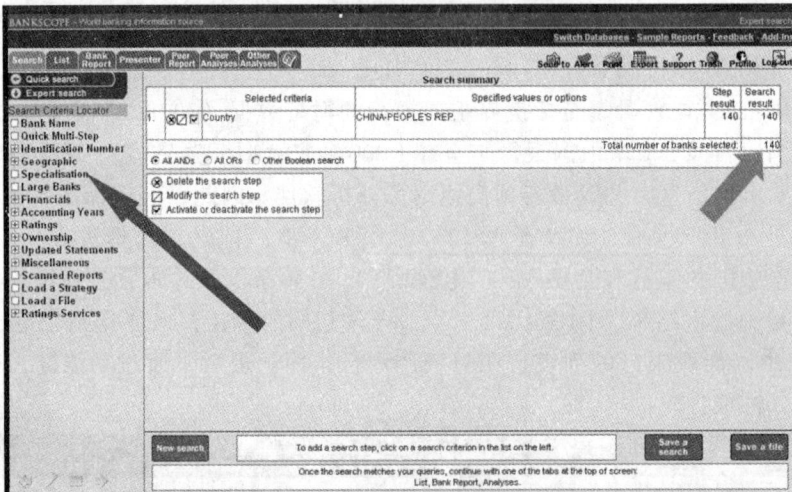

图 12-22　第一步的检索结果

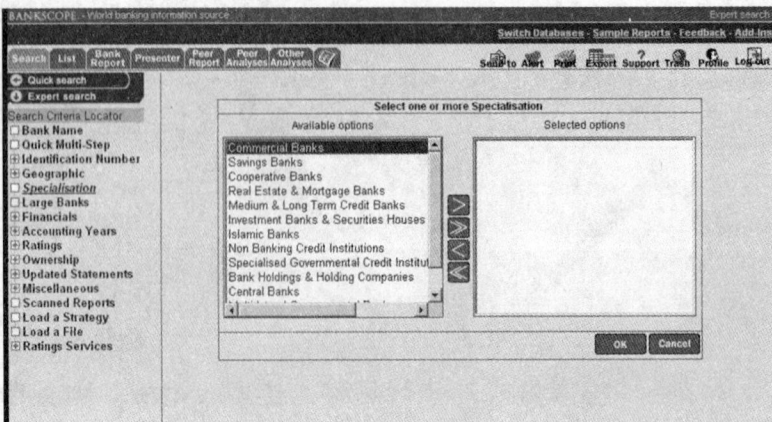

图 12-23　选择银行类型：商业银行

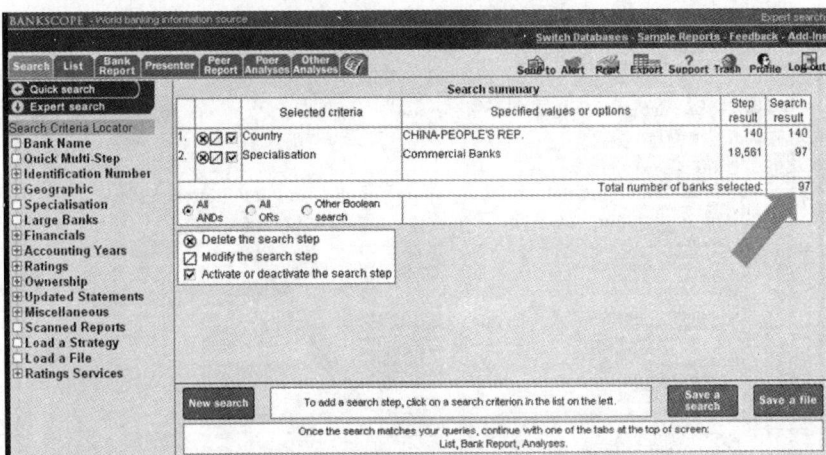

图 12-24　第二步的检索结果

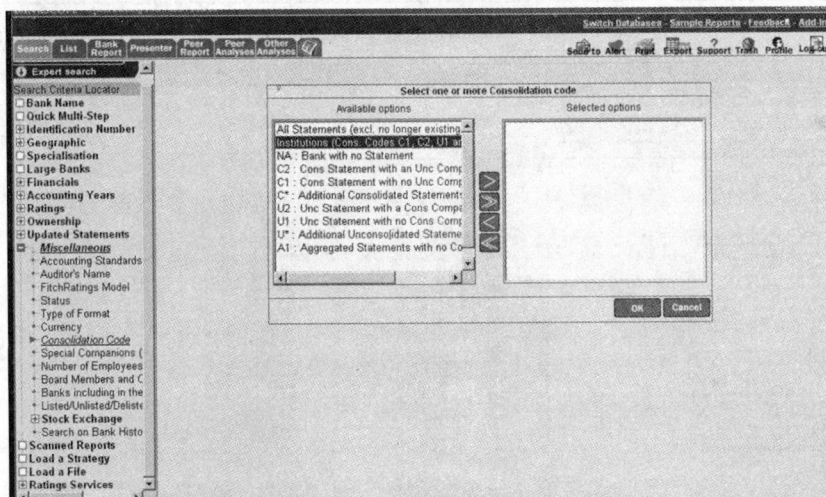

图 12-25　合并相同单位

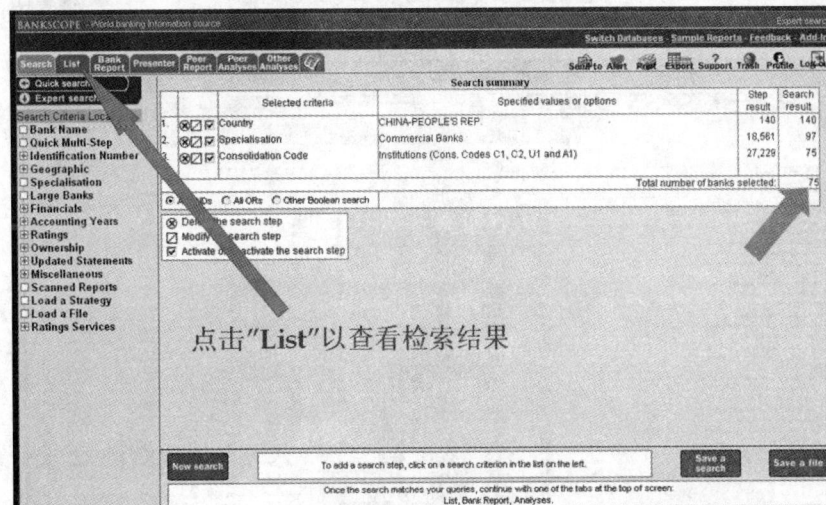

图 12-26　共收录 75 家商业银行

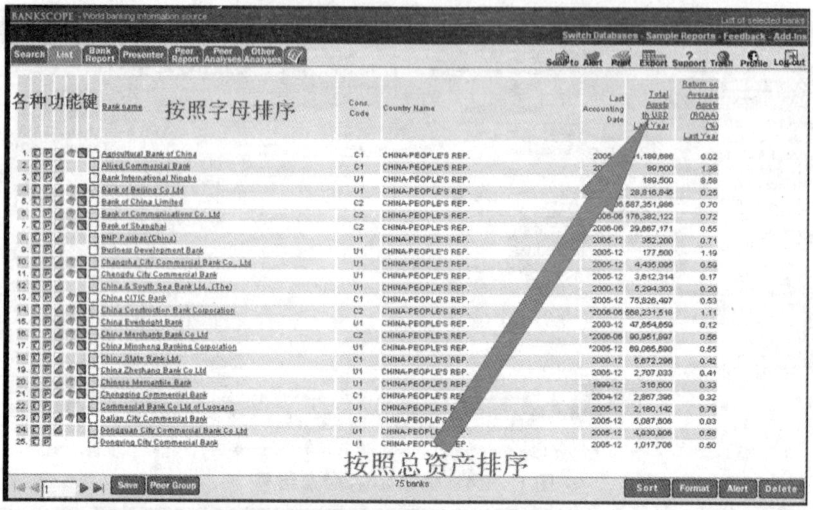

图 12-27　检索结果：中国商业银行列表

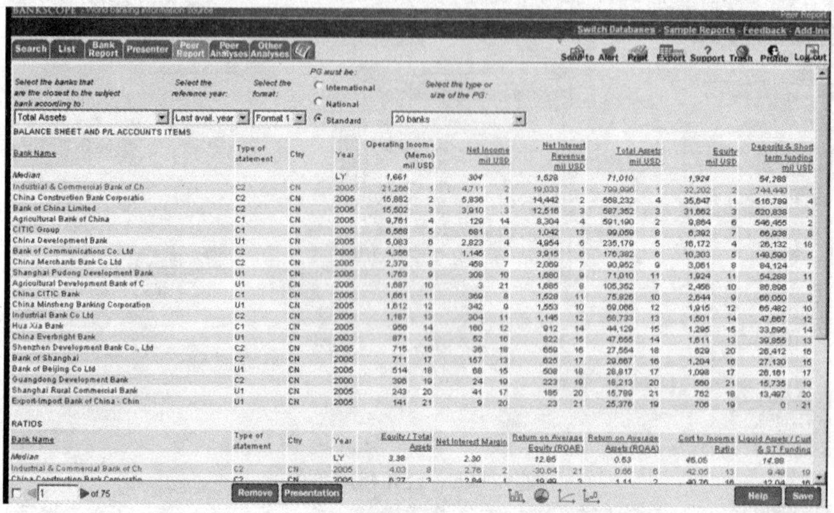

图 12-28　系统默认的同业分析报告（Peer Report）

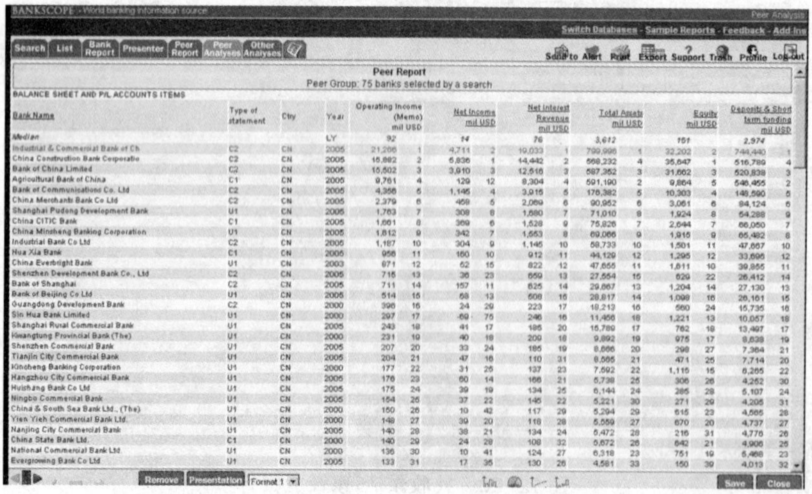

图 12-29　同业分析（Peer Analyses）

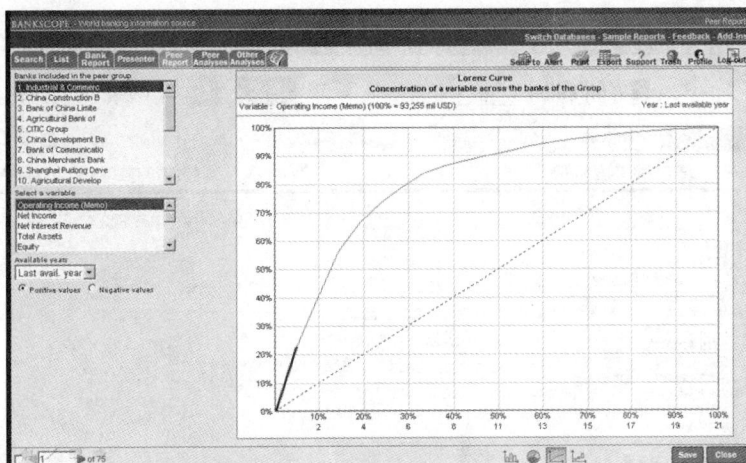

图 12-30　劳伦斯曲线（Lawrence Curve）

（二）查找 2004—2013 年这 10 年间我国的国内生产总值（GDP）

题解：GDP 是经济学研究的重要指标，系国家宏观统计数据的范畴。一般可以通过统计年鉴类的参考工具书或者相关的网站获取数据。

中华人民共和国国家统计局是我国最权威的统计数据发布机构，除了出版传统的《中华人民共和国统计年鉴》外，国家统计局官网（http://www.stats.gov.cn/）上可获取我国的各类统计数据。网站上数据发布更为及时，是我们检索统计数据必不可少的工具。此外，我们还可以在国家统计局网站上查询相关指标的解释与数据解读。

国家统计局网站专门设置了数据查询网站，在官方主页上点击统计数据下的数据查询，即进入了该网站（http://data.stats.gov.cn/index），在此网站中我们可以查询所需要的数据。在年度数据的国民经济核算数据中，我们很容易检索出我国的 GDP 数据，各地区、各季度的统计指标等宏观经济统计数字都可以利用国家统计局网站获取。详细检索步骤见图 12-31 至图 12-32。

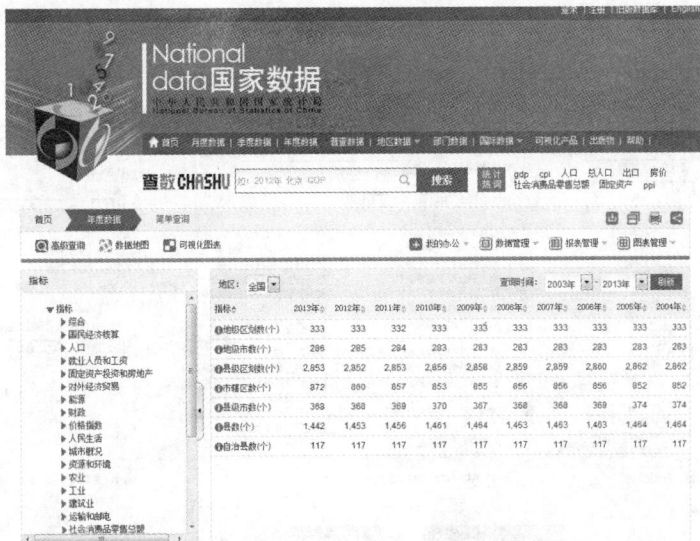

图 12-31　国家统计局国家数据检索界面（一）

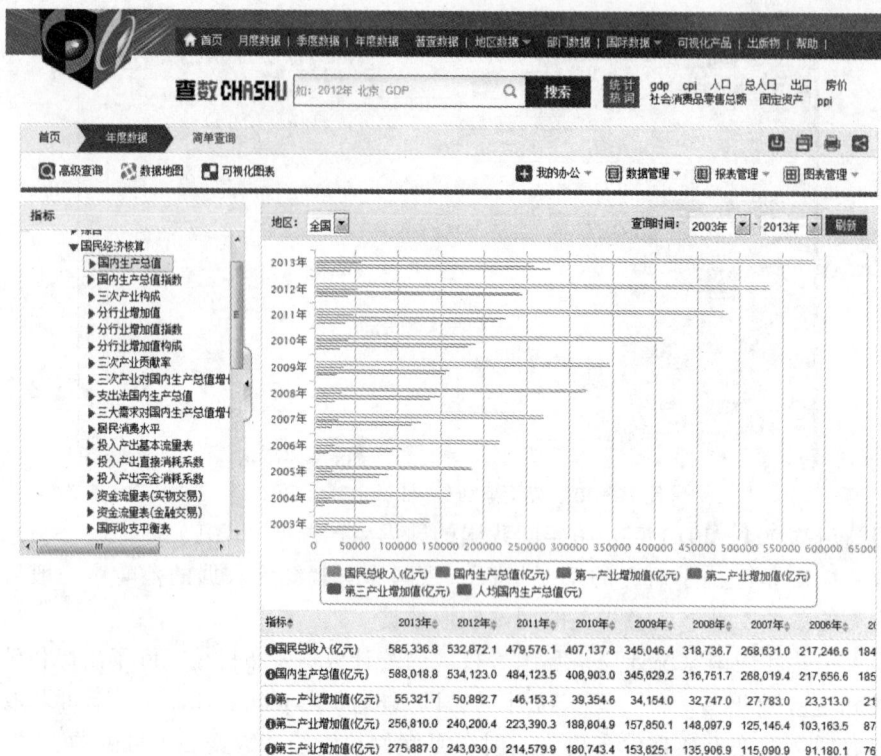

图 12-32　国家统计局国家数据检索界面（二）

中国知网的"中国经济与社会发展统计数据库"集数据、数据挖掘分析及个人数据管理功能于一体，其中的"年度数据分析"是特别适用于科研的数据库，可通过设置三个参数，对统计数据进行深度挖掘，实现经济分析与预测（见图 12-33 至图 12-35）。

图 12-33　中国经济与社会发展统计数据库检索界面

系统为您自动生成的统计报表结果如下：　　选择报表维度：地区·年份·指标　选择数据分析来源 全部年鉴　　修改参数

	中国
	GDP（亿元）
2000年	99214.6
2001年	109655.2
2002年	120332.7
2003年	135822.8
2004年	159878.3
2005年	184937.4
2006年	216314.4
2007年	265810.3
2008年	314045.4
2009年	340902.8
2010年	401512.8
2011年	473104
2012年	518942.1
2013年	568845.2
2014年	
2015年	

在Excel中分析和计算　打开(关闭)计算器　将分析结果添加到收藏夹　查看我已收藏的统计报表

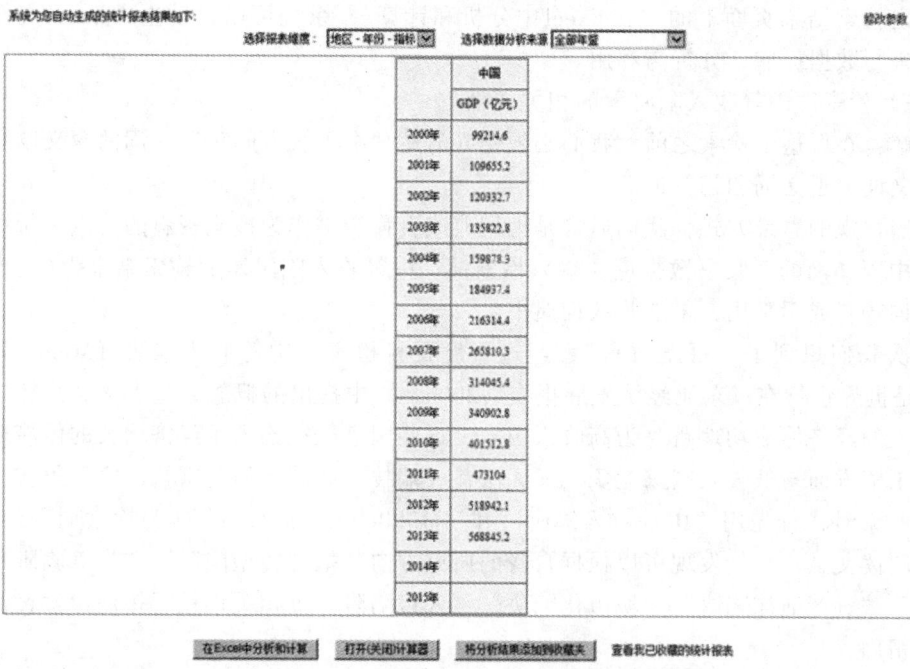

图12-34　中国经济与社会发展统计数据库检索结果界面（一）

如图12-35所示，利用这个数据库我们还可以查出各地区的GDP以及第一、二、三产业在GDP中所占的指标、对GDP的贡献率等数据。例如，我们查询北京、上海、天津三个直辖市的GDP以及第一、二、三产业对GDP的贡献率。

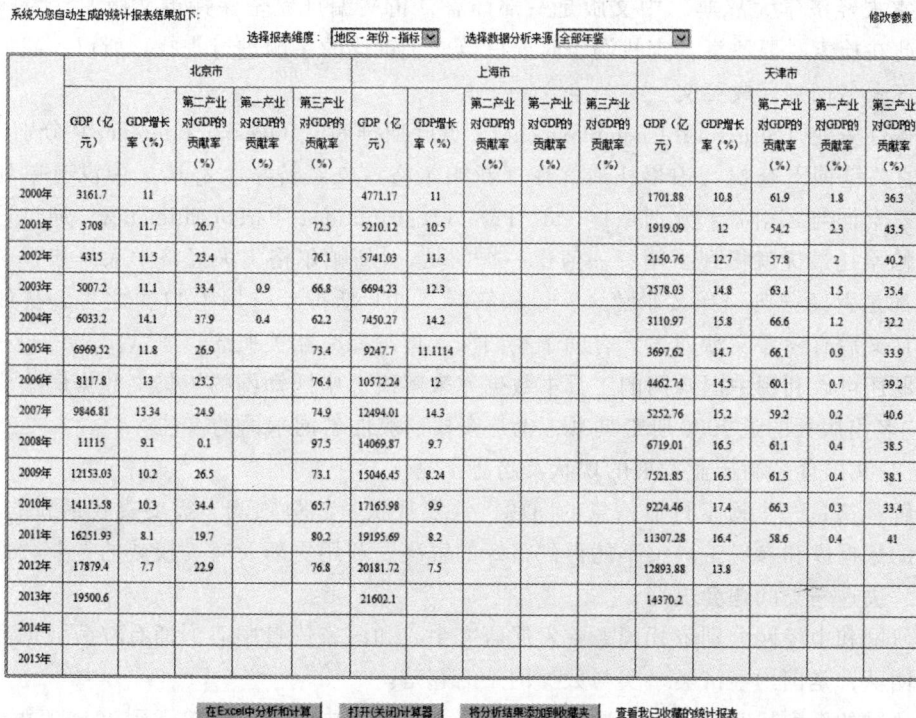

系统为您自动生成的统计报表结果如下：　　选择报表维度：地区·年份·指标　选择数据分析来源 全部年鉴　　修改参数

	北京市					上海市					天津市				
	GDP（亿元）	GDP增长率（%）	第二产业对GDP的贡献率（%）	第一产业对GDP的贡献率（%）	第三产业对GDP的贡献率（%）	GDP（亿元）	GDP增长率（%）	第二产业对GDP的贡献率（%）	第一产业对GDP的贡献率（%）	第三产业对GDP的贡献率（%）	GDP（亿元）	GDP增长率（%）	第二产业对GDP的贡献率（%）	第一产业对GDP的贡献率（%）	第三产业对GDP的贡献率（%）
2000年	3161.7	11				4771.17	11				1701.88	10.8	61.9	1.8	36.3
2001年	3708	11.7	26.7		72.5	5210.12	10.5				1919.09	12	54.2	2.3	43.5
2002年	4315	11.5	23.4		76.1	5741.03	11.3				2150.76	12.7	57.8	2	40.2
2003年	5007.2	11.1	33.4	0.9	66.8	6694.23	12.3				2578.03	14.8	63.1	1.5	35.4
2004年	6033.2	14.1	37.9	0.4	62.2	7450.27	14.2				3110.97	15.8	66.6	1.2	32.2
2005年	6969.52	11.8	26.9		73.4	9247.7	11.1114				3697.62	14.7	66.1	0.9	33.9
2006年	8117.8	13	23.5		76.4	10572.24	12				4462.74	14.5	60.1	0.7	39.2
2007年	9846.81	13.34	24.9		74.9	12494.01	14.3				5252.76	15.2	59.2	0.2	40.6
2008年	11115	9.1	0.1		97.5	14069.87	9.7				6719.01	16.5	61.1	0.4	38.5
2009年	12153.03	10.2	26.5		73.1	15046.45	8.24				7521.85	16.5	61.5	0.4	38.1
2010年	14113.58	10.3	34.4		65.7	17165.98	9.9				9224.46	17.4	66.3	0.3	33.4
2011年	16251.93	8.1	19.7		80.2	19195.69	8.2				11307.28	16.4	58.6	0.4	41
2012年	17879.4	7.7	22.9		76.8	20181.72	7.5				12893.88	13.8			
2013年	19500.6					21602.1					14370.2				
2014年															
2015年															

在Excel中分析和计算　打开(关闭)计算器　将分析结果添加到收藏夹　查看我已收藏的统计报表

图12-35　中国经济与社会发展统计数据库检索结果界面（二）

点击检索结果页面下的"在 Execl 中分析和计算",系统可以自动生成 Excel 文件,非常方便进行数据提取、分析与利用。

(三)检索"中等收入陷阱"的相关文献

题解:在做这个检索之前,我们必须先弄清楚"中等收入陷阱"一词的含义以及它是否有同义词、近义词和相关词。

按照常规的思维方式,我们通常是把词典或百科全书作为搜集资料的起点,所以,首先选择中国知网的工具书数据库,输入检索词"中等收入陷阱"后检索结果为 0。可能是这个名词较新或不常用,未能收入词典中。

其次我们想到了"百度百科",经过百度百科检索,中等收入陷阱(Middle Income Trap)是世界银行在《东亚经济发展报告(2006)》中提出的概念,基本含义是指:鲜有中等收入的经济体成功地跻身为高收入国家,这些国家往往陷入了经济增长的停滞期,既无法在工资方面与低收入国家竞争,又无法在尖端技术研制方面与富裕国家竞争。

在检索时,首先用"中等收入陷阱"和"Middle Income Trap"作为检索词进行检索。进一步阅读文献,我们发现可以根据自身的研究方向,把"转型陷阱"、"拉美陷阱"、"福利陷阱"、"资产泡沫陷阱"、"城市化陷阱"、"人口陷阱"等相关词进行拓展检索,使检索结果更精确。

(四)解释经济学名词"结构性失业"、"贝叶斯推断"、"帕累托最优"的含义

题解:以上名词都是经济学中的经典名词,这类问题可以通过查找经典的工具书解决。

《新帕尔格雷夫经济学大辞典》是经济学中的经典出版物,历史悠久,质量可靠。《新帕尔格雷夫经济学大辞典》中文版是一部译著,正文编排完全保持英文版原汁原味的风格,因此在检索时要注意,查找词条时要以英文关键词的字顺进行查找。所以,我们首先要把这三个名词翻译成英文。

结构性失业(Structural Unemployment)、贝叶斯推断(Bayesian Inference)分别在 S 和 B 开头的关键词下查找。帕累托最优在《新帕尔格雷夫经济学大辞典》中没有单列出词条,有三个词与之相关,分别是 Pareto、Pareto Distribution、Pareto Efficiency,通过这三个词条,帕累托最优就得到了阐释。值得一提的是,《新帕尔格雷夫经济学大辞典》对问题的阐释都是引经据典,释义非常详实,如解释"贝叶斯推断"用了 11 页之多,犹如教科书,且释义后有参考文献列表,有助于我们深入理解探究相关概念。

本题还可以利用中国知网的工具书数据库来解决。中国知网的工具书数据库集成了近 200 家知名出版社的近 7000 册工具书,也是查找一般性名词术语的首选。

(五)我国食品制造业发展的现状及趋势预测

题解:这是一个检索行业信息的问题,涉及现状、趋势预测,需要查找最新的信息,用常规的数据库和参考工具书不能得到很好的解决,利用更新及时、权威的专业数据库或网站来解决这一类问题会更好。

国研网和中经网分别依托国务院发展研究中心和国家信息中心,拥有权威数据和强大的研究团队,是国内经济类事实与数据网站的翘楚。

国研网的系列研究报告对主要行业进行分析,本例中我们可以检索到 2014 年第 4 季度的食品制造业分析报告,在报告的最后一章对 2015 年食品制造行业进行了趋势预测(见

图 12-36、图 12-37）。

您当前位置：首页 ＞ 国研网系列研究报告 ＞ 季报 ＞ 食品制造

【收藏】【投稿】【帮助中心】　　　　　　　　　　　　　　　　　　　　字体：大 中

[国研专稿]2014年4季度食品制造业分析报告
2015-03-05

要点提示

☆ **经济稳中有进，行业增加值降中企稳。** 2014年4季度，世界经济延续低速增长，我国经济在新常态下稳中有进。在此背景下，食品制造业增加值增速降中企稳，增速仍高于国内生产总值和工业生产总值增速，印证了食品制造业具有刚性需求特征及良好的抗风险能力。

☆ **景气指数回落，投资增速放缓。** 2014年4季度，食品制造业运行呈现以下特点：首先，行业景气指数回落，预期企业景气指数首次低于即期企业景气指数，企业对未来预期不乐观；其次，行业固定资产投资增速放缓，但仍保持较快增长；再次，受终端购买力下滑的影响，产品产量涨跌互现；最后，由于外需市场前景依旧惨淡，行业出口交货值增速低位震荡。

☆ **盈利能力略有起色，成长能力表现尚可。** 2014年4季度，食品制造业经济效益指标主要呈现以下特征：一是受需求不振的抑制，食品制造业利润率不及上年同期，但已呈现企稳迹象，行业盈利能力可期；二是资产负债率保持在合理区间，行业偿债能力稳定；三是由于应收账款期延长，企业应收账款周转率减缓，行业营运能力有待提升；四是行业企业成长能力表现典型，但其业务扩张能力及资本积累能力低于上年同期，企业应防范风险。

☆ **行业稳定增长，经济指标将有所改善。** 展望2015年，全球经济增长将继续分化，我国经济将保持平稳运行，预计2015年GDP预期增长目标将为7%左右。在政策面和基本面利好支撑下，食品制造业稳定发展态势不会改变。从主要经济指标来看，在新常态下，消费结构不断优化，拉动食品制造业稳健增长，行业投资增速将保持较快增长，经济效益将有所改善，但出口增速仍将维持低迷态势。

****

目　录

图 12-36　国研网检索结果界面（一）

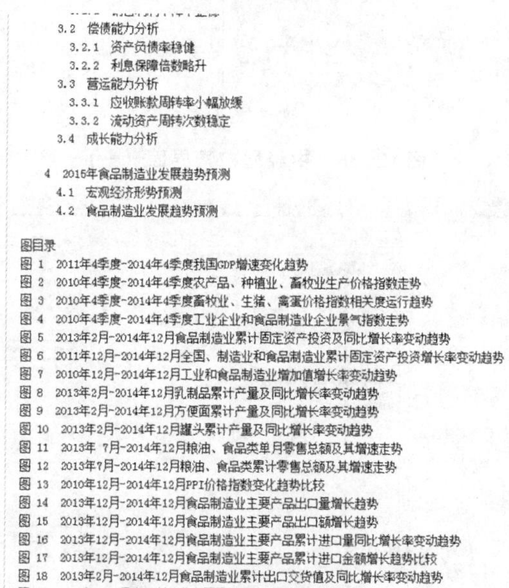

图 12-37　国研网检索结果界面（二）

（六）我国31省区居民消费价格指数

题解：研究这类问题需对各类数据库的收录范围有较好的了解。

中经网统计数据库对各区域的社会经济发展数据进行了归纳整理，便于检索与输出。所以，本例我们选用中经网统计数据库解决。

进入数据库后，先选定区域——31个省区，再选择指标，如图12-38所示。如果对指标不清楚，可以根据该数据库的指标解释查找到指标的分类归属。在本例中，居民消费价格指数属于宏观经济信息中的物价指数子类（见图12-39）。

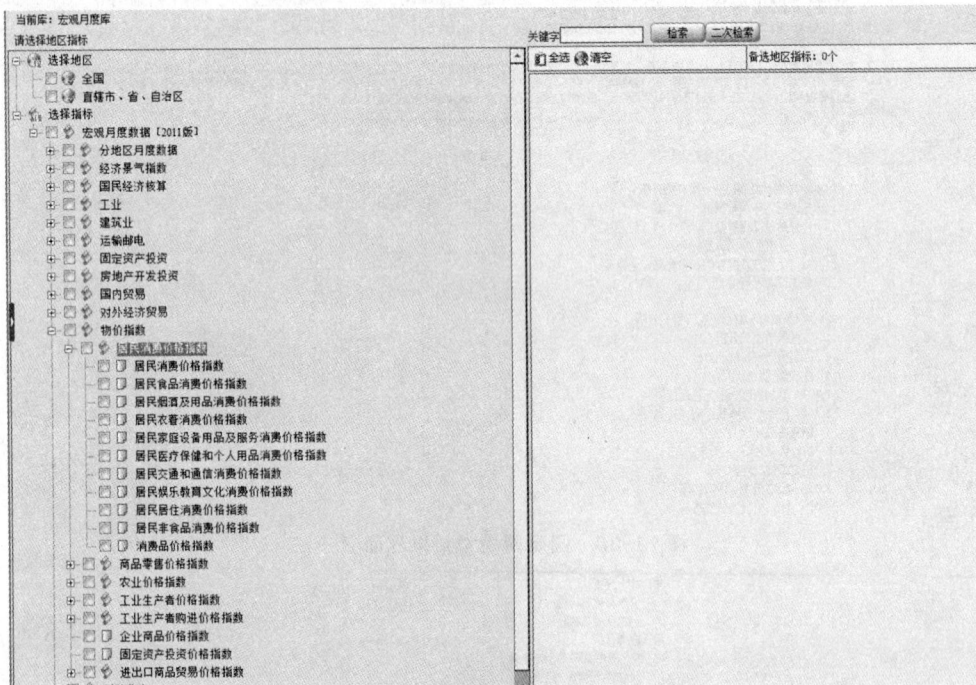

图12-38　中经网检索界面（一）

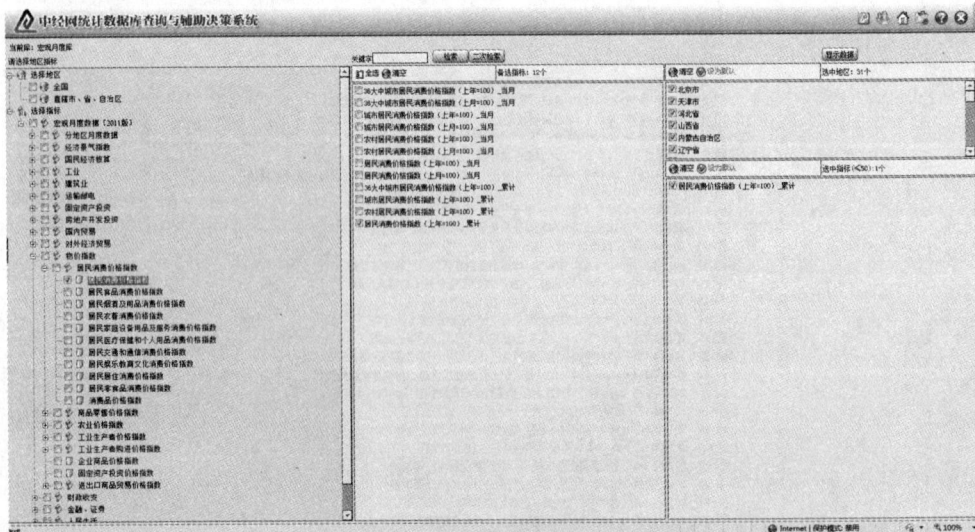

图12-39　中经网检索界面（二）

区域与指标都选择妥当后，我们就可以进行检索并输出结果，中经网统计数据库每次只能输出一个区域的数据，31个省区的数据要分别输出（见图12-40）。

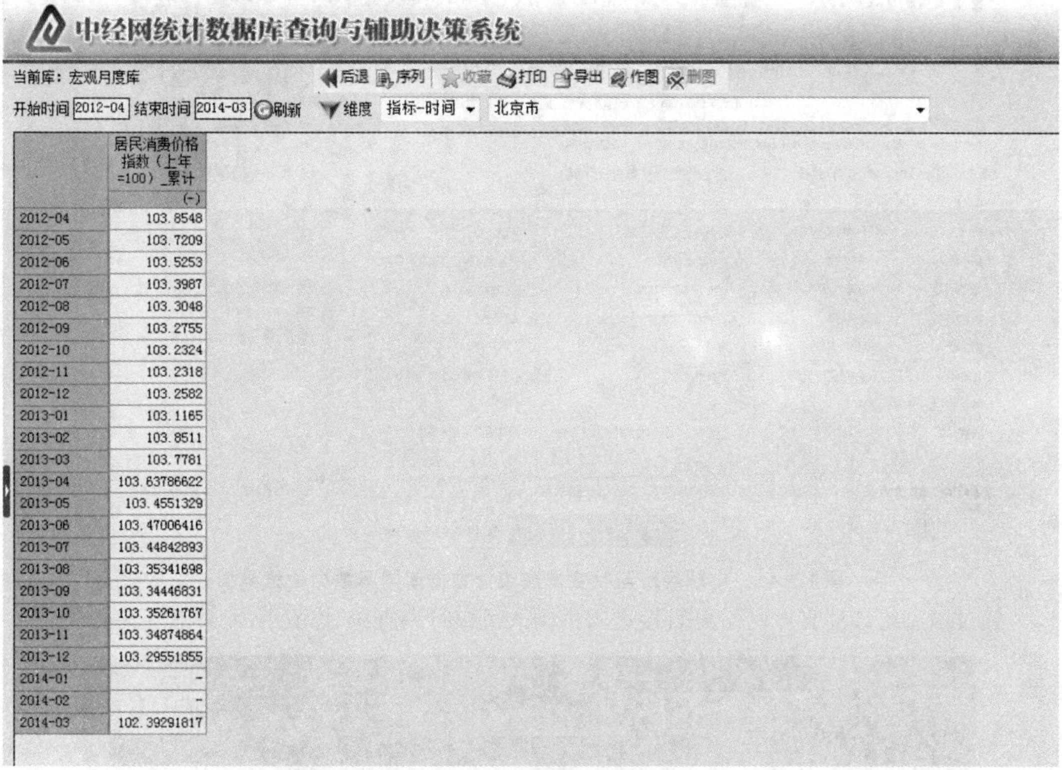

图12-40　中经网检索结果界面

（七）美国近年失业率数据

题解：要检索美国的失业率数据，我们自然想到利用美国官方统计网站，这是我们解决问题的正解。由于近年来我国对统计数据的高度重视，部分数据库对世界主要国家的统计数据进行了收录与整理，而且我们在查找国外网站时经常会遇到访问速度慢、存在语言障碍等困难，所以这类问题我们也可尝试利用中文数据库解决。比如本例中的数据是一个比较常规、美国定期向公众公布的数据，在网上获取比较容易。

中国知网的"中国经济与社会发展统计数据库"提供了国际数据分析，利用这个数据库我们可以检索到美国从1980年到2012年部分年度的失业率数据。在国际数据分析部分，CNKI还整合了联合国教科文组织、世界银行、联合国开发计划署、经济合作与发展组织等国际组织的部分指标，也方便了我们利用（见图12-41）。

在国家统计局网站中，也有国际数据的检索功能，并且提供了各国统计局官方网站的链接。如果需要查询最新的失业率数据，各个国家的统计局官网还是首选。

（八）2014年上半年全国股票交易量

题解：这也是一个检索统计数据的问题，很容易想到国家统计局官方网站。国家统计局官方网站并不能把所有统计数据整合到一个平台，涉及各部门的数据依然在各部门官网上发布。全国股票交易量属于金融领域的数据，由人民银行、外汇管理局、银监会、证监会、保监会等根据各自职能分别发布。

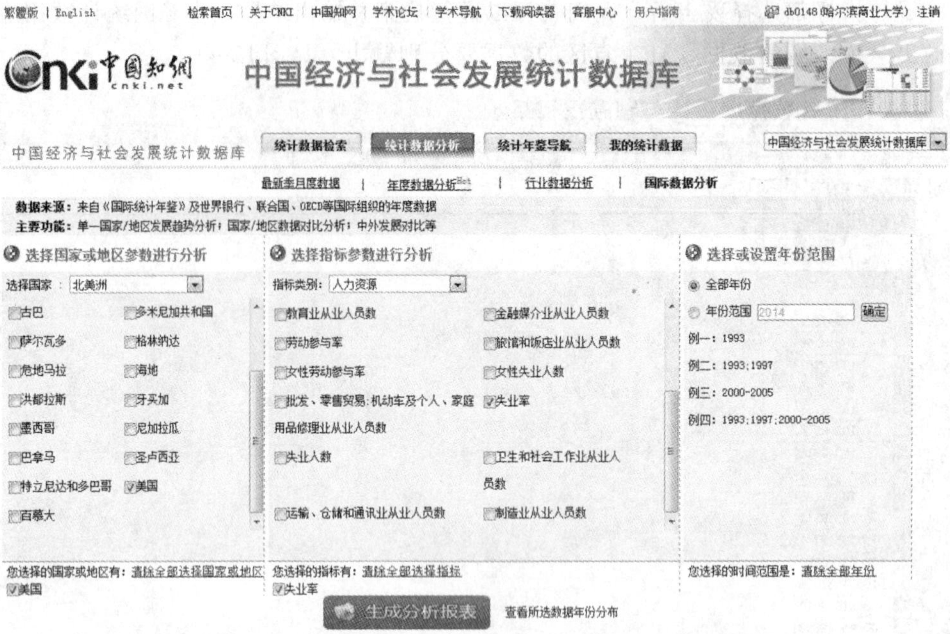

图12-41　中国经济与社会发展统计数据库国际数据检索界面

通过国家统计局官方网站可直接进入中国人民银行调查统计司网站，如图12-42所示。

图12-42　中国人民银行调查统计司官网界面

点击查询2014年统计数据，打开后即可见2014年的月度统计数据，据此我们可统计出2014年上半年全国股票交易量数据（见图12-43）。

报表下载　　报表打印

股票市场统计表
Statistics of Stock Market

	股票筹资额（亿元） Equity Financing (100 Million Yuan)	成交量（百万股） Volume of Trading (One Million Shares)	成交金额（亿元） Turnover of Trading (100 Million Yuan)	期末总股本（亿股） Volume Issued at End of Period (100 Million Shares)	期末市价总值（亿元） Total Market Capitalization at End of Period (100 Million Yuan)	期末上市公司数（家） Number of listed company at End of Period	期末收盘指数（Index） 上证综合指数 Shanghai Stock Exchange Composite Index	深证成份指数 Shenzhen Stock Exchange Component Index
2014.01	667	233845	35787	34086	237826	2532	2033	7573
2014.02	221	408826	43897	34158	241683	2537	2056	7366
2014.03	456	435555	42219	34223	236625	2537	2033	7190
2014.04	619	369468	34869	34707	236276	2537	2026	7313
2014.05	385	288832	27517	35117	239724	2537	2039	7365
2014.06	219	324899	32305	35483	244130	2540	2048	7343
2014.07	372	568830	53316	35739	261989	2549	2202	7957
2014.08	268	631781	60806	35859	268702	2558	2217	7842
2014.09	622	771385	76525	36239	293548	2569	2364	8080
2014.10	727	655061	65105	36392	300487	2584	2420	8226
2014.11	406	898691	83902	36485	327827	2592	2683	9002
2014.12	2100	1651396	181138	36795	372547	2613	3235	11015
2014年累计	7060	7338309	742385					

数据来源：中国证券监督管理委员会。
Source:China Securities Regulatory Commission.

图12-43　中国人民银行调查统计司官网检索界面

第二节　公司及相关信息检索

一、检索方法

（一）中经网

中经网提供“中国企业·产品库”。“中国企业·产品库”包括“企业产品库”、“外资企业库”、“企业排行”、“名牌产品”等内容，如图12-44所示。

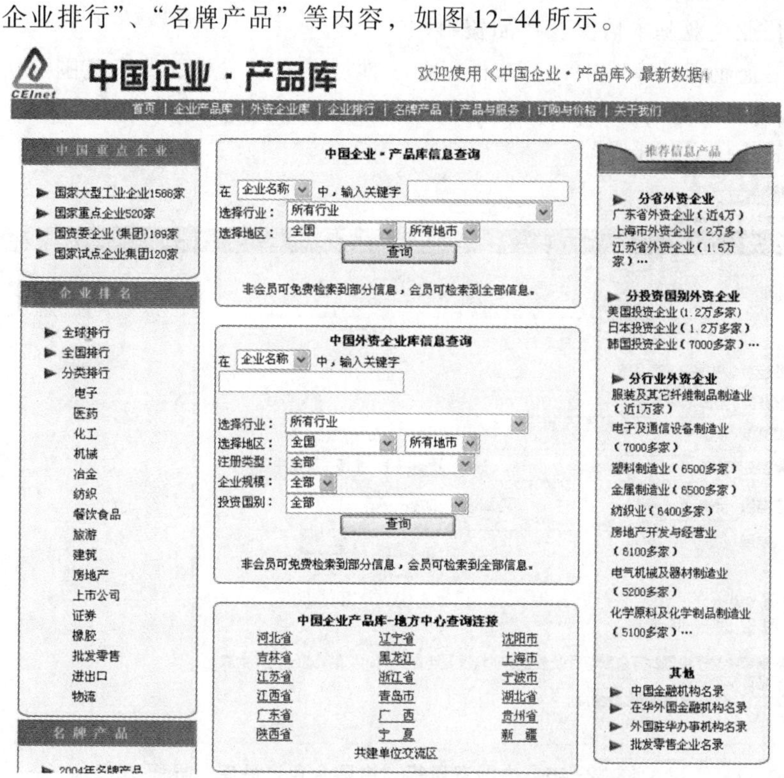

图12-44　中经网“中国企业·产品库”界面

在"企业产品库"中，用户可通过"企业名称"、"产品名称"、"产品商标"、"服务名称"等途径进行检索，输入关键词，选择行业、地区，点击"查询"即可。

在"外资企业库"中，用户可通过"企业名称"和"产品名称"两个途径进行检索，依次选择行业、地区、注册类型、企业规模、投资国别等条件后，点击"查询"即可。

例如，获取"阿里巴巴（中国）网络技术有限公司"的相关信息，其检索方法为：

①进入中经网"中国企业·产品库"。

②选择"外资企业库"，在"企业名称"中输入"阿里巴巴"，点击"查询"。

③浏览企业详细信息，如图12-45所示。

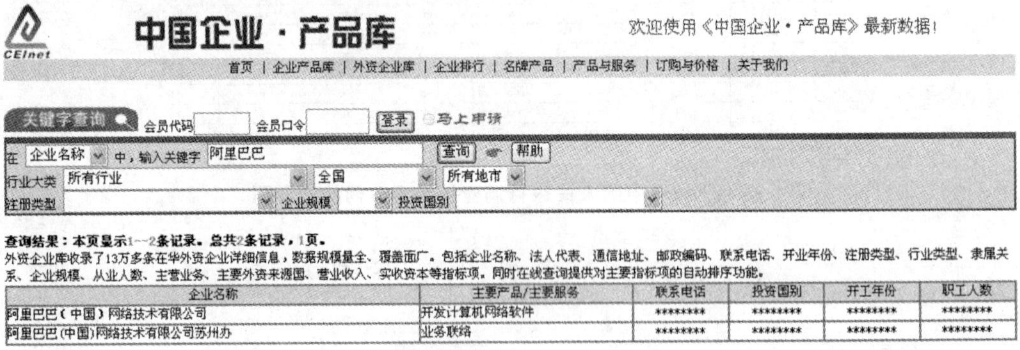

图12-45 检索结果界面

（二）中国资讯行

中国资讯行（http://www.infobank.cn/）提供"中国企业产品库"，该数据库收录了中国27万余家各行业企业基本情况及产品资料。

在"中国企业产品库"中，可选择行业、地域、文献出处、检索范围（机构名称、正文、全部），输入关键词后即可进行检索，如图12-46所示。

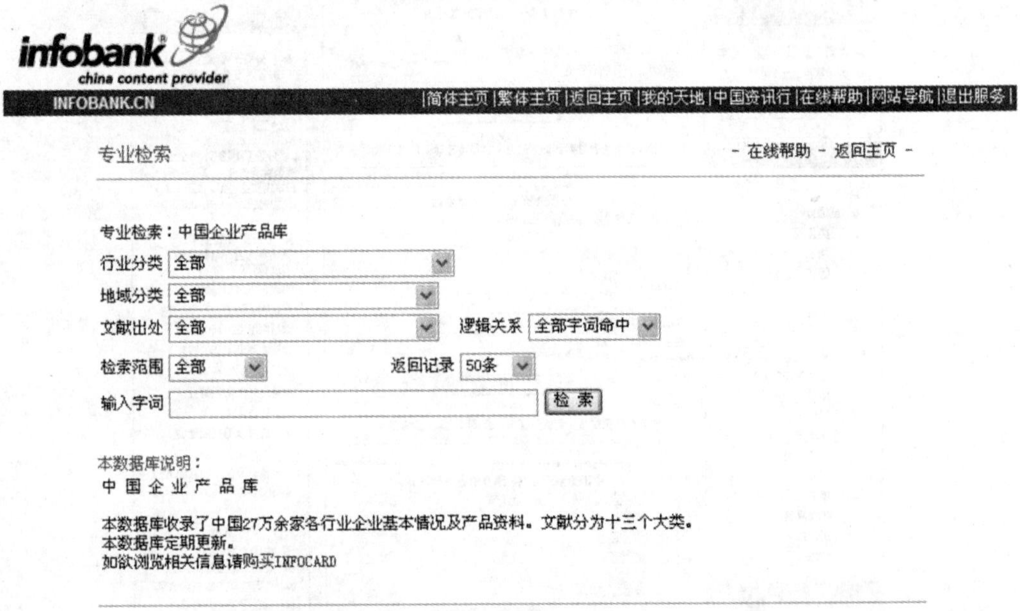

图12-46 中国资讯行"中国企业产品库"界面

例如，查找黑龙江省食品制造业企业名录，其检索方法为：

①进入中国资讯行"中国企业产品库"。

②在"行业分类"中选择"食品制造业"，在"地域分类"中选择"黑龙江"，点击"检索"。

③浏览检索到的企业名录，点击标题可进一步查看企业信息，如图12-47所示。

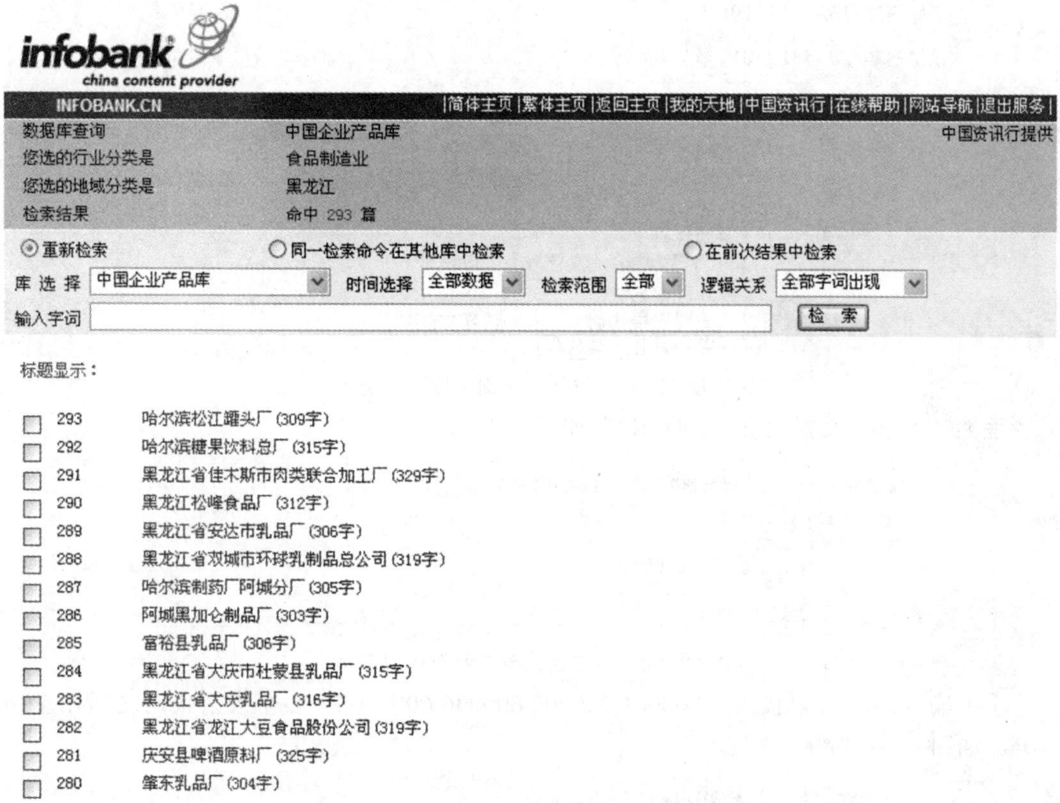

图 12-47 检索结果界面

（三）锐思数据库

锐思数据库（RESSET/DB）是为实证研究、模型检验等提供支持的数据平台。数据内容涵盖股票、固定收益、基金、宏观、行业、经济与法律信息、港股、外汇、期货、黄金等系列，有近百个数据库，包括中英文各数百张表，近两万个字段的内容，囊括了经济、金融、会计实证与投资研究所需的绝大部分数据。

1.数据下载

以查询"月股票综合数据"为例。

第一步，选择"日期范围"，如图12-48所示。

选择一个日期对象，输入起止日期进行查询，值为空时代表无时间限制。

点击"数据样例|数据词典|计算方法"查看相关信息。

第二步，选择"查询字段|代码选择|概念板块"。

选择"查询字段"，即从下拉菜单中选择要查询的字段,选择"股票代码"，如图12-49所示。

月股票综合数据 MRESSTK

数据样例 |数据词典|计算方法 本表现有356,623条记录

第1步 日期范围

日期对象 日期 ▾
开始日期 1990-12-10
结束日期 2013-12-31

图12-48 选择日期范围示例

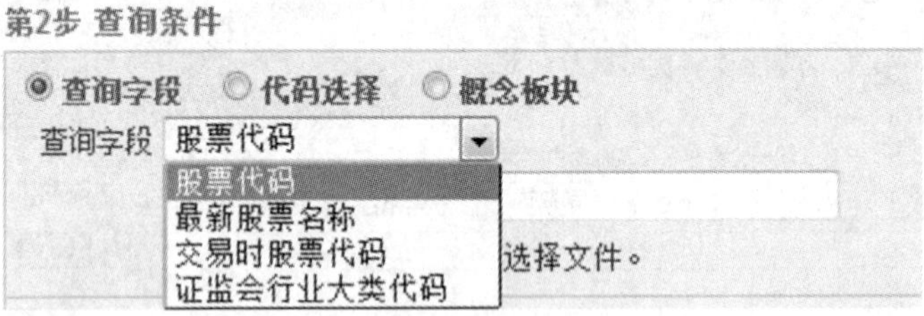

第2步 查询条件

◉ **查询字段** ○ **代码选择** ○ **概念板块**
查询字段 股票代码 ▾
股票代码
最新股票名称
交易时股票代码 选择文件。
证监会行业大类代码

图12-49 选择"查询字段"示例

手工输入单个股票代码"000001",如图12-50所示。

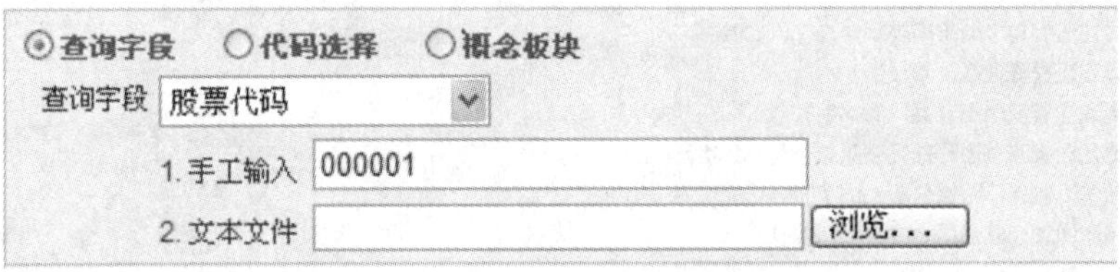

◉ **查询字段** ○ **代码选择** ○ **概念板块**
查询字段 股票代码 ▾
1. 手工输入 000001
2. 文本文件 [浏览…]

图12-50 手工输入单个股票代码示例

手工输入多个股票代码"000001 000002 600036 600050",多个股票代码之间用空格分开,如图12-51所示。

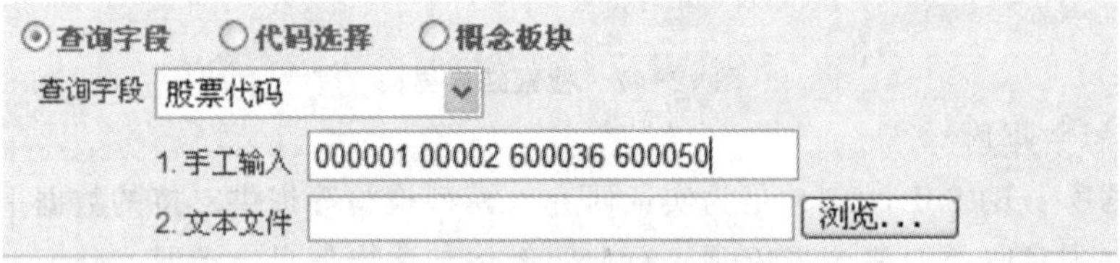

◉ **查询字段** ○ **代码选择** ○ **概念板块**
查询字段 股票代码 ▾
1. 手工输入 000001 00002 600036 600050
2. 文本文件 [浏览…]

图12-51 手工输入多个股票代码示例

查询股票数量较多时,手工输入不方便,可上传一个包括多个股票代码的文本文件,每行一个股票代码,如图12-52所示。

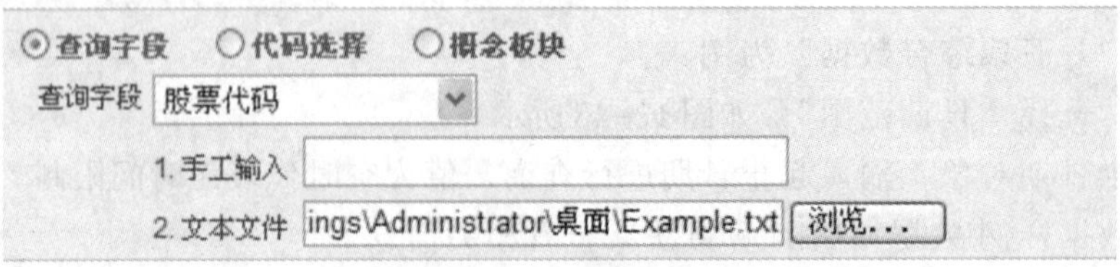

◉ **查询字段** ○ **代码选择** ○ **概念板块**
查询字段 股票代码 ▾
1. 手工输入
2. 文本文件 ings\Administrator\桌面\Example.txt [浏览…]

图12-52 导入文本文件示例

点击"浏览"按钮,添加要导入的文本文件即可。

Example.txt 的内容:

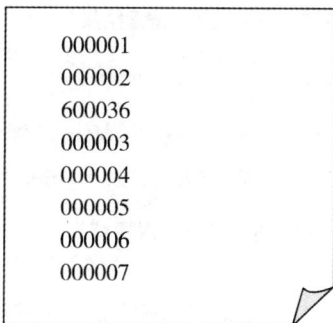

```
000001
000002
600036
000003
000004
000005
000006
000007
```

查询字段选择"最新股票名称",手工输入股票名称(支持模糊查询)。

手工输入单个股票名称"天马",如图12-53所示。

图12-53　手工输入单个股票名称示例

手工输入多个股票名称"天马 万科 深发展",如图12-54所示。

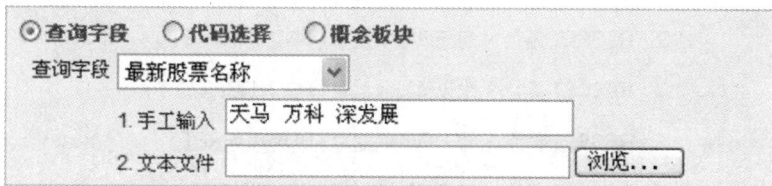

图12-54　手工输入多个股票名称示例

第三步,选择输出字段。

第四步,输出设置。

2.快速搜索

利用系统提供的搜索功能,可以快速定位感兴趣的表,缩小查找范围,节省时间。搜索界面位于系统上方,如图12-55所示。

图12-55　搜索界面

注:本搜索是针对各表表名的搜索以及对各表中的字段名的搜索(包括中文和英文名)。

(1)对表名进行搜索

第一步,在搜索框中输入"股数变动历史",并选择"RESSET股票",如图12-56所示。

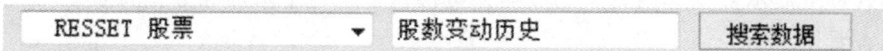

图12-56　搜索表名

第二步,点击"搜索数据",得到搜索结果,如图12-57所示。

条件：股数变动历史　搜索结果

数据库表名称及表字段名称中搜索。

⬧　1. RESSET 股票 - 公司股数变动历史（CSHRHIS）

⬧　2. RESSET 股票 - 股数变动历史（SHRHIS）

图 12-57　搜索结果

（2）对字段名进行搜索

第一步，在搜索框中输入"无风险收益率"，并选择"RESSET债券"，如图 12-58 所示。

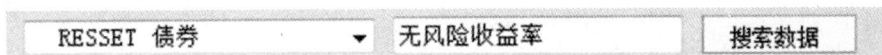

| RESSET 债券　▼ | 无风险收益率 | 搜索数据 |

图 12-58　搜索字段名

第二步，点击"搜索数据"，得到搜索结果，如图 12-59所示。

条件：无风险收益率　搜索结果

数据库表名称及表字段名称中搜索。

⬧　1. RESSET 债券 - 日无风险收益率（BDDRFRET）

⬧　2. RESSET 债券 - 月无风险收益率（BDMONRFRET）

⬧　3. RESSET 债券 - 季无风险收益率（BDQTRRFRET）

⬧　4. RESSET 债券 - 周无风险收益率（BDWKRFRET）

⬧　5. RESSET 债券 - 年无风险收益率（BDYRRFRET）

图 12-59　搜索结果

（四）国泰安数据库

国泰安数据库内容主要为CSMAR数据库，新闻、公告、研报等资讯数据库，各类学术资源。用户可以进行CSMAR数据查询下载、绘图、统计，可以浏览新闻、公告、下载原文，收藏研报，通过学术资源栏目，还可以查看各类学术论文、关注学术会议以及下载课程资料、案例资料。

1.单表查询

该模块提供了国泰安公司CSMAR系列精准数据的查询调用服务，可以预览样本数据，进行数据查询、结果预览、数据下载、保存方案、统计、绘图等操作；在此模块中，数据库结合实证研究专题，按研究方向将数据分类，满足不同研究者的需求。

（1）浏览样本数据

以表格的形式部分展示数据库内真实的数据，可快速了解各个指标和数据特点。

①样本数据查看

操作：选择CSMAR数据库—单表查询，进入单表查询主界面，选择数据库系列—选择数据库—选择数据分类—选择表，效果如图12-60所示。

图12-60 样本数据查看

②样本数据操作

导出：点击"导出数据"菜单，将样本数据当前页导出到Excel文件中。

删除记录：勾选数据记录，点击"删除选中行"下拉菜单，删除选中行。

设置每页显示记录数：在编辑框中，输入记录数，回车。

（2）字段搜索

在字段搜索框中输入关键字，点击查找，在数据库中将包含此关键字的字段/表/节点等查找出来。

比如输入"净利润"，点击查找，在弹出来的对话框中显示搜索的结果，如图12-61所示。

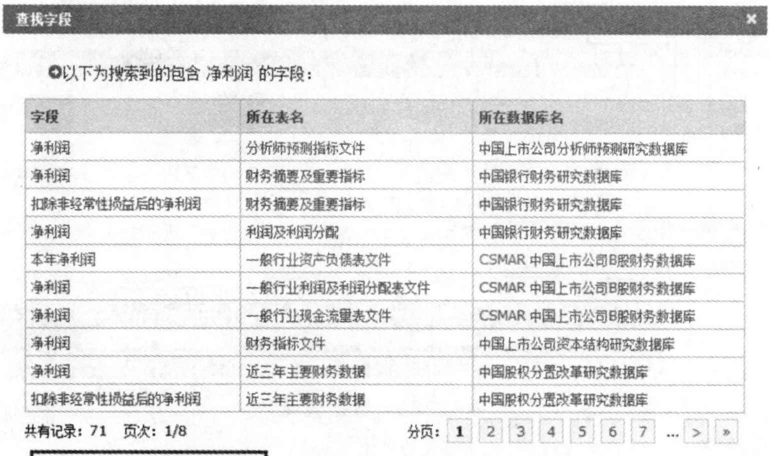

图12-61 字段搜索

点击字段，树节点展开，打开字段所在表，字段高亮显示，如图 12-62 所示。

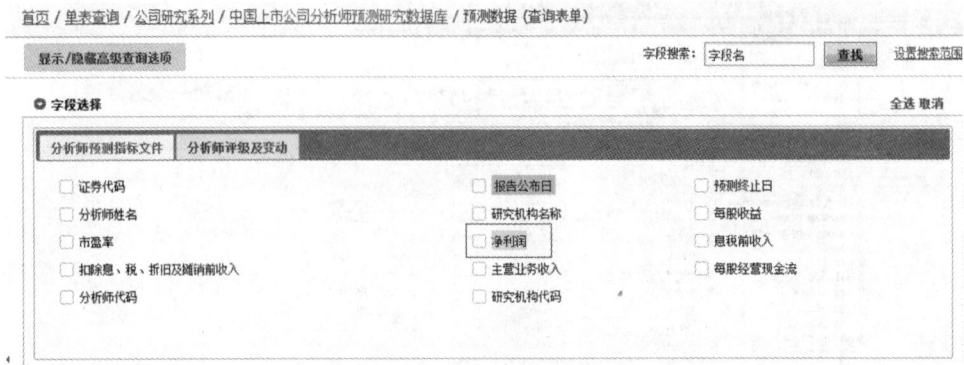

图 12-62　字段高亮显示

默认检索范围为所有数据库，可以点击"设置搜索范围"链接，在弹出的对话框中设置所要检索的数据范围。

（3）数据查询

在预览完样本数据后，如果希望查看更多的数据，点击"数据查询"按钮，系统将跳转到数据查询页面。默认情况下，不显示条件选择面板。点击"显示/隐藏高级查询选项"，展开更多查询条件设置面板（标准模式），如图 12-63 所示。

图 12-63　数据查询

（4）结果预览

在查询条件确认页面，点击预览数据后，进入结果预览页面。预览页面主要包括：下载数据、保存方案、数据操作（绘图、统计、导出当前页、删除行等操作）。

（5）数据下载

在查询条件确认页面，点击"下载数据"按钮，或者在结果界面点击"下载数据"按钮，系统将数据打包提供下载链接给用户。

（6）保存方案

点击"保存方案"，输入方案名称，将本次查询设置保存到服务器中，以备下次调用，包括代码选择、时间范围选择、字段选择、字段条件设置、下载格式设置等选项。

2.自定义查询

自定义查询提供了同一金融品种内相关联指标的组合查询，操作方便快捷，用户可以灵活定义各种指标组合，定制所需的数据。其分为两部分：金融数据和经济数据。

金融类数据提供：股票、基金、债券、权证、银行数据指标的自定义组合查询。

金融类数据的查询步骤如下：

选择代码 → 选择指标 → 设置参数 → 单位换算 → 条件设置 → 提取数据。

经济类数据提供：宏观经济、区域经济、世界经济、工业行业数据指标的自定义组合查询。

经济类数据的查询步骤如下：

（1）宏观经济

选择指标 → 设置时间 → 设置参数 → 单位换算 → 条件设置 → 提取数据。

（2）区域、世界、工业行业数据

选择代码 → 选择指标 → 设置时间 → 设置参数 → 单位换算 → 条件设置 → 提取数据。

二、检索案例

（一）检索"上市公司保利地产的管理层、注册地、联系方式以及公司上市以来股本变动情况"

题解：检索公司信息的渠道较多，在这个案例中，上市公司是一个非常重要的关键词，许多数据库都含有这类商情信息。例如，锐思数据、国泰安数据、中国资讯行等都对上市公司的信息及数据搜集得比较全面、系统，尤其是涉及公司在资本市场运行状况方面的信息，如股票价格、走势等，锐思和国泰安数据是首选。

以锐思数据为例，检索过程如下：

在图12-64所示页面左侧导航栏的"公司与证券信息"中选择"上市公司信息"，在"股东与股本"中选择"股数变动历史"，选定公司代码，自定义选择检索条件，系统会自动检索数据并生成Excel文件。

在锐思数据中查到，保利地产公司是经原国家经济贸易委员会2002年8月20日"国经贸企改（2002）616号"文批准，保利南方集团作为主发起人，联合广东华美和张克强等16位自然人共同发起设立的保利房地产股份有限公司。

公司的主营业务是房地产开发、销售、租赁及物业管理。

公司的股数从2006年的5.5亿股扩张到2014年12月的107.29亿股，变动原因在表格中一目了然（见图12-65、图12-66）。

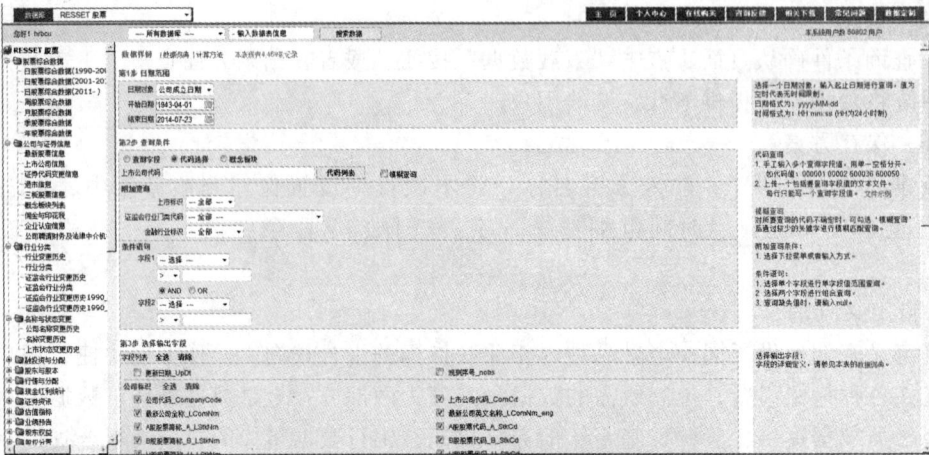

图 12-64　锐思数据检索界面（一）

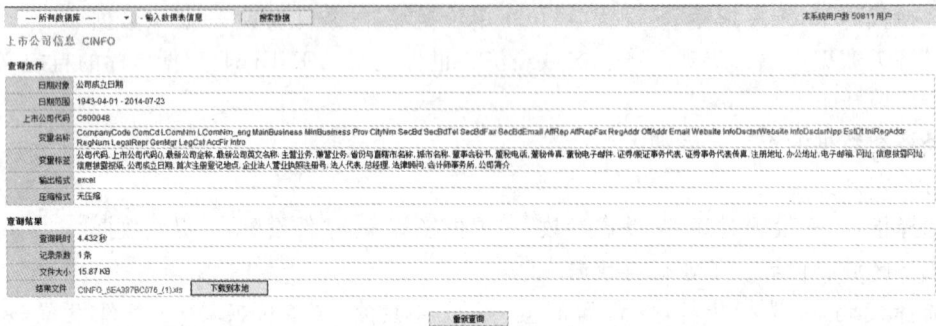

图 12-65　锐思数据检索界面（二）

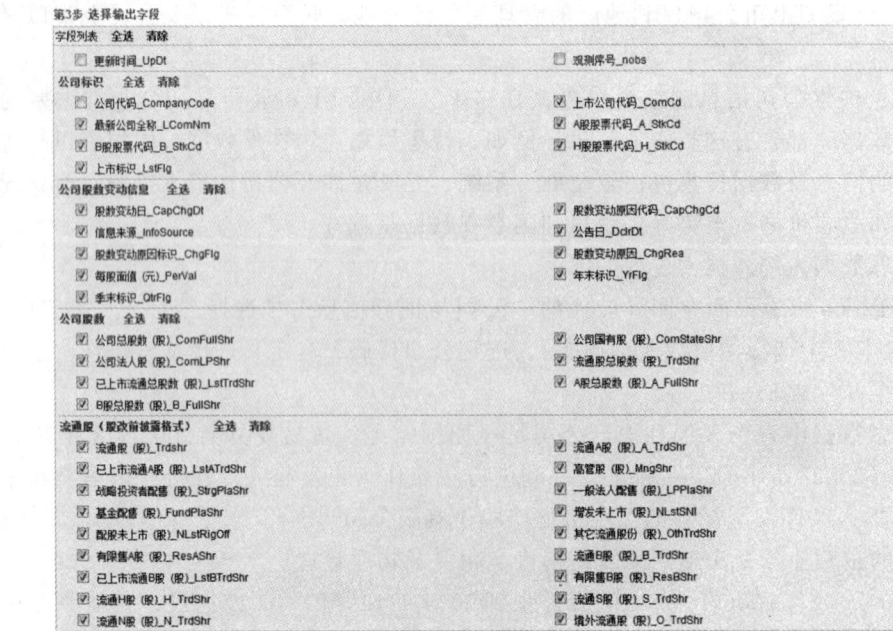

图 12-66　锐思数据检索界面（三）

（二）已有研究认为，负债融资不仅能为公司获得税收优惠，同时还有一定的治理效应，相关实证研究结果也表明，负债和企业价值之间存在着显著的正相关关系

题解：在这个研究实例中涉及两个关键数据：负债和企业价值。负债常用资产负债率来代替；资产负债率＝负债/总资产，显然这个数据涉及资产负债表。如何获得企业负债数据呢？我们以辽宁省上市公司为例进行研究，可以通过检索国泰安数据的公司研究系列得到企业的资产负债表，进而获取企业的资产负债率。

在国泰安数据的公司研究系列菜单下，点击第一个数据库"CSMAR中国上市公司财务报表数据库"，可以看到资产负债表数据库，进入数据库后根据检索需要设定数据对的条件，因为选择的是辽宁省的上市公司，可以通过代码筛选功能，把地处辽宁的上市公司全部选出，时间期限设置为2010年1月1日。资产负债表指标全选，点击下载数据，下载完成后点下载详情，即可以把从CSMAR提取到的数据以Excel表的形式保存到本地，方便我们分析利用（见图12-67、图12-68和图12-69）。

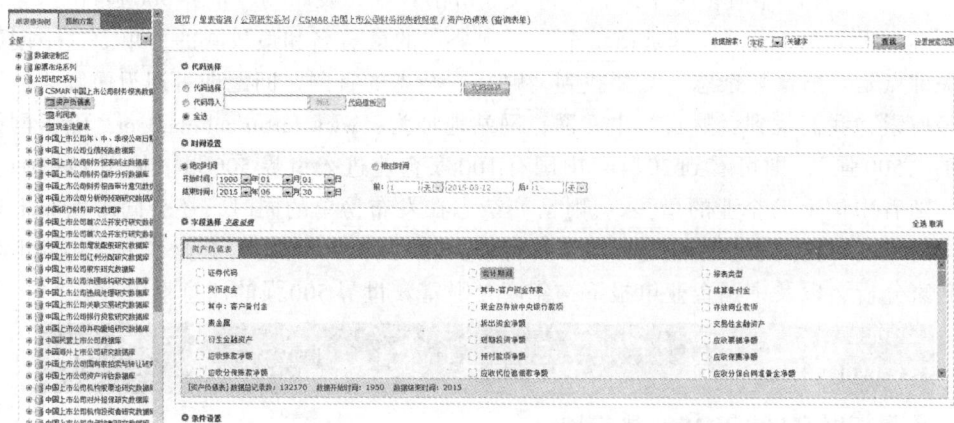

图12-67　国泰安数据检索界面（一）

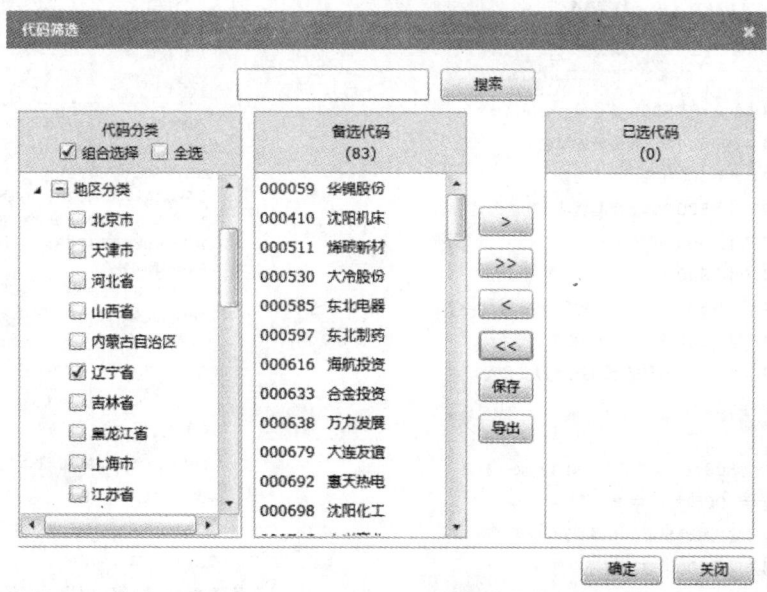

图12-68　国泰安数据检索界面（二）

图 12-69　国泰安数据检索界面（三）

（三）查找 2014 年有多少中国企业进入《财富》杂志发布的"世界 500 强排行榜"

题解：世界 500 强排行榜是衡量全球大型公司的最著名和最权威的榜单。这个问题解决的关键点是《财富》杂志，只要找到《财富》杂志的官网，问题即可迎刃而解。

经搜索，我们找到《财富》中文网，网站地址为：www.fortunechina.com。点击网站导航栏的"500 强"，即可看到 2014 年中国有 100 家企业进入世界 500 强（见图 12-70）。近年来，随着中国上榜企业的增多，《财富》杂志在发布榜单的同时，还会同时发布上榜中国公司的年度对比图表、企业分布城市排行榜、年度新上榜与落榜企业名单、年度上榜企业的独家分析，以及中国企业申报下一年度《财富》世界 500 强的注意事项等。

图 12-70　《财富》中文网界面

（四）查找生产3D打印机的3D Systems Corporation概况

题解：3D打印技术是目前比较热门和前沿的技术，关注度比较高，所以检索这类问题我们首先利用搜索引擎，用百度检索后，我们发现搜索引擎搜索到的都是关于企业的一般介绍或相关新闻，不符合我们的要求。这时候我们要想到一些相关的数据库或网站。

从百度上我们可知3D Systems Corporation是一家美国公司，EBSCO数据库中的BSI平台收录了一些国家经济、产业及公司报告，进行试验性检索后，在BSI平台的公司概况中检索到了3D Systems Corporation的报告（见图12-71）。

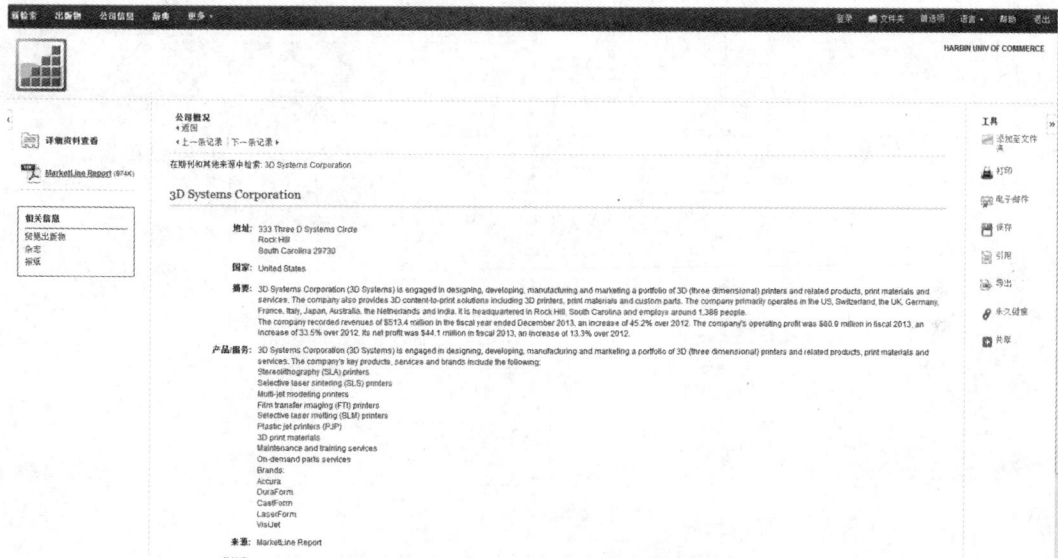

图12-71　EBSCO数据库检索结果界面

参考文献

[1] 彭奇志. 信息检索与利用[M]. 北京：中国轻工业出版社，2013：131-137.

[2] 锐思数据. RESSET金融研究数据库用户手册[R]. 北京：北京聚源锐思数据科技有限公司，2005.

[3] 国泰安. CSMAR Solution使用指南[R]. 深圳：国泰安教育技术股份有限公司，2005.

[4] Bankscope. Bureau van Dijk [EB/OL]. [2015-04-20]. http://bankscope 2.bvdep.com/ip.

[5] 符绍宏，等. 互联网信息资源检索与利用[M]. 3版. 北京：清华大学出版社，2012.

[6] 刘彩娥. 数据与事实检索[M]. 北京：科学出版社，2013.

[7] 陆宏弟. 网络环境下的文科信息检索[M]. 上海：上海交通大学出版社，2009.

思考题

1. 检索与"亚投行"相关的文献信息。

2. 查找2013年我国黄金和外汇储备、占款统计数据。

3. 查找2014年我国国民经济主要指标统计。

4. 查找"联想集团"概况。

5. 要了解我国股份制银行的基本概况，有哪些检索途径？

第十三章　文献管理

❈**本章提要**

　　科学地管理收集到的文献、准确而高效地利用文献，是一个科研人员做好研究的基本技能，也是保证研究成果质量的一个重要因素。通过本章节的学习，可以帮助读者了解和掌握目前比较常用的几种文献管理软件，从而有效地利用该工具提高学习和研究效率。

第一节　文献管理软件

　　在科研论文写作的过程中，每位作者都会引用一定数量的参考文献。其实，不仅在论文的写作过程中需要引用参考文献，在撰写个人简历、课题申请书、专著以及其他出版物时也经常需要引用参考文献。参考文献的编排费时费力，特别是在英文文献和综述中引用的文献数量较多和投稿后进行格式调整时，在编排文献上可能会遇到一些困难。另外，准确、适当地引用参考文献，对于科研论文的质量有显著的影响。因此，如何科学地管理文献、有效而准确地使用文献就显得特别重要。

　　随着信息技术的发展，枯燥的文献管理在计算机和网络技术面前已变得十分简单，人们已不再需要获取原版期刊全文或论文的影印件等进行文献的引用和管理，只需要使用相关的文献管理软件和网络资源就可以轻松而准确无误地建立和管理自己的参考文献库。

　　图书馆不断加强信息资源建设的步伐和革新信息服务能力，在给读者带来了海量文献信息的同时，也对读者的文献管理能力提出了更高的要求。信息过滤和管理变得极其重要，为了提高读者对电子资源的使用效率，帮助读者有效管理和利用这些电子文献，文献管理类软件应运而生。参考文献管理软件有明显的优势：（1）通过该软件在文字处理软件（如 Word）中的插件，方便地在文章的所需之处插入所引用的文献，软件自动根据文献出现的先后顺序编号，或根据著录要求注明作者和文章发表年份，根据指定的格式将引用的文献附在文章的最后；（2）在文章修改时，如果在文章中间插入了引用的新文献，或删除了部分已有的文献，软件将自动更新编号，自动更新文章最后参考文献目录中的文献内容；（3）可以通过互联网到相应数据库中直接检索文献，并保存到用户自己建立的文档库中，或者通过网络检索相关数据库，下载所需文献后，导入各种格式的检索结果；（4）可以在软件内链接全文数据库和图片等与该文献相关资料的任何网页，或链接用户已经下载的、位于本地计算机硬盘内的 PDF 文件，或与该文献相关的任何文件（如图像、声音、视频等文件）；（5）可以上网下载输入过滤器、期刊输出格式等文件，也可以自己编辑期刊输出格式等；（6）节约时间，提高准确率。

第二节 常用的文献管理软件

目前，国内外较为常用的文献管理软件有EndNote、NoteExpress、NoteFirst、CNKI E-Learning等。

一、EndNote

EndNote由汤森路透（Thomson Reuters）下属的Thomson ResearchSoft开发，2013年发布最新版本X7（第17版）。EndNote可以在线查找相关书目并保存查找结果，自动管理引用并生成参考书目列表，能够在写作的过程中自动监测需要添加的资料、自动添加参考目录，非常适合研究人员、学者、学生以及图书馆人员使用。

（一）EndNote基本功能

1.文献管理

（1）在本地建立个人数据库，随时查找收集到的文献记录。

（2）通过检索结果，准确调阅所需PDF全文、图片和表格。

（3）将数据库与他人共享，对文献进行分组、分析和查重，自动下载全文。

2.论文撰写

（1）随时调阅、检索相关文献，将其按照期刊要求的格式插入文后参考文献。

（2）迅速找到所需图片和表格，将其插入论文相应的位置。

（3）在将文章转投其他期刊，能够迅速完成参考文献格式的转换。

图13-1为EndNote的工作流程。

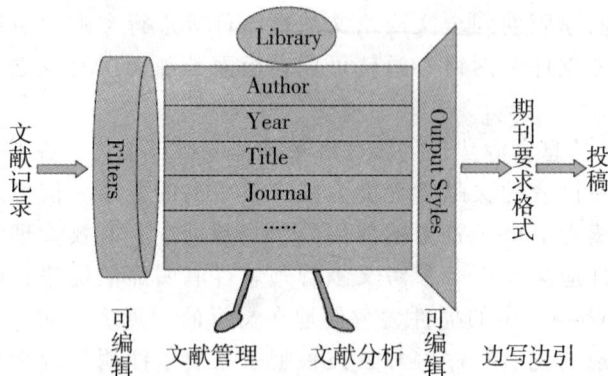

图13-1　EndNote的工作流程

（二）EndNote使用方法

1.建立和编辑enl文献图书馆

EndNote数据库称为Reference Library，以*.enl格式存储，其中的数据存储于同名文件夹*.Data中。本章所举例的Library包括单记录图书馆"acedemic.enl"和数据文件夹"acedemic.Data"。

（1）新建enl。

"File"→"New"，或者单击工具栏第一个按钮"New Library"，都可以新建一个空白图书馆。

（2）打开既有 enl。

"File"→"Open"→"Open Libray"，或者单击工具栏第二个按钮"Open Library..."，都可以打开一个既有的 enl 图书馆。

（3）新建记录。

"Reference"→"New Reference"，或者在"Reference Library"窗口中单击右键选择"New Reference"，都可以手动添加新记录。

（4）编辑记录。

"Reference Library"窗口中双击选中的记录，或者单击右键选择"Edit References"，都可以进行编辑。

一般需要用到的条目包括 Author、Year、Title、Journal、Volume、Issue、Pages、Abstract 等，读书笔记记录在 Note 中，如果有全文 PDF，可以将其链接添加到 Link to PDF，并将附件链接到 Image 中，如果文摘是从网上数据库下载的，URL 中可记录其出处。

①Author：每个作者列一行，格式可以是简称，如 Ziaei, J. E.，Ziaei, J E，J E Ziaei，或者标准全名等。原则是姓置首，则后面必须跟逗号，若按照西方姓名规范置尾，则不必加逗号。逗号后应有空格。如果是中文名字，一般不需要添逗号区分姓和名。在 EndNote 中，编辑状态下，用红色显示的人名表示当前 Library 中该名字是第一次出现的，若该人名在先前记录中出现过，则显示为黑色。

② Year，Title，Journal，Volume，Issue，Pages：这些条目照抄引用文献的显示即可。

③ Abstract：同 Author，每个关键词列一行。

④ Link to PDF、Image：单击右键选择"Link to PDF"、"Image"即可添加。添加"Image"后，在"Reference Library"窗口中这条记录前方就会出现一个附件标志。

（5）复制记录。

将一条记录复制到另一个文献图书馆中，只需要在"Reference Library"窗口选中目标记录，使用快捷键"Ctrl+C"或单击右键选择"Copy"，再打开目标文献图书馆的 .enl 文件，使用快捷键"Ctrl+V"或单击右键选择"Paste"，即可将它复制进去。剪切的方法与之相似，"Ctrl+X"/"Cut"即可。

（6）删除记录。

在"Reference Library"窗口选中要删除的记录，单击右键"Delete References"即可。可以用鼠标拖选多条记录，也可以按住 Ctrl 间隔点选。直接选中后按 Del 键无效。

2.文献导入

手工编辑 enl 是很费时费力的。EndNote 最重要的功能之一就是把科研人员从繁重的文献手工编辑工作中解放出来。很多在线数据库都提供了强大的引文导出功能。下面通过具体举例，简要介绍文献批量导入的操作。EndNote 可以将不同来源的文献导入到已存在或新建的数据库中，共有以下方式：

（1）数据库建立——网站输出。

举例：从 Web of Science 输出文献。

①检索（如图13-2所示）。

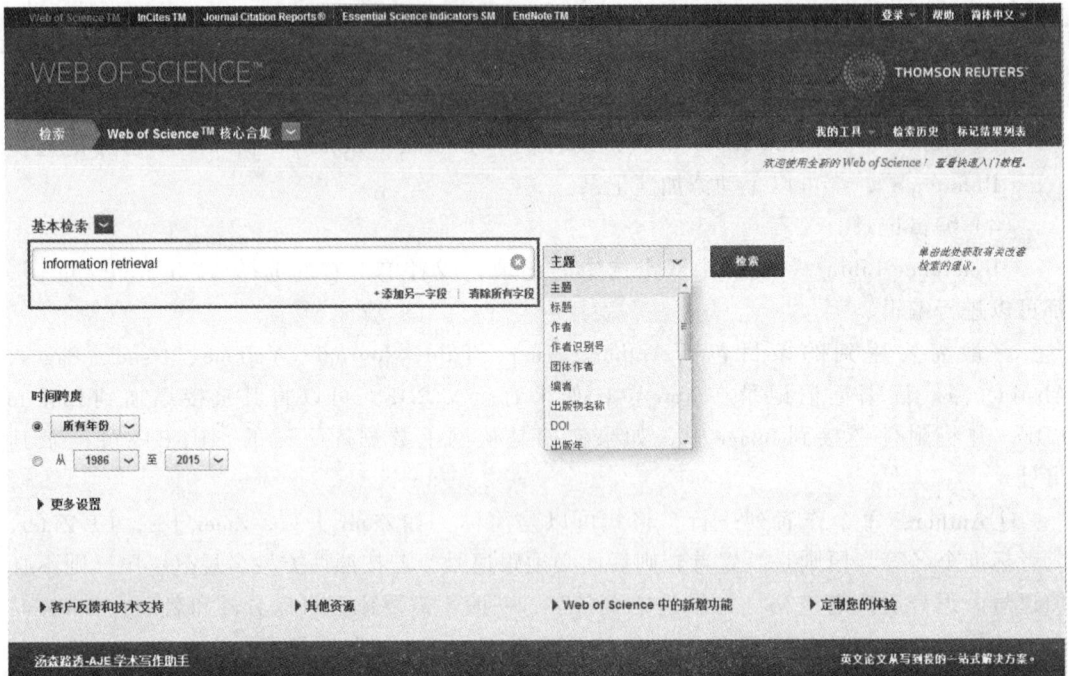

图13-2　EndNote检索

②选择输出记录（如图13-3所示）。

图13-3　EndNote选择输出记录

③选择记录内容（如图13-4所示）。

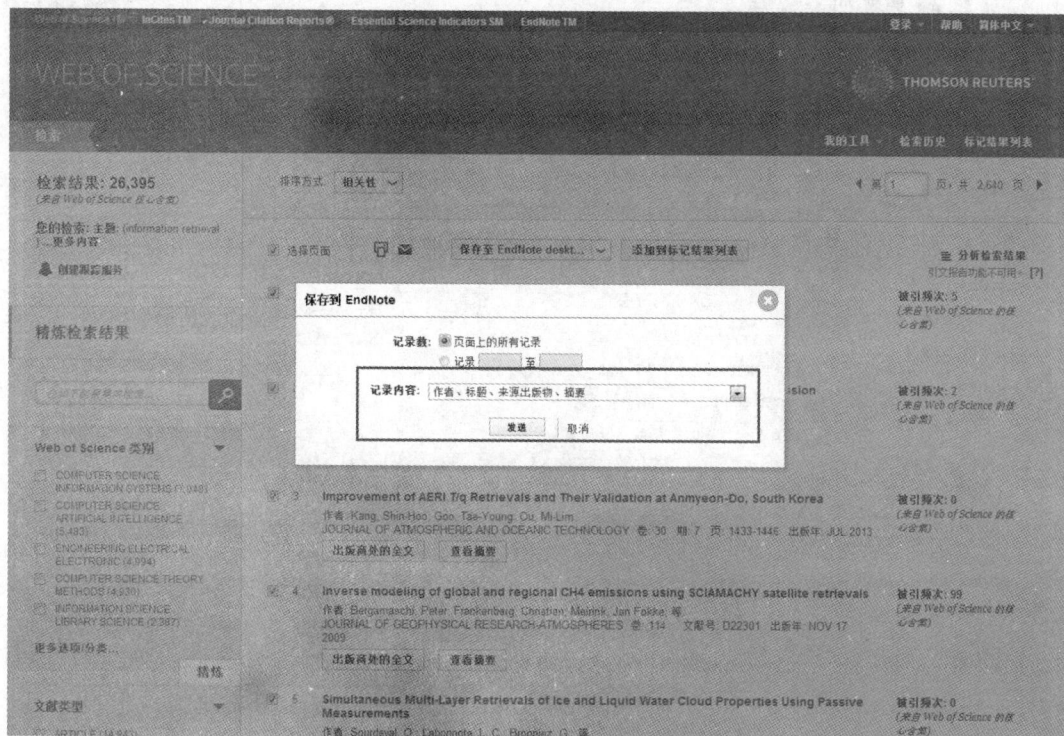

图 13-4　EndNote选择记录内容

④成功导入文献（如图13-5所示）。

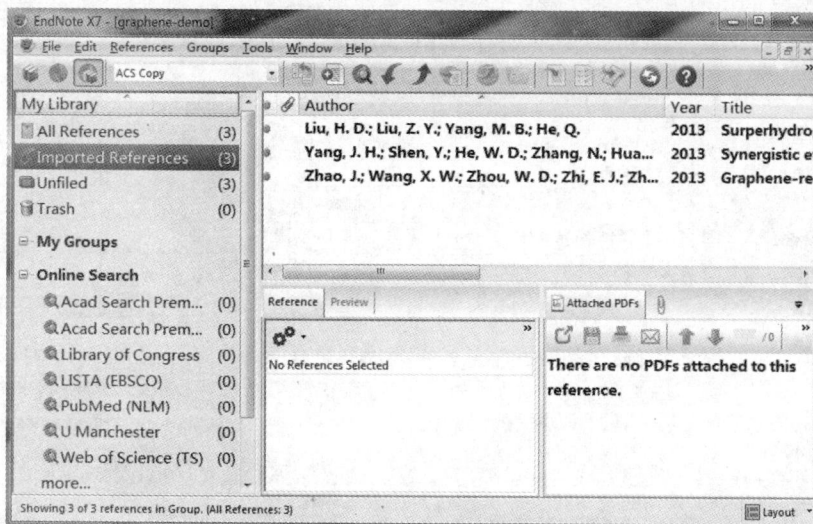

图 13-5　EndNote 成功导入文献

（2）数据库建立——格式转换。

举例：从 CNKI 输出 .txt 文档导入 EndNote。

①检索（如图13-6所示）。

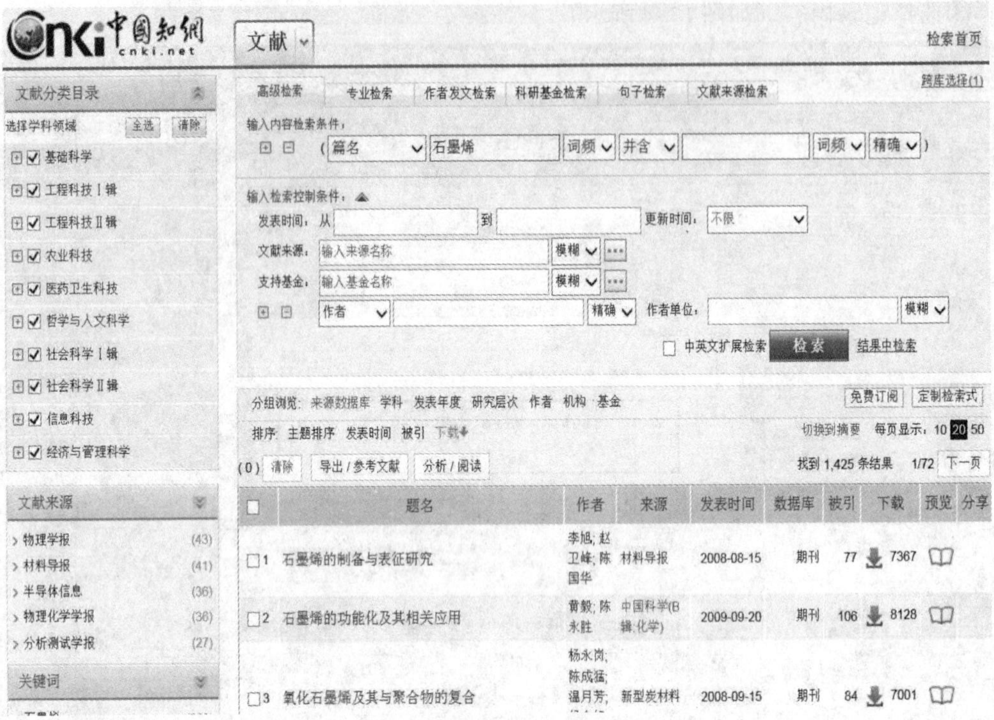

图 13-6　CNKI检索

②选择文献（如图 13-7 所示）。

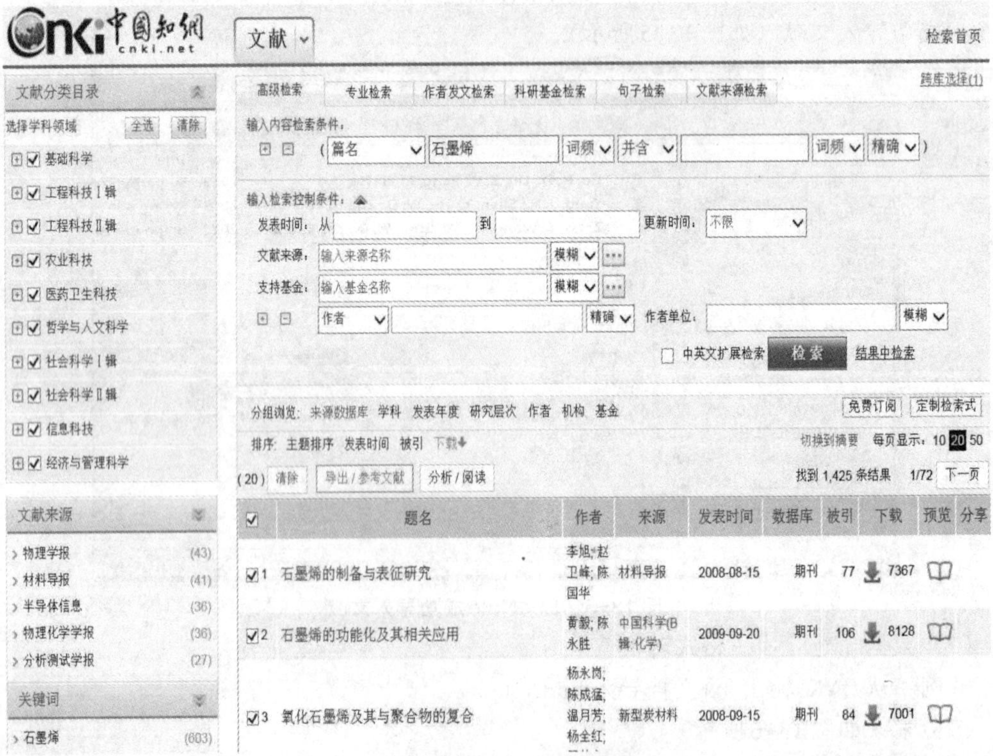

图 13-7　CNKI选择文献

③保存成 .txt 文档（如图 13-8 所示）。

图 13-8　保存成 .txt 文档

④将 .txt 文档导入 EndNote（如图 13-9 所示）。

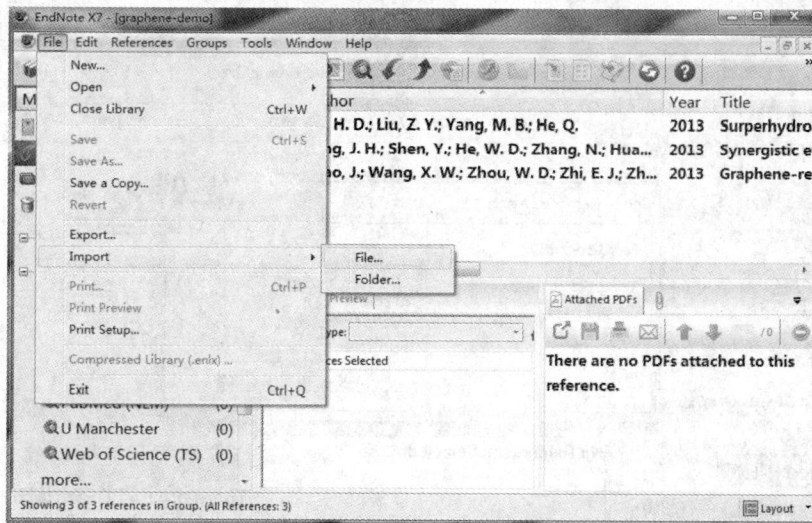

图 13-9　将 .txt 文档导入 EndNote

（3）数据库建立——在线搜索。

举例：从 Web of Science 在线搜索文献。

①输入检索式（如图 13-10 所示）。

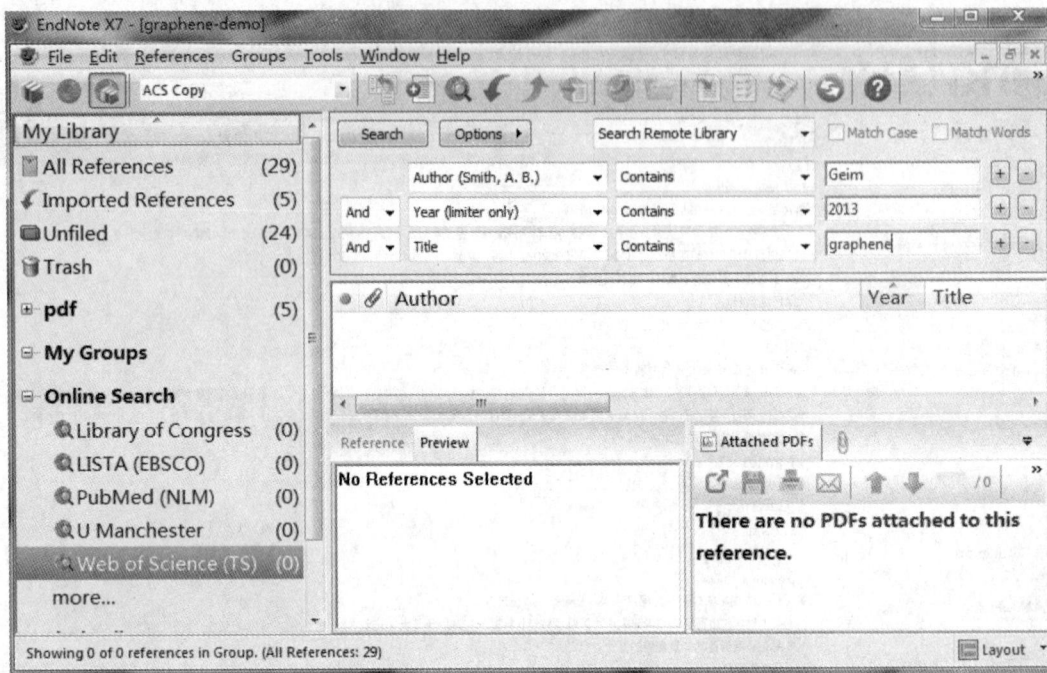

图 13-10　输入检索式

②选择导入记录（如图 13-11 所示）。

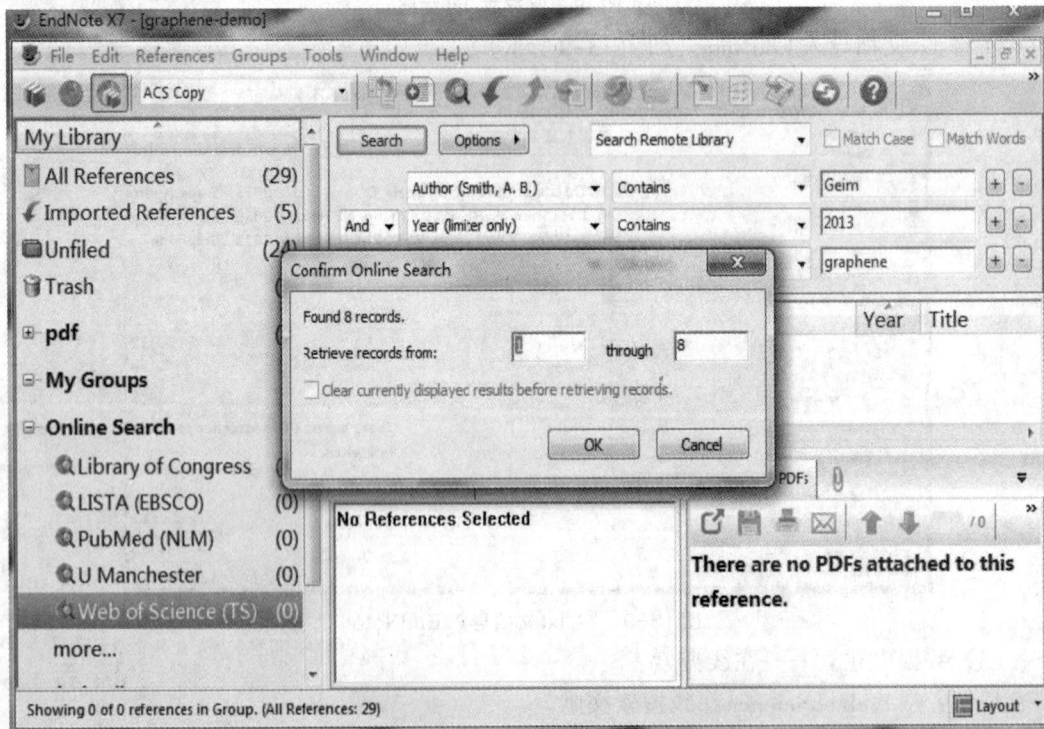

图 13-11　选择导入记录

③导入成功（如图 13-12 所示）。

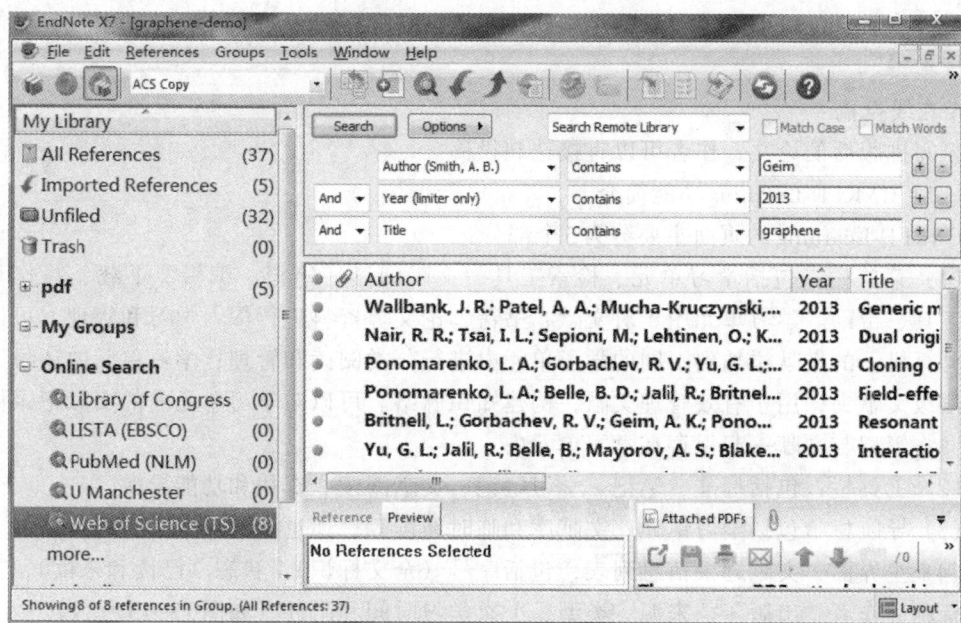

图 13-12　导入成功

二、CNKI E-Learning

CNKI E-Learning 是中国知网（CNKI）推出的一个数字化学习平台，旨在为用户量身定做探究式学习工具，展现知识的纵横联系，洞悉知识脉络，是一款免费的软件，默认文件格式为 KDH（*.kdh）。目前最新版本为 2014 年发布的 CNKI E-Learning V2.4.1，可以到 CNKI 官网下载。

（一）CNKI E-Learning 六大功能

1.一站式阅读和管理平台

CNKI E-Learning 支持包括 CAJ、KDH、NH、PDF、TEB 等格式的文献，还可以将 Word、PPT、Excel、TXT 等文件格式自动转化为 PDF 文件进行管理和阅读。

2.文献检索和下载

CNKI E-Learning 支持 CNKI 学术总库、CNKI Scholar 检索等，可以将检索到的文献信息直接导入到学习单元中；根据用户设置的账号信息，自动下载全文，不需要再单独登录相应的数据库系统。

3.深入研读

CNKI E-Learning 支持对学习过程中的划词检索和标注，包括检索工具书、检索文献、词组翻译、检索定义、Google Scholar 检索等；支持将两篇文献在同一个窗口内进行对比研读。

4.记录数字笔记，实现知识管理

CNKI E-Learning 支持将文献内的有用信息记录笔记，并可随手记录阅读过程中的想法、问题和评论等；支持笔记的多种管理方式：包括时间段、标签、笔记星标；支持将网页内容添加为笔记。

5.写作和排版

CNKI E-Learning 基于 Word 的通用写作功能，提供了面向学术等论文写作工具，包括：插入引文、编辑引文、编辑著录格式及布局格式等；提供了数千种期刊模板和参考文献样式编辑。

6.在线投稿

撰写排版后的论文，作者可以直接选刊投稿。

（二）CNKI E-Learning功能简介

CNKI E-Learning的页面主要分为5个部分：

（1）菜单栏：包括学习单元、检索工具、文献阅读、笔记、编辑、下载、写作和投稿、工具、帮助。学习单元用于对文献、书籍、论文等资料进行深入学习和管理。可以将本地计算机上的文献添加到不同的学习单元内进行分类阅读和管理；学习单元内还可以创建多层级文献夹，用于有效管理文献，构建知识脉络。可以对学习单元内的文献记录做笔记，并将笔记与文献一起保存在学习单元内。

（2）工具栏：包括标准、笔记、学习笔记、文献阅读、查找和功能导航。

（3）导航栏：包括学习单元、文献库和临时阅读等；通过树的形式来管理。

（4）主界面：文献题录信息列表，包括序号（全文标识）、状态（已读和未读）、重要度、标题、作者、出版年、来源、类型、上次学习时间和附件（如图13-13所示）。

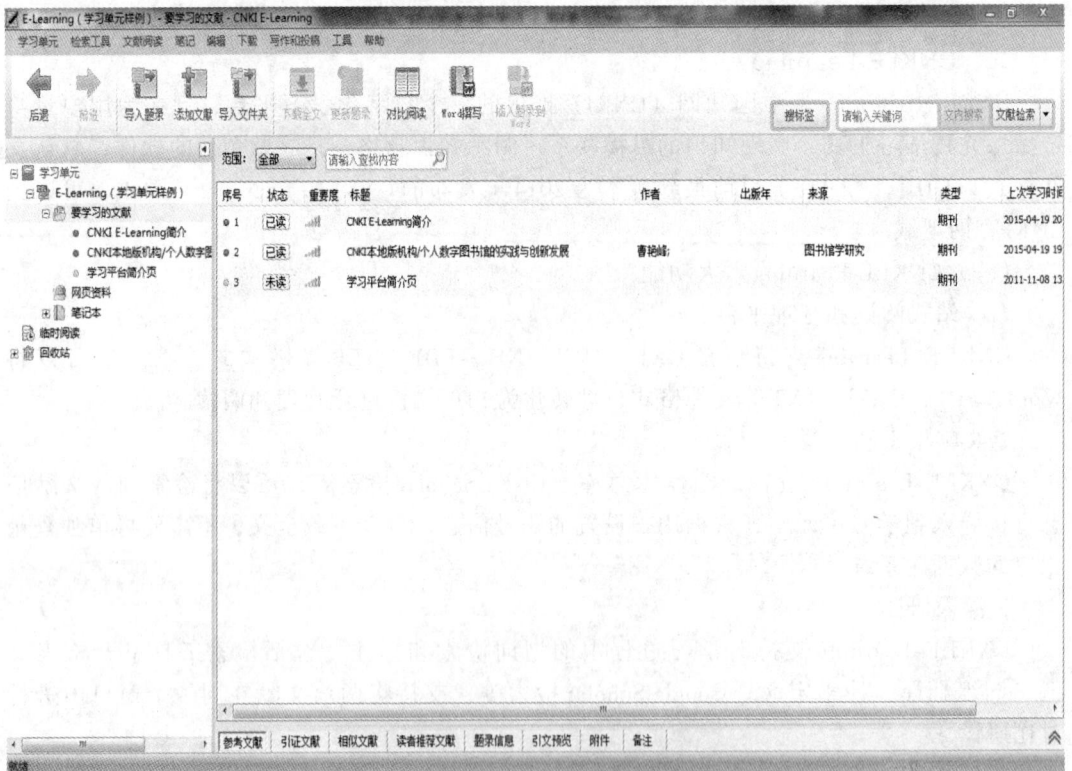

图13-13 CNKI E-Learning主界面

（5）底边栏：对应于列表中文献的题录、备注、附件和引文预览。

（三）CNKI E-Learning使用方法

1.新建学习单元

第一种方式：单击工具栏"新建"。

第二种方式：从"学习单元"菜单下的"新建学习单元"创建。

第三种方式：右键单击导航树上的"学习单元"，单击快捷菜单上的"新建学习单元"创建。

第四种方式：使用快捷键"CTRL+N"创建。

2.添加文献

（1）第一种方法：右键单击准备添加文献的学习单元或文献夹，单击快捷菜单上的"添加文献"，如果需要从计算机上添加文献，单击"本地计算机"；如果需要从CNKIE-Learning的文献库中添加文献，单击"文献库"（如图13-14所示）。

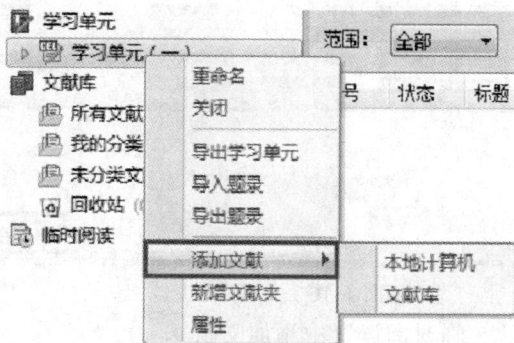

图13-14 添加文献

①单击"本地计算机"，从计算机上选择要添加的一篇或多篇文献，单击"打开"；目前可以支持的文献格式为KDH文件（.kdh），PDF文件（.pdf），NH文件（.nh），CAJ文件（.caj）和TEB文件（.teb）（如图13-15所示）。

图13-15 添加多篇文献

②如果单击"文献库",则从"未分类文献"中选择想要添加的文献后,单击"确定"(如图13-16所示)。

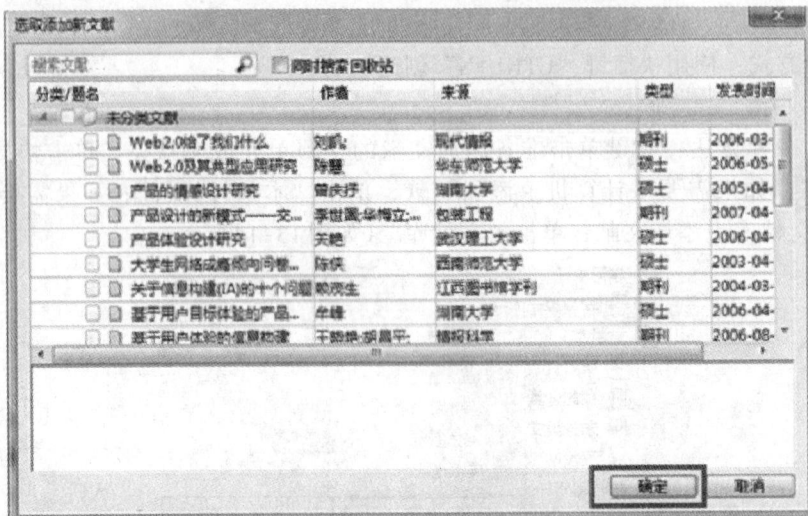

图13-16　文献库选择文献

(2)第二种方法:从"临时阅读"中添加文献。

左键选中导航树上的"临时阅读"下的某一篇文献,拖拽鼠标到某一学习单元下,再松开鼠标左键即可将该文献添加到指定学习单元中(如图13-17所示)。

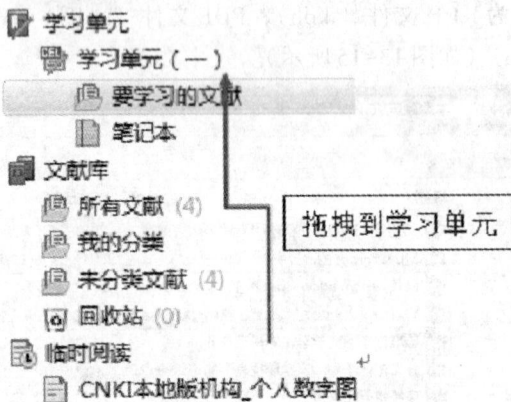

图13-17　从"临时阅读"中添加文献

(3)第三种方法:从"文献库"中添加文献。

选中导航树上的"文献库"下的任意分类,然后在右边文献列表中单选或多选几篇文献,通过拖拽鼠标到某一学习单元下实现添加文献到指定学习单元(如图13-18所示)。

3.导入文献

系统会自动将Word文件(*.doc,*.docx,*.dot,*.docm,*.rtf,*.dotx),Html文件(*.htm,*.html,*.mht,*.mhtml),PowerPoint文件(*.ppt,*.pptx),Excel文件(*.xls,*.xlsx),WPS文件(*.wps,*.wri,*.wpd,*.wpt)和文本文件(*.txt)转换为PDF文件,便于在文献库中统一管理和记录笔记。

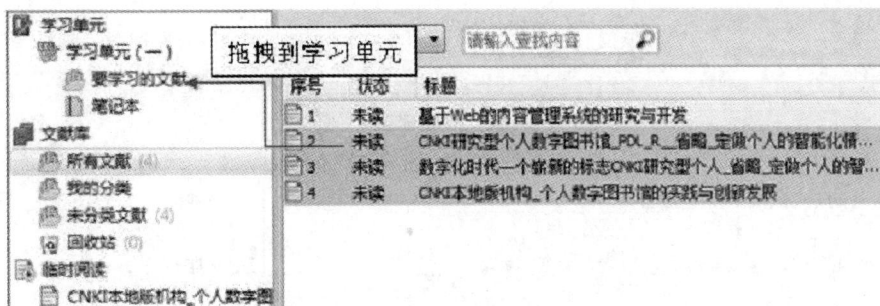

图 13-18　从"文献库"中添加文献

右键单击准备导入文献的学习单元或文献夹，单击快捷菜单上的"导入文献"；在计算机上选中要打开的文献，单击"打开"，即可将文献导入到 CNKI E-Learning 中（如图 13-19 所示）。

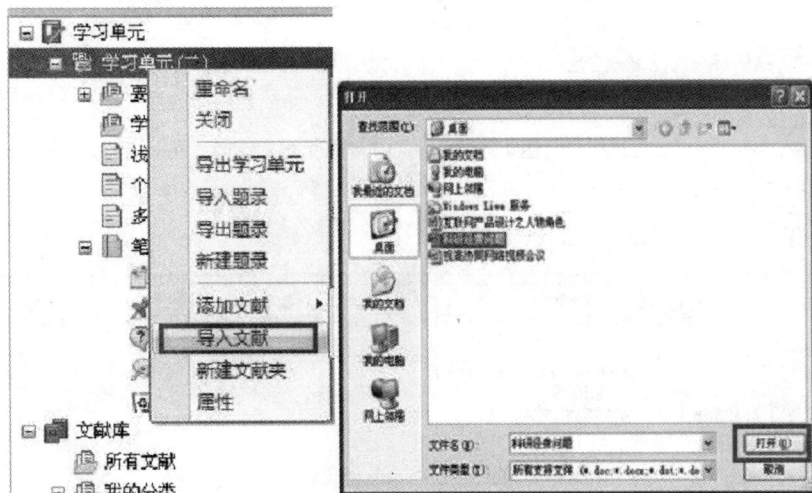

图 13-19　导入文献

4.导入题录

可以将从 CNKI 或其他文献数据库中下载的文献题录导入 CNKI E-Learning，还可以从其他文献管理软件（如 NoteExpress）将文献题录导入 CNKI E-Learning。

通过从数据库导出的引文格式文件导入题录：从 CNKI 或其他文献数据库中将文献题录导入到 CNKI E-Learning 中，此处以 CNKI 数据库为例。

（1）从 CNKI 数据库中选择想要导出题录的文献，单击"导出/参考文献"（如图 13-20 所示）。

（2）单击"CNKI E-Learning"，然后单击"导出"（如图 13-21 所示），浏览器会自动下载该文件并在 CNKI E-Learning 中弹出导入题录选择分类夹的对话框。

（3）选择好题录的保存位置后，单击"确定"，即可将选择的题录全部导入 CNKI E-learning 中。

三、NoteExpress 文献管理软件

NoteExpress（简称 NE）由北京爱琴海软件公司开发，最早版本于 2005 年 4 月 15 日发布，是国内知名的文献管理软件之一，围绕科学研究的核心文献信息，提供信息导入、过

图 13-20 导出/参考文献

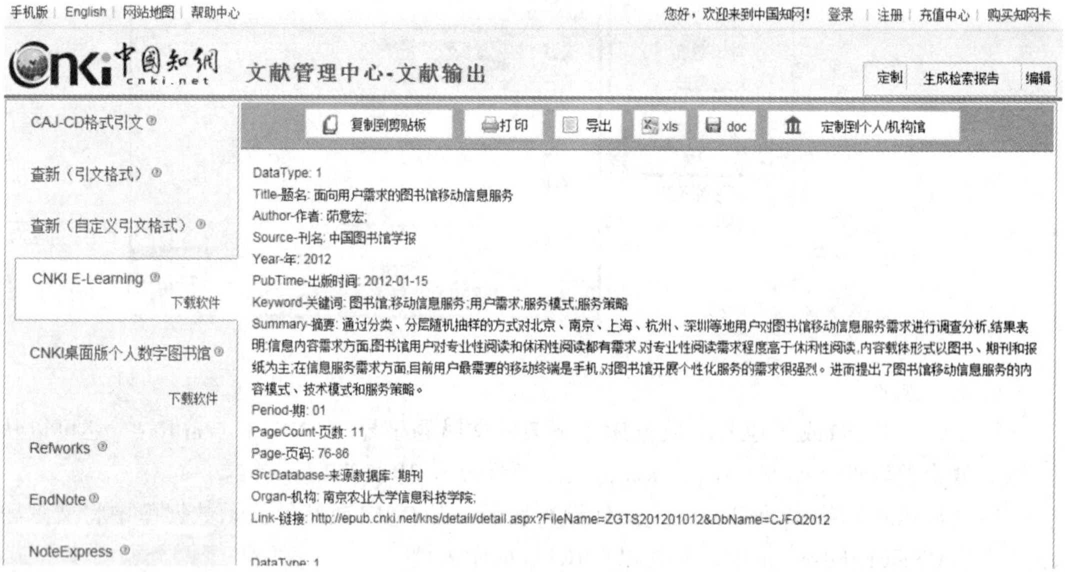

图 13-21 文献输出

滤、全文下载等功能,最大的特色是其对中文文献信息及对几大常用中文数据库的良好支持。同时,NE 也提供了如文献信息统计分析,标签、笔记、附件的添加等功能,便于对科技文献进行进一步的分析和使用。图 13-22 为 NoteExpress 文献管理软件主界面。

(一)具体特点

(1)数据收集:NE 内置几百个电子资源库的接口,可以快速下载大量题录(文摘),再对有价值的全文进行针对性下载。

(2)管理:分门别类管理文献题录及全文。

(3)分析:对检索结果进行多种统计分析。

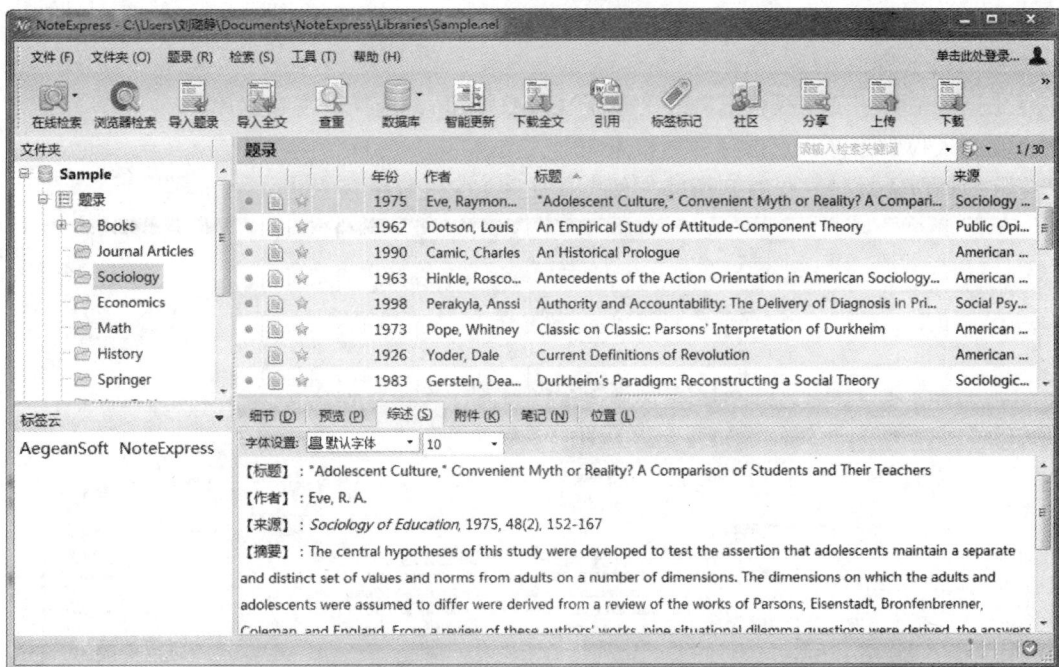

图 13-22　NoteExpress 文献管理软件主界面

（4）发现：综述阅读，快速发现有价值文献，与文献相互关联的笔记功能，随时记录。

（5）写作：支持 Word、WPS，在论文写作时自动生成符合要求的参考文献。

（6）社区：题录分享，可结合 NE 客户端实现题录上传、分享与下载功能。

（二）版本与下载

NE 文献管理软件有两种使用授权方式：个人标准版和集团标准版。2014 年年底，NE 版本更新至 V3.0，可以在 Windows XP\Vista\7\8（32 位和 64 位）、Windows Server 2003\2008\2008R2（32 位和 64 位）等操作系统上运行。

个人用户和集团用户均可以从网站下载安装程序，下载时个人用户选择"个人版免费下载"，集团用户选择"集团版免费下载"后进入机构选择页面，如中央财经大学的用户需要在此界面上选择"北京市—中央财经大学图书馆版"。从网站上下载安装程序后，双击安装程序，即可完成安装。如在安装过程中遇到防火墙软件或者杀毒软件提示，请选择允许，最好能将 NE 加入信任列表。

下载网址为：http://www.inoteexpress.com。

（三）功能介绍

1.数据收集

利用 NE 文献管理软件，可以进行网上数据库导入、格式化文件导入、全文导入与智能识别及更新、手工录入等 4 种数据收集形式。网上数据库导入，又分在线检索和浏览器检索两种形式。NE 内置了 200 多个常用数据库，能够实现不登录数据库网站，直接以 NE 作为网关进行检索，多线程下载方式，下载速度快。

（1）网上数据库导入。

①在线检索。

在线检索步骤：

a.点击工具栏"在线检索"→"选择在线数据库"，选择所需数据库；

b.输入检索条件，点击"开始检索"；

c.勾选所需题录，保存到所需文件夹（如图13-23所示）。

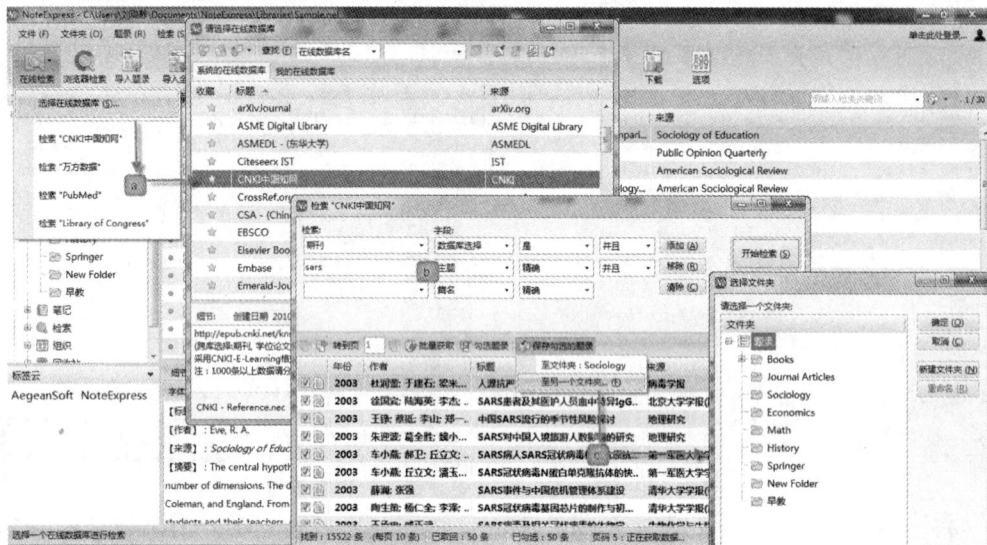

图13-23　NE在线检索

②浏览器检索。

NE V3.0内嵌了学术导航网站，使大家在使用内嵌浏览器的同时，不仅可以访问到NE支持检索导入的数据库，而且可以同时浏览大量有价值的学术、知识、新闻以及其他阅读资源，方便关注有价值的信息（如图13-24所示）。

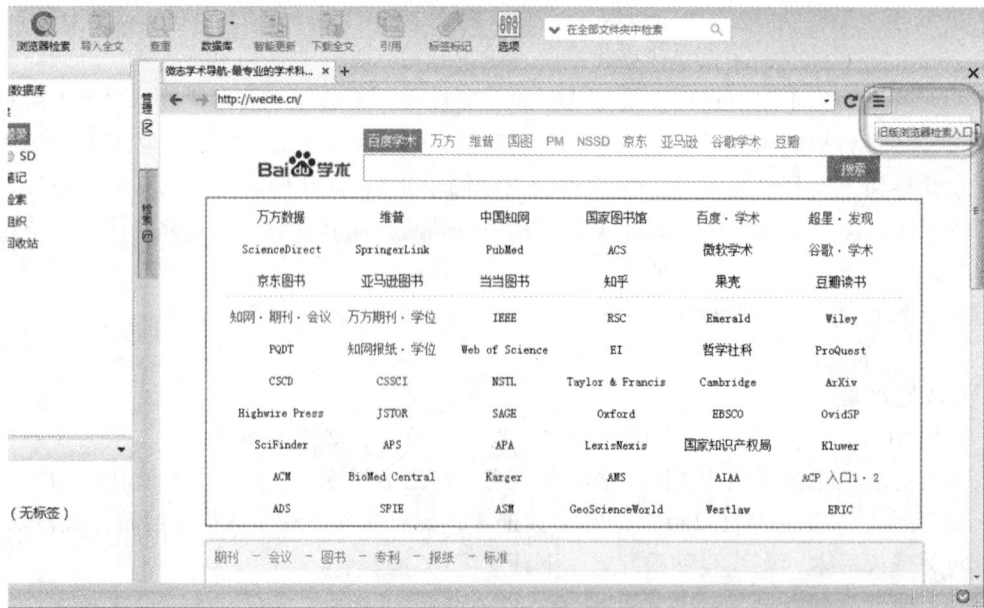

图13-24　NE浏览器检索

（2）格式化文件导入。

有些数据库本身嵌入了文献管理软件，以管理从数据库页面导出的固定格式的检索结果，如 Endnote 格式、RIS 格式等，使用与其格式相对应的过滤器将这些格式的结果导入 NE。

格式化文件导入步骤：

a. 从数据库中选择一种格式导出文件，如 Endnote，Refworks，NoteExpress 等；

b. 打开 NoteExpress，点击工具栏"导入题录"；

c. 选择格式文件存放的位置；

d. 选择格式文件对应的过滤器（如图 13-25 所示）。

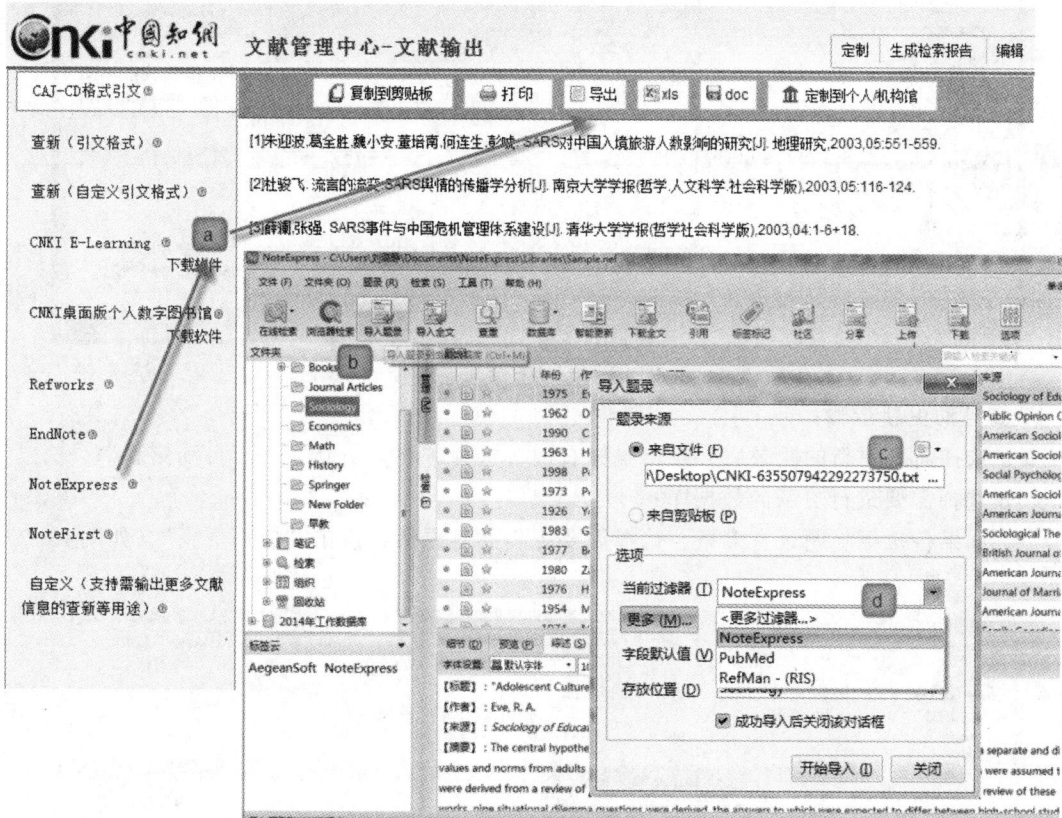

图 13-25　NE 格式化文件导入

（3）全文导入与智能识别及更新。

利用"导入全文"功能可以将需要管理的全文导入 NE，导入时的文件名即为题录标题。支持任意一种格式的文件导入，同时能智能识别出 PDF、CAJ 文件的标题，DOI 等字段信息。也可以直接将全文文件拖入 NE 题录的目标文件夹中。当全文导入到 NE 后，软件会自动根据标题到网上自动检索补全其他字段信息。如智能更新无法获取所需题录信息，可以选择自动更新的方式补全字段信息。

① 全文导入步骤：

a. 点击工具栏"导入全文"；

b. 选择需要导入的文件；

c.选择是否要从 PDF 文件识别内容；

d.选择题录类型，导入文件的位置（如图 13-26 所示）。

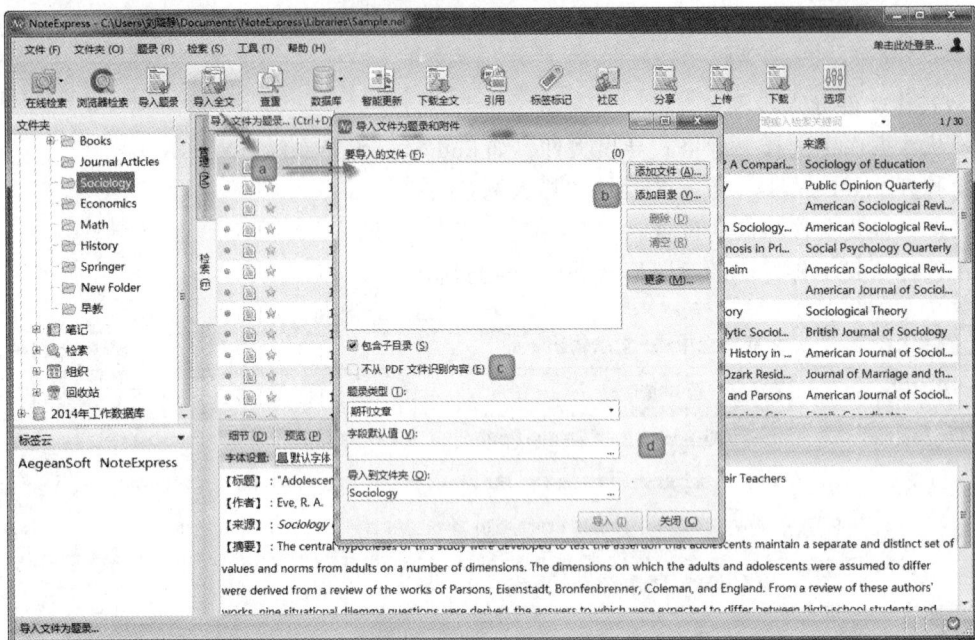

图 13-26　NE 全文导入

②自动更新步骤：

a.选择需要更新的题录后，点击鼠标右键，选择"在线更新"→"自动更新"；

b.选择需要进行更新的数据库；

c.如果备选更新题录有多条，选择需要更新的题录后，点击"应用更新"（如图 13-27 所示）。

图 13-27　NE 自动更新

（4）手工录入。

NE提供手工编辑录入题录的方式，在题录列表栏中点击鼠标右键，选择"新建题录"即可打开编辑页面手工录入题录。

2.数据管理

导入文献题录后，就基本形成了一个个人数据库。当然，对科研工作者的研究和管理工作而言仅仅是个开始。因为需要对纷繁的题录进行整理，以为进一步的研究设计或文章撰写等服务。NE提供各种管理模块，使你能够充分高效地掌控所获得的信息。比如：文献查重、虚拟文件夹、表头DIY与排序、附件管理、全文下载、标签标记、本地检索、组织与回收站等。

（1）文献查重。

在建立不同专题数据库时候，需要从不同的途径获取文献，或者科研工作者的数据库是由几个小数据库合并而成的，这样就不可避免地出现题录重复，因此文献查重显得非常必要。利用NE的查重功能删除重复文献，可以避免不必要的时间与精力浪费。

文献查重步骤：

a.点击工具栏"检索"→"查找重复题录"；

b.选择查重的文件夹范围；

c.选择查重的字段；

d.设置查重的敏感度、匹配度；

e.查重后重复题录高亮，可点击鼠标右键选择删除方式（如图13-28所示）。

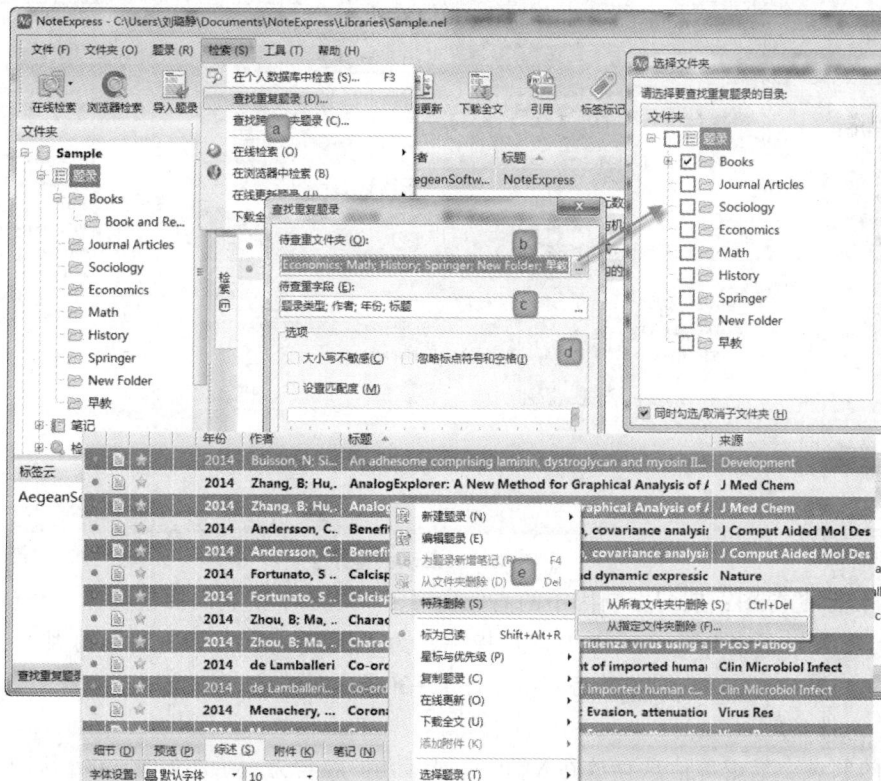

图13-28　NE文献查重

（2）虚拟文件夹。

在同一数据库中，有时候一条题录分属于两个或几个不同的分类目录，或者一条跨学科的题录需要分别放在不同的文件夹下，这时候，可以利用NE虚拟文件夹功能管理此类文献。只需在选择的题录处点击鼠标右键，选择"链接到文件夹"，选择存放的文件夹即可。

（3）表头DIY与排序。

电脑屏幕大小有限，当题录过多时，重要的题录字段内容不能在一屏显示，而翻来翻去会影响阅读的持续性，怎样解决这个问题呢？NE提供表头自定义功能，可以根据需要增加或者删除字段。例如，可以将影响因子显示在列表中，不仅能一目了然地看到期刊水平，也方便对期刊进行对比。也可以按照某一个表头字段简单排序或按照多个表头字段多重排序。

表头排序步骤：

a.在表头列表处点击字段名称，就可以按照该字段升序/降序排序；

b.在表头处点击鼠标右键，点击"排序列表"；

c.选择需要排序的多个字段，设定每个字段升序/降序（如图13-29所示）。

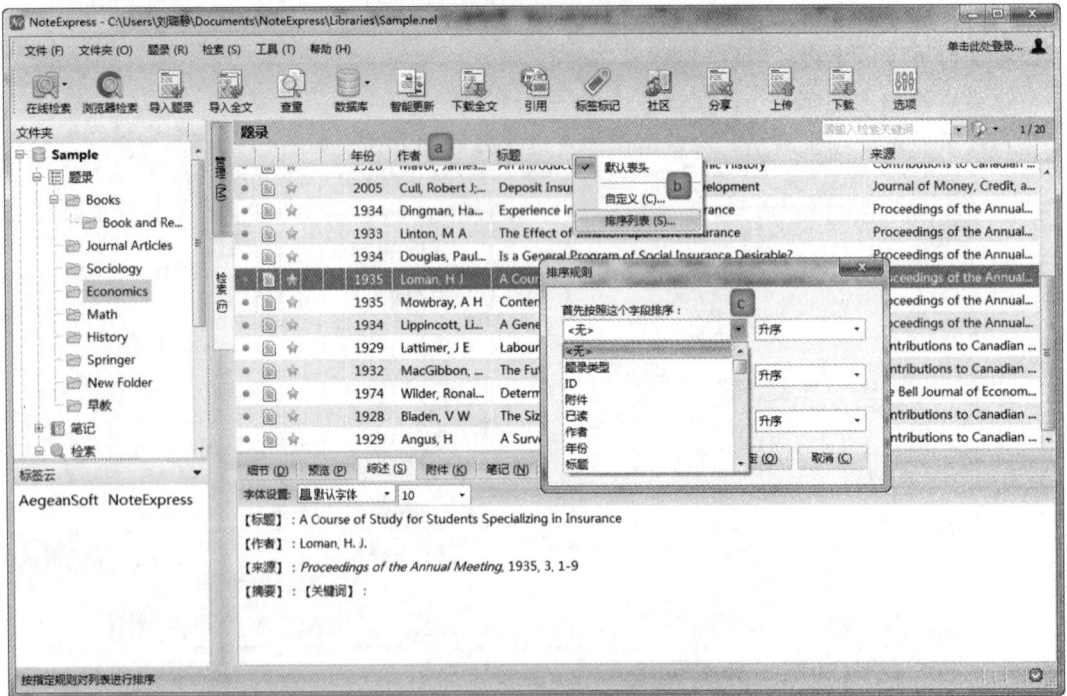

图13-29　NE表头排序

影响因子趋势图：期刊影响因子的高低说明了一本学术期刊的质量优劣，在利用期刊文献时，影响因子也是一个重要的衡量指标，为了更直观地了解期刊影响因子及变化，NE提供期刊近5年的影响因子趋势图（如图13-30所示）。

（4）附件管理。

NE的题录、笔记等信息存放在NE的数据库（扩展名为.nel的文件）中，而附件等全文文件则存放在附件文件夹中，以方便在不能打开数据库的时候也能查看全文。NE的附

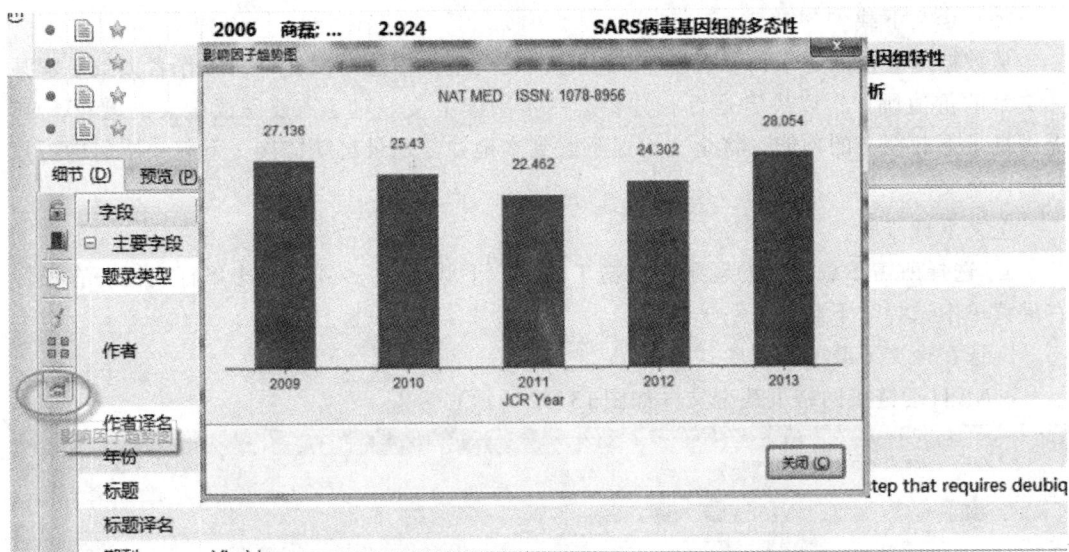

图 13-30　NE 期刊影响因子趋势图

件文件夹在新建数据库时自动建立在该数据库文件相同目录下，也可以重新设立存放位置。NE 提供强大的链接附件功能，可以通过它管理任意附件格式或多个附件，如 PDF、Word、Excel、视频、音频文件，以及文件夹、URL 等。这样，文献题录信息就会与全文信息关联在一起，而进行了全文链接的题录，可以通过 "题录相关信息命令" 栏看到一个回形针标志，点击回形针，就可以迅速打开附件。

可以通过选择或者拖动为每一条文献信息添加附件（如图 13-31 所示），也可以使用"批量链接"功能，选择全文位置、文献信息与文件名匹配等，对某一文件夹下的多个文献添加附件，链接到题录。

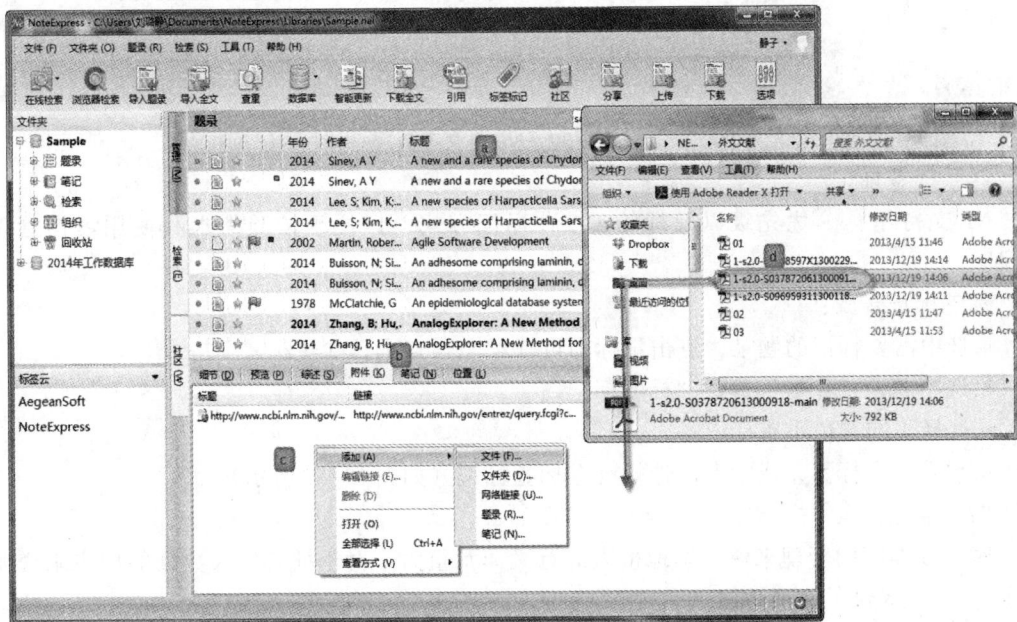

图 13-31　NE 链接附件

（5）全文下载。

从数据库导入的题录，只有基本的信息，这些基本信息可以让科研工作者大致了解某一文献的价值所在，以决定是否有必要进一步阅读全文。对于需要阅读全文的题录，NE提供批量下载全文的功能，将全文快速下载到本地并与题录自动链接，下载完毕后即可打开阅读全文。

全文下载步骤：

a. 选择所需下载全文的题录，点击工具栏"下载全文"，或者点击鼠标右键，在鼠标右键菜单中选择"下载全文"；

b. 选在全文下载的数据库；

c. NE自动链接网络下载全文（如图13-32所示）。

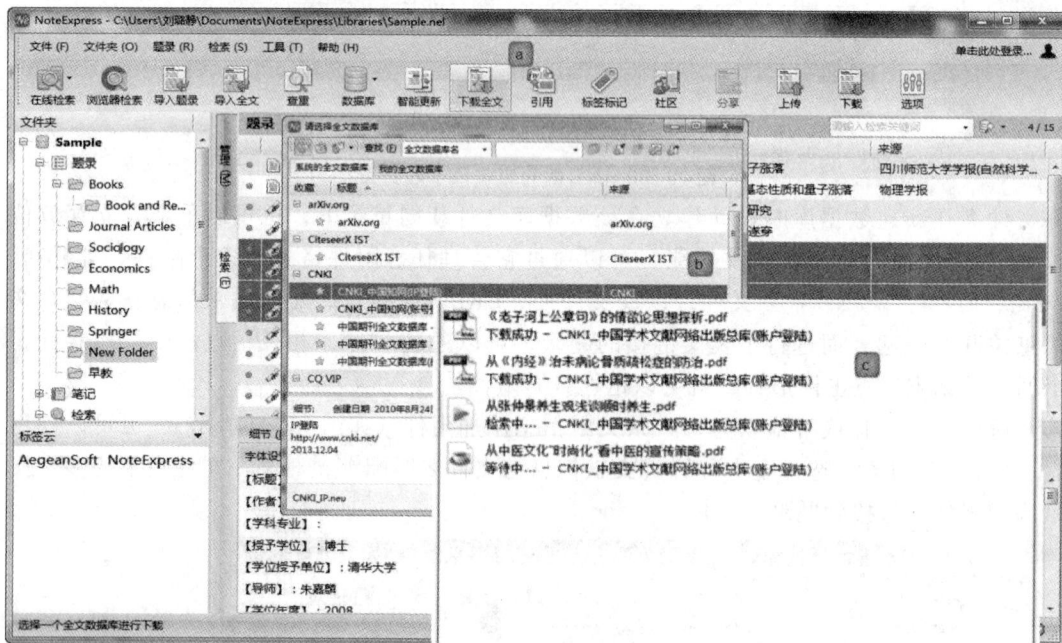

图13-32　NE全文下载

（6）标签标记。

NE支持星标、优先级以及标签云3种标记方式，以便于按照需求和使用习惯管理题录。

标签标记步骤：

a. 选中需要标记的题录，点击星标即可标记，再点击移除星标；

b. 选中题录，点击工具栏"标签标记"；

c. 选择不同颜色小旗标记；

d. 输入文字标签，或者点击选择已有标签标记（如图13-33所示）。

（7）本地检索。

对于数据库的管理来说，本地检索的意义非常重大，对于拥有庞大数据的用户来说尤其重要，NE提供了这项功能。

本地检索步骤：

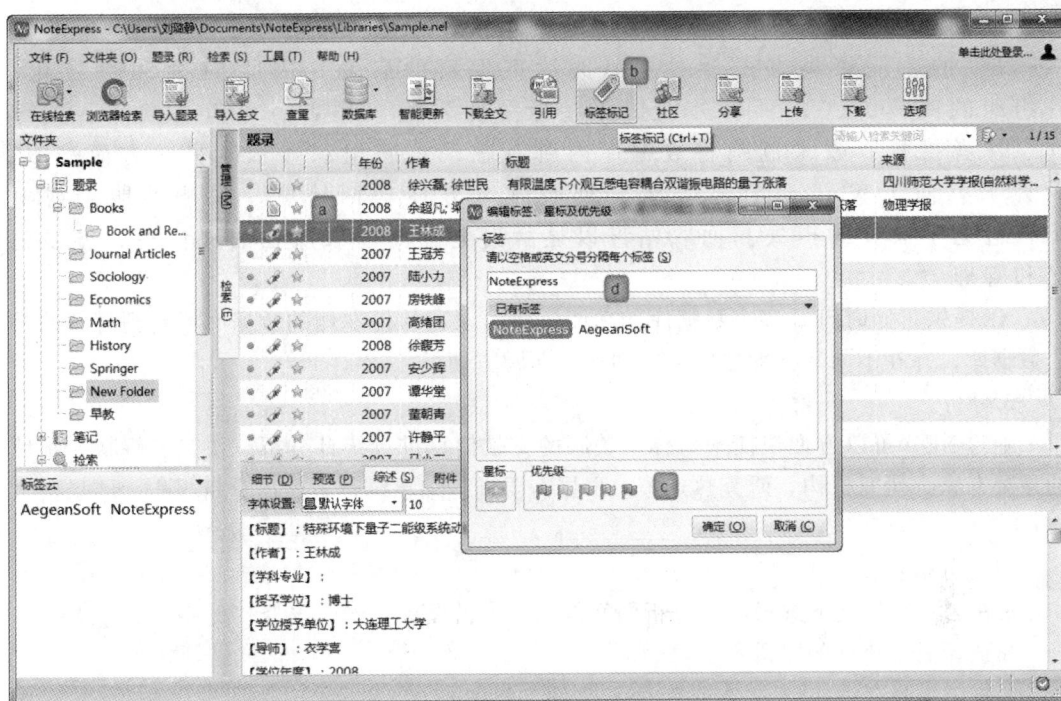

图 13-33　NE 标签标记

a. 在快捷检索栏中输入检索条件，设置检索范围进行简单检索；

b. 点击工具栏"检索"→"在个人数据库中检索"；

c. 输入检索条件，设置检索范围进行高级检索（如图 13-34 所示）。

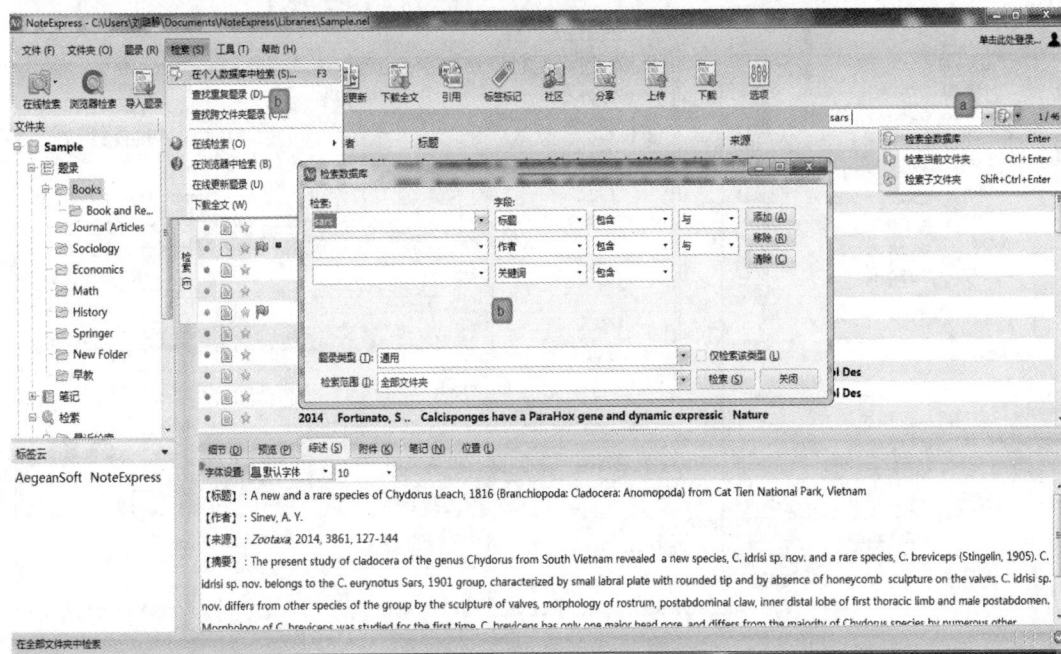

图 13-34　NE 本地检索

（8）组织与回收站。

文献的不同聚类方式会对文献阅读产生新的启发，因此 NE 提供系统化、有组织的阅读方式，可以分别按照星标、优先级、作者、年份、期刊、关键词、作者机构、收录范围将数据库内所有题录重新组织显示。另一方面，NE 设计了类似于 Windows 操作系统的回收站，方便找回错删、误删的题录或笔记，避免不必要的损失。回收站可以显示出删除的题录所在的文件夹，方便记忆和管理。

NE 提供了同时打开多个数据库的功能，你可以在软件左侧的数据库栏看到打开的多个数据库，并在不同数据库之间来回切换，非常方便。

3.分析

通过 NE，可以方便快捷地对你所关心的文献信息进行统计分析，快速了解某一领域的重要专家、研究机构、研究热点等。根据需要进行结果统计，做出分析报告，结果格式有 txt、csv 等。

统计分析步骤：

a.在题录文件夹下选择所需分析的文件夹，点击鼠标右键，选择"文件夹信息统计"；

b.选择需要统计的字段；

c.将结果另存为 TXT 文本或者 CSV 文件（如图 13-35 所示）。

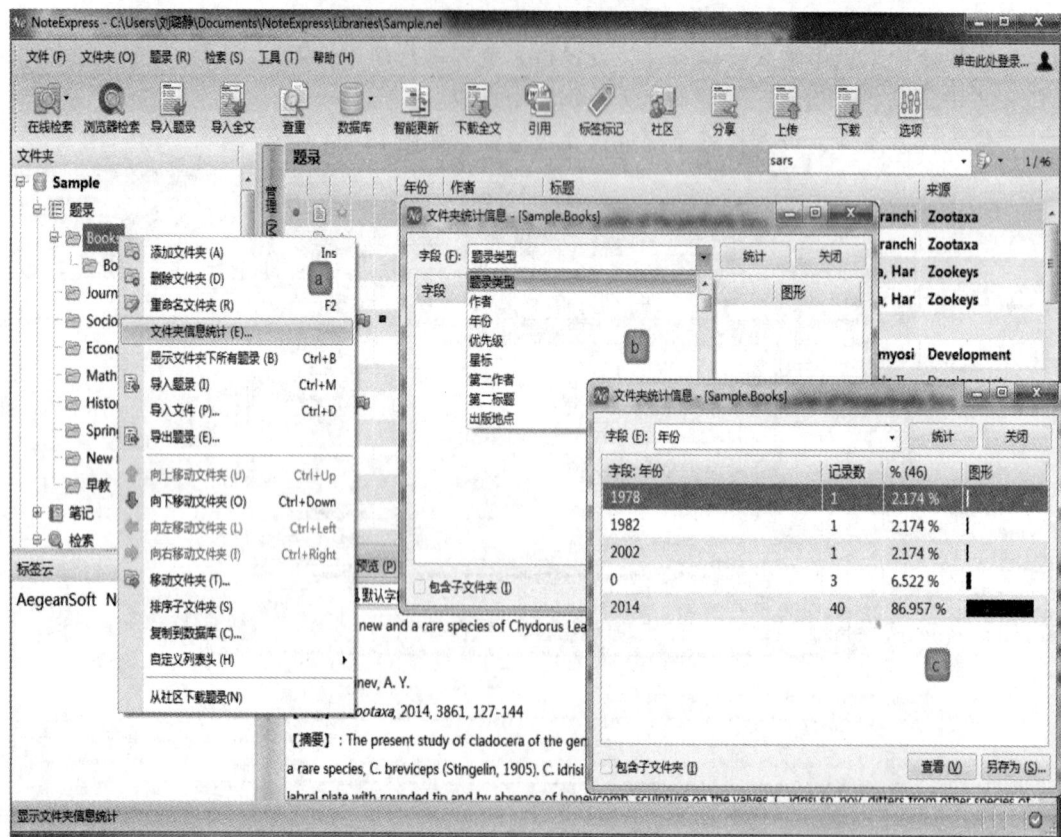

图 13-35　NE 统计分析

4.发现

通过综述预览窗口，可以浏览题录的标题、年份、来源、关键词、摘要信息等，以掌握文献的重点研究方向，辅助文献的深度使用。同时，在使用NE阅读和管理文献信息时，可以随时记录下阅读相关文献时的想法，系统化和条理化的笔记记录与管理模式能够提高研究效率。如有需要，可以打开笔记的独立编辑窗口，一边看文献一边记笔记。

笔记使用步骤：

a.选择所需记录笔记的题录；

b.切换到笔记窗口，可以直接记录笔记；

c.如有需要，可以点击"打开新窗口记录笔记"，进行高级笔记编辑；

d.插入图片、表格、公式等；

e.已经编辑笔记的题录显示紫色的标识（如图13-36所示）。

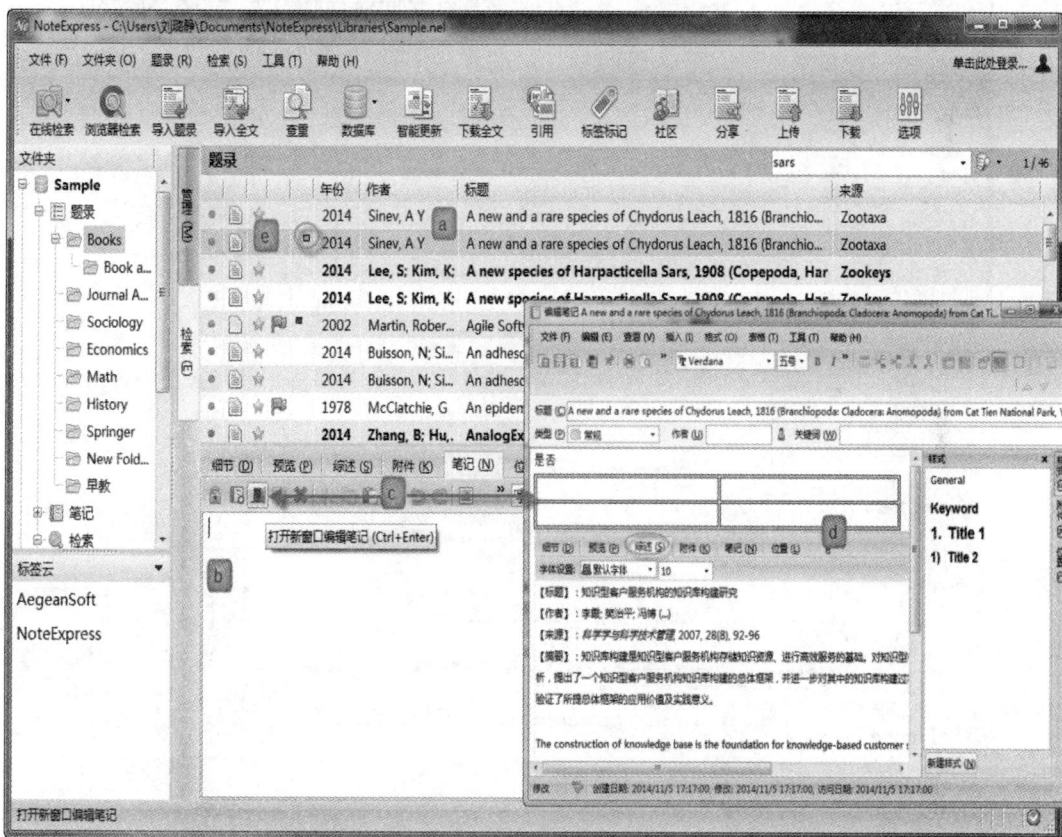

图13-36　NE笔记使用

5.写作

在写作过程中，NE V3.X版本支持MSOffice和WPS。借助NE的写作插件，可以在写作中插入引文，并自动生成所需格式的参考文献。在需要切换参考文献格式时，实现一键转换（如图13-37所示）。

图 13-37　NE写作（参考文献）

生成参考文献步骤：

a.光标停留在文档中需要插入的文中引文处；

b.返回 NE 主程序，选择插入的文中引文；

c.点击工具栏"插入引文"；

d.自动生成文中引文以及文末参考文献，同时生成校对报告。

e.如果需要切换到其他格式，点击工具栏"格式化"，选择所需要的样式，即可自动切换成所选样式的文中引文以及文后参考文献。

参考文献

[1]CNKI.E-Learning——数字化学习与研究平台[EB/OL].[2015-04-15]. http://www. cnki.net/software/xzydq.htm.

[2] 百度百科.EndNote [EB/OL].[2015-04-15]. http://baike.baidu.com/item/endnote.

[3]NoteExpress Reference Research & Manager 官网首页，http://www.inoteexpress.com/ CompanyWeb/.

[4]邓智心.基于文献管理软件 NoteExpress 的文献计量学研究的探讨[J].现代情报，2013（2）:101-104.

[5]王正晶.NoteExpresss 实现文献计量分析的方法——以五种情报学核心期刊统计分析为例[J].情报科学，2013（10）:80-82，138.

[6]赵飞.常用文献管理软件功能比较[J].现代图书情报技术,2012（3）:67-72.

[7]陈定权,刘颉颃.参考文献管理软件评析与展望——以 EndNote、NoteExpress 为例[J].现代图书情报技术，2009（Z1）:80-84.

[8]罗红燕,陈绍兰.利用 NoteExpress 建立专题文献数据库的方法与技巧[J].西南师范大学学报：自然科学版，2009（6）:81-84.

思考题

1. 文献管理软件主要帮我们解决哪些问题？

2. 目前国内外常用的文献管理软件有哪些？请详细说明。

3. 请比较 Endnote、E-learning 和 NoteExpress 在全文导入方面的异同。

4. 请检索"经济数学模型"为主题的文献，并建立相应的文件夹或数据库。

5. 请选择10条不同类型的中英文参考文献，在格式要求不同的两个期刊之间进行转换。请写明所利用的软件和简单操作步骤。